Bernd G. Längin

Die Hutterer

Gefangene der Vergangenheit
Pilger der Gegenwart
Propheten der Zukunft

Rasch und Röhring Verlag
Hamburg–Zürich

Fotos (mit Ausnahme der historischen): Bernd G. Längin
Kartenillustration: Alfred Skowronski

CIP-Kurztitelaufnahme der Deutschen Bibliothek

Längin, Bernd G.:
Die Hutterer: Gefangene d. Vergangenheit, Pilger d. Gegenwart, Propheten d. Zukunft / Bernd G. Längin. – Hamburg; Zürich: Rasch und Röhring, 1986.
ISBN 3-89136-061-4

Lektorat: Ulrike Rickert
Einbandgestaltung: Studio Reisenberger
Gesetzt aus der Garamond-Antiqua
Lithographie: Albert Bauer KG, Hamburg
Satzherstellung: Otto Gutfreund, Darmstadt
Druck- und Bindearbeiten: Mainpresse Richterdruck, Würzburg
Printed in Germany

Inhalt

Vorbemerkung

Dieses Buch baut in erster Linie auf historischen hutterischen Quellen auf. Die zahlreichen Zitate, die sich auf das Leben der heutigen Gemeinden beziehen, stammen aus Gesprächen, die ich auf verschiedenen Höfen der Schmiedeleut in Kanada und in den USA notiert bzw. auf Tonband aufgenommen habe.
Meine wichtigsten Mitarbeiter waren die Hutterer selbst, allen voran die Prediger Jakob Gross und Peter Tschetter, John Hofer von der Kolonie James Valley überließ mir die historischen Fotos zur Veröffentlichung. Der Älteste Jakob Kleinsasser (Crystal Spring) stand mir ebenso mit Rat zur Seite wie Joshua Hofer (James Valley), Jakob Waldner (Bon Homme) und Fritz Waldner (Sturgeon Creek). Bei meinen Recherchen in Südtirol halfen mir Dr. Karl Wolfsgruber, Brixen, Dr. Franz Hilber, St. Lorenzen, und Dr. Anton Sitzmann, Bozen. Ich danke auch Prof. Karl Manherz, Budapest, Prof. Erich Buchinger, Graz, und den verantwortlichen Mitarbeitern des Österreichischen Staatsarchivs, des Kärntner Landesarchivs sowie des Rumänischen Staatsarchivs. Peter Amlacher aus Oberamlach und die Gasserfamilie vom Kleinsasserhof in Kärnten unterstützten mich ebenfalls. Prof. Carl Göllner und Horst Klusch, beide Hermannstadt, weihten mich in die Geheimnisse der Habanertöpfer ein. Dr. Leonard Gross, John S. Oyer, beide Goshen/Indiana, und Gary Waltner vom Weiherhof in der Pfalz gaben mir Einblick in ihre Forschungen zum Thema. Mein besonderer Dank gilt dem Verein für das Deutschtum im Ausland (VDA) und Günter Ahrens, Hummerzheim.

Winnipeg, im Februar 1986 Bernd G. Längin

Der alte Adam

Winter – Taufvorbereitungen auf dem kanadischen Bruderhof am großen Fluß

Das Land ist kein Land, es ist Weite. Der Weg ist kein Weg, er ist Schnee.
Das Dorf ist kein Dorf, sondern eine Gemeinschaft der leidenden Heiligen, in evangelischer Armut zusammengerückt im Abseits der kanadischen Prärie...
»...durch die Taufe begraben in den Tod, gleich Jesum Christum auferstanden in ein neues, himmlisches Leben hier auf Erden. Denn wisset, liebe Geschwister, eitel Kinder und alle Frommen, die Gerechtigkeit erfahren wollen: Der Mensch wird nur gleich geboren. Wegen eines Apfels Biß von Urschuld gejagt, stirbt jeder Einzelne seinen eigenen Tod. Und nur wem es gelungen ist, durch das äußerliche Wasserwerk der Taufe den alten Adam, wie wir die Erbsünde nennen, mit täglicher Reue und Buße zu ertränken und begraben, wird das Los eines Gläubigen zuteil. Wer aber standhaft war bis an sein Ende in der rechten Lehre, mit gelassenem Herzen im Weltverzicht dem Nächsten diente, nie von seinen Gütern sagte, sie wären sein, sondern ernsthaft alles gemein hielt wie die ersten Christen, wer also, liebe Geschwister, eitel Kinder, die ihr die Taufe annehmen wollt, auf Erden im Ideal der Armut in der Gemeinschaft der Heiligen wahrhaftig zu leben verstand, wird auch nach dieser Zeit in der Gemeinschaft der Heiligen gefunden werden...«
Bleiern liegt der Abend über dem winterlichen Bruderhof, wo es um Stille und Verschwiegenheit geht, um den stetigen Lebensrhythmus in der einsamen Prärie. In der schlichten Umgebung des Predigerhauses überdeckt das Dämmerlicht die ein-

fachsten Zeichen jeder Huttererkolonie, die Hosenträger und bärtigen Gesichter der männlichen Gläubigen, die angejahrten, großgepunkteten Kopftücher der Fauen und das schwarzgebundene Große Geschichtsbuch der Gemeinde.

»... und darum, liebe Geschwister, eitel Kinder, haltet fest im Glauben in die Armut, wie wir nachlesen können beim armen Lazarus und reichen Mann. Der Arme wurde von den Engeln in den Himmel entführt, der Reiche aber mußte die Bürde der Hölle ertragen. Danach können wir uns richten, denn wir sind nicht berufen zu besitzen, sondern auszuteilen.«

Scheu dreht die farblose Reihe der jungen, noch bartlosen Brüder die linkisch gebuckelten Rücken den sittsamen jungen Schwestern zu, sie alle Gestalten der Vergangenheit, von Gott am sechsten Schöpfungstag zu Seinem Bilde entworfen. Die Frauen in dunklen Stoff gehüllt, knöcheltief verschleiert, um die biologischen Tatsachen so gut wie möglich zu kaschieren, um zu verhindern, daß langes Haar und gerade Beine einen Gläubigen auf krumme Gedanken bringen. Die Männer in zu kurz geratenem Beinkleid und schwarzem Gewand, als müßten sie aus diesem Anlaß Trauer tragen.

Steif hängt der Blick der älteren Jugend an den Lippen des Predigers, dem absoluten Haupt der Gemeinde, wenn es um geistliche Dinge geht. Kräftig bläst er »die Posaune«, um die von Geburt an sündigen Naturen rechtzeitig dazu zu bringen, daß sie, »die Schäflein Gottes, nicht so werden wie Israel, verdorben und feil, woraus der Zorn des Himmels herrührt«. Noch sind die erwachsenen Jungen und Mädchen des Bruderhofes ungetauft und damit nur Chiffren der Gemeinschaft, in der sie den Leib Christi sehen; Sprößlinge kinderreicher Familien, still gewachsen in hoffnungslos abgelegenem Winkel. Selbst wem der Hof, dessen Reichtum die Armut ist, einmal zu klein für seine Neugier geworden war, wer die Gemeinde aufgegeben hatte, um sich später wieder einzugliedern, wird jetzt mit großem Ernst geloben, in Zukunft mit dem älteren Bruder Prediger gegen den weltlichen Strom zu schwimmen, hin zur göttlichen Quelle. Denn der Prediger kennt die verschachtelte hutterdeutsche Sprache, die einen Gläubigen sprachlos macht, wo sie eine Einheit mit der Lehre bildet, und er kennt das in gewissem Sinne germanisierte Evangelium, das im Jammertal des Diesseits der Kaufpreis für das Glück in einer anderen Welt ist. Er führt damit die Gemeinde, die ohne neuere theologische Spekulation zwischen Gott und dem Individuum vermittelt, die allein selig macht.

»Und wisset, liebe Geschwister, eitel Kinder und alle, die Gerechtigkeit erfahren wollen: In dieser Welt, in die wir vorübergehend hineingestellt sind, in der wir jedoch nicht aufgehen dürfen, da wir sie nur als Pilger zu einem höheren Ziel durcheilen, regiert der Eigennutz, herrschen Kriege, Würgen und Blutvergießen, Augenlust, Fleischeslust und hoffärtiges Leben, ist die Lehre voll Theorie, doch ohne Glauben. Denn die Welt hat den alten Adam nie begraben. Sie ist so auch schlecht wie Sodom und Gomorrha und damit ein Gestank vor Gott. Nur die Erde selbst... Seine Schöpfung, ist noch gut.

Wisset weiter, daß nicht wir Hutterischen uns von den Weltlichen getrennt haben, sondern sie von uns, da sie sich mit der Kindertaufe, dem Mißbrauch des Abendmahls, mit Fluchen und Schwören von der Kirche und Gemeinschaft Christi lösten. Da sie dort fleischlich sind, wo sie geistlich sein müßten, da sie in Sünde leben und sich von ihr regieren lassen, um damit dem Herrn in den Augapfel zu greifen.

Und darum, liebe Geschwister, eitel Kinder, lasset uns beten: Herr Gott, himmlischer Vater, hilf uns, daß wir nicht sind wie diese Welt. In Jesum Christum. Amen.«

Der alte Adam, qualvoll eingekerkert in die verhaßte Körperwelt, ist es, vor dem der Diener des Wortes die Jugendlichen des Hofes in der subjektiven Sprache eines geknebelten Volkes mit traumatisierender Geschichte zu warnen hat, um sie schon jetzt im blühenden Alter mit der Erwachsenentaufe, dem theologischen Kernstück des hutterischen Glaubens, auf den Tod vorzubereiten. Diesen Tod akzeptieren die Gläubigen ein Leben lang wie einen alten Freund, da sie, einmal von der Erde genommen, wieder Erde werden müssen. Es ist der Tod, der sie im Zeitlichen demütig ins Zeitlose starren läßt. Denn ein Hutterer stirbt nicht an, sondern für etwas, und es ist die

»Gerechtigkeit« des Sterbens, die ihn an eine urchristliche Gottgläubigkeit kettet. Wo sie scheidet zwischen gut und schlecht gelebtem Leben, gibt ihm die Lehre der seit rund 450 Jahren grübelnden Gemeinschaft des Kreuzes und der Knechtschaft jene Kraft, die ihn auf göttliche Gnade hoffen läßt.

Am großen Fluß reihen sich die hutterischen Bruderhöfe unter einem der klarsten Himmel Amerikas, weit entfernt vom Bild der behäbigen Bauernhöfe der Vorfahren in der Alten Welt. Nirgendwo auch nur ein Hauch von architektonischem Ehrgeiz, überall sozialer Wohnungsbau. Wenn an den langen Winterabenden die reifere Jugend »die Buße ausschreit«, um zu Gott und damit zur Taufe zu kommen, sprechen hier ausschließlich die Lehre, das Schweigen und das Gebet. Beglückt von diesem Ereignis, getrieben von kräftigen Minusgraden und eisigem Nordwind, verschanzen sich die Gläubigen hinter kargen Wänden. Nur die Gestalt des Nachtwächters, obwohl in Begleitung ein paar schwacher Hunde, einsam und allein, weist noch darauf hin, daß auf dem Hof die Arbeit als beste Medizin gegen das Elend des Lebens gilt.
Nichts regt sich mehr, was Lärm, Schweiß, Aufregung oder Leidenschaft erzeugt. Was stören könnte, wird rechtzeitig behandelt, unterrichtet oder gestraft. Über allem nur der beißende Atem der Landwirtschaft, des schaumigen Abflusses aus langgezogenen Stallungen, der über den Leerräumen zwischen Kirche und Küche, zwischen Haus und Totengarten hängt.
Die Stunden des Arbeitstages fließen in die Stunden der Lehre ein, mit denen sich die bekennende Jugend auf den Tauftermin vorbereitet. Der Realismus der Hutterer und ihr geistiges Ziel halten die Welt konsequent aus der Symmetrie der hölzernen Hausgevierte heraus: unter anderem die große, nahe Stadt mit ihren baulichen Verrenkungen, ihrem Luxus und ihrer Armut. Mit ihrer brodelnden Dynamik, dem Wettbewerb und seinen Verlockungen. Mit Menschen voller Gefühlsnarben, die im Leben schon gestorben sind, durch ihre Sünden ausgeliefert dem ewigen Tod.
Zu keiner anderen Jahreszeit werden die Bruderhöfe vom

sozialradikalen Anspruch der Gemeinschaft so stark geprägt wie im ausgehenden Winter. Neue Kraft schießt in die Wintersaat unter bruchloser Schneedecke, dort, wo sich Huttererland in die weite Prärie schiebt, und die Kraft des Wortes wird von den jungen Männern und Frauen im Taufalter aufgesogen, um Teil jener Seilschaft zu werden, die man die Gemeinde der Heiligen nennt. Es sind die Stimmen der Jahrhunderte, die mit kräftigem Männerbaß und klagendem Sopran nachgebetet werden, Triumph einer Nebenströmung der Reformation, späte Niederlage der Täuferjäger in der Alten Welt: der bayrischen Henkersknechte, der tirolischen Bischöfe, der habsburgischen Herrscher und türkischen Horden, der jungen evangelischen und der alten katholischen Kirche. Ein gestandenes Mannsbild, nicht selten die richtige Mischung aus Gescheitheit und Besonnenheit, das die Kraft hat, inmitten der Insignien des modernen kanadischen Lebens täglich noch mit der Gemeinde auf Knien zu beten und im überlieferten Liedgut nachzuvollziehen, was ein leidender Zweig der Taufgesinnten einst überlebte, gibt seine Lehre in totalitärer, beinahe anarchistischer Form an die Jungen weiter. Jene Lehre aus der altevangelischen Gedankenwelt der hutterischen Vordenker, die – mit tiefen Wurzeln in der deutschen Erde – vor ein christliches Dasein die Kreuzigung des Fleisches mit seiner Gier und Lust setzt, den Corpus Christianum verneint, die Glaubenstaufe pflegt, die Ablehnung von Eid und Kriegsdienst und das Streben nach Absonderung von dieser Welt predigt. Eine Lehre, in der jedes Wort von den Altvätern geborgt, von Predigergenerationen handschriftlich kopiert wurde, in der – aus Europa importiert – jeder Fortschritt einen Schritt fort vom rechten Glauben, von der Gemeinde mit ihrem christlichen Kommunismus und fort von der Familie bedeutet. Der Prediger verwaltet die Ideenwelt der Bruderschaft, die zusammengesetzt ist aus dem Martyrium der Gründungsväter, der Geschichte radikaler Pazifisten, die als Echo der Reformation der Ordnung von Kirche und Staat den Kampf ansagten, und dem Anspruch von Menschen, einmal als würdige Gäste am Tisch des Herrn zu sitzen.

Gegossen in die starre, gleichmachende Form dieser Lehre, die im Laufe der Jahrhunderte von keiner neuen Theorie oder Ideologie verfälscht werden konnte, trinkt die taufgesinnte Jugend einfältigen, starken Herzens auch noch die abgestandensten Worte, als seien sie hutterischer Wein. »Wenn ihr fühlt, liebe Geschwister, eitel Kinder, im Glauben ganz oben zu sein, steigt weiter, steigt weiter...« Denn nur wer in der Gemeinschaft eines Bruderhofes in der Zukunft die Fortsetzung der Vergangenheit sehen kann, ist – auf irdische Dimensionen reduziert – gewappnet für den Kampf mit der Welt, mit dem Allzumenschlichen im Menschen. Wer dagegen opponiert, etwa die materielle Gütergemeinschaft als oberstes Gesetz der Liebe zuunterst kehrt, wer der Gemeinde zuviel Tradition und zuwenig Religion vorwirft, der hat auf dem Hof jedes Anrecht auf die Taufe und damit auf die göttliche Gnade verloren. Denn er ist einer von draußen, von der Welt.

Einer Welt, die, nach Jahrhunderten der Verfolgung, den Hutterern heute wegen der überquellenden Fruchtbarkeit ihrer »Weiber« mißtraut, Frauen, die auch die kleinste Gemeinde ohne jede Missionsarbeit schnell wachsen lassen. Sie gehören zu den Gegnern, diese Weltlichen, die die Eigenart des hutterischen Gemeinschaftslebens mit boshaften Humoresken belegen, die Hutterischen Brüder wegen eines mangelhaften Verantwortungsbewußtseins als Staatsbürger, in erster Linie aber wegen des landwirtschaftlichen Überangebots zu Prügelknaben vieler Farmkommunen und Gazetten machen; der Bauer vom Nachbarhof, der nicht mit mittelalterlichen Kommunisten konkurrieren kann, die kapitalistischer Produktion einen kommunistischen Charakter geben, die keine Löhne und Gehälter bezahlen; der Patriot, der ein Verbot der Pazifisten zu erreichen versucht, um im nationalen Interesse spätere Huttergenerationen zu Kanadiern zu machen; die Regierungen, die keine »fremden Staaten« auf eigenem Boden dulden wollen, die Menschen suchen, die, wenn man sie ruft, für ein Land zur Waffe greifen; Leitartikler, die den als freie Bürger in eine freie Gesellschaft hineingeborenen Täuferkindern einen Weg aus der religiösen Versklavung zeigen wollen: Durchschnittskanadier, die sich selbst nie aus den Augen verlieren, die nicht verstehen, wie man frei von Egoismus existieren kann, die vielmehr fürchten, daß, wer über einige hundert Jahre in der Prärie nicht auffällt, ein Grashalm oder ein Hutterer sein muß.

Das ist die Welt, die die Brüder im Glauben an den Vorhimmel auf Erden ablehnen, von der sie sich in zunehmendem Maße jedoch nicht mehr vollständig absondern können. Wo hohe Landpreise die Ausbreitung der Gemeinden blockieren und die ersten Bruderhöfe in den Bankrott treiben, ist das alternative Leben in Gefahr; wo die Regierung eine englischsprachige Grundschule in die Kolonien zwingt, verliert der Deutschlehrer – seit Jahrhunderten mehr als der wandelnde Rohrstock der Gemeinde – an Bedeutung, da das Englische die Exklusivität der alten deutschen Sprache zerstört. Eine moderne Infrastruktur, wirtschaftliche Zwänge und selbst die verbotenen elektronischen Medien treiben Kerben in jene Isolation der klosterähnlich zusammengerückten Bruderschaft, ohne die es kein Überleben geben kann. Dieses Reich des alten Adam, das man über die Jahrhunderte so sehr fürchtete, vor dem man sich so sehr isolierte, brachte – ein Zeichen des Herrn, nach Ansicht der Wissenschaft jedoch ein Ergebnis jahrhundertelanger Inzucht – bei den Hutterern in Nordamerika heute einen eigenen Blutgruppenfaktor hervor, das sogenannte »Waldner positiv«. Außerhalb der Gemeinden in den Vereinigten Staaten und Kanada konnte dieses bisher bei keinem Menschen nachgewiesen werden.

Und so lehrt der Prediger die Gemeinde, lehrt der Vater den Sohn – während des Tages im kärntnerisch-bayrisch-tirolischen Sprachgemisch, am Abend aber im musealen Schriftdeutsch der Hutterer, vermengt mit Lehnworten ihres langen Wanderweges – das einzig richtige Leben in der Gemeinschaft, in der Sterblichkeit... lehren sie die Abwehr des alten Adam, die in einer Zeit, in der gute Tage allgemein schlechtere Christen machen, zur Überlebensfrage der Heiligen in der Prärie geworden ist.

Das Liedgut der Gemeinde stützt den Anspruch der Lehre. Die Lieder der Altväter, »nur mit dem Mund gesungen, da ein Musikinstrument zur Lustbarkeit verführt, nur christliche und keine fleischlichen Weisen«, stählen die Jugend von heute über die Märtyrerfreudigkeit der frühen Taufgesinnten: »Das Lied des Kaspar Schuster, auf Michelsburg im Pustertal um der göttlichen Wahrheit willen gefangen, verurteilt, und mit dem Schwert gerichtet. In seiner eigenen Melodei ... das Lied des Daniel Kropf, zu Graz mit zwei Brüdern enthauptet. Im Ton: Ein Knab an einem Morgen... das Lied des Georg Blaurock, der Christi Leib nicht in der Hostie sah, dafür stritt, daß die Mutter Gottes weder angerufen noch angebetet werden dürfte und dafür bei lebendigem Leib den Flammen übergeben wurde. Im Ton: Gelobt sei Gott...«

Zur Taufe auf einem Bruderhof wird nur zugelassen, wer, zufrieden mit sich und seinem eingegrenzten Leben, völlig immun gegen die Lockungen dieser Welt zu sein scheint, wie es die Rechenschaft des großen Bruders Riedemann, um 1540 in einem Gefängnis in Wolkersdorf bei Marburg abgelegt, vorgeschrieben hat:
»So man taufen will oder soll, so muß man von Not wegen auf das wenigste zwei Personen sein, nämlich der Täufer und der Täufling. Der Täufer aber ruft erstlich das Wort der Buße aus, zeigt den Menschen die Sünde an und auch wiederum, wie man zu Gott kommen und bei ihm Gnade finden kann, und daß die Taufe eine Verbindung mit Gott sei, oder den Nutzen der Taufe, von welchem der Täufling bewegt wird, die Taufe zu begehren. Also muß der Täufling erst fordern, bitten und begehren. So er denn die Taufe begehrt, fragt der Täufer, ob er auch glaube in Gott, den Vater, Sohn und den Heiligen Geist. So muß der Täufling seinen Glauben bekennen. Der Täufer fragt weiter, ob er der Welt, der Sünde und dem Teufel absage. Dem muß er widersagen. Der Täufer fragt weiter, ob er sich denn Gott von ganzem Herzen und ganzer Seele mit allen seinen Gliedern ergeben wolle, um Gott allein alle seine Glieder regieren und brauchen zu lassen. Worauf, so vom Täufling bewilligt, der Täufer fragt, ob er das alles wohl versichert, daß dies die Wahrheit sei und es keinen anderen Weg zum Leben gäbe, ob er somit begehre, getauft zu werden. Und so er das begehrt, so heißt ihn der Täufer sich mit gebeugten Knien vor

Gott und seiner Kirche zu demütigen und nimmt ein reines Wasser und gießt es auf ihn ...«

Schon im zarten Alter der Kinderlehre hat ein Hutterer – wenn es ratsam scheint, auch mit Hilfe der Rute – gelernt, in radikalem Glaubensgehorsam auf dem richtigen Weg zu dieser Taufe zu gelangen und nach Möglichkeit niemals auch nur einen Schritt von diesem Weg abzugehen. »Sonderlich wegen der Buhlerei, dem Eigennutz und der Dieberei, aber auch wegen der Bauchsorg, nach der man unordentlich zu essen und zu trinken beginnt.«

Mit 15 Jahren nach der Ordnung der Gemeinde bereits erwachsen und im Tagwerk zur Arbeit an einer Farm- oder Küchenmaschine eingeteilt, übernimmt das Gemeindemitglied in der Regel zwischen dem 18. und 22. Lebensjahr mit dem Taufbekenntnis die Verpflichtung, die Bruderschaft in geistiger und materieller Hinsicht zu unterstützen, in einem Leben in der Kommune, nicht nach dem eigenen, sondern nach Gottes Willen. Der junge Mann, der wahrscheinlich Joseph, Jakob oder Samuel heißt oder – in der Reihenfolge der Häufigkeit – Johannes, David und Paul, lebt in dem Bewußtsein, daß er »ein Teil des Weibes ist, das Weib ein Teil von ihm, ihrer Herrschaft«. Daß das Weib die Schwachheit, die Demut und den Gehorsam unter seinem Joch zu tragen hat.

Die junge Frau, eine Susanna, Maria, Katherina oder auch Anna, Sara, Rebecca und Elisabeth, fügt sich mit brüderlicher Hilfe und Ermahnung nach einem ausgeprägten Kirchenbegriff in eine Männerwelt, in der sie sich rechtzeitig unterordnen muß, da die Gedanken eines Mannes keinen Platz im Körper eines Weibes haben. Denn auf einem Bruderhof werden die Geschicke von dem getauften Mann totalitär bestimmt, nach Aufgabe des individuellen Willens, ohne daß der patriarchalische Einfluß des Predigers auf die Gesamtgemeinde außer acht gelassen wird.

Mann und Frau werden sich der Gemeindezucht unterwerfen und sich dennoch gelassen auf dem schmalen Pfad der Nachfolge Christi bewegen, da es die hutterische Lehre seit der ersten Gründung der Gemeinde so verfügt. Im Zweifelsfalle sieht die

Bruderschaft in demokratischer Abstimmung eine prominente Aufgabe darin, sich selbst zu heilen, wenn sie Schmerzen am eigenen Körper fühlt. So muß, wer in der Gemeinde hackt, damit rechnen, selbst gehackt zu werden. Denn gerade eine Gemeinschaft von Heiligen, Menschen auf der Durchreise, die mit ihrer Armut den Reichtum des Bruderhofes garantieren soll, kann nicht ohne Zucht bestehen, ohne die Reinigung von unwürdigen Elementen. Der Unwürdige, der Unreine und der Eigenwillige wird wie der biblische Sünder ausgeschlossen, Strafe und Bann werden gehandhabt, um ein Volk Gottes zu sein, zu dem der wiederauferstandene Sohn ohne Bedenken kommen kann.

Auch hierbei orientieren sich die Hutterer immer wieder an ihrer eigenen Geschichte, in der sie nie die Asche, sondern immer nur das Feuer suchen: »Dieweil so viele Liebhaber Gottes so mächtig mit dem alten Adam um unsere Lehre gestritten und diskutiert und danach alles mit großem Grund bezeugt haben, auch im Turm und Gefängnis, unter Pein und Marter, ihr Leben dafür lassend, um mit großer Beständigkeit ihren Glauben zu bezeugen, müssen auch wir, liebe Geschwister, eitel Kinder, beständig sein in der alten Ordnung und Vermahnung. Wir singen ihre Lieder und lesen ihre Episteln und preisen sie selig, rühmen sie ... hoch ... doch einige von uns werden abtrünnig..., treten Ordnung und Lehre, auf deren Grund sie getauft sind, mit den Füßen und weichen soweit davon ab, daß wir uns fragen müssen, ob unsere Altväter nicht am letzten Tag unsere Richter sein werden. So wie wir wissen, daß es diese Liebhaber Gottes waren, die uns wie einst Gott den hungernden Abraham aus der Dürre des deutschen Landes nach Mähren und Ungarn geführt haben, nach Siebenbürgen und in die Walachei, nach Rußland und endlich in rechtschaffener Ergebung in dieses Land Amerika. Hierher in die Prärie, wo das Gras noch so kräftig ist, wie es der himmlische Vater am dritten Tag der Schöpfungsgeschichte geschaffen hat, als er sich umsah und bemerkte, daß alles gut war.

Doch selbst bei uns Hutterischen ist wie draußen in der Welt der Tau, der täglich auf dieses Gras niedergeht, oftmals ein saurer Regen, nicht weil wir die Umwelt überfordern, sondern weil wir den alten Adam in uns nicht besiegen können. Und wir lesen im 103. Psalm: ›Des Menschen Tage sind wie Gras. Er blüht wie eine Blume des Feldes. Wenn der Wind darüber geht, so ist sie dahin, und der Ort, wo sie stand, weiß nichts mehr von ihr. Aber die Gnade Gottes gilt immer und ewig.‹ Wer Ihm vertraut, dem bleibt Er treu alle Zeit ... wer von Ihm abweicht durch den Abfall aus Seiner Gemeinde hier auf Erden kommt in die Finsternis.«

Uralt ist das Verlangen der jungen Hutterer, in der Zeit zwischen den fallenden Herbstblättern und dem keimenden Grün streng nach einem aus dem Jahr 1560 aus Mähren stammenden Ritual zur Taufe zugelassen zu werden. Durch die religiöse Lebenspraxis mit nicht viel mehr als Hoffnung in der Tasche, tragen sie züchtig ihre Bitte an den Prediger heran, mit dessen Hilfe sie sich in den winterkalten Nächten, Wochen vor dem großen Bekenntnis, auf den entscheidendsten Schritt ihres Lebens vorbereitet haben: »Lieber Bruder, wir hegen ein herzliches Verlangen, mit Gott und allen Frommen einen Bund aufzurichten, darum wollen wir dich gebeten haben, du wollest uns behilflich sein mit der Hilfe und dem Beistand Gottes.«

Als uralt gelten auch Rat und Lehre, die dem Täufling mit auf den Weg gegeben werden für einen neutestamentarisch geprägten Lebensrhythmus bei freiwilliger Wissensbegrenzung, was weltliche Dinge angeht. Beißend hart und unverrückbar ist der Vergleich zwischen Weltlichen und Heiligen:

»... denn wisset, liebe Geschwister, eitel Kinder, und alle, die Gerechtigkeit erfahren wollen: Wir machen heute viel zuviel gemeinsam mit der Welt, wodurch manche von uns schon verführt wurden, denn was die Welt tut, macht sie nur aus Wiedergeltung. Aber wir denken auch, daß wir, obwohl adamisch geboren, Gott gehorchen, und er trotzdem für uns sorgen wird. Wir selbst dürfen uns keine Sorgen machen, selbst dann nicht, wenn der Türke kommt. Das würde nur bedeuten, daß wir uns von Ihm abwenden. Es heißt: Alle Sorgen werfet auf Ihn, Er sorget für euch. Er kleidet das Gras und schmückt es mit Blumen, ohne daß es selbst etwas dazutun muß! Die

Menschen sind aber sehr viel mehr wert als Gras. Er ist unser großer Versorger.«

Die Lehre, eine alte Ordnung und Kultur sind es neben wirtschaftlichen und familiären Bindungen, die die Hutterischen Brüder in Nordamerika heute miteinander verbinden, auch wenn sich die großen drei Fraktionen – die Schmiedeleut, die Darius- und die Lehrerleut – in einigen Lebenssituationen unterschiedlich entscheiden. Tief wurzelt die seelische Übereinstimmung der 15 aus der Emigration hervorgegangenen Familien mit ihren rund 33000 Mitgliedern, unkritisch sind die Bindungen an die Weisungen der Altväter. 15 in der miserablen Sicherheit Europas in Lehre und Ordnung beständige Sippen, deren Namen die Geschichtsbücher der Gemeinde mit den schlimmsten Verfolgungen, mit Tyrannei und langem Martyrium in Verbindung bringen, denn für jeden Altväternamen steht eine Tragödie: darunter die der Hofers, die auf der Flucht vor Maria Theresias Protestantenhatz als Kärntner Transmigranten 1756 zur hutterischen (Habaner-)Gemeinde in Siebenbürgen gestoßen sind und gemeinsam mit den Kleinsassers, den Glanzers, Waldners und Wurz, alle Kryptoprotestanten aus der Gegend von Spittal an der Drau, die Täufergruppe vor dem drohenden Zerfall bewahrten. Jene Hofers, die im Ersten Weltkrieg mit zwei Brüdern in einem Gefängnis in Kansas wegen ihrer pazifistischen Gesinnung, ihres deutschen Sprach- und Kulturelements, die vorerst letzten Märtyrer stellten. Daneben die Walters, die in den Chroniken bereits um 1580 genannt werden, und die Wollmanns (Waleman), die – im Väterlied besungen – im Dreißigjährigen Krieg auf den slowakischen Bruderhöfen, diesen bevorzugten Angriffszielen protestantischer und katholischer Landsknechte, ausharrten.

Ihre zwangsweise rekatholisierten Familien lebten noch bis 1945 in bruderhofähnlichen Kommunen in der Nähe Preßburgs und opferten erst dann ihren christlichen Kommunismus dem weltlichen. Auch die Stahls von slowakischen und siebenbürgischen Bruderhöfen gehören dazu. Einer ihrer Stammväter wurde 1663 von den Türken ermordet. Aus ihren Reihen kamen einst die besten Krügelmacher der Welt, die der Habanerkera-

mik zur endgültigen Anerkennung verhalfen. Dann die Wipfs vom Bruderhof Winz in Siebenbürgen; die kleinwüchsigen Mändels aus Böhmen – ein Jakob Männdel gehörte zur Urgemeinde in Nikolsburg/Südmähren –, die man bis heute auf den amerikanischen Höfen als die »Behm« (Böhmen) bezeichnet; die Tschetters, als Zetterle wahrscheinlich aus Süddeutschland zur Gemeinde gekommen, 1760 in der Chronik erstmals genannt; und schließlich die Gross, Knels, Dekkers und Entz, die »preußischen Hutterer«, die aus alten Mennonitenfamilien 1782 in Rußland zu der Gruppe gestoßen waren.
Die 15 Familien, die – eine Handvoll neuer Namen wie Baer, Suess, Dorn und Randle ist unbedeutend – untereinander in so hohem Grade verwandt sind, daß die Weltlichen mit Blick auf den Bruderhof – begehrtes Objekt der Wissenschaft – nicht von einer heiligen, sondern eher von einer total ingezüchteten Gemeinschaft sprechen. Inzucht eines gesunden Bauernvolkes, bei der die Natur Pate stand. Sie vermehren sich heute durch das Verbot der Pille, das Gebot, der Natur ihren Lauf zu lassen, so schnell, daß sich ihre Gesamtzahl etwa alle zwanzig Jahre verdoppelt – die fruchtbarste Bevölkerungsgruppe der Welt. Und sollte es bei dieser Entwicklung bleiben, bevölkern im Jahre 2300 bereits über zwanzig Millionen Hutterer die nordamerikanische Prärie.
Diese Gemeinschaft bringt in den langen Winterabenden ihre jungen Taufgesinnten über die Lehre auf die Spur der eigenen Geschichte, macht ihnen deutlich, daß »uns unwürdige Teutschen, also wildt und grob und ungeleert an leuten, mit groben sitten und bereichen, als kaum in der welt ein Orth oder Provintz, die Gnad Gotts erweckte, ein Luther die tück und büberei des römischen Antichrists aufdeckte, dieser Luther ein alt Hauss niedergebrochen, aber kein andres an die Stell gebaut, mit ihm Huldrych Zwingli das Pabsttum zu stürmen angekommen, aber bald sich des Sacraments halber mit dem Luther gezweyt, und sein aus inen zwei rohe Völker entsprungen und in Nichts sich gebessert, allein ein aufgeblasen und geschwollenes wissen hetten sy, Fleisch essen, Weiber nemen, Mönch und pfaffen ausschelten, das war ir höchster Gottesdienst«, was den

Herrn weiter nach einem frommen, gottesfürchtigen Volk suchen ließ. In den Wirren von Reformation und Bauernkrieg fand sich eine »kleine ainig Gemein in teutscher Nation, heilig und rein im letzten Alter unserer Zeit«, die bereit war, sich von der Welt abzusondern. Zu seinem herrlichen Werk habe Gott Männer wie Thomas Müntzer, Theologe und Revolutionär aus Thüringen, Balthasar Hubmaier, Pfarrer und Prediger aus der Nähe von Augsburg, und schließlich auch Jakob Hutter (Huter, Hueter) aus dem Tiroler Pustertal geschaffen, »die bekannten, daz der Kindertauff unnöthig sei, um mit himlicher Stim wider alle buchstäbler zu ziehn ... wogegen die Gottlosen mit aller Macht schrieen und von der Kanzel predigten. Damit unsere Absonderung von der Welt begonnen hat.«

Damit gab es eine Gemeinschaft der Heiligen, war dem alten Adam ein echter Gegner erwachsen.

»Doch das, liebe Geschwister, eitel Kinder, heißt nicht, daß die Urschuld bei uns schon besiegt, daß jeder Gläubige ein Gläubiger ist. Denn das Leben auf unserem Hof wird von Tag zu Tag schwerer, und wir können nicht sicher sein, ob wir nicht doch mehr eine fleischliche als eine geistliche Gemeinde sind, so wie Paulus uns sagt, mit einem Sinn und einem Herzen, kein Knecht mehr unter uns, sondern nur noch eitel Kinder. Darum rufen wir heute die Buße aus, mahnen euch im Hinblick auf die Taufe, der alten Lehre zu folgen. Wer jedoch in seinen Sünden bleiben will, den müssen wir seines Weges gehen lassen und Gott befehlen.«

Auf dem Bruderhof am großen Fluß in der kanadischen Prärie vermahnt der Prediger seine Gemeinde in der gleichen, früh erstarrten deutschen Sprache wie in den übrigen rund 300 Kolonien der Hutterischen Brüder in Amerika. Denn in diesem alten Deutsch gibt man bis heute die Altväterordnung weiter, die das Gruppenbewußtsein des einzelnen in der englischsprachigen Welt stärkt, die auch die Absonderung vom Nachbarn, von der Stadt und der anderen Kirche bewirkt.

»So vermahne ich besonders die Buben, die schändliche Unzucht samt anderen bösen Stücken zu Bett allenthalben zu meiden ...

Es ist auch wegen des Fetts der Wohllebigkeit eine bekannte Sache, daß man schon öftermal wegen des eigenen Gelds hat Meldung getan, solches abgeschafft und abgefordert, haben sich auch etliche davon geledigt. Nun aber spört man, daß solcher Unrat bei den Gottesunförchtigen wieder aufkommt, es ihnen kein Gewissen macht, ohne das Wissen des Haushalters dies oder jens zu kaufen. Doch die Ergebung im christlichen Tauf und die Beweisung im Abendmahl des Herrn sein ganz darwider und gebens nit zu, denn das eigne Geld ist ein groß Verderben in der Gemein...
Die ledigen Brüder und Schwestern sind treulich vermahnt, daß sie das unordentliche heimliche Zusammengehen meiden sollen, es folget nur Böses daraus. Und mit den Schwestern nicht scherzig sein, aus welchem uns oft Traurigkeit und dem Herrn Unehr gefolgt ist. Da man es etwa am ersten in einem Schein anfängt mit Zusammensetzen, unnutzen Reden zu Unzeiten, darnach bei Möglichkeit mit Greifen um den Hals und anderswo...
Die Schwestern sollen bei der Lehr und Predigt fein eingehüllt sein um das Haupt, auch so sie ausgehn, gleichermaßen wie Rebekka, und sich der Scham und Zucht befleißen, nicht mit Zöpfen oder Geld, Perlen und köstlichem Gewand, sondern wie es sich ansteht den Weibern...
Daneben soll jeder vermahnt und gewarnet werden, fein daheim zu bleiben und ohne Erlaubnis und Anmelden den Bruderhof nicht zu verlassen...
Es ist offenbar, daß einige in der Gemein, die wohl auch ein berühmtes Ansehen gehabt haben, elendiglich verdorben sein und im Wein ertrunken, daß man sie nimmer brauchen kann...«
Mit der Taufe verpflichten sich die älteren Jugendlichen, all diesen Anfechtungen zu trotzen: »Es ist die Weise, in der wir taufen, die viel Leid über unsere Altväter gebracht hat, warum man uns in der Welt auch die Wiedertäufer nennt. Unsere Taufe ist dafür ein Bund des guten Gewissens und kein unnützes Waschen eines Kinderkopfes. Wenn wir den Bund mit Gott aufnehmen, liebe Geschwister, eitel Kinder, aufgrund unseres

freien Entschlusses, so tun wir das, weil wir den göttlichen Willen erkannt und den alten Adam in uns ertränkt haben und von Herzen von ihm abstehen, an das rechte Evangelium glauben und hinfort auch nach ihm leben. Denn wir setzen den Glauben vor die Taufe. Ein Kind kann den rechten Glauben nicht erkennen, es ist rein. Und wie die Schrift sagt: ›Gehet hin und lehret alle Völker und taufet sie in meinem Namen.‹ Wir sehen so, daß zuerst die Lehre steht und danach die Taufe.
Wie unser Bruder Jakob Hutter lehrte, ist diese Taufe für uns nicht das Abtun des Unflats am Fleisch, sondern ein Bund eines guten Gewissens mit Gott. Das Wasser macht noch keinen zum Christen, es nimmt die böse und sündige Art und Natur von uns nicht weg. Wir sind es selbst, die mit der Taufe das alte Leben in uns kreuzigen und in Christo ein neues auferstehen lassen, das nach Gott geschaffen ist in Heiligkeit (nach 1. Petri, 3,21). Das aber, liebe Geschwister, eitel Kinder, lehrt uns am besten das Leben Jakob Hutters im fernen deutschen Land Tirol, der die Kindertaufe als ein ›verfluecht sudlbad und ein gestanck vor Gott‹ erkannte und leidfromm dafür im Feuer gestorben ist…«
Das ist die letzte Mahnung, bevor die kanadische Nacht jetzt noch kälter, die Stille des Hofes durch den Aufbruch der reiferen Jugend zerrissen wird: der gute Bruder Jakob Hutter, ein Mann aus unvergänglichem Samen. Er war nicht der Gründer der alten Gemeinden, da er erst kam, als ihre Lehre schon in gewisser Blüte stand, er war jedoch einer ihrer bedeutendsten Führer, religiöse Symbolgestalt für die gegenwärtige Kraft der Täufer, Stifter ihres kommunistischen Grundzuges, der sich bis zum heutigen Tag bewährt. Sein kurzes, mutiges Leben gilt hier als der Beweis dafür, daß der Mensch sterben muß, um schließlich unsterblich zu werden, daß ein Hutterer ein Heiliger und ein Heiliger ein Hutterer ist.
Jakob Hutter, der ungelehrte Lehrer aus Tirol, kein Grab ist zu besuchen, kein echtes Bildnis, keine Bibel, die er bei seinen Predigten in Mähren mit sich trug, sind erhalten, kein Bergstab, an dessen Griff er die Alpen überschritt, nur das Wissen um seine Lehre vom Gottesreich auf Erden. Vage sind die

Schätzungen, was seine Herkunft aus dem Bannkreis der Pustertaler Michelsburg angeht, authentisch ist sein Schicksal, von eifrigen Gerichtsschreibern protokolliert und in alten bischöflichen Archiven aufbewahrt. Authentisch ist auch, wie er in den winterkalten Abenden vor dem Fest der Glaubenstaufe in den Herzen der Hutterischen Brüder weiterlebt. Doch im Bruderhof am großen Fluß, in der Weite der Prärie, franst heute das Band der gemeinschaftlichen Hoffnung ein wenig aus, das Band, das die Körperschaft durch Glauben und Einheit, durch die Sittenzucht zusammenhält und das der Tiroler Hutmacher einmal knüpfte.

»Und darum liebe Geschwister, eitel Kinder, laßt uns Gott noch einmal im Gebet bestürmen. Denn eine solche Gewalttätigkeit gefällt ihm wohl...«

Ein Mann namens Jakob

Die Wurzeln der Hutterischen in Tirol

Schmale, spitze Schatten sind es nur noch, die die Michelsburg heute auf eine sandige Kahlfläche wirft, auf Mauerwerk der alten Römerprovinz Norikum und dunkelgraues Tiroler Vieh aus dem Weiler Moos, Geburtsort Jakob Hutters; Schatten, die besinnlichen Ernst in die Heiterkeit des Südtiroler Pustertales bringen. Die Burg am linken Rienzufer, einem riesigen Hackklotz ähnlich, war als hohes Gericht einmal härter als das Land, aus dem sie sticht, aber eben nicht hart genug, um auf hohem Fundament zu überdauern. Die Geschichte hat hier unterschieden zwischen dem, was bleiben, und dem, was sterben sollte. Die Michelsburg war um das Jahr 1000 an einer Stelle hochgewuchtet worden, wo die Räter einen schmalen Wallburgenrest hinterlassen hatten, wo Römer eine christliche Kultstätte dem heiligen Laurentius widmeten und wo sich die Bajuwaren mit der ganzen Kraft, die in ihrem Volksstamm steckte, der drohenden Slawengefahr entgegenstemmten. Der Koloß gehörte einmal den Brixner Bischöfen, den Hütern der Brennerfurche, die unmittelbar dem Landesfürsten unterstellt waren, auch den Grafen von Tirol und Görz und dem Kaiser Maximilian aus dem Hause Österreich. In seiner Glanzzeit im 16. Jahrhundert hatte man ihm die Aufgabe gestellt, das katholische Land, das von rebellischen Täufergruppen durchsetzt war, gegen diese auf dem Boden der antirömischen, evangelischen Reformation gewachsenen »Ketzer und Verführer« zu schützen, die an seiner Autorität vorbei zu Gott vorzudringen versuchten. Und wenn es darum ging, »ein ketzerisch fürhaben« und damit eine Provokation gegen den Krummstab zu ahnden, waren es die hier ins Angstloch geketteten Täufer selbst, die voller Märty-

rermut mit ansehen mußten, wie der Michelsburger Henker zerstörte, wo er bekehren wollte, wie er richtete, um Menschen vor den höchsten Richter zu bringen.
Was von der Burg blieb, ist Schutt, stirbt einen Bühnentod, um nur die Eingeweihten damit zu schrecken, was weltliche und kirchliche Macht, aber auch religiöser Fanatismus im Pustertal einmal bedeuteten. Ihrer großen und kleinen Tyrannen entledigt, von den erbarmungslosen Beichtvätern eines vielfach sittlich verfallenen Klerus wie von den religiösen Schwärmern längst befreit, ist die Ruine rund 450 Jahre nach der Täuferhatz keine Herausforderung mehr, sie bietet eher ein schales Spektakel für Touristen, die in dem Mauerwerk vergangene Epochen suchen. In ihrem Umland leben ohnehin wieder Menschen, die glauben, was und weil ihre Kirche glaubt, deren revolutionärer Wille von gesamtdeutschem Denken eingegrenzt wird, den Bittschrei auf den Lippen: »Mutter Gottes, wenn Du wirklich die Mutter dieses Landes bist, hilf!« Denn die Freiheit ist für die Südtiroler neben Gott das höchste Gut geblieben.
Hatte die Michelsburg einst die moralische Verpflichtung, Sprache und Kultur zu schützen, so ist sie längst morsch, bewußt-los geworden. Es fehlt ihr die geballte Energie des mächtigen Nachbarn Taufers, mit dem sie im Kampf gegen die Täufer verbündet war. Trotz einiger Versuche, an Wehrbauten und Sicherheitstrakten zu restaurieren, ist die Burg sich letztlich treu geblieben: von der Zeit gemordet, beherrscht vom Geist ihrer Richter und Opfer. Ein erloschener Vulkan in satter Fruchtbarkeit hoch über jenem Weg, auf dem das Christentum einmal vom Süden her über die Alpen, die täuferische Lehre vom Norden in den Süden vordringen konnten.
In einem Ausmaß, von dem die heutigen Tiroler nahezu nichts wissen, hat die Michelsburg unter Brixner Pfandherrschaft einst die fettesten Schlagzeilen für die Geschichte der Täufer geliefert. Hart schlugen damals die Aggressionen der verschiedenen Bruderschaften gegen den Koloß und die weltlichen wie kirchlichen Stände, die er deckte. Überschnell hatten sich die Untertanen des Michelsburger Gerichts den sozialen Gleichheitsideen der neuen Lehre und damit dem Evangelium des

armen Mannes geöffnet. Und wo es darüber zum Konflikt mit der Obrigkeit kam, war mancher Pustertaler tatsächlich auch bereit, das Kreuz zu tragen, um mit persönlichem Opfer am Leiden Christi teilzuhaben.

Mit der Grausamkeit ihrer Zeit reagierten Landpfleger und Bischof, die Köpfe von Spiritualität vernebelt, die Körper allzu tief im Schlamm des Luxus, auf die Herausforderung, die das Brandmal der Erwachsenentaufe bedeutete. Von einem »arckwenischen ort zum andern ketzerisch winckl« wie Freiwild gehetzt, um summarisch gerichtet zu werden, wo man sie ergreifen konnte, flohen die Taufgesinnten vor der Burg im Tal zuerst in die Berge.

In düsteren Waldfluchten, im klirrenden Frost der Bergsattel oberhalb des Pustertales, wurde dann mit ohnmächtigem Zorn gegen die kirchlichen Mißstände gesprochen: Die Kirche sei ein Steinhaufen, die Kindertaufe eine Sudelwäsche, die Messe ein Gestank vor Gott. Unter bizarren Felstürmen verurteilten die Gehetzten zum Pfiff der Bartgeier die Ohrenbeichte und die Heiligenbitte, auf verkarsteten Hochplateaus gaben ihre Prediger die Zeichen von Gottes Offenbarung und die Hoffnung auf Christi Rückkehr weiter. In kleinen Weilern und auf sanft ansteigenden Bergweiden wurde die verbotene Erwachsenentaufe abgehalten – und überall sah man die streifenden Rotten des Michelsburger Pflegers. Viele der Neugläubigen fielen in ihre Hand, um »an welchen orten sie ergriffen wurden, diselben von stundt an on ainich solomnität des rechten laut ausgegangener generalien und declaration gestrafft zu werden«.

Unter den Täufern fanden sich – ganz nach der Vorhersage des Apostels Paulus – nicht viele Vornehme und Mächtige, dafür einfaches Volk, dem die strenge Zucht Festigkeit verliehen hatte und einen revolutionären Geist, der aufrechte Christen selbst an Freitagen Fleisch essen ließ, der den Papst und Martin Luther in einem Atemzug als Lügner bezeichnete, die Kirchen mit Götzentempeln verglich und in der Behauptung verharrte, Jesus sei von Gott und nicht von der Muttergottes geboren.

In diesen Tagen des »jämmerlichen Würgens und Jagens« dichtete der Täuferbischof Leonhard Schiemer über die Bruderschaft der Heiligen: »Noch tobt die welt und ruhet nicht, ist gar unsinnig worden, vil lügen sie auf uns erdicht, mit brennen und mit morden... man hat sie an die bäum gehenkt, erwürgt und zerhawen, heimlich und öffentlich ertrenckt, vil weiber und jungfrawen... als weren wir auffrürer und verführer... wir sind zerstreut gleich wie die schaf, die keinen hirten haben, verlassen unser hauss und hof und sind gleich den nachtraben...«

Doch der Hirte, nach dem Schiemer rief, stand im Schatten der Michelsburg bereit. Ein Mann, der durch Gottes Wort und den Zwang seiner eigenen Persönlichkeit berufen war, die Führung der radikalen Gläubigen zu übernehmen, um sie getrennt von der Welt in der reinen Lehre und in göttlicher Liebe zu vereinen. So berichten die hutterischen Chronisten auch im Wortlaut der Bibel von der Ankunft Jakob Hutters, des kommenden Prinzipalvorstehers der Gemeinde: »In dieser Zeit kam einer mit Namen Jakob, seines Handwercks ein Hueter [Hutmacher], gebürtig von Maß [Moos], eine halbe Meile von Praunneckhen [Bruneck, Anm. B. L.] im Pustertal.«

Man schrieb das Jahr 1528, »da sich das Volk Gottes unter Trübsal täglich mehrte, viele Schwestern und Brüder in der Grafschaft Tirol für das Zeugnis der Wahrheit umgebracht wurden« und in den Städten Innsbruck, Kufstein, Kitzbühel, Brixen, Rattenberg und Bozen die Scheiterhaufen rauchten. Die durch Feuer, Wasser und Schwert bezeugte Gemeinde hatte sich für den Hutmacher aus dem Pustertal entschieden, da er »den Gnadenbund eines guten Gewissens nach der christlichen Taufe eingegangen war, um in rechter Ergebenheit nach der göttlichen Art zu leben. Als in mittlerer Zeit die Gaben Gottes bei ihm reichlich gespürt wurden, wählte und bestätigte man ihn für den evangelischen Dienst.«

Mit Hutter hatte die Tiroler Täufergemeinde jetzt den geeigneten theologischen Wortführer, aber auch eine Persönlichkeit, die durch besonders aggressive Reden und Handlungen die Autoritäten in verhängnisvollem Maße auf sich aufmerksam machte. Einer mit Namen Jakob, der seinem weltlichen Herrscher aus seinem einfach formulierten Glauben heraus göttliche

Rügen erteilte, über ihn zu Gericht saß, um den Ausgang des Höchsten Gerichts erahnen zu lassen.

Tirol und das Pustertal als eines seiner historisch eigenständigsten Gebiete war schon früh zum kräftigen Nährboden für die neuen Lehren Luthers und Zwinglis geworden. Die aus dem Inntal und der rätoromanischen Schweiz eingeschleuste Saat der Reformation sah man wie in vielen Teilen des Römischen Reiches schnell in dem kräftigen Menschenschlag der Alpen aufgehen. Beinahe über Nacht wurde das Land damit Schauplatz eines höchst ungewöhnlichen Schauspiels: Das gemeine Volk bot bischöflichen Beamten und fürstlichem Recht die Stirn, bedrohte damit die Glaubenseinheit und die dieser noch übergeordneten Interessen des Staates.
Neugläubige Prediger, »abgewichene pfaffen und ausgesprungene mönch«, Abenteurer, Almosenjäger, Humanisten und einfache Bauern, gestützt auf die große Tradition altdeutscher Freiheit, lieferten sich heftige Redegefechte und publizierten ihren Reformwillen – entgegen dem Verbot ketzerischer Schriften – in Büchern und Flugschriften. Meist waren es die Mutigsten und Fähigsten, die 1500 Jahre Kirchengeschichte plötzlich in Frage stellten, darunter Kleriker wie der Augsburger Domprediger Jakob Strauss in Hall oder der Augustiner Stephan Agricola in Rattenberg im Inntal. In Bozen wurden Luthers Werke öffentlich zum Kauf angeboten, im alten Zisterzienserkloster Stams lagen seine Bücher in allen Zellen. Regelrechte »Ketzernester« führten deutsche, dem katholischen jedoch noch ähnliche Gottesdienste ein. Die Stände allerdings bekannten sich schnell zum alten Glauben, wie ihn das Haus Habsburg zu schützen bereit war, wenn die Religionsfrage zur Sprache kam, obwohl jeder Angriff gegen die Rechtgläubigkeit der Kirche durch die Verfassung des Landes verboten war. Wo Recht gesprochen wurde, kam es damit zur strengen Bestrafung der Ketzer, wobei hin und wieder gnädigst erlassen wurde, daß »wer zu Brand verurteilt war nach seiner Reue zum Schwert zu begnadigen sei«.
Die von der Innsbrucker Regierung ausgestellten Mandate

konnten die Abweichler und ihre Anhänger zwar ächten, aber kaum schrecken. Zu tief war der Zweifel an der feudalen Ordnung der Kirche und an ihrer Intoleranz verwurzelt, zu laut kam der Protest gegen die Verweltlichung der Kurie, den Verkauf geistiger Ämter, gegen die außergewöhnlich hohen Abgaben und Steuern an die Geistlichkeit, die mit großer weltlicher Macht ein Heer von Beamten dirigierte, um sich auf dem Rücken des Volkes in ein Netz von bedeutenden Finanzgeschäften zu verwickeln. Kritik wurde am Pfründewesen laut, am sittenlosen Leben verdorbener Prediger, am Priestermangel und am ungeschickten Taktieren der Geistlichkeit im Hinblick auf die sich ausbreitende neue Volksbewegung. Hier war besonders der bischöfliche Hof zu Brixen ein prominentes Ziel revolutionärer Wut.

Mit der Zuwanderung von Neugläubigen in der Endphase des deutschen Bauernkrieges kamen verstärkt Täufer nach Tirol, reformistische Gruppen, die *nicht* den von Luther und Zwingli ausgehenden Bewegungen angehörten, in den frühen zwanziger Jahren des 15. Jahrhunderts aber noch kaum von ihnen zu unterscheiden waren. Spöttisch »Wiedertäufer« genannt, befanden sie sich auf der Suche nach der evangelischen Freiheit wie auf der Flucht vor den in Tirols Nachbarländern einsetzenden blutigen Verfolgungen. Bereits 1527 bekannte der Prinzipal der süddeutschen Täufer, Hans Hut aus Haina, beim Verhör, daß im Tiroler Inntal eine ganze Reihe von Brüdern nach der rechten Taufe ein rechtes christliches Leben führte, worauf in der Schweiz zu diesem Zeitpunkt schon die Todesstrafe stand.

Diese Bibelchristen, mit sich selbst noch nicht im reinen, ob ein Gläubiger das Schwert oder nur den Bettelstab führen darf, sollten bald durch äußerst aggressive Handlungen oder ganz entschiedenen Pazifismus von sich reden machen, der revolutionären Leidenschaft eines Thomas Müntzer oder der Demutshaltung Jakob Hutters näher als einem Luther oder Zwingli. Die innere Erneuerung der Kirche auf den Lippen stürmten die einen die Messen, während andere sich voll religiöser Einfalt den Autoritäten stellten, um danach freudig in

den Feuertod zu gehen. Ihre verschiedenen Führer, nicht selten von Luthers Haltung im Bauernkrieg enttäuscht, erklärten im weiten Spektrum der Ideen die Kindertaufe zur unnützen Kopfwäsche, die katholische Kirche zur babylonischen Hure und verwarfen die Synthese von Kirche und Staat mit der Begründung, daß die Welt nicht einheitlich christlich zu machen sei und daß auch der Antichrist als solcher in seiner Existenz anerkannt werden müsse.
Nicht nur dort, wo einzelne Täufergruppen mit sexuellen Exzessen und blutigen Ausschreitungen ihr Reich Gottes auf Erden, das neue Jerusalem, errichten wollten, fühlten sich katholische – wie bald auch evangelische – Fürsten von innen her bedroht, wurde die rasende Ausbreitung der Lehre zwischen Nordsee und Tirol mit großer Sorge beobachtet und mit der strengen, abgestuften Strafe des Ketzerrechts geahndet. Berechtigt schien dabei die Furcht vor einer ideologischen Verwirrung des Volkes, vor politischer Anarchie. Denn vielen frühen Täufern ging es zwar in erster Linie um die eigenen theologischen Ziele, das Heilsverlangen des einzelnen, daneben jedoch auch um eine Neuordnung der Welt: Die christliche Freiheit sollte über jedem nationalen Zwang stehen – es ging ihnen um eine neue Identität des religiösen, sozialen und politischen Seins. Unter der Voraussetzung der Möglichkeit zur Missionierung bekannten sich die meisten Täufer zur weltlichen Autorität, unterschieden aber ganz klar zwischen zwei Gewalten, nicht zwischen zwei Welten.

Die Geschichte jener Heiligen in der kanadischen Prärie, der historisch ältesten Täufergemeinschaft, beginnt dabei wie so unendlich viele Geschichten bei Adam, »jenem Erdklotz« – so die ersten Seiten ihrer Chronik –, »aus dem Gott einen Menschen mit allerlei Gliedmaßen gestaltete und formierte... und Eva, die ihm aus seiner Rippen erbaut war«. Da beide einmal der Schlange folgten, alle Menschen sündig geboren sind, werden sie – obwohl für das Leben geschaffen – Opfer eines zeitlichen Todes. Von Anbeginn haben die Menschen, diese ruinierten Meisterwerke Gottes, gesündigt: »Ihr Schlund ist ein offenes Grab, mit ihren Zungen handeln sie trügerisch, Otterngift ist unter ihren Lippen, ihr Mund ist voll des Fluches und der Bitterkeit, ihre Füße eilen, um Blut zu vergießen. Aber vom Weg des Friedens wissen sie nichts.«

Die Lage dieser Menschen wäre hoffnungslos – so die Hutterer weiter –, wenn nicht Jesus mit seinem Leiden und Sterben den wahren Bund des Testaments bestätigt und mit seinem Blut versiegelt hätte. Der Herr erleuchtet die Augen jener nach Naturgesetz Gezeugten, Geborenen und in üblen Sitten Aufgewachsenen, die sich im Bad der wahren Taufe gewaschen und gereinigt haben, um mit dem göttlichen Siegel der Gnade vor die Gemeinschaft der Heiligen zu treten. Das Versprechen, »hinfort nicht mehr für sich selbst, sondern für Gott und seine Kirche zu leben«, kann jedoch nur der erwachsene Mensch geben, der Seinen Willen erkannt hat.

Das Ideal einer schriftgläubigen Gemeinde ohne Flecken hatten hutterische Chronisten einmal in Jerusalem heranwachsen sehen, inspiriert »vom herrlichen Fest der Pfingsten, an dem erteilte, feurig gesehene Zungen die große Zeit Gottes ankündigten, worauf dreitausend Seelen an einem Tag gläubig, getauft und in die Zahl der Heiligen aufgenommen wurden. Sie blieben auch beständig in der Apostel Lehre, in der Gemeinschaft, im Brotbrechen und im Gebet. Wer aber als falsch und treulos befunden wurde, mußte mit der schweren Strafe rechnen... Die Gläubigen aber blieben beieinander, hielten ihre Güter im Gemeineigentum und niemand anderes durfte zu ihnen.«

In dieser urchristlichen Gemeinde wurde der – vergängliche – Wert der Güter als so gering angesehen wie heute im nordamerikanischen Bruderhof. Das persönliche Opfer jedoch, selbst das Martyrium, wurde schwärmerisch-erregt angenommen. In der Zucht des Glaubens gingen die Gläubigen davon aus, daß Tod und Verfolgung eine Gemeinschaft in Erwartung des zweiten Kommen Jesu stärken, denn nur wer für Sein Werk leidet, kann ein Glied Seiner Kirche sein. So war es lange Zeit die große Märtyrerfreudigkeit der ersten Christen, die das Denken und Handeln der Hutterischen Brüder und Schwestern auf ihrer Suche nach einem gereinigten Christentum in apostoli-

scher Armut bestimmen sollte: das Leiden eines Paulus etwa, in Rom enthauptet, des Thomas, von einem abgöttischen Priester erstochen, des Matheus Levi, mit dem Schwert gerichtet, oder des Bartolomäus, »welchem, von edlem Geschlecht und Stamm, die Haut abgezogen ward bis zum Halse, daß er seine Haut selbst am Arm trug, und damit zuletzt enthauptet«.
Die urchristliche Gemeinde hörte mit der Eroberung Jerusalems jedoch auf, Mittelpunkt der Christenheit zu sein. Die Wiedertäufer – so genannt, um die Anwendung eines tausendjährigen Gesetzes zu rechtfertigen, mit dem Kaiser Justinian die Wiedertaufe unter Todesstrafe gestellt hatte – sehen sich bis heute in ihrer Nachfolge und somit als etwas historisch Gewachsenes.
In den Augen der pazifistischen Täufergruppen hatte sich die katholische Kirche von den Judenchristen aus der Zeit der »ersten Liebe« an jenem Tag entfernt, als ihr Papst zum erstenmal das Kreuz an den Griff der Schwerter schmieden ließ. Die Handhabung der Waffe zur Verteidigung des Evangeliums, im katholischen wie lutherischen Denken durch die Stellung der Bürgerpflicht über die Jüngerpflicht tief verhaftet, war gerade den Hutterern ein Greuel, ihrer Ansicht nach von Gott erdacht, um die Heiligen von den Betrügern zu trennen. Wie die Menschheit seit Adam und Eva sündig war, so mußten es jetzt auch die Papstkirche und die irdische Zwangsgewalt, die sie schützte, sein.
Was die frühen Hutterer dabei als »Grundsupp vieler Laster und erschrecklicher Irrtümer, als völlige Verkehrung der rechten Ordnung« geißelten, können wir in unserer Zeit nur ihrer eigenen Geschichtsschreibung entnehmen, da die erste unpolemische Schrift eines Weltlichen über die Gemeinschaft erst gegen Ende des 19. Jahrhunderts erschienen ist.
Ihre Chronisten verurteilten besonders, daß sich die Päpste mit ihren philosophischen Spekulationen von den Büchern Mose, vom Evangelium Christi oder dem Neuen Testament entfernt und sich ein eigenes Gesetzbuch aus vielen Stücken zusammengeflickt hätten, um damit ein neues Heidentum aufzubauen. Anstelle einer schlichten Versammlung der Gläubigen habe

man Zeremonien in steinernen Tempeln angeordnet, wo man lieber im Mamor als in der Bibel lese, um den Menschen zu betrügen. In der Vermischung von Kultus und Kunst erweise man hölzernen oder silbernen Heiligen Ehre und Dienst. Die Päpste hätten zudem das Kreuz, das dazu da sei, daß es die Gläubigen auf Erden tragen, auf die Kirchturmspitzen gestellt, um damit zum Spott der Wahrheit das Oberste zuunterst zu kehren.

Religiöses Brauchtum wie Priesterweihe, Tonsurscheren, Zölibat, Kindertaufe, Einsegnung von Glocken und Waffen und die Abgötterei des Abendmahls seien überflüssig, auch die Messe sei fälschlich dazu eingerichtet, den Poltergeist der verstorbenen Seele vor dem Fegefeuer zu schützen. Selbst Rotten, Sekten und Orden wie etwa die Benediktiner, Franziskaner, Roten Karthäuser, Barfüßler oder Holzschuher seien nicht auf der Grundlage der Bibel geschaffen worden, da eine Gemeinschaft der Heiligen in Zucht und Sittsamkeit aus Gleichen unter Gleichen bestehen müsse.

In ihrem Kampf gegen die Papstkirche glaubten die hutterischen Vordenker in der Religionsgeschichte einige Gruppen zu erkennen, die sich auf der Suche nach der Wahrheit schon vor ihnen zu den Praktiken der Urchristen zurückgesehnt hatten, um unausgeglichene religiöse, politische und soziale Verhältnisse auszugleichen. Darunter die Fraticelli in Italien, die in Armut ohne Privateigentum lebten, die Brüder und Schwestern des gemeinsamen Lebens des Utrechters Gerhard Groote, die Laienbewegung der Waldenser, die die Worte des reichen Jünglings in der Schrift in die Armut geführt hatten und die dafür von der mittelalterlichen Justiz grausam verfolgt wurden. Daneben die mächtige Bewegung der Kartharer, auch die Albigenser, die slawischen Bogumilen, die Anhänger des englischen Reformers John Wiclif und des von ihm beeinflußten Johannes Hus. Nie war es der katholischen Kirche und ihrem weltlichen Arm gelungen, die »Ketzerei« gänzlich im Keim zu ersticken, tatsächlich war ihre Geschichte auch eine Geschichte der Reformen geworden, Hoffnung für die Taufgesinnten, die den römischen gegen einen deutschen Herrgott eintauschen wollten, ihren Weg zur Wahrheit getrennt vom katholischen Bekenntnis bis ans Ende gehen zu können.

Die Suche nach dem Ursprung der Brüdergemeinschaft, die sich einmal die Hutterischen nennen sollte, führt allein über die Schweiz zur Michelsburg. Ohne die Kindertaufe bereits in Frage zu stellen, war in einigen Schweizer Gemeinden im Zuge der aktuellen Reformation eine radikale Abspaltung von der katholischen Kirche im Gange. Im Jahr 1525 hatten sich die beiden ehemaligen Priester Felix Mantz und Georg vom Haus Jakob, genannt Blaurock, mit dem Patriziersohn Konrad Grebel getroffen, um sich gegenseitig zu taufen, da sie in der Kindertaufe einen Widerspruch zur Schrift erkennen wollten, »vom Papst erfunden wie Ablaß, Heiligenverehrung und Fegefeuer«. Sie waren von den Ideen des Züricher Leutpriesters Zwingli, durch Säkularisierung des Denkens, von Humanismus und Renaissance inspiriert – in entscheidenden Punkten jedoch gegen die Lehre des Schweizer Reformators, der die Durchführung der Reformation vom Rat der Stadt Zürich erwartete. Mantz, Blaurock und Grebel gründeten mit ihrer Taufhandlung die erste protestantische Freikirche.
»Danach taten sich bald noch andere zu ihnen wie Balthasar Hubmaier aus Friedberg, wohlgelehrte Männer in deutscher, lateinischer und griechischer Sprache, auch wohl kundig in der Heiligen Schrift, und sonst Prediger und andere Leute, die es bald mit ihrem Blut bezeugten«, beschreibt der hutterische Chronist Kaspar Braitmichel die Lage der Täufer. »So breitete sich die Bewegung durch Verfolgung und viel Trübsal aus. Die Gemeinde mehrte sich täglich und des Herrn Volk nahm zu. Das konnte der Feind göttlicher Wahrheit nicht leiden, brauchte Zwingli als ein Instrument, der dann auch mit Fleiß anfing zu schreiben und auf der Kanzel zu lehren, daß die Taufe der Gläubigen und Erwachsenen unrecht sei und nicht geduldet werden konnte, entgegen seinem eigenen Bekenntnis ... Er brachte es dazu, daß man auf einmal mehr als zwanzig Männer, Witwen, schwangere Frauen und Jungfrauen elendiglich in finstere Türme warf, daß sie fortan ihr Leben lang weder Sonne

noch Mond sehen und ihr Ende mit Wasser und Brot beschließen sollten, daß sie so verurteilt waren ... zu sterben, zu verstinken und zu verfaulen.« Grebel, Mantz und schließlich auch Hubmaier und Blaurock erlitten den Märtyrertod.
Die Täufer hatten sich nicht nur in Opposition zur katholischen Kirche gesetzt, sondern auch für Luther eine zweite Front eröffnet. Wo Zwingli allerdings die einzige gerechte Strafe für die »Irrlehrer« der Taufgesinnten im Tod durch Ertränken sah, sind vom Wittenberger die Worte überliefert: »Mit der Schrift und Gottes Wort sollte man ihnen wehren und widerstehen. Mit Feuer wird man wenig ausrichten.«
Blaurock, der »beweibte Weißmäntler«, Exmönch des St. Luciusklosters zu Chur, vom Sirenenruf der Reformation aus der Klosterzelle gelockt, wurde zum Gründer der Täufergemeinden in Bünden, zu ihrem Restaurator an Etsch und Eisack. Im Mai 1529 kam er nach Tirol, um sich der verwaisten Gruppe des in Innsbruck verbrannten Ketzers Michael Kirschner anzunehmen. Sein Missionsgebiet reichte von Neumarkt bis Klausen, seine Anhänger, denen er die Absonderung von der Welt und ihren bösen Werken predigte, waren Menschen im Herrschaftsjoch. Viele Bergknappen und einfache Landarbeiter waren darunter, bei denen – so ein aufrechter Katholik und Zeitgenosse – »der progreß der Lutterischen Sect Insonnderheit der Widertauffer arg zugenommen hatte, denn etliche deren vorsteher und aufwigler haben an vielen orthen den gemainen, unverstehenden Mann durch Ire ketzerische Leer dermaßen verfiehrt, das in wenigen Wochen eine merkliche Anzall von Mannes- und Weib- Personen in solchen Irrthum khomen sind«.
Mit dem Ofener Mandat aus dem Jahre 1527, das alle Personen, die von der römischen Kirche und ihrer Lehre abgefallen waren, zu Ketzern stempelte – darunter besonders die Wiedertäufer als Verächter »des hochwirdigen sacraments des zarten fronleichnams Christi« –, hatte Ferdinand I. versucht, gegen die Häretiker wirkungsvoll vorzugehen. Dem so zierlichen wie jähzornigen Schöpfer des habsburgischen Gesamtstaates, Enkel des Poetenlieblings Maximilian I., konnte danach zwar bald

berichtet werden, daß Hunderte von Männern und Frauen, von der Wiedertaufe befleckt, hingerichtet worden waren oder sich unter Zurücklassung ihrer Güter auf der Flucht befanden. Doch: »Wären die Leute nicht so versteckt, müßte ihnen die grausame, vielfältige Strafe, wie sie sie fast jede Woche an Alten und Jungen, Männern und Weibern vor Augen haben, billig Schrecken einjagen. Aber diese Leute haben nicht nur kein Entsetzen, sondern gehen wie in den Christenverfolgungen der Römerzeit zu den Gefangenen, zeigen sich als deren Brüder und Schwestern und bekennen ohne Marter gerne und willig. Weder Bestrafung noch gute Lehre helfen bei ihnen.«

Die hohe Sterbensfreudigkeit der Märtyrer, soziale und wirtschaftliche Umstrukturierungen der Landbevölkerung, allgemeine Unruhen und Rechtsunsicherheit waren neben einer gesteigerten Sorge um das persönliche Seelenheil verantwortlich für den Zulauf zu den Täufergruppen.

Blaurock, gerne auch der »zweite Paulus unter den Täufern« genannt, wurde am 14. August 1529 auf dem Ritten bei Bozen gefangen und in das Schloß Gufidaun gebracht. Nach dem Verhör unter der Marter lautete sein Urteil auf Brand; es wurde in der Nähe von Klausen vollstreckt. Seine Nachfolge trat Jakob Hutter an.

Wo die Daumenschrauben preßten und die klassenlosen Taufgesinnten in ihren ärmlichen Lodenkitteln die Kerker füllten, kam Gerichtsstätten wie der Michelsburg eine besondere Bedeutung zu. Von allen Bezirken südlich des Brenners siedelte im Bannkreis der Feste die zahlenmäßig stärkste Täufergruppe. Ein Grund dafür mag gewesen sein, daß sich im Tälergeflecht von Bruneck wichtige Handelsstraßen bündelten, auf denen auch die neue Lehre relativ komfortabel vorwärtskam. Daneben fand die zuständige katholische Geistlichkeit in Bruneck und St. Lorenzen lange Zeit keine rechte Erklärung für das revolutionäre Geschehen, das von den Neugläubigen ausging. Lutherische Bücher wurden feilgeboten, ein Prediger verkündete Luthers Lehre von der Kanzel, Kirchgänger verdeutschten Messe und Abendmahl, übersetzten Psalmen und Lieder, da die Reformation auch ein Geschenk für die germanischen Völker sein sollte, was dem Deutschtum des Südens einen erheblichen Auftrieb gab. In den Gassen rund um die Michelsburg stimmten Straßenjungen ketzerische Lieder an, und auf dem Friedhof von St. Lorenzen fanden bischöfliche Gesandte eine Grabtafel, auf der der Ablaßbrief zusammen mit dem Teufel abgebildet war.

Kritisch wurde die Lage, als eine Reihe von Pustertalern – die keine Leibeigenen, sondern im besten Falle Untertanen in politischen wie religiösen Fragen waren – ihrem Pfarrer vor Ostern die Ohrenbeichte verweigerte, als selbst Sterbende hin und wieder die Letzte Ölung ablehnten. In den armen Dörfern des Pustertales, die jeweils eine reiche Kirche zum Mittelpunkt hatten, in den breiten Taleinschnitten der Zillertaler Alpen und Dolomiten schien das Feld für Jakob Hutter somit bereitet, es wartete nur noch darauf, bestellt zu werden.

Der Hutmacher war im Weiler Moos unterhalb des Brunecker Hausbergs Kronplatz zur Welt gekommen, ein paar Steinwürfe entfernt von den hohen, schmalen Bürgerhäusern St. Lorenzens. Aufgrund mangelnder authentischer Überlieferung einigte sich der Volksmund auf das sogenannte »Weberhäusl« als sein Geburtshaus: ein Berghof, klein genug, um der Armut Hutters gerecht zu werden, groß genug für, wenn auch enge, Wohn- und Schlafzimmer, Stallungen und Bodenraum für das Viehfutter. Eine welke Fassade, ein paar eingesunkene Böden und knarrende Dielen, heute im Besitz der Familie Oberhammer, die Tirol unter anderem einen zweimaligen Rodelweltmeister stellte. Dort, wo der Namensspender der Hutterischen Brüder von Nordamerika vielleicht geboren wurde, ein Mann, dessen Lehre noch nach 450 Jahren täglich rund 33000 Gläubige in Demut um ihre Seelenrettung ringen läßt, werden heute Kühe und Schweine gehalten, wird auch ein kanadischer Regenwurm gezüchtet.

Nach neuesten Erkenntnissen irrt der Volksmund jedoch, wenn er das Weberhäusl als Hutters Geburtshaus bezeichnet. Aus der Urkunde über einen Landverkauf im 17. Jahrhundert geht hervor, daß der Broslhof – 75 Meter neben dem Weberhäusl gelegen – der Hutterhof (Hueterhof) gewesen ist.

Jakob Hutter – nie zu verwechseln mit dem heiligen Jakob, Tirols Schutzheiligem des Apfelbaums – hatte in Bruneck, dem Sommersitz der Brixner Bischöfe, recht sporadisch die Schule besucht, bevor er bei einem Meister Fischer in Prags das Hutmacherhandwerk erlernte. Durch seinen Beruf dürfte er weit herumgekommen sein, er wanderte durch die Täler und ließ sich vorübergehend in Spittal an der Drau nieder. Wo Hutter zum erstenmal mit der neuen Lehre in Verbindung kam, ist nicht mit Sicherheit bekannt. Es überwiegt jedoch die Meinung, daß ihn der Hirte und Winkelprediger Wolfgang aus dem Sarntal zur Gemeinde der Heiligen brachte.
Hutter, Zeuge der wütenden Raserei gegen die Taufgesinnten, zog heimlich durch das Pustertal, begeisterte mit seiner Lehre von der Anpassung der alten Kirche an nichtchristliche Philosophien die Phantasie der armen Schichten und brachte damit die katholischen Geistlichen im Weinberg des Herrn und der Traube wie auch manch hochberühmtes, lokales Adelsgeschlecht aus der Fassung.
Seine erste eigene Gemeinde entsteht in Welsberg, wo er im Hause seines Verwandten Balthasar Hutter und auf dem Hof des Sensenschmieds Andre Planer die zur rechten Lehre Bekehrten tauft. Schon jetzt werden Kirche und Staat auf ihn aufmerksam. Im Mai 1529 versucht der Pfleger von Welsberg, Christoph Herbst, den »Verführer« festzunehmen. Von der Gemeinde gedeckt, ertappen die Häscher mehrere »Ketzer« beim Brotbrechen, müssen Hutter jedoch entkommen lassen. In Innsbruck eintreffende Zeugenaussagen der gefangenen Täufer – zu denen sich im Kerker der Michelsburg auch bald Hutters Schwester Agnes, »Huterin von Moos«, gesellt – berichten davon, daß der Vorsteher sie »um gelt« getauft habe, das heißt, daß die Gemeinde schon zu diesem Zeitpunkt gemeinsame Finanzen hatte, Sparbatzen der Frömmigkeit. Vor der Verfolgung weicht Jakob Hutter in die Berge aus, wo er die tief religiösen Bauern mit der absoluten Autorität der Bibel missioniert. Dort oben mag sich sein eigener Glaube schließlich noch gefestigt haben, an der Seite der Hiasl, Moidl, Seppl oder Nanne, die, von harter Arbeit geduckt, kernig und urwüchsig,

ein kärgliches Leben führten, versunken in die Natur als Schöpfung Gottes. Dort oben bei den wetterfesten Zirlen, wo die Berge mächtiger waren als die Menschen, der Mann als der uneingeschränkte Patriarch der Familie galt... wo die Armut Jesu keine Last, sondern Freude bedeutete.
Nur der Blick ins Tal, in dem die Menschen das Heil verwalteten und nicht erwarben, hinüber zur Michelsburg, mag Jakob Hutter, als Führernatur von den religiösen Sonderbündlern von der Eisack bis tief nach Kärnten, von der welsch-tirolischen Grenze bis Kufstein bereits anerkannt, zutiefst bedrückt haben. Denn bei der Feste lagen für die Taufgesinnten Leben und Tod allzu eng zusammen: in der Burg das Angstloch, überfüllt mit Anhängern der neuen Lehre, auf dem Sturmbichl die Stätte des Hochgerichts, auf dem Ainsberg der Galgen, für den die Bauern die rauhen Leitern, Strick und Handschuhe der Henker zu stellen hatten; unterhalb der Michelsburg das geschäftige Bruneck, ein Herzstück Tirols, mit berühmten Patrizierfamilien und vielen frommen Stiftungen.
Die ersten Täufer, ein Gregor Weber, ein Wiser von Onach und dessen drei Söhne, waren bereits im April 1529 ins Angstloch der Michelsburg geschmiedet. Weber starb ein paar Wochen später in Brixen auf dem Scheiterhaufen. Bei Wiser und seinen Söhnen, die laut Gerichtsprotokoll so einfältig und eines so kleinen Verstandes waren, daß die Geschworenen eine Verurteilung ablehnten, drang man auf Freispruch bei »Abschwörung des Irrtums, Abrede und Zahlung aller Kosten«. Bis es zu einer Entscheidung darüber kommen konnte, drohte den vorübergehend nach Brixen verlegten Gefangenen laut archivierter Dokumentation allerdings, daß »das ungezifer bei ihnen derart überhand nemen will, das zu sorgen ist, wo sie noch lenger gefangen gehalten würden, das sie dan im gefengnuß sterben müßten, was kein klainer geschrei und geruech bringen würde«.
Daß es bei dieser Drohung nicht blieb, beweist ein späteres Dokument, wonach »das ungezifer inen mit gewalt übernommen und gantz löcher im leib verzert« hatte. Die vier kamen daraufhin wieder zurück in die Michelsburg und wurden

schließlich gegen Bezahlung aller Unkosten tatsächlich freigelassen. Doch mit Anzeichen von Nachsicht war den Täufern des Pustertales nicht mehr beizukommen, die Lawine, einmal vom Berge gerissen, wurde größer und größer. Dem neuen Pfleger der Burg, Christoph Ochs, wurde denn auch von Brixen befohlen, mit Strenge und größtem Fleiß nach den Glaubensrebellen zu suchen und sie auszurotten: Die einzige Antwort, die die Kirche auf die »Irrlehre« hatte, war der Kreuzzug gegen diese streng pazifistischen Menschen, die bei jedem Angriff die Faust in der Tasche ließen. 24 Taufgesinnte wurden auf der Michelsburg hingerichtet, elf weitere in St. Lorenzen, weit mehr in Brixen, da sich die Burg trotz der gerade erweiterten Kellerräume schnell als viel zu klein erwies für die große Zahl von Gefangenen.
Mit tausend Augen wachten die Kundschafter von Kirche und Staat über die anschwellende Täufergruppe, schrieben Richter und Gerichte an den »Widertaufferischer personen urgichten, so in Michelspurger Gericht gefangen worden« – ein Professor Hartmann Ammann, Chorherr in Neustift, sollte sie mehr durch Zufall 350 Jahre später im Hofarchiv zu Brixen wiederentdecken. Peinlich genau hatten hier kundige Schreibkräfte einmal die Täuferjagd fetter Söldner und Büttel registriert. Nur oberflächlich geht das Papier dagegen auf die Qualen der Gefangenen ein, die unter der Marter – ähnlich der Pein, die dem Gekreuzigten auf Südtiroler Hochaltären ins Gesicht geschrieben steht – aussagten und trotz größter Anstrengungen der Richter nie den jeweiligen Aufenthaltsort des rund um die Uhr flüchtigen Jakob Hutter preisgaben. Was früh bekannt wurde, war nur, daß der Mooser aufgrund der Verfolgungen in Tirol seiner Gemeinde aufgetragen hatte, nach Mähren auszubrechen, zu einer zweiten Bruderschaft der Heiligen.
Gestärkt durch seinen Erwählungsgedanken war es Hutter selbst gewesen, der trotz genauer Überwachung aller Wege und umherziehenden Personen bereits 1528 an der Seite eines Sigmund Schützinger die Alpen überquert hatte, um, Voraussetzung für den Zusammenschluß der neugläubigen Frakturen, die mährische Täufergemeinde auf »Fried und Einigkeit des

Gemüts und Geists« mit der Tiroler Brüderschaft zu überprüfen.
Wieder zurück im Pustertal, bereitete Hutter die Brüder und Schwestern im mährischen Täuferasyl zwischen Nikolsburg und Brünn auf den Exodus aus Tirol vor, indem er ihnen brieflich bestätigte, daß seine eigene Gemeinde zwar in Liebe und Glaube ihre Tage verbringe, der wütende Drache aber Rachen und Schlund weit geöffnet habe, um das Weib, das mit der Sonne bekleidet sei – die Braut Christi oder Gemeinde –, zu verschlingen. Jedoch habe er bisher nur von der Redlichkeit und Frömmigkeit der vielen gefangenen Brüder und Schwestern gehört, da Gott sie tröste und stärke.
Die Täuferjäger werden von Hutter, dem Prediger ohne theologische Vorbildung, ohne große Bildung schlechthin, als Gottesschänder, grausame Höllenhunde, Kinder des Teufels, greulich arge Buben, diebische Pfaffen und Mörder bezeichnet, auf jeden Fall als Feinde Gottes und seiner Kinder, da sie nach seiner Meinung den echten Glauben in der Welt zu ersticken versuchten.
Die gefangenen Täufer, passiv gegenüber dem Gegner, erstaunten die Gerichte mit der Kraft ihrer religiösen Überzeugung, denn nur wenige widerriefen im peinlichen Verhör. Ein Kolman Zimmermann saß mit seiner Frau in der Michelsburg ein, weil er das Altgeheiligte in Frage stellte; ein Marx am Kefflein, der sich nicht durch ein menschliches Amt, sondern von Christus allein leiten lassen wollte, und eine Agnes Plattnerin von Kienberg. Wer von ihnen bereit war, an drei aufeinanderfolgenden Sonntagen in der Pfarre von St. Lorenzen während des Hochamtes oder der Messe öffentlich sein Täufertum zu widerrufen – auf dem Boden kniend, eine brennende Kerze in der Hand –, eine auferlegte Buße annahm und erklärte, bei Gefahr für Leib und Leben in Zukunft Hutters Gemeinde fernzubleiben, konnte nach Entrichtung der angefallenen Gerichtskosten auf richterliche Milde hoffen. Wer auf seinem »Irrtum« beharrte, etwa darauf bestand, daß »die bildniss in der kirchen lauter götzenwerch« seien, daß »die lieben heiligen gegen Got nit fürbitter sein, daß man got allein anruefen soll« oder daß »das

sacrament des altars ein gestanckh und ain greull vor got« wäre, wurde hingerichtet.
Darunter war jener Kaspar Schuster, der wie viele auf der Michelsburg seinen Glauben mit seinem Blut bekannte. Kurz vor seinem Tod schrieb er die Zeilen, die die Hutterischen Brüder in Nordamerika auch heute noch zu ihrem Liedgut zählen, zu singen »in seiner eigenen Melodei«: »Der Gottlos zeigt jetzt seine Macht, als wollt er uns zerreißen, daß er über uns aus Neid und Haß sein Zähn zusammen tut beißen. Fast überall in diesem Tal will er die Frommen schinden, habt nur Geduld in Gottes Huld, vor dir muß er verschwinden ...« Kein Schwert war so scharf, kein Feuer so heiß, kein Teufel so arg und kein Mensch so fleißig – so die hutterische Chronik –, daß sie Kaspar Schuster von seiner Wahrheit hätten abbringen können.
Obwohl sich die Täufer im Pustertal fortan mit größter Vorsicht bewegten und nur noch an weit entlegenen Orten Versammlungen abhielten, konnte der Michelsburger Pfleger Ochs schließlich immer regelmäßiger von neuen Personen nach Brixen berichten, die ihm, »von der widertauff beflekt«, in die Hände gefallen waren. Gütig oder peinlich verhört, gaben die Glaubensrebellen ihm auch willig zu Protokoll, was ihnen Thron und Altar, Priester und besonders die Kindertaufe bedeuteten. Schnell und ohne Gnade wurde in der Münsteranlage der uralten deutschen Bischofsstadt über Leben und Tod entschieden. Denn die Kirche hatte ihre Lehrjahre im Umgang mit Häretikern, mit Bewegungen, die teilweise ins Phantastische, tatsächlich aber auch ins Radikale getrieben waren, hinter sich. Schon bald sollte es im Pustertal keine gesicherten Gemeinden mehr geben: niemand, der eine ausgeprägte Lehre formulieren konnte, keine geschulte Führung, die nicht flüchtig war. Es gab nur noch eine Bruderschaft in Ketten, schwärmerische Religiosität, sittliche Maßstäbe und das Wort, das Berge versetzen konnte, nicht jedoch Kerkermauern zu sprengen verstand.

Jakob Hutter, Hutmacher und Prinzipal der frühen Täufer in Tirol – er gehört zu dem Land wie Oswald von Wolkenstein oder Walther von der Vogelweide, wie Michael Pacher oder Hermann von Gilm. Nur kennt man ihn kaum, versucht heute niemand, sein Schicksal zu ergründen, ihn als historische Randfigur zu erfassen. Ein Grund dafür mag sein, daß die Hutterer längst aus Tirol verschwunden sind, daß eine kleine Restgemeinde mit Täufern im Vinschgau nur bis 1880 überleben konnte. Ein anderer, daß an diesem südlichen Abhang der Alpen heroischer, revolutionärer Wille und Reaktionsbewegungen nie Ausnahmeerscheinungen waren. Wo auf heute altersgrauen Fürstenburgen einst entschieden wurde, wer Held und wer Schlange war, wo Geschichts- und Geschichtenschreiber der alten Kirche und dem Hause Habsburg lange Zeit verbunden blieben, haben die Menschen ihr Verhältnis zu ihrem Herrgott stur geregelt. Für die Tiroler war Jakob Hutter, der Mann, der sein Leben für seine Herde gab, gestorben, als er im Jahre 1535 in Klausen im Eisacktal in die Hände seiner Häscher fiel. Sein Name verwehte mit dem Allerseelenwind, der schneidend über das Toblacher Feld hereinbricht, wenn im Pustertal zur entsprechenden Jahreszeit hinter jedem Zaun ein anderes Wetter steckt. In diesem Wind vermutet der bergbäuerliche Volksmund, nicht ohne Einsprengungen des altgermanischen Götterglaubens, den Südtiroler Totenzug. Wenn er sich im ruinierten Mauerwerk der Michelsburg verfängt, klagt er tatsächlich so, als würde das Blut der Märtyrer noch immer vergossen.

Die Heiligen vom Pustertal

Leben und Leiden der frühen Gemeinde

Die kühnen Berge am Saum des Pustertales, die waldreichen Rampen und einsamen Schwaighöfe, in denen die religiöse Freiheit flüchtig gewohnt hatte, waren zusehends unsicherer geworden. Die verfolgten Täufer zogen sich nach Möglichkeit zu den höchstgelegenen Bauernhöfen zurück, knapp unterhalb der Unerschlossenheit der Gipfelregionen. Hier war so vieles anders als im heiter gestimmten Tal, die Menschen in langer Generationenfolge waren ernster und zäher, dazu hart und unnachgiebig wie die Berge selbst, verschlossen wie so manches Tal, bescheiden wie der von Stürmen ausgefegte Boden. Hier lebte man ergeben nach dem Willen des Schöpfers und dem der Natur. Es war dieser Charakter der Bergbauern und ihre Kraft im Glauben, die den Taufgesinnten vieles von dem leichter machten, was für sie unfaßbar schien, die sie innerlich festigten, um der Bedrohung, die von der Michelsburg ausging, widerstehen zu können. Doch die Wunde in der religiösen Substanz des Landes war trotz dieser Standhaftigkeit der Heiligen des Pustertales heilbar.

Immer häufiger berichteten die Gerichtsschreiber der Michelsburg und der ihr übergeordneten Residenz in Brixen jetzt von der Macht statt von der Ohnmacht der katholischen Kirche, wurden Protokolle geschrieben, die die Beute der bischöflichen Erwartungen weit überstiegen. Auch in Innsbruck wurde keine Maßnahme unterlassen, um der neugläubigen Bewegung Herr zu werden. Ferdinand I. erließ 1531 eine verschärfte Verordnung gegen die »Personen, die sich mehren und häufen, daß sie sich zuletzt unterstehen könnten, der Obrigkeit keinen Gehorsam mehr zu erweisen, Personen, die alle Güter im Gemeineigentum haben, daneben andere falsch belehren, dem heiligen, wahren christlichen Glauben zuwider, um damit die frommen Christen in ihre Sekten zu bewegen, was den Verlust ihrer Seelen zur Folge hat«. Wer fortan einen Vorsteher der Gemeinde stellen konnte, wurde mit einem Kopfgeld von vierzig Gulden belohnt. Eine »gebührliche Strafe« erhielten diejenigen, die sich nicht in der christlichen Ordnung mit dem heiligen, hochwürdigen Sakrament versehen ließen oder die Beichte ablehnten.

Das neuerliche Mandat Ferdinands sollte Wirkung zeigen, und je mehr sich die Not von Jakob Hutters Gemeinde steigerte, desto tiefer färbte sich das Kreuz in der Osterfahne des Brixner Bistumswappen blutrot. Die Namen der Richter und Gerichteten sind längst von der Patina der Zeit überzogen. Was in Tirol von ihnen blieb, ruht in den umfangreichen Archiven von Innsbruck, Brixen und Bozen. Klein sind die Papierstapel geworden, die einmal so viel Panik ausgelöst haben, über Kreuz ist verschnürt, was die Krise der katholischen Kirche zum Kreuz des Tiroler Südens machte. Angegilbt und trotzdem beinahe makellos finden sich darunter auch die »Interrogatoria und Fragstukh auf Jakob Huetter, den widertaufferischen Vorsteer«. Das Papier mit der langen Vergangenheit, im früheren Bistumskerker an dem Eisack für archivarische Zwecke mit der Nummer 6428 ausgezeichnet, in der Reihenfolge nach dem brutalen Mord an einem Mädchen aus Klausen, war einmal ausgestellt worden, um den Täuferführer nach seiner Gefangennahme über all das zu befragen, »was er im Landgericht Michelsburg begangen und vollbracht hatte«.

Darunter und darüber finden sich die in peinlich sauberer Schnörkelschrift aufgenommenen Aussagen jener Gläubigen, die mit der neuen Lehre auf den Lippen lieber sterben als gebeugten Hauptes leben wollten und dafür auf einen gerechten Ausgleich im Himmel hofften. Diese Protokolle gleichen sich in den entscheidenden Passagen, ähneln häufig Jakob Hutters ungezügeltem Wortschatz ebenso wie dessen sittlichem Ernst, immer abhängig davon, ob die Gerichtsherren die Gefangenen gütlich oder peinlich, das heißt mit der zuschlagenden Wut der

Folter, verhört haben. Dabei hatte auch die Brixner Justiz durchaus humane Züge, wenn sie etwa vorschrieb, daß weibliche Täufer mit einem »gesegneten Leib« dem physischen Härtetest während eines Ketzerprozesses nicht unterzogen werden durften, um die Schwangerschaft zu schützen.

Die ältesten Protokolle, die heute im Brixner Hofarchiv liegen, tatsächlich noch in jenen Räumen, in denen einstmals die Verhöre stattgefunden haben, stammen von einem Siegmund von Kiens, Knecht des Jörg Ebner auf Hörschwang, der am 11. Januar 1532 vom Pfleger der Michelsburg verhört wurde. Gütlich erklärte der Siegmund gegenüber Christoph Ochs, »er sei mit eim halb stär waizen zum müller in die Au geschickht worden, bei dem Schräffl zu Rungen zu ainem vorsteer, genannt Joerg Vasser, an ainem mittwoch khumen; hab im seine sünd angezaigt; danach sei er wider haimgangen, und der beruert Vasser hab im auch gesagt, er soll von der sündt und ungerechtigkeit absteen und dem Herrn nachvolgen. Am nägsten samstag darnach sei er in des Pirchners zu Saale badstubn durch gedachten Joerg Vasser getaufft worden ... der Vasser habe ain wasser über den kopf gegossen und getaufft im namen des Vaters, Sons und des heiligen Geists. Und als sie aus der badstubn in des Schräffls haus khumen sind, hab inen Schräffl ain suppen geben. Vasser habe im auch vorgehalten, er soll sich der sünd maßen und in kain kirchen geen, denn es sei wider got und ain abgötterei. Danach sei er in der aichhornin voglhütten auf den Zisers zur sunnwendemarke bei ainer gemeinde gwesen, zu der auch Jacob Hueter der vorsteer und andere khumen sind, die er nit kennt hab; allda hab inen der Hueter das gotswort gepredigt ... es hab im auch der beruerte Vasser verbotten, khainen seiner brueder noch schwestern anzuzeign; die vorsteer haettn im auch verbotten, eine andre wehr als ain stock zu tragen, und so man sie fangen sollt, durft man sich nit wehren.«
Siegmund sagte weiter aus, daß er seit Lichtmeß 1531 weder in eine Kirche gegangen sei noch das Sakrament empfangen habe. Er halte davon ohnehin nichts, wie es die Priester verabreich-

ten, sondern glaube an das, was der Hutter gesagt habe. Er glaube auch, daß die Bilder in der Kirche Götzenwerk seien und das Sakrament des Altars ein Werk des Teufels. Die lieben Heiligen könnten daneben bei Gott keine Fürsprecher des Menschen sein, da jeder einzelne seinen Herrn im Himmel persönlich anrufen müsse. Der Luther, der Zwingli und der Papst seien seiner Meinung nach ein Ding. Sie lehrten die Satzungen der Menschen, und die seien ein Werk des Teufels. Alle, die kein Mitglied seiner, Siegmund von Kiens', Bruderschaft seien, müßten als rechte Heiden angesehen werden. Christus sei allein deswegen gestorben, weil Adam und Eva das Gebot des Herrn übertreten hätten, Er habe für die Menschheit gelitten. Was die Priester darüber erzählten, sei nicht die Wahrheit, denn ein katholischer Prediger sei nicht rein. – Über sich selbst äußerte der Gefangene, sein Fleisch sei auch ein Teufel und zu keinem Nutzen für nichts.

Am 16. Januar 1532 dann im peinlichen Verhör gab der Knecht zu Protokoll, daß kein Glied seiner Gemeinschaft eigenes Geld oder Gut besitze, denn das müsse beim »secklmeister« [heute: Diener der Notdurft, B. L.] hinterlegt werden, der alles für sie verwalte und bezahle. Und wenn ein Gläubiger einen anderen grüße, so sage er »Der Friede sei mit dir«, worauf ihm geantwortet werde »Gott sei gelobt und geehrt«.

Wie Siegmund von Kiens wurde auf der Michelsburg auch Michael Ebner zuerst gütlich verhört, danach »übel gemartert und gereckt«. In seiner Aussage bekannte Ebner laut Protokoll: »Der Hueter habe auch ihm verbotten, in ain kirchen zu geen, das er im auch willig zugesagt hab, denn es sei ain bapstlich gebot, wiewohl Cristus templ zu machen geboten hab, jedoch nur ain rain herz damit gemeint hab. Er sei auch seither in kain kirchen khumen, denn so er hinein gangen wär, so würd er heucheln. Paulus des Apostels Lehr und die Jacob Hueters, ihres vorsteers, sei gleich ain ding. Er halt vom sacrament des altars nichts, das sei alles ain nichtigkait, die mess und aller gottsdienst, wie ihn die briester halten, wär ain abgötterei. Es sei auch mit der kindertauff in der jugend nichts, denn vor der tauff müsse der glauben sein. Der kaiser, der könig und alle, die

sich nit bekeren lassen und zu irer bruderschaft kämen, wären rechte haiden.«
Für ihre Standhaftigkeit, den totalen Gegensatz in der Erkenntnis des Evangeliums, mußten die beiden Täufer »ritterlich mit ihrem Blut bezahlen«. Aufrecht gingen sie den hutterischen Weg, nicht vom Leben in den Tod, sondern trotz des amtlich angeordneten »viehischen Begräbnisses« vom Tod in das ewige Leben. Ihnen folgte der von Hutter getaufte Niclas Velder von Silian, der den Pfarrer mit dem wahren Teufel verglichen hatte, da er mit der Kindertaufe den Bösen aus dem Kind auszutreiben versuche, das doch rein sei. Ein Paul Rumer erklärte vor Gericht, daß Christus vor den Gottlosen in die Wüste geflohen sei wie die Täufer des Pustertales in die Berge. Er selbst »sündige fortan nimmer, denn wer aus got sei, der sünd nit, wer aber aus vleisch sei, der sei sündig wie die pfaffen«. Sein Bruder Leonhard ließ den Michelsburger Pfleger wissen, daß die Heiligen im Himmel ähnlich den Täufern in Tirol seien. Augustin Conrad wiederum nannte die Kirche eine »stinkhende babilonische Hur«, beklagte nicht nur die Krise der katholischen Theologie, sondern auch die unfertige Reformation Luthers, die nach einer Radikalisierung und Enthemmung rufe – eine Auffassung, mit der sich die Täufergruppen dem gleichmachenden Griff der neuen Kirche zu entziehen versuchten, um die sittliche Erneuerung aller Lebensnormen zu erreichen.
Ebner, Velder oder Rumer – die Heiligen des Pustertales konnten sich den Nachstellungen des Michelsburger Pflegers nur durch die Flucht entziehen, mißlang sie, waren sie ihren Häschern völlig hilflos ausgeliefert, da für sie der Waffendienst nicht mit dem ihnen aufgetragenen Gottesdienst zu vereinbaren war. Die Gläubigen gingen davon aus, daß die Taufgesinnten am Tage des Höchsten Gerichts als Lämmer über ihre Gegner siegen würden, als Wölfe mußten sie unterliegen, denn der Beistand des Guten Hirten sei nur dem Lamm sicher, Wölfe weide der Herr nicht.
Ganz besonders hatten es der Fürstbischof Georg von Brixen, ein außerehelicher Sohn Maximilians I., und die Herren in Innsbruck beim Versuch, »di verdambt verfüererische Sect der

Widertauffer auszureiten«, auf Jakob Hutter abgesehen, der zusammen mit einem Hans Tuechmacher (auch Hans Amon genannt) die Gemeinde führte. Die beiden Vorsteher zogen unermüdlich durch die Täler und verstanden es mit Hilfe der Taufgesinnten, ihren Verfolgern immer wieder zu entkommen. Hutter selbst sah allerdings zu diesem Zeitpunkt schon – bis zum Jahr 1530 waren nahezu tausend Täufer in Tirol den Märtyrertod gestorben – nur noch eine Möglichkeit, die Gemeinde zu retten, »die glaubigen, die nit platz oder statt haben hier zu leben«, in der religiösen Zucht zu halten. Die Regierung in Innsbruck vermutete zu Recht, daß der Prinzipalvorsteher den endgültigen Ausbruch seiner Herde aus Tirol so schnell wie möglich durchführen wollte. So befahl Ferdinand I. den Pflegern und Landeshauptmännern, Rittern und Knechten, Räten und Gemeinden, Geistlichen wie Weltlichen, »in sonderheit nach den zway vorsteern ... zu suchen, die sich mit irem wesen under disen leuten aufhalten und von inen für patriarchen gehalten und genannt werden ... damit doch diselbigen zu gefengknus gepracht und gegen si gehandelt werden möchte, welches ... zur verhinderung vil übels ...« führen würde.
Da das Netz der Kundschafter des Fürstbischofs immer undurchlässiger, die Täufergruppen durch die Verfolgungen und Hinrichtungen immer unsicherer wurden, wollte Hutter Tausende von Gläubigen »kuttenweise« aus dem Land schleusen. Als Ziel der Flüchtigen bot sich nach der vollzogenen Union der dortigen Täufer mit den Tirolern weiterhin nur Mähren an. Ein Religionsgespräch mit Jakob Wiedemann, genannt der »ainaugete Jakob«, zu dieser Zeit Vorsteher der Gemeinde in Austerlitz, hatte Hutter endgültig davon überzeugt, daß es echte Heilige nicht nur in der relativen Glaubensenge des Pustertales gab. Mähren, das durch starke Zuzüge auch aus Württemberg und Schlesien ohne jeden Zweifel jetzt Zentrum der Täuferbewegung und Anfang der dreißiger Jahre des 15. Jahrhunderts bereits kommunistisch durchorganisiert war, erklärte sich bereit, die Tiroler aufzunehmen. Als ersten Vorsteher der eigenen Gemeinde im mährischen Exil ernannte der Mooser Jörg Zaunring, der nach einem ernsten Vergehen aller-

dings bald von Hutters Weggefährten Sigmund Schützinger abgelöst wurde.
Das Sammeln der Gemeinde an geheimen Orten wurde dem Prinzipalvorsteher von den streifenden Rotten des Michelsburger Pflegers erheblich erschwert. War doch bei den Tiroler Ständen jetzt zusätzlich der Verdacht aufgekommen, daß sich bei Hutters Täufern unter der Maske der Religiosität die Fratze der Rebellion verberge, die Neugläubigen keine einfachen Ketzer, sondern Anhänger einer organisierten Bewegung der Landbevölkerung seien, die sich ähnlich wie im Bauernkrieg in erster Linie gegen die allgemeinen sozialen Verhältnisse richte. Nicht von ungefähr habe der Tiroler Bauernführer Michael Gaismaier persönliche Kontakte zu Zwingli gepflegt. So trieb die Täuferhatz in Tirol ihrem Höhepunkt zu.

In der Stadt Schwaz im Inntal wurde der Bruder Ludwig Fest »um der Zeugnis Jesu Christi willen gefangen und zum Tod verurteilet und hingericht. Der hat auch die göttlich Wahrheit mit seinem Blut ritterlich bezeugt, wie auch noch ein Epistel von ihm vorhanden.«
Die Brüder Hans Peck, einen Walser, Schneider, Christian Allseider, Wölfl vom Götzenberg, Valtin Gsell, Hans Maurer und Peter Kranewetter übergab der »Hohepriester« dem Henker, der sie auf dem Richtplatz von Gufidaun in den Tod schickte. Blasius von Großen wurde in Klausen verbrannt, Ulrich Müller dort enthauptet.
Wie die Verhöre auf der Michelsburg bestätigten, waren viele Pustertaler, wenn schon keine echten Taufgesinnten, so doch überaus täufernah gestimmt. Dieser moralische Pegelstand erschütterte den Pfleger Ochs wie den St. Lorenzer Pfarrer Wolfgang Stainmetzer weit mehr als das flammende Zeugnis sterbender Märtyrer. Daraufhin mußten auch die Sympathisanten der Bewegung mit Tortur und Leibesstrafen rechnen. Wer Heilige beherbergte, ihnen Unterschlupf gewährte oder Proviant verkaufte, konnte mit dem Zorn des Pflegers rechnen.
Doch noch hatte Ochs seine Gegner nicht richtig im Griff, mußte er mit hohen Kopfgeldern und Bestechungen versuchen,

an Hutter und Tuechmacher heranzukommen. »Auf gehabten arkhwonn« hin ließ der Pfleger jetzt regelmäßig verdächtige Häuser nachts überfallen und die Badestuben, in denen er die taufenden Täufer vermutete, überwachen. Er meldete alle Personen in St. Lorenzen, die der Osterpflicht nicht nachgekommen waren, oder Eltern, die zum Beispiel am Tag der Elisabeth ein Kind bekommen, es bis zum Tag des Andreas aber noch nicht zur Taufe gebracht hatten, nach Brixen. Dazu empfahl er dem Fürstbischof, »mit dapferkait gegen di verdambte sect vorzugehen...«. Tatsächlich mußte Ochs gestehen, daß im gesamten Gerichtsbezirk Michelsburg kaum eine Person übriggeblieben war, der man in Glaubenssachen vollständig trauen konnte.

Hutter selbst schien lange Zeit unauffindbar, obwohl der Pfleger genaue Meldungen darüber hatte, daß er sich im Bannkreis der Burg aufhielt. Kundschafter wollten ihn auf dem waldbedeckten Kühbergh gesehen haben und an den sprudelnden Tränken des Tauferer Tales, in Brunecks Getreidegasse und in den Futterhäusern unterhalb des Herrensitzes Angerburg. Der Steckbrief Hutters lautete auf »Jakob Hueter von Welsberg genannt, ain person, so ain schwarzen part hat, beklaidt mit ainem schwarzen lodein wappenrokh, ainem plaben wamms, weißen hosen, ainem schwarzen hut und der ain harkl am arm traget«.

Doch trotz der verstärkten Aufmerksamkeit, die ihm Kirche und Staat jetzt schenkten, ging Hutter mit religiösem Eifer und sittlichem Ernst seinen Aufgaben nach: Im Wald von Ernburg wetterte er gegen Kaiser, König und Herren, die die wahren Christen nur deshalb verfolgten, um sich ihre eigene Herrlichkeit zu erhalten. Beim Obern auf Herschwang nannte er die Kirche eine Mördergrube; in einer Höhle im Gufidauner Gebiet stand er dem Mahl des Herrn für 150 Personen vor. In einer knorrigen Almhütte am Götzenberg taufte er neue Mitglieder; »in etlichen Hölzern« der Grafschaft Tirol fertigte der Vorsteher »in Frid und ainigkeit ein volckh nach dem andern ab« – insgesamt sollen es rund 6000 Personen gewesen sein, die sich der Gemeinschaft in Mähren anschließen wollten.

Als in St. Georgen vierzig Täufer beim Brotbrechen von der Landespolizei überrascht wurden, unter ihnen Hutter, gelang es dem Vorsteher wiederum zu fliehen, wofür der zuständige Pfleger eine strenge Rüge aus Innsbruck erhielt mit der gleichzeitigen Auflage, in Zukunft besser aufzupassen.
Hutters Leben war somit ernstlich in Gefahr, worauf die Gemeinde beschloß, ihn selbst nach Mähren zu schicken. Hier wurde er – einen Teil des Tiroler Vermögens der Bruderschaft mit sich führend – in Auspitz freudig empfangen. Zu Hutters Nachfolger berief man Tuechmacher für das Gebiet südlich und Ofrius Griesinger für das Land nördlich des Brenners.
Im Jahre 1535 schlugen die Täuferjäger dann urplötzlich auch in Mähren zu. Hier war es wiederum Jakob Hutter gewesen, der mit nicht immer christlichen Worten gegen den Landesherrn Ferdinand gewettert hatte, um sich selbst – wie die Gemeinde – in akute Gefahr zu bringen. Die mährischen Täufer – unter denen der Tiroler gerade wieder die alte Ordnung hergestellt hatte, was eine Reinigung von unwürdigen Elementen nach sich zog – drängten ihn so auch zur Rückkehr in die Tiroler Heimat. Dort traf Hutter um Jacobi zusammen mit seiner frischangetrauten Frau Katharina, eine geborene Prust, nach beschwerlicher Reise ein. Da die Behörden sogleich mit der Jagd auf ihn begannen – Hutter selbst nannte die Verfolgung eine »schwere äußerliche Verfluchung« –, versteckten sich beide eine Zeitlang im dichten Wald bei Taufers, suchten danach Unterschlupf bei verschiedenen Bauern und machten hin und wieder die Erfahrung, daß in der Abwesenheit des Vorstehers eine Reihe von ehemaligen Gemeindegliedern von der rechten Lehre abgefallen war.
Hutter schätzte die Gefahr, in der er sich stündlich befand, zu diesem Zeitpunkt durchaus richtig ein und konnte kaum noch die Hoffnung haben, unentdeckt zu bleiben. »Die grausamen Höllenhunde schreien von der Kanzel von uns«, schrieb er nach Mähren. »Sie warnen das Volk und sagen ihm, wir seien im Lande und auf den Bergen und gebieten, zu ihren verfluchten Götzen und Sakramenten zu gehen. Sie drohen mit Richter und Schergen und Henker. Das gottlos sodomitische Meer tobt

und wütet und hebt an, sich zu rühren. Ich fürchte wohl, es wird keine Ruhe haben oder aufhören, bis der fromme Jonas hineingeworfen wird... ihn der Walfisch verschluckt, welcher der grausame Tyrann und Feind der Wahrheit, Ferdinandus, ist, mit seinem Anhang und dem verfluchten Papst mit seinen verfluchten Höllenhunden.«

Mitte August bekam der Michelsburger Pfleger Ochs Meldung davon, daß Hutter in der Umgebung der Burg taufe, während seine schwangere Frau im Gericht Schöneck Herberge gefunden habe. Eine Katherina Tagwerker gestand im Verhör, daß sich der Vorsteher, »ain leberfarbenen langen rockh an und vorn falden«, acht Tage vor Bartholomä in der Gegend aufgehalten habe und zu Allerheiligen in Taufers oder am Götzenberg eine große Gemeinde sammeln wolle.

Wieder erging ein ernstliches Mandat aus Innsbruck, die Täufer, besonders aber Hutter, festzunehmen und Höfe, die ihn beherbergt hatten, niederzubrennen.

In der zweiten Hälfte des November 1535 taufte Jakob Hutter im Keller eines Stellmachers acht Personen. Als er vor Häschern gewarnt wurde, konnte er zusammen mit seiner Frau noch einmal in die Wälder entkommen. Am Andreasabend zog der Vorsteher auf der Straße nach Klausen, um im Haus des ehemaligen Mesners Hans Stainer, das jenseits der Eisackbrükke lag, einen Teil der Nacht zu verbringen. In Klausen, der mittelalterlichen Zollstation, von Dürer auf einem Stich »Das große Glück« genannt, war Hutters Weg jedoch zu Ende.

Während die Bürger der Stadt am 30. November des Jahres 1535 dem heiligen Andreas, Bruder des Petrus, huldigten, um nach dem Volksglauben im Wandspiegel, im Hausbrunnen oder im Kamin nach dem Bild des Zukünftigen zu suchen, rotteten sich in den engen Gassen die bewaffneten Knechte des Pflegers von Säben und des Stadtrichters Riederer zusammen. Das Haus des Mesners wurde überfallen, und Hutter, seine hochschwangere Frau Katharina, die alte Mesnerin und eine Anna Stainer wurden festgenommen. Die Nacht verbrachten die Gefangenen auf der nahegelegenen Burg Branzoll. Fassungslos berichtet die Huttererchronik von der Tragödie:

»... nicht lange darnach begab es sich im gemeldten 1535. Jahr, daß der lieb Bruder Jakob Hutter zu Klausen am Eisack, gelegen im Etschland, durch Betrug und Verräterei aus Gottes Verhängnis gefangen ward am Sant Andreasabend in der Nacht. Bald darnach (am 9. Dezember) bunden sie ihm einen Knebel ins Maul (daz er nit reden solt kunen) und führten ihn gen Innsbruck zu des König Ferdinand Regierung (mit großem Gespött seiner Feindt). Als sie ihm nun groß Marter und Pein anlegeten, viel anfingen und ihn aber nicht mochten in seinem Gemüt verrucken oder von der Wahrheit abfällig machen... da vermeinten die Pfaffen aus ihrem bösen, rachgierigen Eifer, sie wollten den Teufel aus ihm bannen, ließen ihn in ein eiskalts Wasser setzen und nachdem in eine warme Stuben führen und mit Ruten schlagen. Auch habens ihm seinen Leib verwundt, Branntwein in die Wunden gossen, an ihm angezündt und brennen lassen. Sie bunden ihm die Händ, auch wiederum einen Knebel ins Maul, auf daß er ihnen ihr Schalkheit nicht konnt anzeigen oder offenbaren. Sie setzten ihm auch ein Hut mit einem Federbuschen auf, führten ihn ins Haus ihrer Götzen, hatten auf allerlei Weis ihr Narren- und Affenspiel an ihm. Da er aber beständig und redlich als ein christlicher Held in seinem Glauben verharret, ward er nach viel erduldter Tyrannei von den argen Kaiphas- und Pilatuskindern verurteildt, also lebendig in Scheiterhaufen getan und verbrennt. Dabei über die Maß viel Volks gewesen ist und sein Redlichkeit gesehen. Das geschah um Lichtmeß am Freitag vor der ersten Fastwochen im 36. Jahr.«

Im offiziellen Regierungsbericht heißt es, nach der Gefangennahme habe man Hutter durch den Prediger Dr. Gallen wegen seiner Irrlehre, »da er die Kindertaufe vernichte und verfluche«, anhand der Heiligen Schrift dreimal hintereinander unterweisen lassen. Der Vorsteher habe jedoch nicht nachgegeben, nur gescholten und geflucht. Während der gütlichen und peinlichen Vernehmung sei man zu der Erkenntnis gekommen, daß Hutter alle gültigen christlichen Ordnungen in der Kirche verwerfe.

Es hätte dem Südtiroler auch nichts geholfen, wenn er von

seiner Linie abgegangen wäre. In einem Schreiben an das Gericht bekannte Ferdinand seinen besonderen Gefallen und seine Zuversicht, daß die Gefangennahme des Vorstehers nicht wenig zur Ausrottung der Wiedertäufer beitragen werde, »darumb wir auch ernstlich entschlossen sein, gedachten Hueter, ob er gleichwohl von seines irrsal absteen, denselben widerrufen und pueß thun welle, in kainem weg zu begnaden, sondern gegen ime als den, der in unsern fürstenthumben und landen... vil personen verführt, sie in abfall unseres wahren... glaubens zur verlierung irer seligkeit, auch umb eer, leib, guet gebracht hat, mit der straff, welche er hoch ... verschuldet, sorgen zu lassen«.

Während Hutter im Kräuterturm von Innsbruck seinem Schicksal entgegensah, gelang seiner Frau Katharina die Flucht. Erst zwei Jahre später konnte sie wieder gefangen und zu Schöneck hingerichtet werden.

Im Schlußverfahren gegen den Prinzipalvorsteher, als ihm noch einmal »große pein und marter« angelegt wurden, um ihn zu bekehren, gab ein erneutes Eingreifen Ferdinands den Ausschlag, daß Hutter dem Brand übergeben wurde, entgegen den Bedenken des Richters, der ihn vor Tagesanbruch unter Ausschluß von Schaulustigen mit dem Schwert richten lassen wollte.

Hutter starb beständig und aufrichtig vor Gott, als ein im Feuer bewährter Mann – so die Chronisten – auf dem Platz vor dem berühmten Goldenen Dachl, das gebaut worden war, um Herrschern und Herren während der Turnierspiele und dem Schauspiel der Verbrennungen als Loge zu dienen.

Die Hoffnung Ferdinands, wonach Hutters Tod auch die Gemeinde der Wiedertäufer zerstören würde, erfüllte sich allerdings nicht. Trotz schärfster Verfolgung konnten die Habsburger Herrscher in den folgenden 250 Jahren die Bewegung in ihrem Reich nicht zerschlagen.

Doch der Inn, Lebensader des wirtschaftlich blühenden Tirols, der die Geschicke vieler Völker schon bestimmt hatte, sollte sich mit brutaler Macht jetzt auch in die Chroniken der Hutte-

rer drängen, ihr Schicksal ist unlöslich mit dem Flußtal verbunden. Von Innsbruck bis Kufstein jagten die Büttel die Täufergruppen, die »zu Schiffe ansitzen und auf dem Wasser aus dem Land fahren wollten«. In der Tiroler Hauptstadt selbst starben neben Hutter sieben weitere Mitglieder der Gemeinde den Märtyrertod, darunter der Diener der Notdurft und Missionar Niklas Geierspühler, an dem die Jesuiten »lind und rauh hantierten nach Art Satani, des Versuchers«.
In der Knappenstadt Hall, dem populären Solbad, wurden Anna Malerin und Ursula Ochsentreiberin ertränkt. In Schwaz, Zentrum des Tiroler Bergbaus, bezeugten zwanzig Täufer ihr Bekenntnis mit dem Tod, darunter der mit dem Schwert gerichtete Hans Schlaffer, ein ehemaliger katholischer Pfarrer. In Rattenberg hatte der Pfleger die Weisung erteilt: »Alle wiedergetauften Personen, die weder selbst getauft haben noch Vorsteher oder Rückfällige sind und zum Feuertod verurteilt werden, dürfen, sofern sie dies begehren, mit dem Schwert gerichtet werden. Aber auch die so Hingerichteten sollen nach Vollziehung des Urteils zu einem viehischen Begräbnis gebracht werden, wie es in der Herrschaft Rattenberg bisher Brauch gewesen ist.« Eine weitere Gnade des Pflegers war, ähnlich wie in Brixen, daß Frauen, die »gross Leibs gwesn und schier Kinds liegen, haim glassen werden, umb das Kind auszuliegen«.
In Rattenberg wurde neben 71 weiteren Täufern der frühere Barfüßermönch Leonhard Schiemer enthauptet und zu Pulver verbrannt, in Kufstein Georg Grünwald zusammen mit 15 Täufern dem Henker übergeben. Wie Gott sich aber an den Feinden seiner Liebhaber rächte, beschreiben indessen die hutterischen Chronisten gelegentlich so ausführlich wie das Martyrium ihrer eigenen Vorväter. So kam der Richter zu Kitzbühel, der für den Tod von 68 Täufern mitverantwortlich war, »gräulich zu schanden, daß er selbst ein Ketzer erfunden war«, sein Gerichtsschreiber wurde »von ein Roß an ein Mauer in der Gassen hinangeworfen, daß ihm die Hirnschal herausgegangen« ist.
Jakob Hutters Nachfolge in Tirol lag, wie gesagt, in den

Händen bewährter Täufer wie Hans Tuechmacher, Ofrius Griesinger, Leonhard Lochmaier oder Hans Kräl. Griesinger, der aus Frauendorf in Bayern stammte und als Kurier der Gemeinde zahlreiche Tiroler nach Mähren geschleust hatte, wurde mit Hilfe des Michelsburger Pflegers und fünfzig Gulden Kopfgeld schon bald gefangen und an Allerheiligen 1538 in Brixen zur Schlachtbank geführt und »von den Pilatuskindern lebendig ins Feuer gestürzt«. Der Lateiner und ehemalige katholische Pfarrer Lochmaier starb als christlicher Held ein paar Tage später. Kräl, den man den Kitzbühler nannte, verbrachte zwei Jahre im Fäulnisturm der Burg Taufers, bevor er – zur Galeere verurteilt – fliehen konnte.

Auch hier ist typisch für die hutterische Geschichtsschreibung, daß die Chronisten – sicher nicht ganz ohne Trostbedürfnis – häufig auf das Schicksal der Richter wie der Gerichteten eingehen. Die Person, die Kräls gefangen hatte, starb unnatürlich in einer Viertelstunde, »nachdem sie jetzt noch ganz gesund und dann tot war«, der Burgherr von Taufers kam ebenfalls bald auf ungeklärte Weise ums Leben. Lochmaiers Richter wurde kurze Zeit nach dem Urteil in Württemberg ermordet: »Die einst Leckerbissen schmausten, verschmachteten auf den Straßen. Die einst auf Purpur lagen, betteten sich jetzt auf Mist.«

Das Beispiel Hutters oder Griesingers begann die Täufer in Tirol zu schrecken. Wer konnte, versuchte aus dem Land zu fliehen, häufig unter Zurücklassung von Kindern – deren sich die Regierung annahm –, von Alten, Kranken und verbliebenem Eigentum. Von denen, die ihrer Heimat die Treue hielten, die Tiroler Täufer der zweiten Stunde, hatte keiner das Format der frühen Vorsteher. Die Gemeinde mußte so bald einem dem Wachstum entrissenen Baumstamm gleichen. Wo man mehr Revolutionär als ein Knecht des Gekreuzigten gewesen war, half die Marter gelegentlich schnell zur Überwindung des Gipfels der eigenen Frömmigkeit. Ganz sicher fehlte jetzt auch die geeignete Führerpersönlichkeit, der Bruder und Hirte, der den Ohnmächtigen allein durch das Wort jenen Weg weisen konnte, der aus Furcht und Hoffnungslosigkeit in die Geborgenheit der heiligen Gemeinschaft führte.

Nachdem auf dem Augsburger Reichstag 1555 ein sogenannter Religionsfrieden ausgehandelt worden war, der den Reichständen innerhalb der Länder die Religionshoheit zusprach, hielt sich Ferdinand wie eh und je an seinen Grundsatz, daß seine Untertanen katholisch bleiben mußten. Sein Sohn Erzherzog Ferdinand II. betrieb die Restauration der päpstlichen Kirche weiter und rottete den Protestantismus in Tirol praktisch vollständig aus. Allerdings waren beide Herrscher jetzt auch um eine Verbesserung der Kirchenordnung und der Pfarrgeistlichkeit bemüht.

Und die Michelsburg? Die Feste über St. Lorenzen im Pustertal, auf der so viel Täuferleid verursacht worden war, sah die Ausbreitung der neuen Lehre gebannt. Die Urteile ihrer Pfleger wurden kräftig entschärft. Ein Taufgesinnter, der beharrlich auf seiner geistigen Verwandtschaft mit dem Mooser Jakob Hutter bestand, konnte mit der »Gnade« rechnen, nicht mehr zu Feuer oder Schwert verurteilt zu werden. Er wurde dafür »vermauert«, das hieß zu jener Zeit lebenslänglich eingesperrt.

Das harte Paradies am großen Fluß

Frühjahr – Abendmahl und Arbeit in Iberville

Folklore ohne Musikinstrumente in der feuchtheißen »Metzg« des Bruderhofes Iberville in Kanada. Das Lied der Schweineschlacht wird gespielt. Wild bäumt sich das vom Blei getroffene Tier. Mechanisch gehen die Brüder und Schwestern ans Werk, denn gerade auch bei ihrer Arbeit, die Selbstzweck ist, halten die Hutterer nach dem Grundsatz der Gleichheit alles gemein. Und niemand hat die Chance, sich selbst zu entgehen. Von der nackten Birne müde beleuchtet, treibt der gewichtige »Diener der Notdurft« das Messer in die Halsschlagader des Schlachtviehs, schabt der Prediger mit dem Sensenmesser die dampfende Schweinshaut blank, sengt der »Farmboß« mit einem Lötkolben die letzten Borsten vom Fleisch. Mit geschickten Griffen lassen die streng gescheitelten jungen Frauen in ihren schweren, lehmgelben Schürzen die Eingeweide aus dem starren Schweinsberg springen, um fachkundig die gelbgrüne Galle von der braunen Leber zu trennen.
»Bin ein Tiroler Bub, hab immer frohen Mut, stamm aus dem schönen Land, das Land, ihr kennt es wohl, es ist mein Heimatland, ist mein Tirol, Tirol, Tirol, wir sehn uns nimmermehr...« Die Hutterermädchen singen, was gesungen wird, wenn sie schlachten. Dabei steckt täuferischer Pessimismus auch im optimistischen Versmaß, wird der Tod so viel häufiger besungen als das Leben. Während der Schweineschlacht verbindet der Tod die weltliche Sehnsucht nach der Weite des Himmels mit der kühnen These von der Heimat Tirol, während er in der Betstunde den geistlichen Text des zu Klausen verbrannten Blaurock beherrscht, dem Sprachrohr eben dieser Tiroler Gemeinde. Nur so wird der »Tiroler Bub« zum Stimulierungs-

mittel, beweist er vielstimmig – im Gegensatz zum Kirchgesang – ureigenes Gefühl. Denn wo die Hutterer im Bethaus zusammensitzen wie Personen in einer kalten Nacht, ihre Texte mit beinahe zänkischen Stimmen nach der alten Lehre hinausschreien, »bis daß die Hälse krachen«, sind sie in der angenehmen Normalität der Metzg quirlig aktiv, ist ihr Lied übernatürlich rein und beinahe schön. Doch hier im Schlachthaus besteht kaum die Gefahr, daß etwas übertrieben werden könnte. Nicht bei der Arbeit, denn das so schlicht formulierte Sprichwort der Brüder am großen Fluß »Einmal machen, immer müssen« wirkt einfach zu glaubhaft, führt hin und wieder gar zur Selbstverleugnung. Und auch nicht im Lied, dessen Worte ohnehin nicht zu Ende gedacht werden können. Denn stenggenommen, bei Überprüfung des geistigen Systems, dürfte die Großfamilie Gross – auf Iberville leben 114 Brüder und Schwestern mit diesem Namen mit drei Hofers zusammen – den Text des »Songs« gar nicht kennen, da jedem einzelnen von ihnen durch den Apostel einmal vorgeschrieben worden ist, nur Psalmen, Lobgesänge und geistliche Worte zu singen. »Denn wo der Mensch nicht geistlich singt, tut er es wegen des Wohlklanges und damit aus fleischlicher Lust«, so der traditionelle Vordenker des Bruderhofes, Peter Riedemann, schon im Jahre 1556, »da das Wort, dem Menschen zur Reizung der Gottseligkeit gegeben, im weltlichen Lied zur Sünde wird.« Doch niemand in Iberville geht heute gegen dieses Lied noch an.

»Wenn ich ein Vöglein wär, flög ich wohl übers Meer, flög in das schöne Land, das Land, ihr kennt es wohl, es ist mein Heimatland, ist mein Tirol, Tirol, Tirol, wir sehn uns nimmermehr...« Dieses Tiroler Land ist für einen Hutterer heute so weit entfernt, so grenzenlos verschwommen am Horizont, wie es das absolute Verbot eines Tourismus in die Außenwelt mit sich bringt. Und von Deutschland, rein ethnisch und niemals politisch gesehen, weiß er heute nur das, was die eigene Identität zuläßt, was in den alten Chroniken aus der frühen Siedlungsgeschichte der Täufer steht oder ein paar Brüder auf »Missionsreisen« in den letzten Jahren in einseitigen, dafür um

so leidenschaftlicheren Rechenschaftsberichten beschrieben haben. Das sind Schlagzeilen zur Rechtfertigung der eigenen, hutterischen, Existenz, ohne den geringsten Zweifel selbst am banalen Detail:
»Deutschland ist schön, aber was schön ist, kommt von Gott als seine Schöpfung...« – das erste und letzte Zeugnis jeder Reise in das Land der Altväter, die dem Ältesten, ein paar Predigern, ein paar Deutschlehrern bis heute vorbehalten ist. »Deutschland liegt trotz des Luftschiffes etwa so weit von uns entfernt, wie ein Pflücker Stunden benötigt, um 5000 Pfund Wassermelonen zu ernten... Es hat viele gute Bürger dort, aber wenig gute Christen... Die verzweifelten Menschen suchen Hilfe bei Nikotin, Rauschgift, Alkohol anstatt bei Gott... Nicht nur der Mensch leidet unter seinen Sünden, sondern auch die Natur wird in Leidenschaft gezogen. Der Gottlose mißbraucht die Natur als Schöpfung des Herrn... Wie die Deutschen Auto fahren, muß man gesehen haben, sonst kann es niemand glauben ... In Deutschland verkaufen sich viele Frauen für Geld, daraus kann man den Charakter eines Landes erkennen ... Wir fühlen uns heute wie die Altväter als so wenig wert wie die Deutschen, aber es ist passend zu sagen, daß wir Gläubige sind ... In Deutschland sind die Kirchen groß, weil Menschen damit Menschen beeindrucken wollen, aber sie sind auch leer, weil ihre Prediger den Gemeinden nur die gute Speise des Evangeliums zeigen, ohne sie davon essen zu lassen. Was die Menschen am Sonntag hören, haben sie am Montag vergessen ... Die Deutschen leben nur noch, um zu überleben. Vieles muß dort getan werden, und wenn es die Leute selbst nicht tun, dann wird es Gott schon richten...«
Wie in jener urdeutschen Geschichte vom schlechten Hamburger Mädchen und seinen aufrechten Eltern, von Licht und Schatten... Es gibt kaum eine Huttererkolonie in Amerika, in der diese arg zerredete Legende nicht als ewige Wahrheit in Regelmäßigkeit zur Sprache kommt, um die eigene Jugend am deutschen Beispiel vor dem Zerwürfnis mit den Alten, vor törichten Irrwegen zu warnen: Das »Mädchen in Hamburg«,

einzige Tochter des Kupfergießers Jörg Schneider, hatte seine frommen Eltern ohne jedes christliche Gewissen einmal zum Teufel gewünscht und wurde dafür von einem geheimnisvollen Abgrund geschluckt. Es fiel ins »große schwarze Loch von Hamburg«, ins Reich des Todes; eine Überlieferung, die zum Klischee geworden ist, so unausrottbar, daß hutterische Prediger auf Missionsreise alle lichten Bezirke in der norddeutschen Hansestadt abgesucht haben, um dieses große schwarze Loch aus dem Gleichnis zu finden.
»Wenn ich gestorben bin, tragt mich zum Friedhof hin, tragt mich ins schöne Land, das Land, ihr kennt es wohl, es ist mein Heimatland, ist mein Tirol, Tirol, Tirol, wir sehn uns nimmermehr...« – Und Jakob Hutter, die Spannungen seines Lebens und der kontrastierende Vergleich der heutigen Gemeinde mit dem Schicksal der frühen im Pustertal? All das berührt niemanden mehr so recht, denn hätte es die katholische Kirche nicht gegeben, gäbe es heute keine Hutterer in der Weite der amerikanischen Prärie. Längst hat man gerade den Tirolern vergeben, und zwar der einzelne wie die Gemeinde. Und was diese bannt, das ist gebannt, was sie vergibt, das ist vergeben. Auch der Gegner ist, ganz im Sinne Jesu, ein Bruder.
So verwebt sich heute im Erzählgut der gereisten Brüder auf den Höfen am großen Fluß jenes Deutschlandbild der Resignation des 16. Jahrhunderts mit den Erlebnissen in dem rätselhaften Deutschland der Gegenwart. Die hutterischen Geschichten unterstreichen die Überlegenheit der eigenen christlichen Moral, die wunderbaren Tugenden ihrer Religion, setzen manch anachronistisches »deutsches« Laster dagegen. Der lange Wanderweg aus dem Weideland der Altväter in die Plantage der Enkel hat sich gelohnt. Das schließt allerdings nicht aus, daß die Überlegenheit des Deutschen weiterhin das Leben auf dem Bruderhof diktiert. Denn die deutsche Sprache, eine überstrenge Zucht und der wahre christliche Glaube sind über 450 Jahre ebenso Symbole der hutterischen Kinderstube geblieben wie die exklusive Unterrichtung der Täuferjugend. Gemeinsam garantieren sie heute die genial wirkende Sicherheit der Kolonie, stehen sie für die Identität ihrer Menschen...

Am buschbestandenen Ufer beim Bruderhof, nahe der Stelle, wo der Assiniboine-Hecht dem Eisfischer an die Angel geht, beugt sich der junge Baum zum Fluß. Im Winter, wenn die Natur erstarrt ist, sind seine Äste spröd, empfindlich. Im Frühjahr, von tobendem Wasser umspült, droht er in das vermodernde Schwemmholz zu stürzen.

»Und darum, liebe Geschwister, eitel Kinder, und alle, die Gerechtigkeit erfahren wollen, muß der Baum gerichtet werden, bevor er stürzt. Dies kann uns aber nur gelingen, solange er noch jung gewachsen ist. So halten wir es dann auch mit unseren Kindern.

Der Apostel Paulus sagt: ›Reizt eure Jungen nicht zum Zorn, sondern zieht sie auf in der Zucht und der Ermahnung an den Herrn...‹ Das heißt, daß wir den Jungen nicht den Mutwillen lassen und ihnen die fleischlichen Übungen nicht gestatten dürfen. Vielmehr müssen wir ernstlich Sorge um sie tragen, denn Huttereltern erkennt man am Kind, die Gemeinde wiederum an ihren Eltern. Darum haben wir unsere eigenen Schulen, in denen die Jugend von Kindheit an Gott kennenlernt. In andere Schulen aber lassen wir sie nicht gerne gehen, da man dort nur weltliche Weisheit, Kunst und Übung wie Tabakschnupfen, Radiohören und noch mehr Fleisches Rat lehrt, über das Geistliche aber nichts erfährt. Deshalb ist es so bei uns:

Sobald die jungen Buben und Mädchen der Mutterbrust entwöhnt sind, geben wir sie in die ›Kleine Schule‹ zu der von der Gemeinde erwählten Schwester. Sie pflegt sie, lehrt sie reden und bringt ihnen das Gebet bei. Bei ihr bleiben sie bis ins fünfte Jahr, um dann mit dem Schreiben und Lesen anzufangen. Also geben wir sie in die Hand des Schulmeisters, der sie mehr und mehr in der Erkenntnis Gottes und im guten Bericht unterweist, so daß sie ihn und seinen Willen kennenlernen und sich auch daran halten.

Der Schulmeister hat auf die Ordnung bei den Jungen zu achten. Wenn sie in die Schule kommen, dann läßt er sie zuerst danken und beten. Danach fängt er an, ihnen zu predigen, daß sie ihren Eltern, Zuchtmeistern und Vorgesetzten gehorchen, daß sie sie ehren sollen. Er zeigt ihnen die Verheißungen des Alten und Neuen Testaments, aber auch die Strafen für ungehorsame und mutwillige Buben und Mädchen. So lernen wir die Kinder von klein auf nicht das Zeitliche, sondern das Ewige suchen. Beim Schulmeister bleiben sie, bis sie arbeiten können, und was einer kann, das soll er dann auch tun. Und wenn er so aufgezogen wurde, Gott kennen- und liebengelernt hat, dann wird er auf den ihm bekannten Glauben getauft. Davor stehen aber die Lehre und die Zucht, das Wissen, daß wir Hutterer nur machen, was gut ist. Was nicht gut ist aber machen wir nicht...«

Der Bruderhof Iberville der hutterischen Schmiedeleut, die Alternative zur überbelegten Welt, eine Friedensadresse am Assiniboine-Fluß, wächst wegen seiner früh justierten jungen Bäume, seiner gewaltigen Kinderschar in die Breite. Doch die Gemeinschaft der Heiligen hat ganz genaue Vorstellungen davon, wie weit eine Kolonie wachsen darf, wenn sie abmagern, das heißt sich teilen muß. Das Iberville der Großfamilie Gross gleicht damit dem Nachbardorf Barickman der Hofers wie ein eineiiger Zwilling dem andern, genauso ist es mit der Crystal-Spring-Kolonie der Kleinsassers, der Springhill-Kolonie der Wallmanns oder der König-Ranch der Walters. Iberville ist identisch mit dem Jamesville der Glanzers, dem Wolf Creek der Dekkers oder dem Hutterville der Waldners.

Der Hof, abseits des großen Verkehrsstroms am Wegrand vor einem Streifen Wald geboren, liegt zu einem Drittel im Unkraut, mit dem Rest auf landwirtschaftlich genutztem Prärieland. Nirgendwo fordert etwas den Passanten zu näherem Hin- oder bewußtem Wegsehen auf, kein Wahrzeichen, kein freches Dekorationsstück, keine moderne Freizeitfront, nicht einmal eine kleine Erhebung, von der man einen Blick über die brettebene Einsamkeit hätte. Die rationell entworfenen, für vier Familien jeweils vierfach geteilten Holzhäuser haben eine Einheitsfassade wie viele bäuerliche Genossenschaften in der kanadischen Provinz. Nichts steht für Eleganz, Prahlerei oder Übertreibung, kaum etwas ist typisch für die Menschen, die in der Kolonie leben. Ein paar Rasenrechtecke, ein paar Blumen im Sommer vielleicht, die eher beiläufig wirken. Sie sind mit der merkantilen Eintracht zwischen Haus und Hof, Stallungen und Silos verschmolzen, sind ganz und gar nordamerikanisch angelegt. Doch verborgen hinter den Formen der Neuen Welt, wird hier der Stil des Europa im Zeitalter der Reformation gepflegt, führen die Heiligen als Experiment Gottes auf Erden ihr autonomes Dasein zwischen der deutschen und kanadischen Kultur. Und nichts ist erkennbar, was auch nur annähernd einen fließenden Übergang vom zementierten Denkmal Jakob Hutters zum durchaus emanzipierten Wohlstand des 20. Jahrhunderts schaffen könnte.

Iberville ist eine der ersten Kolonien, die die rastlos-ratlosen Brüder nach dem Ersten Weltkrieg in Kanada gründeten. Es war US-Präsident Ulysses Grant, der den Hutteren zu ihrem Einzug in Amerika fünfzig Jahre Frieden versprochen hatte, davon jedoch nur rund vierzig Jahre halten konnte. Dieser Wortbruch und die amerikanische Kriegshysterie, die sich mehr aus nationalen als aus religiösen Gründen besonders gegen die Bruderschaft richtete, zwangen die Hutterer in die Emigration nach Norden, aus der gewalttätigen, naturbeherrschten Prärie Süddakotas in das vorwiegend von der Arktik beeinflußte Klima Manitobas, dem früheren Pelzjagdrevier der Hudson Bay Company. Wo der Winter Benzin zu Eis erstarren läßt, half den Brüdern dann nur noch der Trost, daß Christus auch bei vierzig Grad Kälte, in körnigem Schnee wie unter der Glutglocke des Sommers das Kreuz getragen hätte. Es war ein Umzug, dem – so die Hutterer heute – ein echter Mangel an Glauben zugrunde lag, da der Herr, der über allen Völkern steht, nach dem großen Krieg schließlich auch den US-Amerikanern den Schirm der Toleranz wieder zurückgeben sollte.

Die USA hatten damit den Großteil ihrer hutterischen Bruderschaft verloren; Täufergemeinden wie die Mennoniten oder die daraus hervorgegangenen Amischen waren jedoch aus Traditionsgründen geblieben, in Abhängigkeit von der amerikanischen Unabhängigkeitserklärung, die 1776 erstmals auf den Druckbogen eines Mennoniten, des Papierherstellers Wilhelm Rittenhuysen in Pennsylvanien, vervielfältigt worden war.

In der weiten, anonymen Graswüste der von volksdeutschen Kolonisten nachhaltig geprägten kanadischen Provinz, im Eisschrank der Welt, wurde Iberville dank seiner Altväter, aber auch wegen des hervorragenden menschlichen Potentials seiner Söhne zu einer hutterischen Erfolgsgeschichte. Bauern, vorwiegend aus deutschen Streusiedlungen der Donaumonarchie und Rußland, hatten die Prärie vor ihnen zur Kornkammer der Welt gemacht. Darunter waren jene Täufergruppen, in deren Nachbarschaft die Brüder schon auf dem alten Kontinent gesiedelt hatten, mit denen sie so viel gemeinsam hatten, an deren landwirtschaftliche Tradition sie anknüpfen konnten, ohne heute jedoch auch nur annähernd mit ihnen identisch zu sein. Der Mennonit Pieter Corneliß Plockhoy war es gewesen, der bereits im Jahre 1663 wie im Vorgriff auf die spätere Existenz der Hutterer in Amerika in Manhatten eine erste klassenlose Gesellschaft »ohne Knechte, ohne Herren« im urchristlichen Sinne aufgebaut hatte. Die Mennoniten sollten es sein, die – ähnlich wie in Rußland – den Brüdern jetzt vorführten, wie die Prärie auch für einen Christen optimal zu nutzen war.
Mennoniten wie Hutterer sehen am Anfang ihrer Gemeinschaft in der heutigen Form das Schweizer Zeremoniell des entsprungenen Mönches Blaurock, beide teilen sich in ihren Chroniken so manchen standhaften Märtyrer wie auch viele Zeichen der Apokalyptik in den frühen Täuferzentren, in der Schweiz und in Tirol, in Süddeutschland – in den Ketzernesten Augsburg und Straßburg – und schließlich in den Niederlanden und in Ostfriesland. Doch nur die Hutterer sind weiterhin aus jenem Urgestein, das so deutsch wie hart, so dickschädelig wie unbequem ist. So mußte die Bruderschaft in Amerika ein Fremdling bleiben, wo sich die Mennoniten weitgehend integrierten, so trotzte sie mit Erfolg dem riesigen Moloch Kanada, der ihre Kolonien sprachlich wie menschlich zu schlucken droht, während die Mennoniten zu Nordamerikanern geworden sind.
Als Grund, warum für den Hutterer die kanadische Heimat Fremde bleiben muß, die deutsche Fremde dagegen Heimat blieb, gilt das Diktat der deutschen Sprache. Sie ist es, die seit Jakob Hutters Tagen die verläßlichen Maßstäbe für die Bruder-

höfe setzt, mit deren Hilfe man sich am sichersten von seiner englischen Umwelt isoliert und durch die schon die Altväter einst in Mähren oder Ungarn, in Rumänien oder Rußland abgeschirmt lebten. Was die Sprache betrifft, so ist die Zeit, die selbst hutterische Uhren anzeigen, vor 450 Jahren stehengeblieben. Das ist dem autoritären Kirchenregiment zu verdanken, der in Fraktur gesetzten deutschen Bibel, den in der alten deutschen Schrift niedergeschriebenen Lehren und einem eigenen Schulsystem, das im 16. Jahrhundert in Europa als vorbildlich galt. So regelt im Bruderhof am großen Fluß auch heute noch jener Lehrplan aus allererster Hand die »deutsche Schule«, gilt der Deutschlehrer mit der Rute in der Hand als der »gute Polizist« der Kolonie wie einst zwischen Nikolsburg und Brünn oder am Ufer der March. Die Prügel, die er »mit Maß und Bescheidenheit nach der alten Ordnung« und trotzdem mit der Anmut eines Bären austeilt, nennen die Brüder treffend die »Deitschen«. Denn was gut ist in einer Kolonie, ist deutsch, nie zu verwechseln mit Deutschland, aber immer in Opposition zum schlechten Englischen. Und die körperliche Züchtigung fällt als echter Liebesdienst unter »deutsch«.

Dem Deutschlehrer kommt die exklusive Rolle zu, die Kinder und Jugendlichen stellvertretend für die Gemeinde zu überwachen, sie mit dem »edlen Reis« aus Schweinsleder in der göttlichen Zucht zu halten. Der Besen und der Riemen, der eine vor, der andere hinter jeder Haustür einer Kolonie, haben nirgendwo nur symbolische Bedeutung. Der eine steht für die Arbeit, der andere für die Züchtigung.

»Doch wie wir wissen, liebe Geschwister, eitel Kinder, muß auch die Strafe so gehandhabt werden, daß wir in der einen Hand die Rute haben, in der anderen aber die Liebe... Wir brauchen die Rute besonders gegen die Verlogenen, Rauhschaligen, Diebischen, Schalkhaften und Unzüchtigen unter uns. Und jeder bekommt es nach dem Verdienst seiner Tat. Das geschieht nicht im verborgenen, sondern so, wie es unsere Altväter in Mähren gelehrt haben in der Öffentlichkeit, vor allen Kindern, damit sie daraus lernen und sich davor rechtschaffen fürchten.

Wichtig ist dabei, daß die Jungen und Mädchen schon früh daran gewöhnt werden, sich nicht gegen die edle Rute zu wehren, sondern immer ruhig zu ihr hinhalten. Der Deutschlehrer wird auch immer bemüht sein, sie an den richtigen Ort zu schlagen, nicht auf den Kopf oder auf die bloßen Beine, nicht aufs Maul und nicht in den Schoß, so, wie es vorgeschrieben steht...«
Mit dieser Ordnung lernen die jungen Hutterer, kaum in diese Welt geboren, das eigentliche Leben in der Zucht der Täufer. Im zarten Alter unterstützt die schweinslederne Rute noch strenge elterliche Vorschriften wie »Beim Reden müssen wir wissen, daß Gott alles hört – Wir essen soviel, wie einem Hungrigen genügt – Wir gehen erst zu Tisch, wenn wir gebetet haben – Was Gott uns sagt, ist gut«. Ein paar Jahre später, wenn der Lehrer die Denkwürdigkeiten der Apostel und die Wortwut der Altväter in die Klassenzimmer trägt, um den Jungen die Verengungen des Lebensweges aufzuzeigen, die notwendig sind, um im rechten Glauben zu bestehen, werden die Schüler gezielter angesprochen.
Die älteren Mädchen: »Das Weib muß lernen, daß es zu schweigen hat – Von der Jungfrau wird angenommen, daß sie als solche in die Ehe geht – Ein Weib darf am Tisch nur beten, wenn kein getaufter Bruder bei ihm ist – Geburtenverhütung ist die Suche nach Hilfe bei den Menschen und damit ein Mangel an Glauben. Wir wissen, daß Christus uns hilft.« Die größeren Jungen: »Der Leib ist das Gefängnis der Seele – Alles auf dem Bruderhof ist ein Amt, ein religiöser Begriff, ob ich nun Schweinehirt oder Diener des Wortes bin – Wer eine Jungfrau bricht, muß sie zum Weibe nehmen – Wer sich an Wein gewöhnt, dem wird das Wasser der Gemeinde bald nicht mehr schmecken.« Beide: »Darwin ist bei uns kaputt, Shakespeare ein Unsinn – Ein Hutterer hat einen Hutterer zu ehelichen, denn wir spannen auch nicht eine Kuh und einen Ochsen ins gleiche Joch.«
Sobald aus den Kindern Jugendliche werden, wird die Unterweisung noch anspruchsvoller, schärft sie der Lehrer für das Leben wie der Wetzstein die Sichel. Die Zuchtordnung, jetzt

moderiert, sieht fortan vor, daß die großen Buben nicht mehr von einer Frau geschlagen werden dürfen, denn das Weib ist dem Manne untertan. Wiederum ist es der Deutschlehrer, der die Jugend nun weitschweifig in den Glaubensartikeln der Gemeinde unterrichtet, die vorformuliert wurden in Mähren, immer im Bewußtsein des Sterbenmüssens und des Lohnes im Himmel für die gottgefällige Zucht auf Erden. Ein Hutterer glaubt an die Dreieinigkeit, an eine Gemeinschaft der Heiligen, die sich im Wasserbad der Taufe, wenn Altes verlorengeht und Neues geschaffen wird, von ihren Sünden reinwäscht und in der rechten Lehre von der Welt absondert. Er bekennt, daß alle Menschen – Christus ausgenommen – ihre sündige Art von Adam haben, durch Reue und Buße die göttliche Gnade trotzdem erlangen können. Doch wie es außerhalb der Arche Noah einmal kein Überleben gab, so auch heute nicht außerhalb seiner Kirche, der hutterischen Arche im Meer der weltlichen Sünde.

Unter den Sakramenten erkennen die Brüder die Taufe, das Abendmahl und die Ehe als »Zeichen eines heiligen Dings« an. Die Taufe als Zeichen des Bundes mit Gott, das Abendmahl als ein bloßes Gedächtnis an das Leiden und Sterben Christi, die Ehe als die Verbindung des Mannes zur Frau in einer unzertrennlichen Lebensgemeinschaft. Weltliches Feiern ist für sie ein Greuel, doch sie beachten den Sonntag als einen Tag der Ruhe. Das Sterben hat der Mensch für einen absoluten Gewinn zu halten, die Armut für Reichtum; Gelassenheit, Sanftmut, Geduld und Absonderung sind christliches Gebot; gemischte Ehen zwischen Hutterern und Weltlichen ausgeschlossen.

Das Leben eines Täufers, von der Kleidung bis zum Grad der Gastfreundschaft, vom Grüßen bis zum Küssen, von der Arbeit bis zum intimsten Sexualleben, ist festen Ordnungen unterworfen. Die Obrigkeit gilt als eine Autorität Gottes, dem Bösen zur Strafe und den Frommen zum Schutz. Wo diese Obrigkeit jedoch gegen die Schrift handelt, muß Gott mehr gehorcht werden als den Menschen. Da die Gemeinde durch das geistliche und nicht durch das weltliche Schwert regiert wird, darf ein Täufer keine weltliche Stellung einnehmen. Er soll nicht vor Gericht stehen noch zu Gericht sitzen. Einen Eid zu leisten ist ihm verboten. Ein Hutterer muß weltliche Kriege ächten, denn »Du sollst nicht töten«. Wer tötet, ist für ihn kein Christ. Er zahlt keine Steuern für kriegerische Auseinandersetzungen, kein sogenanntes Blutgeld, und er darf keine Waffen schmieden. Nur ein Pazifist kann für ihn ein Leben auf Erden als Botschafter des Himmels führen.

Mit 16 Jahren, wenn die jungen Brüder und Schwestern, immer noch geführt wie der Besen von der Hand, die Schulbank verlassen, haben sie gelernt, daß sie als Hutterer – aufs Menschliche verkleinert – etwas Besonderes sind, Träger einer alten Kultur. Die Gemeinde der Heiligen, keine Organisation, sondern ein Organismus, betrachten sie als einzigartig, da Gott nur eine einzige wahre Gemeinschaft zugelassen hat. Das »Auf-dem-Bruderhof-gerettet-Sein« wird sie indessen nie zu sicher machen, sondern zur Rettung von Weltlichen anspornen. Die Tür der Kolonie steht für jeden offen, jeder kann nach einer Zeit der Prüfung ein Bruder werden, vorausgesetzt, er hat erkannt, daß, wo Jesu predigt, sich die Menschen scheiden.

Mit Hilfe des Lehrplans wurde die Jugend in den zweiklassigen Schulen in der Auffassung gestärkt, daß ein Hutterer nicht deshalb lebt, weil er vieles weiß, sondern weil er glaubt. Und dieser Glaube durchdringt mehr als der beste Verstand. Sprache und Kultur haben für ihn etwas mit Religionsverkündung zu tun. Er versteht sich nach dem Gebot der Rute auf die Auslöschung seines Ichs in einer Welt, in der es drei Mächte gibt: Gott, den Teufel und den eigenen Willen. Nach der alten Ordnung sind für ihn Demut und Sanftmut zwei Aspekte von Mut. Er akzeptiert die dominierende Stellung des Mannes »in der Einigkeit mit der Frau«, die der Gemeinde und deren asketischen Protestantismus. Zucht und Strafen sind Zeichen der Liebe Gottes, übermittelt durch den Deutschlehrer der Kolonie.

Wenn es einem dieser Taufgesinnten einmal schwerfallen sollte, die Geduld des Allmächtigen zu begreifen, dann darf der Gehorsam Gott gegenüber nicht von äußeren Umständen, sondern nur vom biblischen Buchstabenglauben bestimmt sein.

Der junge Hutterer wird danach streben, im Leben immer nach vorn zu blicken, hin zur Ewigkeit; denn wer zuviel nach hinten sieht, kommt von der richtigen Straße ab. In der ihm verbleibenden Zeit muß er darauf achten, daß »sein Licht zum Scheinen kommt«. Am Tag, wenn alles gut ist, wird dieses Licht kaum leuchten, doch in der Nacht, in schweren Zeiten, erstrahlt es, gespeist durch den Heiligen Geist, dafür um so heller.

Den Schulabgängern muß allerdings auch die Frage im Kopf herumgehen, ob ihr heutiges Leben in der Geborgenheit des toleranten kanadischen Staatssystems schon morgen noch gelebt werden kann, da religiöse Minderheiten in der Geschichte nur zu häufig schweren Verfolgungen ausgesetzt waren und auch die Prärie sicherlich nur ein Ankerplatz der Bruderschaft ist. Noch läßt die Regierung die Hutterer glauben, was sie wollen. Was aber ist dann, wenn Gott seinen Kindern einmal die Hilfe versagt, um einem atheistischen Volk Macht über sie zu geben? Im Bruderhof Iberville kann Heimat für die Kommunisten in ihren »göttlichen Archen« so auch nur etwas Ungewisses, kein immerwährender Zustand sein. Abgesehen davon ist Heimat die Sprache.

Im Elternhaus wird das Täuferkind mit jenem Dialekt vertraut gemacht, der, museal erstarrt, nirgendwo geschrieben steht. Dieses Huttererdeutsch ist die Sprache des zweiten Hahnenschreis, der morgendlichen Konversation, bevor die Familie geordnet nach Geschlecht, nach Alter, nach kolonieinterner Berufung auseinandergeht. Der Dialekt bannt alle Hutterer in die gleiche Erlebniswelt, in die ihrer Vorfahren mit ihrer spezifischen Eigenart, und die sprachliche Nervosität der Bruderschaft wirkt grotesk. Zahlreiche Worte und Redensarten haben die Täufer auf ihren langen Wanderwegen aufgelesen. Die hundert Jahre, die die Gemeinschaft in der Ukraine verbrachte, sind ebensowenig zu überhören wie die anderthalb Jahrhunderte in Siebenbürgen/Rumänien. Es ist eine Sprache der Bewegung. Während das Kärntnerische dominiert, ist das Tiroler Töldera immerhin lebendig.

So greift ein Hutterer im Bruderhof am großen Fluß am frühen

Morgen nach dem von der Familie strapazierten »vishudder« (russisch für Handtuch), beruhigt er das Kleinkind auf dem »Kackstuhl« mit dem vertrauten Reim: »Dos ist der Daum, der shittelt die Pflaum, der klaubt si auf, der drogt si ham, der est sie auf und bleibt doch so klan.«
Beim Gebet zum Frühstück – jeder Tag beginnt mit dieser Pflicht – heißt es danach mit gefalteten Händen: »Wir bitten Dich, Herr Got hemmlischer Voter, segnä desa Deine Goben, di vir von Deer empfongen und zu unz nehmen durch Yesum Kristum. Amen.«
Im Kindergarten zählt die Dirn: »Ase, zvä, driä, ferä, finfa, sexa, sebena, ochta, nina, tzechna«, während in der blankgescheuerten Küche die schlichten Mahlzeiten mit Hilfe eines Sprachvorrats, der in der Prärie mehr als verblüfft, in Gemeinschaftsarbeit vorbereitet werden: Vielleicht gibt es »Nukela« (Knödel, Pustertal), »Borscht« (Gemüsesuppe, russisch), »Honkelich« (Honig, Tirol), »Kratzavitz« (Gurke, siebenbürgisch-sächsisch), »Gookerootz« (Mais, ukrainisch), »Solat« oder »Stritzel«, wobei die Zutaten aus dem »fridge« (Kühlschrank, englisch) stammen.
Im Hof spielt das Kind im Schnee auf der Unkrautwiese mit dem »Mootzie«, ukrainisch für einen kleinen Hund. Die beiden sind »elan«, wie man heute noch rund um die Michelsburg sagt. Im täglichen Sprachgebrauch ist dann eine Frau ein »Weib«, »weil es so biblisch geschrieben steht«, eine »Ankela« eine Großmutter, »Anten« sind Enten, ein »Schepfer« ist eine Kelle, ein »Bichl« ein Buch, die »Blembl« eine Blume, die »Basel« eine Tante und der »Schtemple« ein Pfahl. Das »maklich« für bequem stammt aus dem mennonitischen Platt, »haas« oder heiß wird es wie in Kärnten, der Januar ist der »Jänner« wie in Österreich, ein Katholischer ist ein »Katholer« wie bei den deutschen Volksgruppen in der Tschechoslowakei.
Die zwei gebräuchlichsten Redensarten auf dem Hof sind seit Jahrhunderten unverändert geblieben: »Dos is su gvees vi dos Amen in der Lehr« und »Wer Gut vertraut hat guat gebaut.«
Dies sind die Worte der frühen Erziehung, ist die Sprache europäischer Fremdkörper in der extremen Einsamkeit der

Prärie, in der die Hutterer auf dem Bruderhof miteinander kommunizieren. Dagegen nähert sich ihr Schriftdeutsch heute wie eine untergehende Sonne langsam, aber beängstigend sicher dem Horizont. Wo das Literaturangebot beinahe ausschließlich auf die alten, nie alt gewordenen Lutherbibeln beschränkt bleibt, gerät die Hochsprache trotz intensiver Unterrichtung in Gefahr, allmählich vergessen zu werden. Ausgerechnet jenes Deutsch, in dem man seit der Zeit, als die Reformation das Recht jedes einzelnen beanspruchte, die Schrift für sich selbst auszulegen, mit einem so persönlichen Gott spricht, das Deutsch, das am Beispiel archivierten hutterischen Schicksals und Heroismus Lösungen anbietet, wo das moderne Englisch nur Losungen hat.

Die Prediger beherrschen das Lutherdeutsch zwar noch recht gut, die Lehrer, einige Zeugbrüder und die Alten der Kolonien ganz generell, doch je mehr sie sprechen, um so weniger werden sie häufig verstanden, eine Ausnahme ist das Vorgeformte, das in den täglichen Betübungen immer und immer wiederholt wird.

Frakturgedruckt oder aber handschriftlich kopiert, rückt das Schriftdeutsche gegenüber dem Englischen ins zweite Glied. Damit droht die jahrhundertealte sprachliche Tradition der Heiligen zu zerbrechen, stehen die Diener des Wortes mit ihrem Zuspruch vor ratlosen Gemeinden, die die Tiefen der Altvätersprache nicht mehr voll ausloten können.

Dabei mißtraut ein Hutterer jeder sprachlichen Anpassung an seine Umwelt wie dem Aufnähen eines neuen Streifens auf alten Stoff. Englisch muß für ihn der Klang der Hölle sein. Kurz, von jener fallenreichen Welt der »Zauberer, Hurer, der Götzendiener und Totschläger«, in die Gott ihn mit den Worten hineingestellt hat: »Sondert euch davon ab und rührt nichts Unreines an, so will ich euch annehmen und euer Vater sein.« Der Hutterer sieht die Gefahr, daß sich mit der Sprache des Bruderhofes auch dessen radikale Züge ändern müssen, erkennt die schleichende Krankheit und sucht dafür das Kraut, das sie heilen könnte. Dabei stößt er unweigerlich auf den Koloniefeind Nummer eins, den Englischlehrer, der – von draußen geschickt – in der »Englischen Schule« nach dem Lehrplan des Landes und damit nicht spezifisch christlich unterrichtet. Dieser Lehrer ist die einzige Person auf einem Hof, die nicht von den Ältesten manipuliert, deren Handwerk nicht problemlos verboten werden kann. Er lehrt in einem Schulhaus auf kolonieeigenem Boden, das die Brüder an die Regierung vermieten. Doch nach hutterischem Verständnis ist auch ein Lehrer von draußen nur ein Weltlicher, kein rechter Christ, sieht einem solchen nicht einmal ähnlich. Am Tag unterrichtet er die Kinder, höchstes Gut des Hofes, am Abend geht er vielleicht instinktiv geleitet zum Spiel oder zur Konkubine, am Tag darauf lehrt er wiederum die Kinder. Und verflucht sei, wer einen Blinden auf seinem Weg irre macht.

Wo das Bibeldeutsch die denkerische Unschuld und Unbefangenheit eines Hutterers stärkt, steht das moderne Englisch für das Wissen einer entarteten Welt und deren kompliziertes Leben, droht der Gemeinschaft mit seiner Dominanz der Verlust eines der wesentlichsten Teile ihrer Gesamtkultur, öffnet sich eine Kluft zu den Altvätergeschichten mit ihren Heldensagen.

So sind es heute drei Bildungssysteme, die an jedem Schultag im Bruderhof Iberville morgens eingeläutet werden, doch nur zwei davon gelten ausschließlich der Erziehung zum guten Menschen. Ab zweieinhalb Jahre besuchen die Kinder die sogenannte »Kleine Schule«, den Kindergarten, den die Hutterer einst in Europa lange vor den Weltlichen erfunden haben. Das Kinderweib, auch »Ankela« genannt, macht hier den ersten Versuch, dem täuferischen Nachwuchs beim Gebet, beim Spiel und im Versmaß die schriftdeutsche Sprache und das schlichte menschliche Gutsein beizubringen. Sie zeigt ihm schon jetzt mit Hilfe des »guten Berichts« den biblisch vorgedachten Weg zur Gelassenheit, zum Vertrauen darauf, daß Gott im Leben eines Hutterers alles regelt.

Ab sechs in der »Englischen Schule«, werden die Kinder in der Regel bis zum 16. Lebensjahr vom Pädagogen von draußen unterrichtet, da hutterische Lehrer nur in ganz seltenen Fällen eine staatliche Lizenz für das Lehramt besitzen. Dieser Englischen setzen die Brüder in ihrer Kulturangst die deutsche »Große Schule« entgegen, jeweils eine Stunde vor und eineinhalb Stunden nach dem Hauptunterricht, in der der kolonieeigene Deutschlehrer sich um die Fortbildung kümmert. Abgesehen davon, daß seit Generationen die wichtigen Gesetze für das eingegrenzte Leben und das urchristliche Ideal auf den Bruderhöfen von Mund zu Mund weitergegeben werden, erhält die Jugend von ihm das sprachliche Rüstzeug für das Gemeinschaftsleben, erlernt sie auch die alten gotischen Schriftzeichen. Eine darüber hinausgehende höhere Schulbildung kann zwar durch einen Fernkurs zusätzlich erworben werden, paßt jedoch auf einen Hof »wie der Teufel«, denn das Wissen der Welt ist nach Meinung der Hutterer ein Greuel vor Gott...

»Bei uns, liebe Geschwister, eitel Kinder und alle, die Gerechtigkeit erfahren wollen, zählt die Selbstausbildung. Der Junge lernt vom Alten, der Schüler vom Deutschlehrer... Zuviel Gelehrsamkeit macht nicht selig, es dient nicht dem Vorteil unserer Gottesbindung, sondern einzig und allein dem Einfluß der Welt.

Ein jeder von uns handelt daneben mit allen Kindern im Bruderhof, als ob sie seine eigenen wären, und zwar so, wie er es vor Gott verantworten kann... Jeder sorgt sich um die Jungen, ob er nun Lehrer, Kuhhirt, Schweine- oder Bienenmann, ob es das Kinderweib oder die Zuschneiderin ist. Wir schleichen uns zu ihnen, wo sie sich aufhalten, und prüfen ihr Geschwätz. So sind sie immer in Sorge und Furcht, daß Klage gegen sie erhoben wird, wenn sie etwas Falsches tun. Wir unterweisen sie wieder und wieder nach den Zehn Geboten, damit sie verstehen lernen, daß Gott die Frommen liebt, die Bösen aber haßt und mit dem ewigen Feuer bestraft.

In summa: Wir lehren unsere Jugend vom Tag der Geburt an den Gehorsam und die alte Ordnung. Wir zürnen ihr niemals billig. Wir hüten sie durch fleißiges Anreden, Warnen und Strafen, bis sie schamrot wird, und bereiten sie so auf die Ewigkeit vor. Wir dürfen zu ihr nie zu zärtlich sein, denn daraus erwächst nichts Gutes.

Sobald die Jungen tüchtig genug dazu sind, müssen sie arbei-

ten. Wir kümmern uns um die Notdurft des einzelnen, denn ein jeder Arbeiter ist seine Speise wert. Durch die Taufe nehmen wir ihn dann in die Gemeinschaft der Heiligen als einen weiteren Zeugen vor der Heidenwelt auf. Seine gute Erziehung hilft ihm von nun an dabei, sündlos zu bleiben.
Doch wenn wir einen unter den Jungen finden, der sich Bruder nennt, aber ein Hurer oder Geiziger, ein Götzendiener oder Lästerer, Trunkenbold oder Räuber ist... der wird durch das Richteramt der Kirche ausgesondert und verbannt. Je mutwilliger die Sünde, um so härter muß die Strafe sein... wenn einer nicht aus Frevel, sondern aus Schwäche sündigt, so wird er nicht gebannt, aber... in der brüderlichen Liebe gestraft.
Die 1. Strafe ist bei uns, daß ein Sünder die Zeugbrüder des Hofes um Vergebung bitten muß. Die 2. Strafe, bei einem größeren Vergehen, bedeutet, daß er alle Brüder darum bittet. Wird ihm die 3. Strafe auferlegt, dann muß er vor die Brüder und Schwestern treten und Reue bekennen, und zwar während einer Betstunde. Als 4. Strafe, wenn der Sünder noch etwas Ernsteres getan hat, muß er wiederum vor die Brüder und Schwestern treten, jetzt allerdings beim Gottesdienst an einem Sonntag. Die 5. Strafe nennen wir den ›Unfrieden‹. Der Sünder muß danach für eine Zeit von 8 bis 10 Tagen alleine schlafen, alleine essen, eine ihm unbeliebte Arbeit tun. Er wird vom Gottesdienst ausgeschlossen oder auf die Sünderbank gesetzt... Die 6. aber ist die große Strafe, die Meidung oder der Bann. Ein Hutterer ist dann kein Hutterer mehr.
Bei den ersten fünf Strafen kann der Diener des Wortes nach der Buße durch das Gebet anstelle der Gemeinde die Tat vergeben. Doch was des Ausschließens wert ist, wird ausgeschlossen, solange der Sünder in der Sünde beharrt, wofür die Gemeinde die Schlüsselgewalt Christi hat... Wir wissen auch, daß es außerhalb der Gemeinschaft keine Vergebung mehr geben kann. Wenn der Sünder aber Buße tut, kann der Prediger nach der Probe für die Gemeinde im Namen Jesu durch das Auflegen seiner Hände auf den Kopf des Sünders bekennen, daß seine Tat vergeben ist, wenn er sagt: ›Stehe auf und sündige nicht mehr, daß dir nichts Ärgeres widerfahre!‹«

Bis Ostern, der Zeit zwischen Taufe und Abendmahl, ist die Prärie um Iberville ein Warteraum zum Nichts. Noch ist der Wind aus dem Norden kalt und laut, der eisgraue, von gefrorenen Furchen durchzogene Boden von der Sonne erst angehaucht. Das Land, das vor Jahrzehnten den »Steinkochern« oder Assiniboins aus der Sioux-Sprachfamilie gehörte, gleicht tatsächlich dem runzligen Antlitz eines alten Indianers. Doch mit dem einsetzenden Tauwetter beginnt sich in den organisatorisch voneinander unabhängigen, geistig eng miteinander verknüpften Bruderhöfen am großen Fluß der Homo oeconomicus kräftig zu regen. Manch weltlicher Konkurrenz wird er im Laufe des Jahres das Angebot vermasseln. Für das Geschäft mit den Institutionen der Kapitalisten machen die christlichen Kommunisten aus ihren Schweinen von heute den Schinken von morgen. Das landwirtschaftliche Gerät wird überholt, die helfenden Hände sind plötzlich so wertvoll wie die betenden Lippen, obwohl im Zweifelsfalle Gott vorgeht. Dabei reiht sich die Jugend nach dem Schulbesuch in den Arbeitsprozeß des effektiven Kollektivs ein.
Von der Frühjahrsahnung aus der häuslichen Vegetation, die in den langen Wintermonaten durchaus auch Langeweile aufkommen ließ, ins Freie gelockt, nehmen die Hutterer jetzt deutlicher Gestalt an. Im einen Hof sind sie von gedrungener Statur, beinahe vierschrötig, wie etwa die Oberinntaler, im anderen stark, ruhig und ausdauernd wie in Jakob Hutters Pustertal, hier ist der bayrische Einschlag noch kräftig zu spüren, dort finden sich Spuren des slawischen Elements. In jedem Fall haben sie Ähnlichkeit mit ihren europäischen Vorfahren. Und je weiter sie sich aus der so geringen zivilisatorischen Bequemlichkeit der Armutsquartiere entfernt haben, desto sichtbarer sind die Gesetze der Altväter in den Hintergrund getreten. Wo die Anstrengungen des Lebens jedes irdische Glück verbieten, das Individuum in der Gemeinschaft vollständig aufgehen soll, wandelt sich Heroisches allmählich in Liebliches, klingt Lachen aus der Trauer. Denn die Hutterischen Brüder und Schwestern haben ihre Zweifel an dieser Welt, die Zeit hat bei ihnen viele Jahre stillgestanden, spurlos vorübergehen konnte sie nicht.

Heiter gestimmt treffen sich die aristokratisch blassen Frauen zum schnellen Gespräch, spielen Buben im Schneestaub Billy the Kid oder Sitting Bull. Wie zarte Farbtupfer huschen die älteren Mädchen – darunter durchaus Attraktionen – über die zur Spur gefrorenen, abenteuerlich holprigen Wege. Nur die schwarzgekleideten Männer geben sich so, wie sie immer sind: etwas zu männlich, etwas listig und gewandt. So bleiben nur die Uralten zurück, mit dem Gefühl, schon zu lange gelebt zu haben. Sie hocken hinter ihren Fenstern, um die in der Luft schwirrenden Gerüchte in der Erkenntnis zu verarbeiten, daß auch in der Gemeinschaft der Heiligen mit dem Glücksverlangen hin und wieder zu rechnen ist.

Am Tag nach Ostern gehen die Brüder und Schwestern dann zum »Brotbrechen« an den Tisch des Herrn. Hart lehnen sie die Lehre der »gottlos blinden Weltlichen« ab, wonach der Genuß des Brotes und des Weins die göttliche Gnade vermitteln kann. Wer im Brot den Leib Christi, das Geheimnis im völligen Widersinn sehe, müsse doch aber wissen, daß der Leib bis zur Wiederkehr für das Endgericht gen Himmel gefahren sei und dort zur Rechten des Vaters sitze, also nicht im Menschenwerk aus Mehl und Wasser und Salz...

»Darum erklären wir, liebe Geschwister, eitel Kinder, daß die Frage, ob Wein und Brot im Abendmahl Blut und Fleisch ›sind‹ oder nur ›bedeuten‹, bei uns nie gestellt werden kann. Wir essen den Herrn nicht und trinken auch nicht sein Blut. Wir halten es so: Als Christus vor seinem Sühnetod beim Abschiedsmahl das Brot brach... sagte er: ›Nehmet, esset, das ist mein Leib, der für euch gebrochen wird. Solches tut, so oft ihr es tut, zu meinem Gedächtnis.‹ Dann gab er ihnen den Kelch und sagte: ›Trinket alle daraus, das ist das Neue Testament in meinem Blut, das für euch vergossen wird zur Vergebung der Sünden. Das tut zu meinem Gedächtnis.‹

Damit will uns der im Fleisch erschienene Sohn Gottes die Gemeinschaft des Leibes anzeigen, uns lehren, daß wir hier in der Endzeitgemeinde auf Erden Glieder seines Leibes sind, wie das Brot aus vielen Körnern zusammengesetzt. So ist es mit dem Kelch: Christus der Weinstock und wir die Reben. Also

sind Brot und Wein nur die Zeichen unserer Gemeinschaft mit dem fortlebenden Leib Christi, nicht für seine leibliche Existenz im Mehl und Rebensaft. Zur Einheit kommen die Glieder des Leibes aber nur dann, wenn sie ganz und gar vom Haupt abhängig sind. Tritt eine Störung ein, so leidet der ganze Körper.
In summa: Essen und Trinken können wir den Herrn nicht, doch wir sind als aufrechte Hutterer Glieder seines Leibes...«
Dies ist das Abendmahl des Jakob Hutter, nüchtern und harmonisch, ganz in seinem Geist und Stil, dabei theologisch so provozierend wie die Taufe der Erwachsenen. Doch es ist im Bruderhof in Iberville heute nur noch eine Erinnerung an den Prinzipalvorsteher aus Moos und seine Tiroler Gemeinde, stammt aus ihrer Kritik an der katholischen Kirche. Wie überhaupt, haben sich die Hutterer auch rein verwandtschaftlich gesehen von Tirol längst entfremdet, gibt es heute keinen einzigen Tiroler Familiennamen mehr in den Kolonien von Amerika. Es sind dafür die Kärntner, die die Gemeinschaft prägen, die Hofers, Kleinsassers, Waldners. Allerdings kennzeichnet die Brüder kein echtes nationales Volksbewußtsein, bei Befragungen geben sie Österreich als ihr Herkunftsland an. Dafür überwiegt die Auffassung vom eigenen Volk, von der Vierten Welt der Hutterer, der Schöpfung eines bis zum gewissen Grade germanisierten Gottes, mit Wurzeln, die viel weiter in die Geschichte zurückreichen als die Chroniken der Täuferbewegung. Ein Volk jedoch, das trotz seines reichen Kindersegens ohne Garantie für eine eigene, sichere Existenz ist, da es vom Himmel rund alle hundert Jahre vor eine besonders schwere Prüfung gestellt wird, um seine Standhaftigkeit in der rechten Lehre zu beweisen. Prüfungen, mit denen die Hutterischen Brüder, ursprünglich eher eine Erlebnis- als eine Wesensgemeinschaft, in Tirol und Mähren einmal konfrontiert waren, dann die Gemeinden in Mähren und in der Slowakei während des Dreißigjährigen Krieges, wiederum hundert Jahre später der Bruderhof in Siebenbürgen durch die Rekatholisierungsversuche der Habsburger und schließlich die Täufer in Rußland

»Den rechten Christen schmückt nicht die auswendige Pracht, sondern die göttliche Zier« – die Gross-Schwestern vom kanadischen Bruderhof Iberville 1957 in ihrer typischen Tracht, der Rocksaum nie höher als 15 cm über dem Boden.

Die Mädchen der Kleinen Schule der Kolonie Maxwell beim weltlichen Hochzeitsspiel. – Junge Huttererfrauen 1948 im »Harba«, dem Weiberwagen des Bruderhofes James Valley. – »Ruschiansaften« oder Seifekochen, eine der traditionellen Aufgaben der Hutterinnen im Herbst und späten Winter.

Hutterische Schmiedeleut 1910 in Süddakota nach erfolgreicher Wolfsjagd. Da den Brüdern das Tragen einer Waffe – die Jagd generell – verboten ist, setzten sie ihre Hundemeuten auf den Räuber an. Das Kopfgeld von fünf Dollar, das die Regierung für jeden erlegten Wolf zahlte, wanderte ins Gemeindesäckl.

Dem Modernen aufgeschlossen, dem Alten verhaftet: Die erste von einem Traktor gezogene Sämaschine 1948 auf dem Bruderhof Rosedale in Manitoba. – Die Schulklasse des Jahrgangs 1921 von James Valley. – Junge Burschen 1917, als ihnen das Tragen eines Kragens wegen seiner militärischen Tradition noch verboten war. – Die Feuerbrigade der Kolonie Riverside im Jahre 1955.

Das Spinnrad als Symbol der Frauenarbeit erhielt früher jedes Mädchen zum 15. Geburtstag; heute ist es aus den Kolonien verschwunden. Bis 1960 mußte pro Familie jährlich eine bestimmte Menge Wolle beim Haushalter abgeliefert werden. Hutterische Spinnräder waren bei den Weltlichen begehrt.

durch eine falsche Lehre. Probezeiten nennen es die Heiligen am großen Fluß in der Gewißheit, daß sich der Herr seines Volkes, dieses geschichtlichen Ausnahmefalles, immer wieder annehmen wird, sobald es seine Lektionen gelernt hat.

Wie fast alle hutterischen Kolonien offenbart der Bruderhof Iberville, die »Arche Nova« der Großfamilie Gross, gleich bei der Wegöffnung die Cleverneß eines landwirtschaftlichen Großbetriebs und technischer Zivilisation: eine flach gebaute Werkstatt mit angeklemmter Garage, ein Hochsilo, stier glotzendes Holsteiner Vieh, Stallungen für Hühner, Rinder und Schweine mit ihrer stinkenden Industrie. – Weit dahinter, am Horizont, liegt die rund zwanzig Kilometer entfernte Provinzmetropole Winnipeg, deren Entfernung allerdings nie mit menschlichen Maßen zu messen ist. Die Brüder, die von der Stadt nichts wissen wollen, pflegen zur Stadt, die von der Kolonie außer ein paar negativen Legenden nichts weiß, ein rein mechanisches Verhältnis, betrachten sie als notwendiges Übel. Als Bollwerk zwischen Iberville und Winnipeg gilt das Verbot des »unnützen Ausgehens«. Den Brüdern, ganz besonders aber den Schwestern, ist es verboten, den Hof ohne Erlaubnis des Predigers oder Haushalters zu verlassen. Ohne wichtigen Grund wird diese nicht erteilt. Eine Frau kann die Grenzen der Kolonie nur in der Sicherheit der Gruppe, nie ohne die Begleitung eines Mannes und nie aus eigenem Antrieb überschreiten.
In der Mitte des Bruderhofes befindet sich der Kommandostand Glocke, der das Leben der Gemeinde minutiös regelt, der die wichtigen hutterischen Stunden mit Armsünderklang anschlägt, da einige Kolonien selbst die Uhr der Welt nicht anerkennen, ihre eigene Tages- und Nachtzeit haben. Hinter dem Glockengestell liegen die Bauklötze der gemeinschaftlichen Einrichtungen: die turmlose Kirche, aus der jede äußere Pracht und Musik ausgeschlossen sind, in der ein Holzkreuz schon Götzenwerk wäre; die moderne Küche und Backstube, die Tiefkühlzelle, der sterile Speisesaal für die Erwachsenen, in dem die in Christo eingestimmten Naturen – wie beim Gottes-

dienst streng nach Geschlecht sortiert und nach Alter geordnet – ihre Mahlzeiten einnehmen. Daran schließt sich das Speisezimmer der Kinder im schulpflichtigen Alter an, wo es für undisziplinierte Tischmanieren nach der alten Bauernregel »mehr ist mehr« gelegentlich genausoviele Streiche wie »Eßeinheiten« gibt. An drei Seiten um den Glockenplatz, dem Zentrum des Hofes, reihen sich die Häuser auf altem Büffelland, das so flach ist wie das Bett des Texassattels. Es sind die Wartezimmer der Heiligen zwischen Aufstehen und Arbeit, Kirchgang und Schlafengehen. Dahinter die kolonieeigene Schule, das Waschhaus, der Kindergarten, die Schlachtbank, der Gänsestall und zum Abschluß an jener Stelle, wo der Assiniboine River Lebenssaft in Felder und Bäume treibt, die Einrichtungen des Bienenzüchters.
Iberville könnte ein Kloster sein, wenn nicht Frauen und Männer, Junge und Alte zusammenlebten. Am ähnlichsten ist es sicher dem israelischen Kibbuz. Überall herrscht kontrollierte Atmosphäre, überall Gesichter, wie man sie so ähnlich schon einmal auf anderen Bruderhöfen gesehen zu haben meint: die »Weiber«, sehr fraulich, in streng dressierter Haarfrisur und Kleidung identisch. So besiegen sie den eigenen Egoismus, immer darauf bedacht, daß der Schmuck eines Christen nicht »in auswendiger Pracht und Zier oder dergleichen Aufmutzen« bestehen kann. Einige von den Jüngeren tragen das deutliche Zeichen der Schwangerschaft, Voraussetzung für die im Alter von vielen Geburten geprägten Figuren. Die Männer, nur mit seltenen Ausnahmen schwer und wuchtig, mit der Verantwortung, ihre Ehefrauen zu Müttern, ihre Kinder zu Heiligen zu machen. Die Jugend in guter Zucht, schon früh gebrochen und in den Dienst der Gemeinde gestellt. Der Bruderhof als Ganzes wie ein Bienenkorb, in dem jeder mit jedem ohne Wettbewerb und unchristlichen Geiz zusammenarbeitet und sammelt, um für den Winter Honig zu bekommen. Jede »Biene« hat Tag und Nacht voll in der Gemeinschaft zu stehen, bewegt sich in ihr und ist nur im Ausnahmefall einmal allein zu sehen.
Auch hier den Bienen gleich, ähnelt auf Iberville äußerlich ein Gläubiger dem anderen, Ergebnis der totalen Anpassung. Hat-

te es nach der ursprünglichen Gottesordnung einmal keiner Kleidung bedurft, so war es auch hier nach der Meinung der Hutterer der Sündenfall, der die Welt in jenem Augenblick veränderte, als Adam und Eva die Augen aufgingen und sie erkannten, daß sie nackt waren. Diese Nacktheit bedeutete von nun an Schande und Schutzlosigkeit, war symbolisch für die Trennung zwischen Mensch und Gott.

Die Hutterer wählten für sich das Demutskleid, gehen, wie die katholischen Nonnen und Mönche, aber auch wie das Militär, uniform durchs Leben. Ihrer Kleidung, schon von der Jugend mit Stolz getragen, kann dabei eine gewisse Provokation nicht abgesprochen werden, zumindest ist sie eine Herausforderung für die weltliche gesellschaftliche Ordnung. Fein sind dabei die Unterschiede zwischen Kolonie und Kolonie, häufig nur von einem Ältesten zu erkennen. Der Schnitt der Röhrenhosen etwa verrät das religiös-traditionelle Bewußtsein eines Bruders – der kurze Bund ist der alte Stil –, die exakte Länge des großflächig bedruckten Weiberrocks die Toleranz oder aber Strenge eines Predigers, der den Knöchelabstand zu justieren hat. Die Größe der weißen Punkte auf dem Kopftuch eines Mädchens weisen es als »zu modern« oder »im Rechten beharrlich« aus. Während das Tüchel der Frauen als biblisch vorgeschrieben gilt, haben die Hosenträger der Männer weniger mit dem Geistlichen zu tun. Sie dienen ausschließlich der brüderlichen Solidarität.

Tatsächlich hat die alte Kleiderordnung heute eine gewisse Kluft zwischen den drei Huttererfraktionen geöffnet. Schon der Hut, ohne den ein Bruder das Haus nicht verlassen darf, schafft Probleme. Die Lehrer- und Dariusleut, Heilige wie die Schmiede, wollen zum Beispiel erkennen, daß die Gläubigen von Iberville sich mit ihren neuartigen »Mitzen« ausgerechnet – den Teufel auf den Kopf gesetzt haben. Die Schmiede behaupten dagegen, die Lehrerleut mit ihren großen Hüten glichen den nordamerikanischen Cowboys.

Generell halten es die Hutterer mit dem Propheten Jesaja, der den Töchtern Zions versicherte: »An jenem Tag des Gerichts wird der Herr die ganze Pracht wegnehmen, die Fußspangen... die Ohrgehänge, die Armketten und die Schleier... die Gürtel, die Riechfläschchen und die Amulette, die Fingerringe und die Nasenringe, die Feierkleider... die Taschen, die Turbane... Und statt des Balsamduftes wird Moder sein, und statt des Gürtels ein Strick... statt des Prunkgewandes der umgürtete Sack, das Brandmal statt der Schönheit.«

Zur Kleiderordnung gehört für die erwachsenen Männer der Vollbart; denn als Gott gesehen hat, daß aber auch alles gut war, schuf er den Mann mit Vollbart. (Eine Ausnahme bilden die Lehrerleut, die keinen Oberlippenbart tragen.) Und der Herr widerruft seine Schöpfung nicht! Hier unterscheiden sich die Hutterer von den übrigen radikalen deutschen Täufergruppen, die heute unter dem Schutz des kulturellen Pluralismus in Kanada leben. Während die Amischen in ihren vortechnischen Demokratien, die jede moderne Innovation wie Elektrizität und Autos ablehnen, keinen Oberlippenbart tragen, da er im Deutschland ihrer Erinnerung Symbol des Militärs gewesen ist, sind die Mennoniten alter Ordnung völlig bartlos.

Rein äußerlich läßt so auch auf einem Bruderhof wie Iberville praktisch nichts die Intensität ahnen, mit der sich trotz aller Übereinstimmung der Brüder mit den Schwestern, der Menschen mit der Natur in den Kreisen jener der Schule gerade entwöhnten Jugendlichen ein innerer Kampf abspielt, dessen Tragik ein Außenstehender nie voll begreifen wird. In der Regel durchlaufen die Jungen, wenn sie noch ungetauft sind und daher auch nicht vollständig unerwartet, alle die gleiche Periode der Anfechtung. Sie haben jetzt vor der Taufe die Entscheidung zu treffen, allerdings unter der ständigen Drohung der religiösen Peitsche, zwischen dem Verbleib in der sicheren Umgebung ihrer Kolonie und einem Ausbruch. Kaum kontrollierbar ist für die Gemeinde der Prozeß, der die Seelenachse eines Hutterers verbiegen kann, der ihn trotz aller gutgemeinten Lektionen der alten Schulordnung und Lehre hin zu den Lebensquellen der Weltlichen drängt. Nie war die Hofflucht deutlicher zu spüren als heute. Je gebildeter der Mensch, desto größer ist die Unruhe, die ihn gleich nach dem Erwachsenwerden befällt.

Wer innerlich zerrissen die dollarunabhängige Freiheit der Kolonie verläßt, trotz bester Erziehung kein Heiliger sein will, hat im seltensten Fall ein wirtschaftliches Motiv, das würde ihn ohnehin an den Realitäten draußen bald verzweifeln lassen und in den Schoß der Gemeinde zurücktreiben. Denn in der Welt sind Hutterer nur eine klägliche Minderheit. Wer nicht zurückkommt, hat dem Hof meistens aus religiösen Gründen den Rücken gekehrt. Er verläßt die Gemeinde mit leeren Taschen, denn wer geht, hat keinen Anspruch auf einen Teil des gemeinsamen Vermögens – noch haben die Hutterer in der Bibel keine Stelle gefunden, die vorschreibt, daß Geschenke, die der Kirche einmal gegeben wurden, an ungläubige Glieder wieder auszuteilen sind. Durchaus christlich motiviert werfen der verlorene Sohn, die abtrünnige Schwester den Heiligen dann vor, in Tradition und legendärer Ausschmückung der Altväterworte zu ersticken, sich mit den obligatorischen Hosenträgern selbst zu strangulieren, um das Christsein dem Ritual uralter Lehren zu opfern.
Die Hutterer halten gar nichts vom Erfahrungssatz des Historikers, wonach Geschichte alle fünfzig Jahre neu zu schreiben ist, mit modernen Methoden und Hilfsmitteln, mit einem zeitgenössischen Bezug zum Vergangenen. Ohne jeden Pioniergeist, in der Gewißheit, durch Neuerungen Fehler zu machen, ohne eigene schöpferische Leistungen lehnen sie die Auseinandersetzung mit ihren Vorfahren in Tirol, Mähren oder der Slowakei ab, um sich mit schwerem Bauerngang auf dem rund 450 Jahre alten Pfad ihrer unveränderten Lehre zu bewegen. Dabei ist es jeweils das Unerreichbare geblieben, das sie mit dem Erreichten zufrieden macht.
»Doch wisset, liebe Geschwister, eitel Kinder, und alle, die Gerechtigkeit erfahren wollen, daß das unausbleibliche Gericht Gottes, die Stunde der Heimsuchung, für den Abtrünnigen kommen wird, denn vor Ihm kann sich niemand verbergen. Der Herr will ein treues Weib, die Untreue seiner Kinder nennt die Bibel Hurerei. Also ist es richtig zu sagen, daß, wer hinaus in die Welt geht, ein Hurenweib ist. Das Geld, das es draußen verdienen wird, muß in einen löchrigen Beutel fallen, wo der Segen Gottes bei uns reich macht ohne Mühe.

Wir wissen, daß Jesus als Retter zu uns gekommen ist, bei der Wiederkehr wird er ein Richter sein. Und vor Ihm hat der von uns Gegangene ein Problem, denn der Knecht, der des Herrn Wille gewußt, ihn aber nicht befolgt hat, wird viele Streiche leiden. Also wird der Tag des Kommens ein schrecklicher Tag für ihn sein. Aber wir hüten uns davor, zu zürnen, denn unsere alten Prediger haben gesagt, daß unser Dienst ein freiwilliger ist. Wer will, ist uns willkommen, wer nicht will, ist für uns von keinem Nutzen. Er ist kein Hutterer mehr.
Wer zwischen den zwei Ewigkeiten, der Zeit vor der Geburt und jener nach dem Tod, von uns geht, mit dem wollen wir nicht mehr viel zu tun haben, besonders wenn er hochmütig und aufgeblasen wird, einen schlechten Einfluß auf unsere Jungen ausübt... Wir erlauben ihm vielleicht ein- oder zweimal im Jahr nach vorherigem Anmelden einen Besuch. Doch dabei muß es bleiben...«
Wenn ein Hutterer die stabile Ordnung des Bruderhofs am großen Fluß verläßt, der letzte Funken seines täuferischen Gewissens erloschen ist, hat der Deutschlehrer, haben die Altväter in Tirol und ihr mährisches Schul- und Zuchtsystem eine Niederlage erlitten. Vielleicht hat der Lehrer die Rute zu häufig benutzt, vielleicht zuwenig, möglich auch, daß die schlagende Hand zwar den Riemen, die andere aber nicht den gleichen Anteil an Liebe gab. Die Familie des Abtrünnigen wird um ihn trauern und beten. Doch nie gibt sie die Hoffnung auf, daß er, immer noch ein wenig seiner Tradition verhaftet, einmal wieder in den Schoß der Gemeinde zurückkehrt. Als ein besserer Hutterer, in der Erkenntnis jetzt, daß die Weltlichen größere, tiefere und unüberwindlichere Probleme haben, daß das beinahe angstfreie Leben des Bruderhofs durch nichts zu ersetzen ist. Man wird ihm verzeihen, nur im Kirchenbuch bleibt sein Delikt.

An der Pforte des Herrn

Die Täufer in Mähren

Die vollen Weinranken von Bulhary, Strohschober in Hustopeče, Wanderhirten bei Zierotin, die Salz liebende Flora um Pohořelice, dann das Hochland von Mikulov mit dem stolzen Schloß der Fürsten Dietrichstein: Südmähren, Europas unbekannte Mitte, echtes Bauernland, Schlachtfeld durch Jahrhunderte, daneben auch – einmal – ein Himmel für Sektierer, das zweite Jerusalem der Hutterischen Brüder, als die deutschen Siedlungskerne noch Landshut, Nikolsburg, Birnbaum oder Lundenburg hießen. In diesem Schmelztiegel vieler Einflüsse war es für ein paar Jahre nicht sonderlich aufgefallen, daß eine altevangelische Flüchtlingsgruppe sich so weit organisierte, »daß weder Tod noch Leben noch eine andere Kreatur (sie) von der Liebe Gottes scheiden konnte«. Abgesondert in ihren Bruderhöfen, da Er nicht wollte, daß sie mit dem Teufel Gemeinschaft hielten, »dämpfeten, töteten und ausreuteten« Taufgesinnte aus vieler Herren Länder »die angenaturte Sünd«, bekannten mit dem Herzen, um fromm, mit dem Mund, um selig zu werden. Ihre Kirche versprach ihnen dafür, daß der Tag nicht mehr fern sein könne, an dem der Herr mit Feldgeschrei und der Stimme des Erzengels vom Himmel kommen würde zu jenen Lebenden und Toten, die für ihn auf Erden so wahrhaft gestritten hatten.

Dieses Mähren war ein gesegnetes Land, »schön und fruchtbar an Getreide, Wein und Früchten und anderem; es gab feines Bier und aus Ungarn herrliches Fleisch, also, daß man da wohlfeil leben konnte. Die Sprache war gemischt, doch mehr deutsch als slowakisch oder wendisch... dabei war dies Land an drei Orten durch Berge, Wälder und Gewässer umgeben.

Gegen Österreich war es offen...«, was die Mährer nicht daran hinderte, sich unter dem Schutz mächtiger Grundbesitzer rechtzeitig der durch die Reformation bedingten Geisteswende aus dem Westen anzupassen. Im Süden Mährens, das seit dem 13. Jahrhundert Teil der deutschen Ostsiedlung war, hatten sich Bayern und Österreicher niedergelassen, im Westen Oberpfälzer. Während der Hussitenzeit, im Schatten einer nach heutigen Maßstäben durchaus kommunistischen Bewegung, waren die Kolonisten der katholischen Kirche treu geblieben, hatten den religiösen Schwarmgeistern des in Konstanz verbrannten Glaubensrebellen so gut wie möglich getrotzt. Dafür richtete sich der düstere Fanatismus der Hus-Anhänger auch um so gezielter gegen alles Deutsche, wurden ihre Städte zu Wüsten, verschwand ihr Hab und Gut in der Gütergemeinschaft wilder Kriegslager. Erst mit der Machtübernahme der Habsburger im Jahre 1526 konnte das Deutschtum noch einmal erstarken. Voraussetzung dafür war auch das Anwachsen religiöser Frömmigkeit im Lande. Doch während die Deutschen mehr dem Luthertum anhingen, sollten sich die Tschechen eher der Lehre Calvins anschließen, was die nationale Grenze einmal mehr zur Glaubensgrenze machte.

Zwei historische Entwicklungen kamen den Taufgesinnten entgegen, die vor der tödlichen Verfolgung in Mähren Zuflucht suchten. Einmal herrschte im Land trotz der Habsburgerherrschaft weitgehende Glaubensfreiheit, das zog Lutheraner, Calvinisten, Zwinglianer und Unitarier*, Utraquisten** und glaubensernste Täufer an. Zum anderen waren katholisch geborene, evangelisch gesinnte Adelige – unter ihnen die Herren von Liechtenstein mit dem Stammsitz Nikolsburg – schnell bereit, ihre Sympathie gegenüber der Reformation ebenso wie eine relative Unabhängigkeit gegenüber Wien mit der Duldung von Neugläubigen auf ihrem Grund und Boden unter Beweis zu stellen. Durch die Toleranz gegenüber der Erwachsenentaufe förderten sie schließlich den Zuzug tüchtiger Handwerker,

* Protestantische Gruppen, die die Trinitätslehre ablehnen
** Anhänger einer gemäßigten Gruppe der Hussiten

denn unter den Pionieren der hutterischen Brudergemeinde waren gesuchte Berufe wie Töpfer und Müller, Schlosser, Riemer, Brunnenbauer, Seiler, Messer- und Scherenschmied verhältnismäßig stark vertreten. Bald kamen Weinbauern und Wirtschaftsverwalter, auch sie mit fortschrittlichen Handwerksmethoden des Westens im Umzugsgut. Schnell verstanden es die Taufgesinnten, in einem von mittelalterlichen Klosterideen gesteckten Rahmen, bei Glaubens- und Gütergemeinschaft, ihre Kolonien zu den Honigstöcken Mährens zu machen. Sie stärkten so die Produktivkräfte des Landes und erweiterten die fiskalischen Möglichkeiten ihrer Grundherren. Trotzdem war es die Zeit der absoluten Not, die Trennung der Heiligen von einer weltflüchtigen, doch vom Geist der Welt nicht freien Täufergruppe, die die Brüder wie einst die Urchristen ins Gemeineigentum zwängten.

Der mährische wie bald auch der ungarische Landadel sahen Haus und Hof von den Hutterischen gut verwaltet, brachten ihnen gewisses, wenn auch begrenztes Vertrauen entgegen. So saßen die Heiligen mit ihren Grundherren oft an einem Tisch. Leonhard von Liechtenstein, aus altem Fürstengeschlecht, ließ sich von ihnen taufen, einen Mann wie Friedrich von Zierotin nannten die Brüder vertraulich »unseren Fritz«, obwohl sie sich einmal weigern sollten, das Kriegszelt für ihn aufzubauen, da sie darin ein Zeichen der Schwäche, den Vorschub für die von ihnen verachtete Gewaltanwendung sahen. Allerdings mußten die Hutterer akzeptieren, daß sich schon bald nach dem Eintreffen der ersten Täufer in Mähren eine bewußte Opposition gegen sie stark machte, die Blutzeugen forderte, um ihre evangelische Wahrheit gleich im Keim zu ersticken. In der Grenzfeste Znaim wurden schon 1528 drei Brüder und zwei Schwestern vom Stadtrichter Lebisch zu Brand verurteilt und persönlich hingerichtet. Doch wie in Tirol, in Württemberg, Bayern oder in der Schweiz war das Martyrium des einen Taufgesinnten nur dazu da, dem anderen neuen Mut zu machen, wurde der psychische Zustand der Sterbenden zum Hoffnungsträger für ein Leben nach dem Tag der Ernte...

Am Montag nach Lichtmeß im Jahre 1528 betete Hans Schlaffer in Schwaz am Inn in Todesnot: »Allmächtiger Gott, ich will den Kelch des Heils annehmen und Deinen Namen anrufen, ja ich will Dir ein freiwilliges Opfer geben und Deinen Namen bekennen, ich will Dir meine Schuld vor dem Gesicht des Volkes bezahlen und die, die Dich fürchten, werden sehen, daß ich meine Hoffnung in Dein Wort gesetzt habe. Darum, allmächtiger Gott, zeig' Deine Kraft und Macht in meinem schwachen irdischen Gefäß, in das Du den edlen Schatz gelegt und verborgen, den Du mir gezeigt hast. Laß mich nun alles das, was Du mir gegeben hast, von meinem schwachen Leib und elenden Leben kosten, denn sonst hab' ich nichts mehr. Ach mein Gott, welche Not leide ich hier. Da erkenne ich erst den großen Schaden und Fall Adams in mir, da erhebt sich erst der große Streit des Fleisches und des Geistes miteinander... Darum komm, o lieber Vater, komm. Die große ängstliche Not ist da, die Zeit ist hier. Halte Deine Zusage und Verheißung, die Du allen Deinen Auserwählten und Gläubigen gegeben hast... sei dem Sterbenden ein Schutz und Schirm...«

In feierlicher Innigkeit fließen die Worte des Täufers. Stunden später wird Schlaffer dafür hingerichtet, daß er hinsichtlich des Abendmahls und der Taufe im Gegensatz zur Sakramentsverwaltung der katholischen Kirche steht.

Nahezu endlos ist die Liste der Taufgesinnten, die in jenen Tagen – so die hutterischen Chronisten in ihrer genauen Buchführung und Unterscheidung zwischen Gut und Böse – »unschädlich gemacht und hingeschlachtet wurden, an Säulen gebraten und zu Asche verbrannt, mit dem Schwert gerichtet, in Häuser gesteckt und angezündet, an Bäumen aufgehängt, in Flüssen ertränkt oder mit Zangen zerrissen wurden, bis daß die Sonne durch sie schien«. Nachdem Kaiser Karl V. 1529 auf dem Reichstag zu Speyer die Wiedertaufe mit der Todesstrafe belegt hatte, zogen die Täufer reihenweise in den Tod: »In Erwartung... des endgültigen Sieges beim Jüngsten Gericht liefen sie freudig zum Schafott wie eine Braut zum Bräutigam«, so berichtet eine zeitgenössische Darstellung. »Ihre Jungfrauen putzten sich dafür heraus, ihre Männer riefen das Volk zur

Buße auf, und ihre Frauen starben mit dem Gebet auf den Lippen.«

Die Täufer, abgesehen von ein paar betrügerischen Rotten die Stillen im Lande, hatten plötzlich »mehr Feinde als Haare auf dem Kopf: Wer den Stab anstelle des Schwertes trug, wer im Bund zwischen Staat und Kirche eine Gefahr für die biblische Gemeinde sah, war der rechte Teufel, jener mit der Feuerbüchse aber ein rechter Christ. Wer Huren- und Weinlieder sang oder ›die Franzosen‹ [die Syphilis, B. L.] verteilte, triumphierte über den demütigen Geist. Als Wiedertäufer, Zweitäufer, Neugläubige, Schwärmer, Gartenbrüder, Menschendiebe oder Aufrührer gebrandmarkt, versiegelten die Brüder und Schwestern in vielen Teilen Deutschlands, in Österreich und in der Schweiz ihren Glauben mit ihrem Leben.« Bei ihrer Verfolgung – als legale Basis galten die Verletzung des Zivilrechts, Ketzerei und Rebellion – sollten Lutheraner und Zwinglianer die Katholiken gelegentlich noch übertreffen. Luther, der in den Täufern ein kirchenauflösendes Element entdeckte, drang jetzt darauf, daß die Gläubigen, obwohl sie an dasselbe Wort der Schrift glaubten wie er, von keiner christlichen Obrigkeit mehr geduldet wurden, und forderte von jedem Christen, sie als Ketzer auszuliefern. Ein Mann wie Melanchthon verlangte nicht die Todesstrafe für Taufgesinnte aufgrund ihres Glaubens, sondern trat dafür ein, sie als Umstürzler zu verfolgen, »da der obrigkeit ufruhr zu strafen schuldig ist«. Alle Arten von Folter rechtfertigten dabei die Verteidigung der eigenen Religion, besonders katholische Ankläger griffen bei den Verhören auf mittelalterliche Strafen zurück: »Wie Lämmer führte man die Frommen zur Schlacht und Metzg und ermordete sie nach des Teufels Art und Natur. Ein Teil Weibspersonen hat man ins Wasser gestoßen, wieder herausgenommen, gefragt ob sie im Glauben bestanden, ertränkt und versenkt. Andere wurden in tiefe Löcher zu den Fledermäusen, Nattern und Ungeziefer gelegt, wo ihnen – wie dem Bruder Peter Voit – die Füße abfaulten.« Die Welt verhielt sich gegenüber den Taufgesinnten – so das hutterische Beispiel – wie das verstockte Jerusalem einst gegen den Propheten des Herrn: »Die große babylonische

Hure und Mutter aller Greuel auf Erden war trunken vom Blut der Heiligen.«

Bis 1531 – das Jahr, in dem Zwingli in der Schlacht bei Kappel fiel – starben 2000 Täufer den Märtyrertod, einfache Menschen, die meist aus dem Souterrain der Gesellschaft kamen, die, wo sie Frieden suchten, den Krieg gefunden hatten. So lesen sich der hutterische Märtyrerspiegel und die Wiedertäuferakten der Archive auch wie ein einziger Frontbericht:

Im goldenden Augsburg, nach der Missionsarbeit von Ludwig Hätzer ein Zentrum der Gemeinde, führte der Rat bereits 1528 einen vernichtenden Schlag gegen die Täufer, die er im Haus des Bildhauers Doucher beim Gottesdienst überraschte. 88 Personen wurden festgenommen und auf dem Zwangholz verhört, zwölf davon mit Feuer oder Schwert gerichtet, die übrigen aus der Stadt in Richtung Mähren verjagt. In der Nähe von Aalen trieb man zwanzig Taufgesinnte »wie einen Wurf Ferkel« zusammen und verbrannte sie, in Rottenburg am Neckar zerrissen die Täuferjäger einem Michael Sattler, früher Prior des Benediktinerklosters St. Peter im Schwarzwald, mit glühenden Zangen den Leib, richteten ihn neben vier weiteren Neugläubigen. In Zürich drohte jedem der Wassertod ohne Prozeß, der sich ein zweites Mal taufen ließ. In Linz wurden bis 1531 25 Täufer mit Wasser oder Schwert gerichtet, in Landsberg sechs, in Stuttgart zwei, in Heidelberg drei, in Landau drei, in Ingolstadt zwei mit dem Schwert, in München drei mit Feuer oder Schwert, in Würzburg 15 mit Feuer, Wasser oder Schwert, in Alzey 14 mit Wasser und Schwert, in Esslingen sieben mit Feuer oder Schwert, in Eisenach acht mit Feuer oder Wasser oder Schwert... Nicht viele Städte waren so tolerant wie Konstanz, in dessen Zuchtordnung von 1531 stand: »Kind müssen toffen [taufen, B. L.] ist kain gebott; kind nit sollen toffen, ist kain verbott.«

Die »Pilatuskinder«, die Richter und Jäger der Taufgesinnten, belegte der Herr dafür mit tausendfachen Strafen. Der Hinrichtung eines Heiligen folgte für sie, wie wir bereits gesehen haben, nicht selten manch schwere Stunde oder wie es das Große Geschichtsbuch der Hutterischen Brüder zusammenfaßt: »Etlich hat ihr Herr, dem sie darinnen gedienet, ehe Zeit hingeführet. Etlich hat der gäch Tod überfallen. Etlich sein mit anderen Plagen von Gott getroffen wurden. Andere sein in große Angst, Reu und Verzweiflung derhalben gefallen. Ein Teil haben auch ihr Leben lang keinen gesunden oder fröhlichen Tag mehr gehabt. Einer ist in Unsinnigkeit kommen. Der andere hätt viel und groß Geld geben, daß ers nicht tan hätt...«

Doch bei weitem nicht immer urteilten die »Pilatuskinder« der Chroniken ohne ein gut gesichertes juristisches Netz, denn die heftigen Verfolgungen hatten die Täuferbewegung an einigen Orten im Lande gefährlich radikalisiert. Durch Hessen zogen Mordbanden, die sich als Taufgesinnte ausgaben, der ehemalige Vorsteher der Augsburger Täufergemeinde, Augustin Bader, versuchte 1529 auf seine Art ein irdisches Zion zu errichten, ein Experiment, das 1532 auch in Thüringen, danach in Münster versucht wurde. Radikale, ekstatische Gruppen schossen aus dem Boden, bestimmt durch die Mystik des theologischen Führers im Bauernkrieg in Mitteldeutschland, Thomas Müntzer, durch die Ideen des Wittenberger Bilderstürmers Andreas Karlstadt, durch Privatoffenbarungen verschiedener Täuferapostel und die allgemeinen sozialen Umstände. Die eigene Schwäche gegenüber der Welt zwang die Taufgesinnten zu einer übersteigerten Religiosität, zu autoritären Anmaßungen und einer harten Kirchenzucht, womit dann besonders die zweite Generation der Führungspersönlichkeiten häufig nicht mehr umzugehen verstand. Die theologisch gebildeten Täufer der ersten Stunde waren Mitte der dreißiger Jahre fast ausnahmslos schon zu Märtyrern geworden.

Ein Beispiel dafür, daß die Behörden durchaus berechtigte Sorgen gegenüber der Täuferbewegung hegten – die Wunden des Bauernaufstandes waren noch nicht verheilt –, bot jener Hans Hut, Buchführer aus Haina in der Grafschaft Henneberg, der als einer der fähigsten Organisatoren der Heiligen im süddeutschen Raum und treuer Diener Gottes bis zum heutigen Tag besungen wird. Dabei ähnelte Huts Theologie auffallend stark den Ansichten Müntzers, war häufig sogar identisch mit ihnen – eine geistige Verwandtschaft, die den pazifistischen Taufgesinnten, besonders den Mennoniten, inzwischen nicht mehr gelegen kommt. Hut und Müntzer trafen sich verschiedene Male in Nürnberg, jener Stadt, in der auch die erste Hinrichtung eines Täufers auf Reichsboden stattgefunden hatte. Dabei stellte sich Hut, wie im Kreise seiner eigenen Gemeinden, selbst als endzeitlichen Propheten heraus, setzte das Weltende für Pfingsten 1528 fest und hatte auch ganz genaue Vorstellungen von dem, was sich im Rahmen des Jüngsten Gerichts abspielen würde. Zu diesem Zeitpunkt wollte er den deutschen Landen ein Signal geben. Daraufhin sollten sich die zu wehrhaften Gruppen zusammengeschlossenen Täufer an einem bestimmten Sammlungsort treffen, um geschlossen gegen »die Ungläubigen« vorzugehen. Wer der Vernichtung durch die Heiligen entkommen war, würde Opfer der türkischen Horden werden, die Europa überschwemmten und alles niedermachten – außer eben den Täufern. Dann würde Christus zurückkehren, um das Endgericht zu halten.

Trotz der Verfolgungen, die den Judenmassakern des 14. Jahrhunderts ähnelten, hatten die Täufer besonders in der Schweiz (St. Gallen, Schaffhausen und Basel), in Österreich (Salzburg, Linz und Stein), im Elsaß (Straßburg, hier waren sie zeitweise geduldet), in Württemberg und in Städten wie München, Nürnberg, Passau und Regensburg einen, wenn auch historisch nicht mehr genau festzulegenden, starken Zulauf. Dazu trugen in erster Linie die von Mähren ausgesandten Missionare bei, die »wie Eulen und Nachtraben durch das Land huschten, da sie sich bei Tag nicht sehen lassen konnten«. Nur selten kam einer der mit der Mission beauftragten Brüder wieder zu seinem Hof zurück, da ihn die Häscher irgendwann stellten. Dafür brach der Strom der Bekehrten in Richtung Nikolsburg und Auspitz nicht mehr ab. So waren die meisten Brüder und Schwestern während der Blüte der hutterischen Höfe in Mähren – in rund hundert Siedlungen lebten zwischen 25000 und 30000 Täufer – religiöse Flüchtlinge, Menschen, die mit nicht viel mehr als ihrem Glauben und einem Handwerk an die Pforte des Herrn gekommen waren, die als gleichgesinnte Hausgenossen so lange in hektischer Fruchtbarkeit lebten, bis ihr gemeinsames neues Jerusalem eines Tages zusammenstürzte.

Was sich in Südmähren von den Hutterern, von ihrem fremdartigen Leben und ihrem Gut bis in unsere Zeit herübergerettet hat, reduziert sich auf ein paar eingegraute Bauwerke und lepröses Mauerwerk, besonders auffallend in Neumühl (heute: Nové Mlyny), auf etliche Museumsstücke der Volkskunst als Ausdruck ihres Handwerks und auf eine reiche Erzähltradition, die Adolf Mais vor Jahren in mühevoller Kleinarbeit gesammelt und veröffentlicht hat. So mündete die häufig von der Bevölkerung verachtete, selten bewunderte Lebensart der Heiligen, ihre Andersartigkeit generell, in einem wahren Sagenschatz. Es sind Geschichten, geboren aus der Täuferhetze und so grotesk wie jene, die heute in Nordamerika über die geheimnisvolle Gruppe in Umlauf gesetzt werden, schwankend zwischen Verachtung und Duldung, totaler Ablehnung und echtem Wohlwollen. Denn für die Hutterer ist trotz einiger gutgemeinter Ansätze allgemeine Öffentlichkeitsarbeit immer ein Fremdwort gewesen.

Wenn Bürger von Nikolsburg bei einem Glas Venuse, dem in Flaschen gegärten Schaumwein, von den frühen Täufern – hier Habaner genannt – und ihrem Zwischenspiel in Mähren sprechen, dann geht es dabei vor allem um ihre sagenumwobenen unterirdischen Keller mit den gewundenen Stollen, um verschwiegene Bethäuser und längst versandete Brunnen, dann ist die Rede von schwarzen Doktoren mit bluttriefenden Federkielen, von Götzenbildern und unermeßlichen Schätzen, die bis heute in Mährens Boden ruhen. Die finsteren Gänge unter der Stadt Landshut (heute: Zierotin) in der Nähe der slowakischen Grenze haben es den Märchenerzählern dabei besonders angetan. Dort sollen die Heiligen ihr wahres Leben, das das Tageslicht scheute, erst richtig zur Entfaltung gebracht haben, dort unten, wo man sich mit dem Teufel traf, dem jeder Hutterer seine Seele verschreiben mußte.

Tatsächlich hatten die Gläubigen im mährischen und slowakischen Exil eine Reihe von unterirdischen Gängen angelegt, in

denen sie ihre Vorräte horteten, in die sie sich in Krisenzeiten flüchteten, wenn Türken oder gar die Gegenreformatoren angriffen. Dort hielten sie sich oft wochenlang auf. Viele dieser Gänge, wenn auch häufig zugebaut oder teilweise verschüttet, sind heute noch zu lokalisieren. Über diese Erdställe berichten die hutterischen Chronisten selbst: »Sie [gemeint sind die Altväter, B. L.] machten Grueben und Löcher in die Erd, wie die Füchs zu irer Wohnung... Aber sie kundten in die Leng auch nit bleiben. Man spehet sie aus und stellet inen nach. So kamen einmal die gottlosen Menschen und machten ein Feuer vor dem Loch, darin sie sich unter der Erden aufgehalten, und wollten sie durch Rauch erstickhen oder ausrauchen. Doch wurden sie darvon vertrieben... Sonderlich umb den Maydberg [Maydenberg im Pollauer Gebirge, B. L.] hatten sie an vil Orten und Stauden Grueben und Löcher, darin sie sich ein Zeit lang aufhielten, auch in den Stainklufften, in den Klaussen und in den holen Velsen des Bergs...« Die unterirdischen Gänge waren absolut kein sicheres Versteck. So haben »die Polacken auch Dämberschitz geplündert, die vermauerten Keller und heimlichen Gewölber gefunden und ausgeleert...«.
In Landshut – so die Sage – soll unter dem Betsaal, dem Haus Nummer 121, der Eingang zu einem Stollen sein, in dem die Täufer ihre Schätze in einem riesigen Faß zusammen mit einer Weinreserve vergraben haben, die inzwischen alt genug ist, daß man den Rebensaft schneiden kann. Ein Hahn mit einem goldenen Kamm und eine vernichtende Feuerzunge bewachen zusammen Schatz und Wein, und nur ein Hutterer kennt das Losungswort, um an beides heranzukommen. Jeder andere Schatzsucher wird rechtzeitig genug durch Zauber gebannt.
Alle Sagen in Mähren erzählen eines: daß die Hutterer bei ihrer Vertreibung aus dem Land einen Großteil ihrer Habe zurücklassen mußten und der tschechische Boden auch heute noch gewaltige Schätze der Glaubensrebellen zurückhält, so auch in der Tiefe des Vetrover Berges, unter der Kirche von Pavlovice, in einem Keller von Damborice oder unter dem Haus Nummer 13 in Rakvice, wo die Gläubigen zwei Bottiche mit Münzen hinterlegt haben sollen...

Wie in Tirol, so war es auch in Mähren eine wehrhafte Festung, die sich mit Macht in die Geschichte der Hutterischen Brüder drängte: die Nikolsburg, die, restauriert, im Reichsgelb der Habsburger in der fruchtbaren Thaya-Ebene, hoch über dem einstigen deutschen Siedlungsgebiet liegt. Burg und Schloß waren unter den Liechtensteins Hauptfeste des Protestantismus, als Stammsitz der Dietrichsteins dann Mittelpunkt der Gegenreformation in Südmähren. Immer wieder umgestaltet, als Wohnschloß von den Schweden verwüstet, 1945 noch einmal durch ein Feuer ruiniert, wird die Nikolsburg mit einem integrierten Museum heute ihrer bewegten Geschichte wieder gerecht. Scharf sticht sie aus dem Bild der Bezirksstadt am Südabhang der Pollauer Berge, die ihren Namen trägt. In kräftiger Dominanz erhebt sich der Koloß über der dreischiffigen Stadtpfarrkirche von St. Wenzel und der leicht verwahrlosten Annakirche, die die Gruft der Dietrichsteins birgt, einst die wütendsten Gegner der Täufer. Im Ortskern, in der dumpfen Stille des rechteckigen Marktplatzes mit seiner barocken Dreifaltigkeitssäule, können sich einige Bürger weiterhin im Dialekt ihrer süddeutschen Vorfahren unterhalten. Von den Hutterern oder Habanern wissen sie allerdings außer den Geschichten der Märchenerzähler nichts oder nur so viel, daß es sich bei ihnen um zu früh geborene Kommunisten handelte. Gemeint sind damit jene Taufgesinnten, die hier von 1526 bis 1535 eine Siedlung, von 1550 bis 1622 einen Bruderhof unterhielten.

Es war Balthasar Hubmaier, einer der bedeutendsten Reformatoren des 16. Jahrhunderts – von ihm stammen die besten Darstellungen täuferischen Lebens –, der mit dem Leitsatz »Die Wahrheit ist untödlich, sie läßt sich gefangennehmen und kreuzigen, doch am dritten Tage steht sie wieder auf« die Täufergemeinde in Nikolsburg als Volkskirche aufbaute und als Vorsteher leitete. Doch Hubmaier machte den Fehler, daß er sich in den Augen der Frommen nicht vollständig vom Geist der Welt trennen konnte. Er wird heute von den Täufern im historischen Rückblick durchaus kritisch gesehen, dachte er doch in Sachen Schwertgewalt lutherisch, indem er sich eine

»fleischliche Freiheit« gestattete und den Taufgesinnten das Tragen der Waffe erlauben wollte.
Der Doktor der Theologie war in Friedberg am Hochufer des Lech geboren – daher auch sein lateinischer Name Pacimontanus –, hatte zuerst die Schule in der Fuggerstadt Augsburg besucht, ab 1503 die Hochschule in Freiburg im Breisgau. Hubmaier wurde Lehrer in Schaffhausen, danach Pfarrer in der Regensburger Domkirche und kämpfte von hier aus heftig gegen den Wucher der Juden an. Als die jüdische Gemeinde schließlich aus der Stadt vertrieben war, ließ er dort, wo ihre Synagoge gestanden hatte, das Kirchlein »Zur schönen Maria« bauen und wurde deren erster Kaplan. Ab 1521 war er Pfarrer in Waldshut und studierte die Schriften Luthers und Zwinglis. In seinen Ansichten stand er dem Züricher nahe und wandte sich bald selbst energisch gegen Messe und Bilderverehrung als »Greuel vor Gott«.
Hubmaiers Waldshuter Gemeinde schließt sich ihm zum Großteil an, ihr Gottesdienst wird in Deutsch abgehalten, Fastengebote und Zölibat werden abgeschafft. Als die Obrigkeit dagegen vorgeht, verläßt er die Stadt und schreibt sein »Von Ketzern und ihren Verbrennern«. Er vereinigt sich mit Grebel, Blaurock und Mantz, die mit ihm einen literarisch geschulten Vorkämpfer bekommen. Zurück in Waldshut, verwirft Hubmaier die Kindertaufe und läßt sich selbst von Wilhelm Reublin taufen. Es kommt zum Streit mit Zwingli.
Hubmaier engagiert sich politisch, bündelt die gewaltigen Emotionen, die in ihm stecken – und gilt heute bei einigen Historikern als Urheber des 1524 in Waldshut und Stühlingen ausgebrochenen Bauernaufstandes, der sich schnell bis nach Österreich und Thüringen ausbreitete. 1526 wird er der Führer der Täufer in Nikolsburg, wo der Schriftgelehrte auf die Gunst der Liechtensteins bauen kann. Zusammen mit dem Buchdrukker Simprecht Sorg aus Zürich – auch Froschauer genannt – richtet er eine Druckerei ein, die zur Hauptquelle für die Verbreitung täuferischer Schriften wird. Nur zu häufig stammen die Druckerzeugnisse, die durchweg in deutscher Sprache verfaßt sind, damit sie auch vom gemeinen Volk verstanden

werden, aus der Feder des kämpferischen Friedbergers. So zum Beispiel das Hubmaier-Lied »Freut euch, freut euch in dieser Zeit, ihr wahren Christen alle ...«, das bis in unsere Tage gesungen wird.
Zwei Jahre später wird Hubmaier, der inzwischen die besonders frommen Frommen gegen sich hat, in Wien, wo bereits 1521 zum erstenmal evangelisch gepredigt worden war, gefangengenommen und nach einem Schauprozeß verbrannt. Seine Frau stirbt den Wassertod. Die Druckerei in Nikolsburg muß auf ausdrücklichen Befehl der Habsburger geschlossen werden. In die Chronik der Hutterischen geht der umstrittene Vorsteher dennoch als ein bedeutender Führer ein, der zu dem gemäßigten Flügel der Taufgesinnten hielt und bereit war, die weltliche Ordnung teilweise anzuerkennen.
Der Teil der Nikolsburger Heiligen, der gegen Hubmaiers Haltung opponierte, hatte sich ein eigenes Bild von der weltlichen Autorität gezeichnet: »Von der Obrigkeit halten wir's mit Paulus, daß sie eine Dienerin Gottes sei zur Rache, darum geben wir auch Zins, Robot und alles das, was wider unser Gewissen nicht ist. So aber von der etwas wird fürgenommen wider den Frieden, als nämlich Blutsteuer, Henkergeld, ja alles, das zum Blutvergießen dient, das geben wir allerdings nicht, helfen weder mit Worten noch Werken dazu, sondern wir wissen, daß die Rache allein des Herrn ist, wir aber dem Übel nicht widerstreben und unsere Feinde lieben sollen.«
1528, das die Brüder heute als Gründungsjahr der hutterischen Gemeinde ansehen, hatte sich die Kirche der Heiligen in und um das weinfrohe Nikolsburg dann auch recht unheilig zerstritten. Dabei ging es in erster Linie wieder darum, ob ein Christ ein Schwert führen und Steuern für Kriegszwecke bezahlen darf. Die Gruppe der sogenannten »Stäbler«, freiwillig leidende Taufgesinnte, die mit dem Blick auf das unmittelbar bevorstehende Weltende und nach der Lehre der Bergpredigt anstelle der Waffe lieber den Wanderstab tragen wollten, da der Kirche nur das Wort der Schrift zur Verteidigung zustehe, scharte sich um den »ainaugeten Jakob« Wiedemann, der dann 1535 in Wien hingerichtet werden sollte, und um den gefährli-

chen Propheten Hans Hut, der 1529 in Augsburg verbrannt wurde.
Die Herren von Liechtenstein als Gönner der Gemeinde unterstützten dagegen die »Schwertler«, die davon ausgingen, daß ein Christ dem Staat, in dem er lebt, mit der Waffe dienen darf, und forderten von den Brüdern eine Türkensteuer für die Verteidigung Mährens gegen die drohende heidnische Gefahr, da Rechte auch Pflichten mit sich brächten.
So mußte es in Mähren jetzt zur ersten schweren Heimsuchung der Gemeinde kommen, Ölbaum und Weinstock drohten keine Früchte mehr zu tragen. Als bei einer Versammlung in Bergen, einem kleinen Dorf bei Nikolsburg, keine Einigung unter den Gläubigen erzielt werden konnte, entschlossen sich die Stäbler zum spontanen Auszug – eine Gruppe von rund 200 Personen, von den Zurückbleibenden »Kleinhäufler« genannt. Ohne größere finanziellen Mittel sammelte sich dieser harte Kern in der Nähe von Begenitz. Dort breiteten ihre Führer einen Mantel auf dem Boden aus und forderten von jedem einzelnen, sein Hab und Gut draufzulegen, wie es der Apostel einmal vorgeschrieben habe. Und von Stund an war das urchristliche Gemeineigentum, die »comunitas bonorum«, für jene Täufer, die sich später Hutterer nannten, der Hauptpfeiler ihrer Gemeinschaft. Bis zu diesem Zeitpunkt hatte der Grundsatz nicht so streng gegolten, er war im Verlauf der Geschichte der Brüder verschiedentlich für gewisse Zeiträume aufgegeben worden. Es brachte die Gläubigen jedoch jedesmal in starke Bedrängnis, wenn das Privateigentum wieder erlaubt wurde; denn mit der Gütergemeinschaft ging automatisch immer auch eine Reihe religiöser Prinzipien verloren. Hatten die Stäbler in Mähren wie einst die frühen Christen in Judäa mehr der Not gehorcht, was den gemeinsamen Besitz betrifft, hatte Jakob Hutter in Tirol zwar ein religionssoziales »gemeinsames Säckl« befürwortet, persönliches Eigentum jedoch noch toleriert, hatte Hubmaier eine tätige Nächstenliebe über den totalen Eigentumsverzicht gestellt, so war von nun an jeglicher Privatbesitz tabu. Durch »brüderliche und freundtliche beywonung hilf wird darumb was einem mangelt durch des andern hilf under-

stützt und erstatt«. Hierin sollten sich die Hutterer von den meisten anderen Täufergruppen unterscheiden.
Die Brüder rechtfertigten ihre Ordnung damit, daß sie alle einen gemeinsamen Vater hätten. Als Gottes Kind könne jeder einzelne von ihnen einen gleichen Teil Seines Gutes beanspruchen. Schon das Alte Testament weise auf die brüderliche Pflicht der Nachbarschaftshilfe hin. Eigentum – ganz sicher aber Reichtum – sei von Jesus selbst gegeißelt worden. Letzteres konnte auch als eine Kampfansage gegen die materielle Unterdrückung der Bevölkerung durch die Grundherren in Mähren angesehen werden.
Die Krise von Nikolsburg war dem radikalen Zweig der Täufer somit nicht zum Verhängnis geworden, sondern hatte ihn zur Entwicklung eines neuen Gemeinschaftsgedankens angeregt. Die auf Grundeigentum beharrenden Schwertler, auch Schweizer Brüder genannt, die durch den Auszug der Stäbler wie durch den Tod Hubmaiers stark geschwächt waren, verloren als Gruppe schnell an Bedeutung. Sie standen unter dem Schutz von Leonhard von Liechtenstein auf dessen Gütern Voitsbrunn, Bergen, Polau und Wisternitz, auch dann noch, als eine Linie der Familie Liechtenstein zum katholischen Glauben zurückgekehrt war und den Neugläubigen ihre Gunst entzogen hatte. Die kompromißbereite Haltung gegenüber der weltlichen Obrigkeit sollte die Schwertler indessen nicht vor Nachstellungen schützen. Ihr Vorsteher Oswald Glaid starb 1545 in Wien den Tod durch Ertränken, ein Teil der Gemeinde saß längere Zeit in einem Gefängnis in Passau. Obwohl ihnen die Stäbler über Jahre hinweg »widerwärtig« waren, zog es diesen Täuferzweig schließlich doch wieder zur Lehre Jakob Hutters zurück. Den Anfang machte der Feuerbacher Vorsteher Klopfer, der mit seinem Anhang zu den Hutterern stieß. Restgemeinden der Schweizer Brüder, die nicht mit den Schweizer Taufgesinnten verwechselt werden dürfen, die sich später in der Pfalz ansiedelten, bestanden allerdings noch 1591 in der Umgebung von Znaim und 1618 bei Eibenschitz.
Das Ziel der Stäbler unter der Führung des »ainaugeten Jakob« war Austerlitz (heute: Slavkov), das zu diesem Zeitpunkt teil-

weise zum Besitz der Herren von Kaunitz gehörte. Die Siedlung in der mährischen Ebene, südöstlich von Brünn, die durch die Dreikaiserschlacht in die Weltgeschichte einging, hatte bereits eine große jüdische Gemeinde aufgenommen und erwies sich auch den Taufgesinnten gegenüber vorerst als äußerst tolerant. Nachdem sich die Brüder zunächst für drei Wochen in einem abgebrannten Hof einquartiert hatten, wurde ihnen am Hafenmarkt ein Baugelände zur Verfügung gestellt. Die Kaunitzer Herren versprachen »Holz für die Notdurft« und eine Befreiung von »Robot« (tschech. für Fronarbeit), Zins und Steuern für sechs Jahre. Eine Reihe jener alten Huttererhäuser, die nun in Austerlitz gebaut wurden und unterhalb eines mächtigen spätbarocken Schlosses Jahrhunderte überdauerten, fielen erst in unseren Tagen der Spitzhacke zum Opfer.

1529 – Jakob Hutter hielt sich zum erstenmal in Mähren auf – gab sich die Gemeinde in Austerlitz nach dem Vorbild der ersten Kirche zwölf Ordnungen. Nach diesen Richtlinien hatten die Brüder und Schwestern, wenn sie zusammenkamen, Gott herzlich um Gnade zu bitten, damit er ihnen seinen göttlichen Willen eröffnete. Jeder sollte den anderen ermahnen, im Herrn beständig zu bleiben. »Wenn ein Bruder oder eine Schwester unordentlich lebt, so soll dies nach dem Befehl Gottes gestraft werden. Jeder hat der Gemeinde voll, mit Leib und Seele zur Verfügung zu stehen, die erwählten Diener haben dem Befehl des Herrn, nicht der Gemeinschaft zu gehorchen. Ein ehrbarer Wandel wird von allen erwartet, keiner soll fluchen oder schwören, kein unnütz Geschwätz treiben, auf daß die Schwachen verschont bleiben. Was unter den Brüdern und Schwestern geschieht, darf der Welt nicht offenbart werden, falls aber ein Gutherziger sich dem Inhalt des Evangeliums verschreibt, kann er als Glied der Gemeinschaft aufgenommen werden.« Die Gemeinde hatte sich täglich auf die Werke des Herrn zu konzentrieren, alles, was Er verordnete oder schickte, mußte mit Dank angenommen werden. Stündlich mußte mit dem Weltende gerechnet werden, hieß es, »in der Zucht« bereitzustehen, um Christus zu empfangen.

Doch die das religiöse und sittliche Leben miteinander verknüpfenden Ordnungen von Austerlitz hatten nicht die Intelligenz des Bösen mit einkalkuliert, ihr hoher, auf die Endzeit ausgerichteter Anspruch konnte einen neu aufkeimenden Zwist unter den Heiligen nicht überdecken. Jetzt stand den Brüdern nicht die Trennung von der Welt und ihren bindenden Gewalten im Weg, jetzt ging es ausschließlich um die Glaubwürdigkeit der Gemeinde. Im kalten Winter von 1530 gab es Streit um die religiöse Disziplin des Hofes, um die angewandten kirchlichen Strafmittel und die Verwaltung des Eigentums. Wiederum spaltete sich die Gruppe in zwei Parteien, die sich beide an Jakob Hutter wendeten, der als menschlicher Richter in göttlichen Fragen angerufen wurde. Als der Vorsteher aus dem Pustertal zum zweitenmal nach Mähren gezogen war, erkannte er auch schnell, daß in Austerlitz die Gruppe um Wiedemann von der rechten Lehre abgefallen war und wie Jonas einen falschen Weg ging. So hatte der »ainaugete Jakob« allen Schwestern ausgerechnet damit gedroht, die Brüder mit »heidnischen Weibern« zu verheiraten, falls sie sich nicht mit seiner exklusiven Männerauswahl einverstanden erklärten. »Seufzen, Murmeln und Klagen« gab es auch darüber, daß einige Gemeindeglieder Geld im eigenen Beutel hatten, die Kinderzucht vernachlässigten und bei Speise und Trank »ganz ordentlich fleischliche Gelüste zeigten«.

Die Auflösung der Gemeinde war nicht mehr aufzuhalten. Eine Gruppe um Jörg Zaunring und Wilhelm Reublin zog darauf, vorwiegend mit Asylanten aus Blaurocks verwaister Tiroler Gemeinde neben ein paar schwäbischen Täufern, nach Auspitz (heute: Hustopeče), wo man die Geduld der Heiligen anfänglich arg auf die Probe stellte. Bei Starewitz wurden sie von einer Räuberbande überfallen, wobei einer der Brüder umkam. Ohnehin in der Armut Jesu aus Austerlitz aufgebrochen – die christliche Praxis erlaubte keinen Kompromiß –, war jetzt auch die letzte Habe gestohlen, war selbst das Allernotwendigste Mangelware. Mit Hilfe eines Kredits kauften sich die Brüder am Auspitzer Roßmarkt ein leerstehendes Pfarrhaus und »schonten Augen, Hände und Füße, die ärgerlich am Leib Christi sind« nicht, um eine eigene Gemeinde zu gründen, in

der Gott die Großmacht sein sollte. Die Austerlitzer galten ihnen fortan als »unreine Brüder mit unaufrichtigen Herzen«, auch Hutter sah die einzig wahre Verwirklichung des rechten Bekenntnisses ohne jede fleischliche Freiheit nur in Auspitz verwirklicht. Als ausgerechnet der oberste Zuchtherr der Gemeinde, Jörg Zaunring, einen lasterhaften Handel einging, sich seiner Frau wieder annahm, nachdem sie mit einem Thomas Lindl »gehurt« hatte, mußte er ausgeschlossen und gebannt werden, »denn es ist besser, ainauget, lahm und als ein Krüppel in das Reich Gottes einzugehen, denn mit verderblichen, ärgerlichen Gliedern in die Hölle«. Für solche Mitglieder war auf einem Bruderhof kein Platz. Zaunring wurde später nach der rechten Buße wieder aufgenommen, er starb dann bei Bamberg den Märtyrertod. Auspitz wurde für die Gemeinde innerhalb von zwei Jahren zur »köstlichen Insel, da Wein, Korn, Fleisch, Fisch und alle Nahrung überflüssiger ist denn in allen deutschen Landen«.
Um 1533 gab es in Mähren, vorwiegend im Raum Lundenburg – Znaim – Brünn, neben ein paar kleineren Fraktionen drei große Täufergruppen mit etwa 5000 getauften Gliedern: die radikale Gemeinde Jakob Hutters, die sich schnell vergrößerte und eine Reihe neuer Höfe, Produktions- wie Konsumgenossenschaften anlegte; die Philipper, genannt nach Philipp Blauärmel (auch Plener oder Blabermel) aus Württemberg, und die Gabrieler des Gabriel Ascherham (auch Kürschner) aus Schlesien. Da die beiden letzteren Vorsteher zu weltlich waren, in gewissen Dingen einer entarteten Frömmigkeit anhingen, konnte eine Zusammenlegung nicht von Dauer sein, sie scheiterte dann auch am Einspruch des strengen Jakob Hutter.
Der Tiroler war am 11. August 1533 wiederum nach Mähren gekommen und hatte Blauärmel und Ascherham schlechte Noten gegeben, sich daneben auch mit dem Führer der Auspitzer Gemeinde Schützinger, dem früheren Weggefährten, zerstritten. So stand eine weitere »Zerspaltung« der Täufer bevor. In Scharen versuchten die Philipper nun, zurück nach Württemberg und in die Pfalz zu ziehen, wurden in der Nähe von Passau jedoch von ihren Häschern eingeholt und gefangenge-

nommen. Auch die Gabrieler entschlossen sich bald darauf zur Rückkehr nach Schlesien.
Die Lücke, die durch die Meinungsverschiedenheiten mit dem Tiroler Vorsteher aufgerissen war, füllten jetzt hauptsächlich Glaubensflüchtige aus Hutters Heimat, die er durch verschiedene Schreiben für die Gemeinschaft in Auspitz gewonnen hatte. Die Tiroler kamen einzeln und in Gruppen – ein einziges Mal mehr als hundert Personen –, unter ihnen Sigmund von Wolkenstein, der Sohn eines der berühmtesten Adelsgeschlechter des Landes.
Obwohl er sich durchaus mit Schwierigkeiten konfrontiert sah, konnte der bewährte Hirte Jakob Hutter die Auspitzer Herde mit der ihm eigenen Dynamik von sich und seiner Lehre überzeugen. Zum Prinzipalvorsteher gewählt, machte er sich unverzüglich daran, dem Gemeindeleben in Mähren feste Formen zu geben, perfektionierte er die Gütergemeinschaft und drängte auf Einhaltung der Ordnungen. Mit der Wortgewalt und Totalität, die prophetischen Persönlichkeiten eigen sind, sammelte und trennte er die Auserwählten, setzte er die Zuchtmittel der Bruderschaft zur Wahrung der sittlichen und kirchlichen Bedingungen ein, um den Hof von der Last der toten Glieder – der geistig Gestorbenen – zu befreien. Denn niemals in ihrer Geschichte hatten die Hutterischen Brüder die Kraft wie die Volkskirche, einen Gegner in den eigenen Reihen zu halten, selbst dann nicht, wenn noch Hoffnung auf ein Umdenken bestand. Mit dem Bann verfügten die Brüder über die Möglichkeit zum Ausschluß unbequemer Personen, so, wie auch die Lutheraner bestimmen konnten, daß Sündern das Sakrament oder der Eintritt in die Kirche verwehrt wurde. In den gewachsenen Lebensgemeinschaften mit den naturgemäßen Bindungen innerhalb der Gemeinschaft war der Abfall eines Individuums jedoch besser zu erkennen als draußen, die seelsorgerische Zucht durch eine ständige Überwachung der Mitglieder erheblich erleichtert. Der Tiroler sah es als die Aufgabe der Gemeinde an, das ihr anvertraute menschliche Heilsgut zu überwachen, um ihren Bestand zu sichern. Peinlich genau sortierte er die Menschen wie sein Besenmacher das Besen-

kraut, tat hinaus, was »der welt ganz gleich worden, dass ihn niemand von den weltmenschen kundt unterscheiden«. Die Reinigung von unwürdigen Gliedern am Leib Christi war also reine Selbsterhaltung, die Zucht war Schule zur Sittlichkeit, der Mensch als religiöses und soziales Wesen ein Zeichen der Gemeinschaft der Heiligen, die nach dem Scheitern des Nikolsburger Musters keine Volkskirche mehr sein konnte.

Hutters hartes Durchgreifen – auch der Prediger Reublin mußte gehen, da man 24 Gulden in seinem Privatbesitz gefunden hatte – schreckte eine Reihe von Täufern ab. Trotzdem vergrößerte sich die Gruppe um den harten Exekutor durch den Zuzug immer neuer Flüchtlinge. Ist die hutterische Gemeinde in Nordamerika heute eine reine Nachwuchskirche – Gläubige wachsen ihr fast ausschließlich durch die Geburt in einem Bruderhof zu –, so stärkte sie sich damals durch die Missionsarbeit. Ihre Neuzugänge besaßen häufig die gleichen Charakteristiken wie die erste Gemeinde in Tirol oder im Süden Deutschlands. Obwohl sie aus verschiedenen sozialen Schichten stammten, hatte die Mehrheit bäuerliche und handwerkliche Berufe, kamen Männer und Frauen, die das Leben bereits gehärtet hatte, die ein praktisches Verständnis für die Natur und einen echten Sinn für Geistlichkeit mitbrachten. Die Kirche war für sie kein Ritual, sondern ein Platz für Auserwählte, die in der Nähe zur Mystik die Wahrheit im echten Glauben und den Antichristen in erster Linie im Papsttum suchten, die eine deutsche Bibel wollten, da sie der alten Schrift mißtrauten. Daneben mag wie zu allen Zeiten die soziale Sicherheit, die ein Hof anbot, ein Grund gewesen sein, sich in einen kleinen, auserwählten Kreis zurückzuziehen.

Der Bruderhof mit seiner festen Ordnung, das sogenannte »Haushaben« unter der Aufsicht des Predigers und des Haushalters, aber auch der Gesamtgemeinde, war der richtige Platz für ein neues Leben. Die Bekenntnisse der Märtyrer, die Kreuzlieder des Michael Sattler, des Leonhard Schiemer, des Jörg Wagner oder Balthasar Hubmaier oder das Vermächtnis eines Felix Mantz stärkten die endzeitlichen Erwartungen. Wer wie Mantz vor seinem Wassertod noch »mit Lust« bekannte, daß »sich sein Herz in Gott erfreute«, mußte Anspruch auf Rettung haben, hinterließ ein Erbe, an dem sich die Brüder und Schwestern aufrichten konnten. Dabei war es den Vorstehern klar, daß ihre Art zu leben nicht jedermanns Sache sein konnte, selbst ein Gläubiger kein Gläubiger bleiben mußte. Schon damals gingen jene leer aus, die den Bruderhof wieder verließen. Allerdings war es ein Gebot – genau wie heute in Nordamerika –, jedes neue Glied der Gemeinde vor der Taufe darauf hinzuweisen, daß die Kirche einmal eingebrachtes Eigentum niemals zurückgeben werde, da Gott Privatbesitz ablehne. Wer kein Mitglied der Gemeinde wurde, von dem nahmen die Brüder weder Hab noch Gut.

Der mächtigste Gegner der Täufer war der Habsburger Ferdinand I. geblieben. Von seinen Landtagen ergingen die väterlichen wie gnädigen Verwarnungen und Mandate, nach denen sich – besonders in österreichischen Landen – kein Untergebener, gleich welchen Standes, ob Manns- oder Weibsperson, von den Vorstehern der ketzerischen Sekte und ihren Missionaren verführen lassen durfte und die den sogenannten Wiedertäufern und jenen, die ihnen Unterschlupf gewährten, schlimme Strafen androhten. Ferdinand forderte von Geistlichen wie Weltlichen die »ausreyttung diser verdambten valschen und verfüerischen secten der widertauff«, da er behauptete, aufgrund neuer Informationen aus dem westfälischen Münster, wo eine radikale Täufergruppe die Herrschaft übernommen hatte, Meldung davon zu haben, daß die Ketzer mit Gewalt – »tatlichen handlungen« – jetzt gegen den wahren christlichen Glauben vorzugehen begannen. »Vil pluetvergiessen, aber auch anderer, grösserer unrat, verderben und schaden« kämen daher, daß einige der Herren mit den Anhängern der Sekte in der Vergangenheit zu nachsichtig gewesen seien. Wie die Vorkommnisse in Münster zeigten, drohe dem Königreich, aber auch den Fürstentümern durch die Täufer Unterdrückung und Zerstörung der Autorität der Obrigkeit. Aus diesem Grunde werde er in Zukunft bewußt auch gegen jede Stadt und Herrschaft, die nicht mit der Schärfe des Gesetzes gegen die Ketzer vorgehe, ernstliche Schritte unternehmen.

Die neuerlichen Mandate Ferdinands konnten auch vom mährischen Adel nicht gänzlich ignoriert werden, hatte sich doch in den Jahren des Zusammenlebens mit den Taufgesinnten in Mähren ohnehin die Meinung durchgesetzt, daß es Hutterer als Handwerker und Wirtschafter bei weitem nicht genügend, als Sektierer und religiöse Eiferer jedoch bereits zu viele gab. Als Hauptsünde wurde den Täufern dabei ihre ständige Kritik am Privateigentum zur Last gelegt. Doch noch schirmten viele Gutsbesitzer ihre Bruderhöfe ab, da sie nicht auf die Arbeitsleistungen und die Steuern der Frommen verzichten wollten.

Bevor Ferdinand 1535, was vielfach übersehen wird, die Ausweisung der Heiligen aus Mähren bestimmte, kam es zu einigen lokalen Händeln zwischen den Höfen und ihren Grundherren, die sich an den praktisch für vogelfrei erklärten Brüdern zu bereichern versuchten. So versuchte die Äbtissin von Brünn, dem österreichischen Manchester in Mähren, eine Anleihe von der Gemeinde zu bekommen, die ihr, der Vertreterin der Herrschaft von Auspitz, jedoch abgeschlagen wurde. Als es darüber zu ernsten Auseinandersetzungen kam – Jakob Hutter wurde vorübergehend in Haft genommen –, beschlossen die geistlichen Zensoren der Kolonie, die Arbeit im Weingarten des Klosters aufzugeben, weil ohnehin »der Papst, die Pfaffen, Mönche, Nonnen und Bauchprediger die größte Ursache der Abgötterei sind, auch des heuchlerischen ... und ganz verderbten Lebens«. Am Himmelfahrtstag verließen sie Auspitz und zogen gen Schäkowitz, das einer Familie Marschalk gehörte, um dort das Evangelium aus seinem sittlichen Tiefstand zu holen.

Hier sollten die blutigen Ereignisse von Münster den Hutterern zu schwerem Nachteil gereichen. Nach dem Beschluß des Znaimer Landtags erging ein königlicher Befehl, wonach bei Ungnade und Strafe kein Täufer mehr in Mähren geduldet werden durfte. So machte sich die Gemeinde Hutters wieder auf den Weg zurück ins Einflußgebiet der Liechtensteiner, dort lebte sie unter freiem Himmel mit den Teichrohrsängern und Kolbenenten. Die Chronik berichtet darüber: »Also nahm der Jakob Hutter sein Bündel auf den Rucken, dergleichen täten seine Gehilfen, auch alle Brüder und Schwestern, mit samt ihren Kindern, und zugen also Paar mit einander, dem Jakob Hutter, ihrem Hirten nach durch den Haufen der gottlosen, verruchten Rauber; die kirreten mit den Zähnen, hatten nur ein Begierd und Lust, zu rauben und darein zu schlagen; aber sie dorften vor den Hauptleuten nicht, so war es auch noch nicht Gottes Willen. Also war das Häuflein der Gerechten wie eine Herd Schaf ins Feld getrieben, wollten sie auch an keinem Ort lägern lassen, bis sie von ihres Herrn Grund kamen; wiewohl sie erst dahin gen Schäkowitz waren zugen und etlich wenig Tag da gewohnet hätten, wurden sie also wieder vertrieben. Doch etliche, aber gar wenig Kranke blieben noch im Haus und das nicht lang.«

In der Nähe des Dörfchens Tracht bei Nikolsburg schrieb Jakob Hutter nun einen Brief an den Landeshauptmann Kuna von Kunstadt, eine, aus seiner Feder, typische Grundsatzerklärung, nach deren Studium die Regierung ihre Büttel ausschickte, um den Vorsteher festzunehmen. Da ihnen der Tiroler immer wieder entwischte, hielten sie sich ersatzweise an den Kitzbühler Wilhelm Griesbacher, Diener der Notdurft, und an Loy Salztrager aus Hall im Inntal. Griesbacher wurde in Brünn verbrannt, Salztrager unter der Marter abtrünnig.

In seinem Brief hatte Hutter seine Gemeinde dem Landesherrn als echte Liebhaber Gottes vorgestellt, »die wir vertrieben sind aus vielen Landen um des Namen Gottes willen bis hieher in Mährenland kommen...

Wir lassen Euch wissen lieber Herr Hauptmann des Landes Mähren, daß Eure Diener zu uns kommen sein und uns von Euch Befehl... bracht haben, wie Euch wohl wissend ist, darauf wir geantwortet haben mündlich und geben sie auch jetzt schriftlich, nämlich also: Daß wir die Welt, alles unrecht und gottlos wesen verlassen haben, glauben an den allmächtigen Gott... Nun, daß wir Ihm dienen... darum sind wir verfolgt und veracht von der ganzen Welt und beraubt aller unserer Güter, gleich wie es allen Heiligen... auch Christo ergangen ist. Sonderlich der König Ferdinandus, der grausam Tyrann und Feind der göttlichen Wahrheit und Gerechtigkeit,

der hat viel der Unserigen unschuldig ohn alle Barherzigkeit lassen umbringen, ertöten und ermördern, der hat uns auch genommen und beraubt Haus und Hof, all unsere Güter, auch vertrieben und verfolgt erschreckenlich. Nun aber sind wir hierher kommen durch Gottes Gnad und Hilf in das Mährenland, und eine Zeit hie gewohnet. Wir sein aber unbeschwerlich und ohn Schaden gewesen allen Menschen ... Jetzt aber hat uns auch der Marschalch Urlaub geben, mit großem Gewalt von unseren Häusern und Güters gestoßen. Nun sind wir da in der Wüsten auf einer wilden Haiden ... das aber nehmen wir an mit großer Geduld und loben Gott, der uns würdig gemacht hat, zu leiden um Seines Namens willen. Wiewohl es uns Eurethalben ein Schmerzen und Herzeleid ist, daß Ihr so übel tut an den Frommen und Kindern Gottes, und wir klagen Gott Euer Elend ... und wir schreien zu Gott Tag und Nacht ... und wir befehlen Ihm unsere Sach, daß Ers hinaus führ nach seinem göttlichen Willen ... Und Er wirds auch tun ...
Ach und Weh und abermals Weh allen denen, die uns ohn Ursach, allein um der göttlichen Wahrheit willen verfolgen ... denn ihr Verderben ... nahet sich herzu und wird ohn alle Barmherzigkeit erschreckenlich über sie kommen ... Dann Gott wird und will alles unschuldig Blut ... seiner Heiligen erschreckenlich von ihnen erfordern nach dem Wort seiner heiligen Propheten.
Nun aber, wie Ihr uns erboten habt, ohne allen Versog hinweg zu ziehen, geben wir Euch diese Antwort, daß wir nirgend wissen, wo hinaus und uns das schwer ist aus Ursach, daß des Königs Land um und um uns sind, und wo wir hinziehen, so ziehen wir den Raubern und Tyrannen in den Rachen wie die Schaf unter die reißenden Wölf und grimmigen Löwen.
Darzu haben wir viel elender Witwen und Waisen, viel Kranker und kleiner unerzogener Kindlein, die sich selbst nicht helfen können ... deren Vater und Mutter der gottlos Tyrann und Feind der göttlichen Wahrheit ... der Ferdinandus, der Fürst der Finsternis, hat ermördern lassen, ihnen ihre Güter genommen und beraubt ...
Darum Ach und Wehe und abermals Weh in Ewigkeit, ihr

Mährerischen Herren, daß Ihr dem grausamen Tyrannen und Feind der göttlichen Wahrheit, dem Ferdinandus, habt zugesagt und verwilliget, die Frommen ... zu vertreiben aus Euren Landen, und förchtet den sterblichen, unnutzen Menschen mehr dann den lebendigen, ewigen und allmächtigen Gott und Herren ...«

Nach diesem Schreiben an den Landeshauptmann mußte Hutter Mähren unverzüglich in Richtung Tirol verlassen. Zurück ließ er eine starke antikatholische wie antiweltliche Gemeinde, die allerdings »Jedermans Schauspiel« geworden war und keine gesicherte Bleibe mehr hatte. Die Brüder zogen in die Grassteppe von Pouzdrany, dann in die Slowakei (Oberungarn), in einen Landstrich zwischen der March und den Kleinen Karpaten, sie wanderten am Ufer der Thaya entlang, wurden aus der Slowakei zurück nach Mähren getrieben, sie versteckten sich im Teichgebiet von Lednice und mußten wieder nach Oberungarn und Österreich. Ob im Valticer Hügelland oder bei den Steinzeitsiedlungen von Dolni Věstonice, ob in Mähren oder in der Slowakei – sie waren wenig mehr als gehetztes Wild.

Kaspar Braitmichel aus Schlesien, der erste Chronist des Großen Geschichtsbuches der Hutterer, Schneider von Beruf und um 1533 zur Gemeinde in Mähren gestoßen, beschreibt diese Zeit der schweren äußerlichen Bedrohung: »Sie waren ... Jedermans Schauspiel wurden, den Alten und Jungen und den Kindern auf der Gassen, den Reichen und Armen ... dennoch ... wankten sie nicht und wichen nicht ab vom Herren, dankten ihm noch darum, daß sie würdig waren um seines Namens willen, obwohl auch viel aus ihrer Zahl abfielen wieder zu der Welt, welches ihnen der größt Schmerzen einer war, so hielten doch sie dest steifer an Gott, baten nur, daß er sie wöll ... fromm erhalten, auch Geduld und Stärk verleihen. Welches ihnen der Herr auch gab ...

Obwohl die Gottlosen ... wüteten, so hat es doch der Herr oftmals gewendet ... daß ihnen ihr Anschlag nicht gelung ...

Solches alles aber haben sie erleiden müssen um des Glaubens und der Wahrheit Gottes ... willen, die sie angenommen hätten, daß sie nichts von des Papsts Kindstauf hielten, sonder

allein vom Tauf Christi. Dazu auch in das abgöttisch Sakrament nicht glauben, daß Christus leiblich wie er am Kreuz gehangen mit Fleisch und Blut, mit Haut und Haar... in einem solchen Bissen Brot sein soll, so oft sie wöllen... sonder hielten allein vom Abendmahl des Herren, daß man es tun soll zu seiner Gedächtnis, wie die Schrift sagt und sein Leiden und Sterben darbei gedenken, dadurch er uns erlöst... hat.
In und unter solchem schweren Trübsal tät Gott Viel herzu und kamen Viel zur Gemein hin... Mehr kamen herzu als oft hernach in der guten Zeit...«
Die Hutterer waren von sich und ihrer Mission mehr denn je überzeugt. Sie hatten zu diesem Zeitpunkt bereits ihre festen Vorstellungen vom Leben der Gemeinde. Ab 1540 stärkte sie darin die Rechenschaft des Bruders Riedemann, es folgten das Schriftgut des »Theologen« Leonhard Dax, das von Peter Walpot und Andreas Ehrenpreis – Ordnungen und Lehren, auf die im 16. Jahrhundert ebenso zu bauen war wie im 20.
In dieser Zeit der mährischen Heimsuchung richteten die Brüder zögernd, möglichst im verborgenen, neue Höfe ein, predigten ihre Diener des Wortes von den großen Tugenden Nachfolge Christi und Gelassenheit, zelebrierten Vorsteher wie Tuechmacher, einst Begleiter Hutters im Pustertal, in den tiefen Föhrenwäldern das Abendmahl oder sangen die Gemeinden, versteckt in Erdstollen, ihr »Unbillig habens ghandelt, die bös und gottlos Rott«. Durch das alte Völkertor bei Mährisch-Weißkirch entwichen kleinere Gruppen nach Polen, über Österreich sickerten Flüchtlinge wiederum nach Mähren ein.
1536 wurde ein Haushaben in Budespitz (Bucovic) gegründet, 1537 in Poppitz, in Steinabrunn und wieder in Austerlitz, 1538 in Pausram und Pulgrams, 1540 wieder in Schäkowitz, daneben in Saitz und Rakowitz, 1541 in Gurdau und in der Nähe von Auspitz, zwei Jahre später in Lundenburg (Breclav). Als anerkannte Vorsteher galten Tuechmacher und Ulrich Stadler: »Wir wonen im märherlanndt an den orten wie vorhin und sunderlich die versamlung zue Schäckhowitz im großen haus, do wier vor sindt gewesen, wie wol man täglich ober onns schreiet ond droet mit verfolgung onnd sunderlich netzt ein reichtag zue

Tilly Jakob Gross, Predigerfrau von Iberville, malt mit Wäschefarbe die weißen Punkte aufs hutterische Kopftuch. Die Schablone dazu stammt vom Prediger selbst, sie soll modischen Auswüchsen vorbeugen.

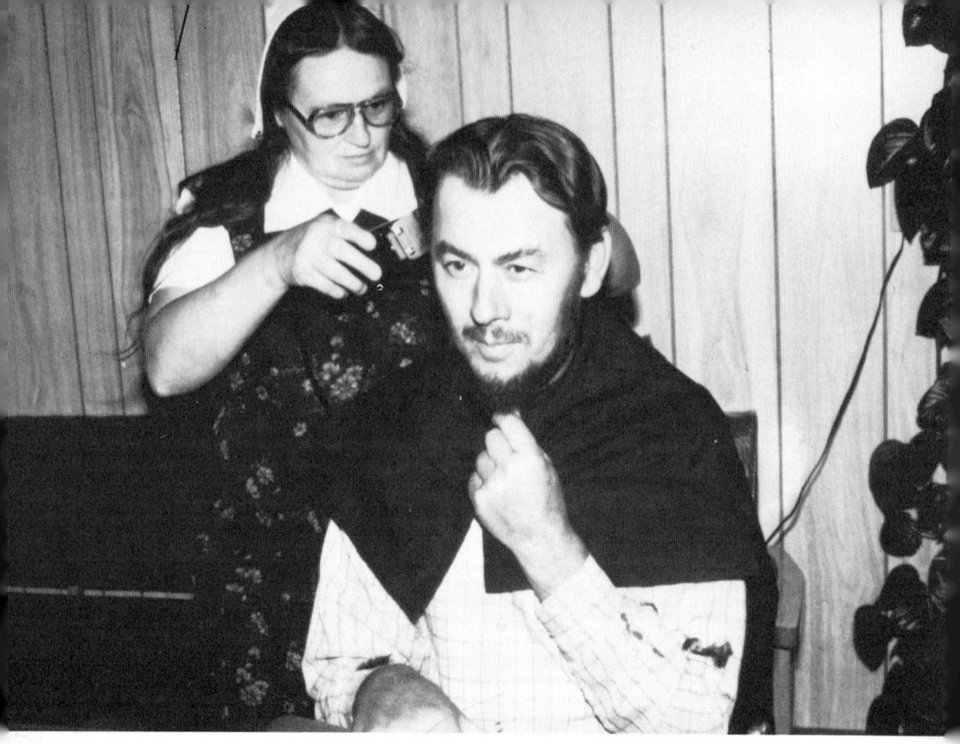

Da die meisten Bilder der alten Meister Christus mit einem Mittelscheitel zeigen, sollen auch Brüder und Schwestern nur den Mittelscheitel tragen. – In den USA wie in Kanada gelten die Gläubigen, deren Reichtum die Armut ist, als hervorragende Farmer. – Prediger Peter Tschetter in der Buchbinderei von Pleasant Valley, einer Kolonie, die heute noch Besen für den Handel mit der Welt herstellt.

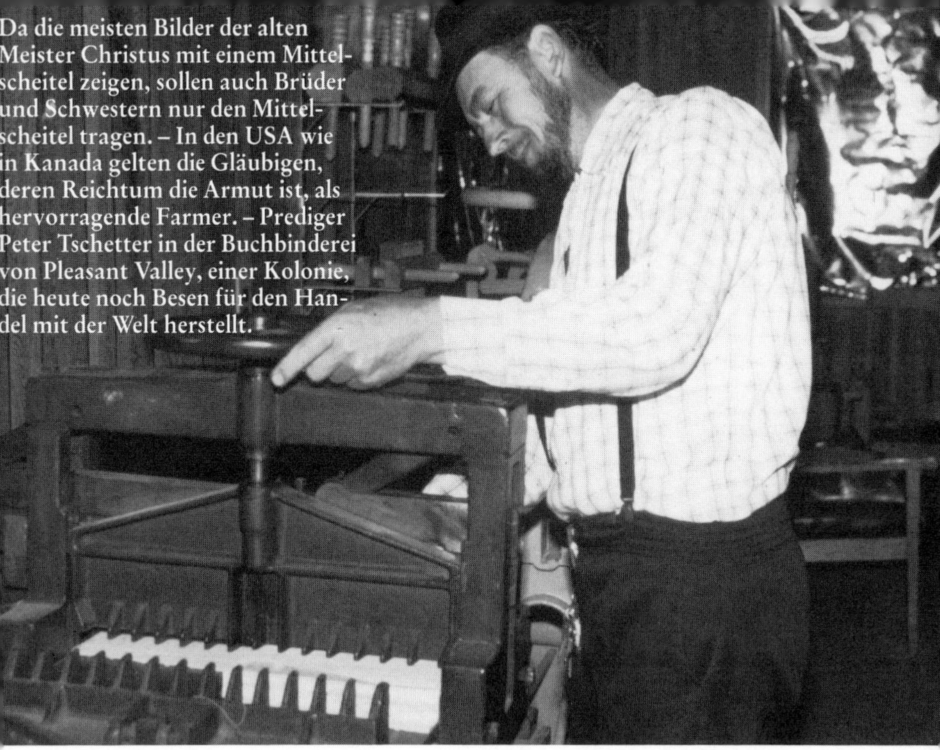

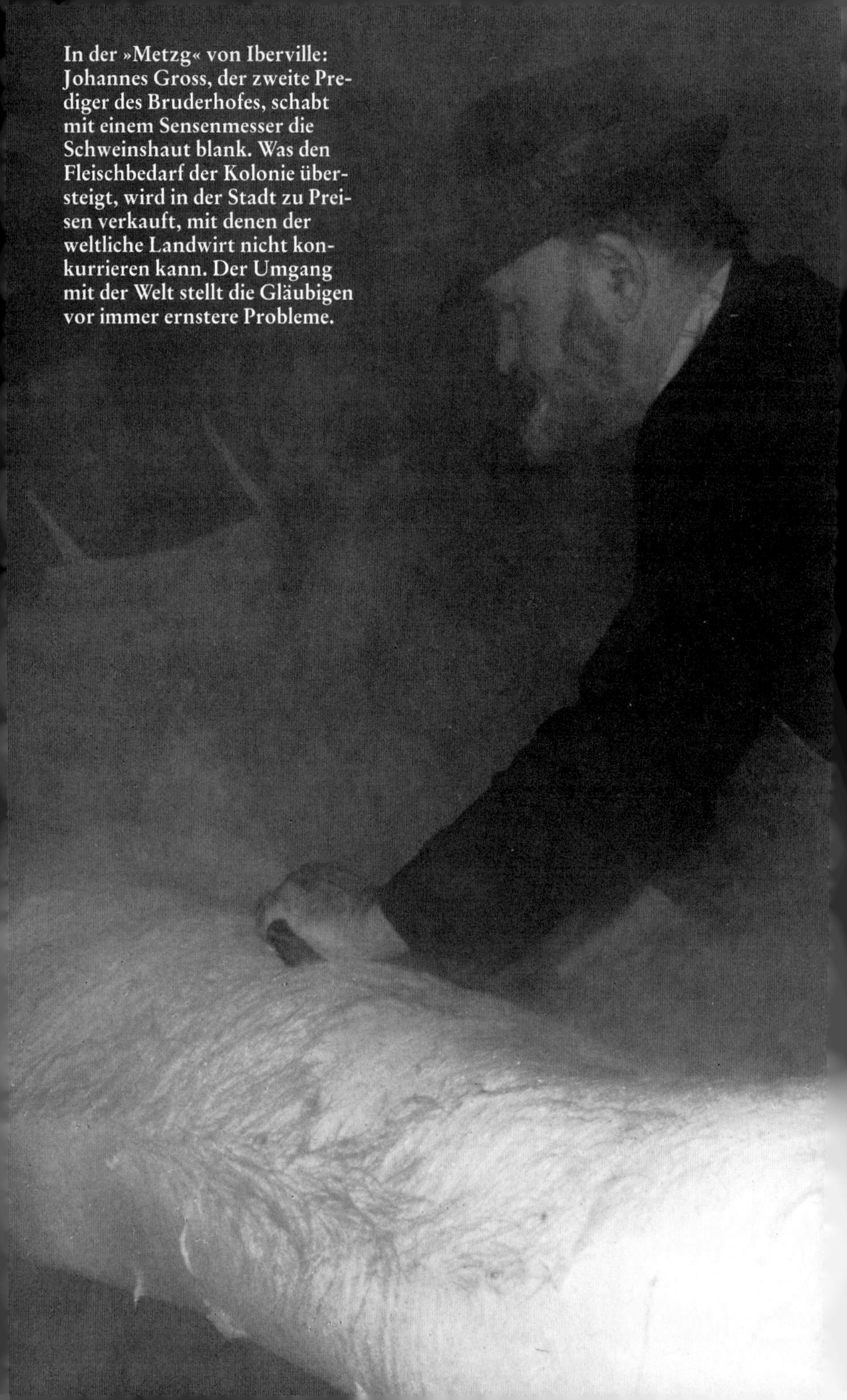

In der »Metzg« von Iberville: Johannes Gross, der zweite Prediger des Bruderhofes, schabt mit einem Sensenmesser die Schweinshaut blank. Was den Fleischbedarf der Kolonie übersteigt, wird in der Stadt zu Preisen verkauft, mit denen der weltliche Landwirt nicht konkurrieren kann. Der Umgang mit der Welt stellt die Gläubigen vor immer ernstere Probleme.

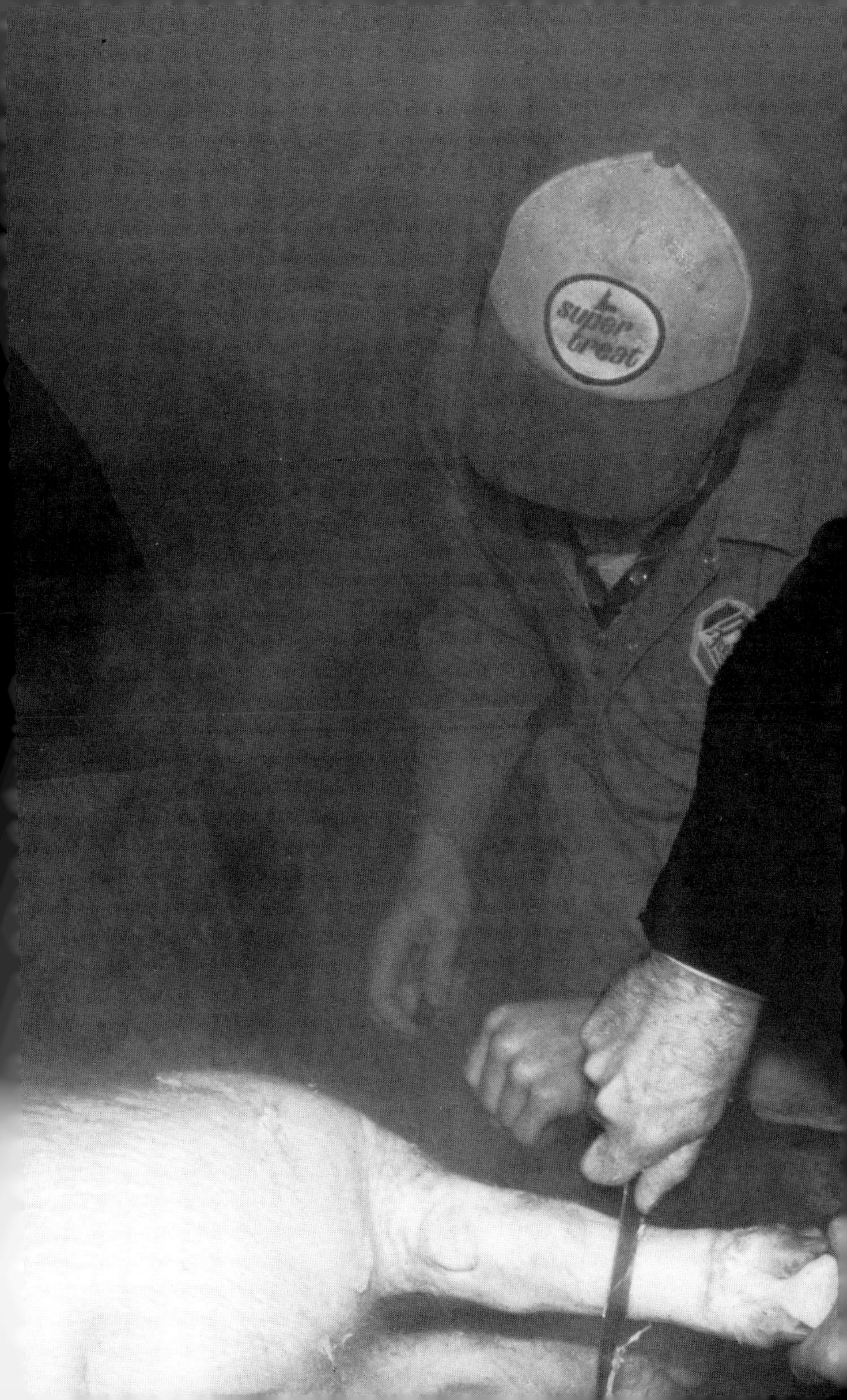
super treat

Die Kolonie Iberville in der kanadischen Prärie, die »Arche Nova« der Großfamilie Gross. 111 Brüder und Schwestern mit dem Sippennamen Gross bewältigen hier mit drei Hofers den hutterischen Alltag, wobei das Ausklauben von Gänsefedern, Malerarbeiten und die Bestellung des Gartens ausschließlich Aufgaben der Frauen sind.

Jakob Tilly Gross, Prediger von Iberville, assistierte in jungen Jahren dem Schweinemann der Kolonie, bevor er zum Kuhmann aufstieg. Als er mit 34 Jahren zum Diener des Wortes gewählt und gleichzeitig zum Deutschlehrer befördert wurde, arbeitete er als Chefelektriker des Bruderhofes.

Regenspurg ist onnd wie etliche sagen, auch ein Concilj sol werden, do sie denn meinen, man werd onns denn gar nimer leiden, wier stehn aber jnn der handt gottes...«
Die Gemeinde erfreute sich weiterhin eines starken Zuzugs aus Tirol, obwohl dort mit vielen Mitteln gegen die Flucht von Volk und Kapital vorgegangen wurde. Allein im Gericht Michelsburg überwachten auf Anweisung des Bischofs, Kardinal Christoph von Madrutz, in jeder Nacht sechs bis acht Posten zu je zwei bis drei Mann die Wege und Brücken, um ein »Austreten« der Pustertaler nach Mähren zu verhindern. Wer sich nicht freiwillig für diese Spähertätigkeit zur Verfügung stellte, galt als Ketzerfreund und wurde eingesperrt. Die Güter der Flüchtigen zog man ein, wenn keine Noterben zurückgelassen wurden. Weiterhin galt, daß, wer einem Wiedertäufer in irgendeiner Weise behilflich war, damit rechnen konnte, sein Haus in Flammen aufgehen zu sehen. Trotzdem gelang den Frommen immer wieder die Flucht. Aus dem Protokoll des Verhörs einer Anna Pirchnerin, die von Mähren wieder zurück nach Tirol gezogen war und Anfang 1544 vom Michelsburger Pfleger Ochs verhört wurde, geht allerdings hervor, daß ihr Hauswirt sie praktisch dazu gezwungen hatte, aus Tirol zu fliehen, da er sonst ihre Kinder allein weggeführt hätte. Die erste Nacht habe man in den Rodnegger Alpen verbracht, die zweite bei Sterzing in einer Waldhütte, wo auch getauft wurde. Die Gruppe, jetzt etwa dreißig Personen stark, mit einem Vorsteher im braunen Rock, habe sich über den Brenner geschlichen und sei schließlich in Hall aufs Wasser gegangen. Das Boot wäre bis Krems gekommen, dort habe man die Leute auf einen Wagen geladen mit Richtung Mähren.
Anna Pirchnerin wurde, weiter laut Protokoll, in das Dorf Tschaggowitz gebracht, in dem jeder zweite Bürger als Täufer galt. Etwa 400 bis 500 Personen bewohnten hier ein großes Haus, in dem auch die Schule, der Speisesaal und eine Krankenstube untergebracht waren. Warum sie der Gemeinde wieder den Rücken kehrte, erklärte sie gegenüber Ochs so: Die Wiedertäufer seien in Glaubenssachen arg zerstritten, auf dem Bruderhof seien die Menschen alles andere als gleich. Wenn

einer zu den Brüdern komme und Geld und Gut bei sich trage, so werde ihm das abgenommen. Danach habe er keine andere Wahl, als sich mit seiner Hände Arbeit seinen Lebensunterhalt zu verdienen. Auch untereinander sei der Unfrieden groß. Sobald sich die Gemeinde mit einem ihrer Glieder überwerfe, werde dieses ausgestoßen und gebannt.
Annas Kinder waren innerhalb von wenigen Wochen an einer rätselhaften Krankheit gestorben. Besonders schockiert hatte sie die lieblose Behandlung der Toten durch die Brüder, da diese nicht wie die alte Kirche für das Seelenheil eines Gestorbenen beteten mit der Begründung, dafür sei es ohnehin zu spät. Da ihr das Täuferleben in Mähren somit rundherum nicht gefallen habe, sei sie, Anna Pirchnerin, jetzt auch zurückgekehrt, wobei niemand auf dem Hof versucht habe, sie aufzuhalten. In Tirol wolle sie sich jetzt Gott befehlen und ihn um Verzeihung und Gnade bitten.

Die alte Schlange, »nach der Weis Satani«, die in den hutterischen Chroniken häufig den Kopf von Habsburgs Ferdinand trägt, daneben »Pfaffen- und Nattergezücht« sollten die Gemeinde weiterhin nicht zur Ruhe kommen lassen. Als ein besonders abscheulicher Schlag gegen die Heiligen ging dabei das Vorgehen der königlichen Reiter gegen den Bruderhof in Steinabrunn, der in der Nähe der österreichisch-mährischen Grenze lag, in die Täufergeschichte ein. Er wird bis in unsere Tage immer wieder aufs neue ins Gedächtnis gerufen durch die »Falkensteiner Lieder«. Kaum ein Hutterer von heute hat diese Versketten nicht schon schreiend gesungen, um tief im Herzen, doch entspannt, die Plagen jener Zeit zu verdammen.
So berichtet das Lied des Leonhard Roth – zu singen im Ton »Ich stund an einem Morgen« – beherzt von jenem großen Getümmel »zu Steinabrunn im Dorfe, im Land zu Österreich«, aus dem man am 6. Dezember des Jahres 1539 in der Nacht rund 150 Täufer entführt und zur Burg Falkenstein der Familie Fünfkirchen brachte. »Es wurden zusammenbunden, allweg zween Brüder gleich, drum lobten sie von Stunden den Vater im Himmelreich...«, dichtete Roth, selbst einer der Gefange-

nen, für kommende Generationen. »Es tät sich da erheben, Klagen und Weinen viel, eins tät dem andern geben, die Hand nachs Herren Will...«

Auf Falkenstein – dem heutigen Besitzer Graf Georg Thurn-Vrinss ist nur ein Trümmergrund geblieben – hielt man die Brüder für einige Monate fest. Aus Briefen, die die Gefangenen unter Lebensgefahr aus der Burg schmuggelten und die heute in Budapest aufbewahrt werden, geht hervor, daß sie fest damit rechneten, nach Marter und Pein hingerichtet zu werden. Tatsächlich befand sich unter den königlichen Reitern auch der königliche Henker. Nach verschiedenen ernsthaften Versuchen, die Hutterer zum katholischen Glauben zurückzubringen, legte man die unbeirrbaren Brüder in Ketten und gab ihnen zu verstehen, daß man sie »nach Triest führen und dort verschenken« werde. Ein Täufer könne auf dieser Erde nicht geduldet sein, wohl aber auf dem Meer.

Wie heute nachgewiesen werden kann, war es der Plan Wiens, die Heiligen als Ruderer auf Galeeren zu verbannen, die gegen die Türken ziehen sollten. Die Gefangenen, vom Brot der Angst gespeist, vom Wasser der Trübsal getränkt, wurden bis kurz vor Wien geführt, danach über den Semmering und Bruck nach Triest. Schon jetzt sollte ihnen allerdings der Himmel seine besondere Gnade erweisen, da die Brüder nach eigenen Berichten ungehindert ihre Gebete sprechen durften und so auch das Volk am Rande ihres Weges nicht selten von sich überzeugen konnten. Im Auftrag Tuechmachers folgten dem Zug mehrere Hutterer, um regelmäßig über das Schicksal der Glaubensgenossen nach Mähren zu berichten. Nach der Ankunft in Triest gelang dem Großteil der Brüder in der sechsten Nacht allerdings die Flucht. An Stricken ließen sie sich über die Stadtmauer herab, und nur zwölf von ihnen, darunter ein Jörgel Maier, Casperl Müller und Stoffel Aschberger, wurden am nächsten Tag wieder eingefangen.

1545 setzte Ferdinand auf dem Brünner Landtag durch, daß in Mähren fortan nur noch jene Täufer geduldet werden durften, die nicht in Gemeinschaft lebten, die sich als gehorsam erwiesen und die Obrigkeit anerkannten – mit der totalen Vertreibung war der Herrscher einmal mehr auf den Widerstand der Landbesitzer gestoßen. Im selben Jahr legten die Hutterer, gegen die sich das Mandat in erster Linie richtete, wiederum eine Reihe neuer Haushaben an, darunter Göding (Hodonin) an der March, Paulowitz (Pawlowitz) bei Kostl, Kromau und Räckschitz, die allesamt der Herrschaft der Familie von Lipa unterstanden. Ein paar Monate später siedelten sie in Puslawitz (Postlawitz), in Wessely an der March und unter dem Schutz des Grundherrn Niary im oberungarischen Sabatisch, das später einmal zum Zentrum der Gemeinschaft werden sollte und dessen gewaltsame Rekatholisierung den Brudergedanken bis zum Zweiten Weltkrieg dennoch nicht vollständig ausrotten konnte. Doch die Habsburger waren jetzt bereit, bis zur letzten Konsequenz gerade gegen die Brüder in Mähren vorzugehen. Als diese sich weigerten, das Gemeinschaftsleben aufzugeben, mußten sie auf Geheiß der mährischen Herren das Land verlassen. Massenweise zogen die Täufer 1548 in die Slowakei, vereinzelt schlichen sie sich schon im Jahr darauf wieder zurück. Der Herr des Himmels nahm sie in ihren alten Haushaben für ein paar Monate auf, die weltlichen Herren vertrieben sie wieder. Ein »Einschlüpfen« der Ketzer nach Österreich hatte Ferdinand mit dem Mandat vom 8. Mai 1548 erfolgreich verhindert, in dem er den Heiligen den »Verlust von Leib und Leben« und etwaigen Gönnern besonders schwere Strafen androhte. Und für die kommenden Jahre sollten die Hutterer, ohnehin knapp am Rande des Untergangs, in Oberungarn und Mähren wieder Freiwild für Landsknechte, Grundherren und einfaches Raubgesindel sein. Elend und in bitterer Armut, ihr einzig verbliebenes Eigentum, zogen sie durch die Wälder, der Gewalt des Wetters und der Menschen ausgesetzt, sie versteckten sich in Erdlöchern und Steinklüften, bis sie der Hunger wieder in die Siedlungen drängte. In kleinen Gruppen kämpften sie ums nackte Überleben, da große Ansammlungen aufgefallen wären: »Sie hätten gerne mit den Kühen und Schweinen getauscht, wäre es ihnen nur zugelassen worden ... die Füchse hatten Gruben, die Vögel Nester, aber den Frommen war nichts gegönnt. Man verbot ihnen Haus und Herberge, da durch das ständige Schüren der Pfaffen Ferdinand an seinen Drohungen festhielt, was jedermann furchtsam machte. Daneben wurde an uns von der Welt viel hantiert, wie wir waren und gingen, stießen wir auf Schmähungen, Verachtung und Geschrei. Die Leute sagten: ›Ihr Elenden, warum seid ihr nicht wie wir, dann läßt man euch in Ruhe.‹«

Tiefer und tiefer flüchteten sich die Brüder in das Mysterium, das Geburt, Leben und Tod umgibt. Nur noch der Glaube gab ihnen Halt und die Hoffnung auf das bevorstehende Weltende, das sie täglich erwarteten. Daneben schickten sie Kundschafter nach Polen, Siebenbürgen und in die Walachei, die nach neuen Siedlungsmöglichkeiten Ausschau halten sollten.

1551 verbot man den Täufern in Mähren jede Arbeitsaufnahme. Den Wächtern in der Taghut der Dörfer und Städte wurde befohlen, Taufgesinnte abzuweisen und zu melden; mit Aushängen auf den Marktplätzen stellten die Herren den Verkauf von Waren an die Ketzer unter Strafe. Wer Brüder ermordete oder ihre Frauen schändete, wurde als Held gefeiert. Doch: »Der Herr... bewahrte sein Volk und machte der Tyrannen Rat zunichte«, was bedeutete, daß die Welt die Welt blieb, die Hutterer aber die Hutterer.

Die Gute und die Goldene Zeit der Gemeinschaft, bis heute absoluter geistiger Höhepunkt ihrer Geschichte, begann mit dem Jahr 1556, als nach dem Tod Ferdinands I. Kaiser Maximilian II. die Regierung übernahm. Sie dauerte trotz mancher Heimsuchung, trotz Türkeneinfällen und absoluter Not bis zur Jahrhundertwende an. Jetzt konnten die Gemeinden der mährischen Kommunisten mit dem geistigen Zentrum Neumühl wieder kräftig anwachsen. Sie schickten ihre Missionare hinaus in die Welt, wurden von der Kraft der übermächtigen Visionen der Väter gespeist, um mit eiserner Disziplin im Geiste Jakob Hutters zu leben. Doch die Gegenreformation mit der auf Haß gegründeten Stärke der Jesuiten und eines Kardinals von Dietrichstein und der Moloch Krieg standen als Menetekel bereits an die Bruderhofwand geschrieben.

Zwischen Himmel und Hölle

Sommer – Gebet und Landwirtschaft in Iberville

»Wenn die Nässe im Frühling nicht so lang anhält, folgt ein warmer, geschwülischer Sommer, wie es gewöhnlich zu sein pflegt. Regnet es aber viel im Frühling, so kommt ein dürrer, hitziger Sommer, welches gar selten geschiehet, und wächst was Gutes. Sonst ist jederzeit zu besorgen, daß viel Heu und Getreide auf dem Feld verfaule. Wenn im vorerischen Jahr ein dürrer Sommer ist, werd das Getreide dürre...«, schreibt der Hundertjährige Kalender der Heiligen. Doch dieser Sommer, die lange Reihe heißer Tage, die stillen Abende nach dem Gebet, die Raum für gegenseitige Besuche, die beliebteste Freizeitbeschäftigung, lassen, ist für die Hutterermeile am großen Fluß prall, fruchtbar, was im brüderlichen Sinne soviel wie »in vielen Aspekten gütig« heißt. Das betrifft die Landwirtschaft, die Hoffnung jedes Bruderhofes, die dort beginnt, wo das Kolonieleben im engeren Sinne endet. Denn das Land, vor wenigen Monaten noch ein paar Acker Schnee, produziert, ernährt den Hof. Es ist daneben auch das Erbe des Herrn, »den Heiligen unter die Hände gegeben, nicht ihr Eigentum, sondern das des Höchsten, daß sie so damit umgehen... wie sie es vor ihm einmal verantworten können« – und wer anderes glaubt, der ist ein Scharlatan.

Die kräftigsten Burschen, im Alter zwischen Junge und Mann, sitzen ohne jede Konzession an das Klima in ihren schwarzen Trauerkleidern auf den gewaltigen Landmaschinen, hoch über der Straße, nehmen mit ohrenbetäubendem Lärmgewitter Kurzurlaub von der Kolonie mit ihren langgestreckten Wohnsilos. Die Jungen hängen auf dem Acker herum oder legen am Fluß Angeln und Fallen aus. Die bärtigen reifen Männer betrachten das tröstliche und für sie aufregende Bild der Feldarbeit und leben in dem Bewußtsein, daß die heutigen Aufgaben eines Hutterers nicht mehr die Größe von gestern haben, daß die Altväter mehr leisteten, als man selbst je leisten könnte, daß es dafür früher leichter war, sich vom eigenen Ich fortzuentwickeln. Ihre Frauen und Töchter hocken in den für die Arbeit so übertrieben keuschen Röcken auf dem flachen Weiberwagen, der sie zu Aufgaben, die Frauensache sind, in die Abgeschiedenheit des brüderlichen Gartens bringt, dorthin, wo harte Erde weichgeklopft werden muß. Andere hängen an dem selbstgebastelten »Laundrywagella«, um brüderliche Wäsche zum Trockenplatz zu karren. Es riecht jetzt geradezu nach Arbeit, es herrscht geschäftige Basisdemokratie, in der jeder die Aufgabe erfüllt, die ihm die Gemeinde stellt. Wer hier wohnt, macht täglich die Probe aufs Exempel: Im Sommer, auf dem Feld oder im Garten, leben Brüder und Schwestern sich selbst. Darum wollen die Hutterer Bauern bleiben, im Garten leben wie das erste Menschenpaar, auf ihrem eigenen Mikrokosmos, dem winzigen Ausschnitt von Gottes riesiger Erde, der sich hier nicht abzunutzen scheint, der seine Form seit Jahrtausenden hält und für die Brüder so berechenbar ist wie sie selbst. Diese Stimmung des Sommers, diesen – etwas störrischen – Humor, gibt es sonst zu keiner Jahreszeit auf einem Bruderhof, auf dem man heiratet ohne sichtbare Freude und stirbt ohne allzu große Trauer. Das Endzeit-Sehnen ist damit nicht vergleichbar, ein Ende der Welt auch nicht abzusehen. Was an akuten Schwierigkeiten bleibt, hat mit den weiten Kulturen, aus denen sich die Brüder ihr Getreide stückchenweise schneiden, nur indirekt zu tun. Viel eher sind es die Lehren der Altväter, die in Vergessenheit geraten könnten, müssen die Ältesten doch mit Gebet und Gottes Hilfe jetzt eifriger denn je danach trachten, ihre Kolonie wirtschaftlich im 20., geistlich jedoch noch im 16. Jahrhundert zu halten. Denn das größte Problem der Hutterer, neben der gezielten Polemik ihrer weltlichen Nachbarn, ist ihr Erfolg geworden. Moderne Maschinen passen sowenig auf einen Bruderhof wie ein moderner Mensch. Wo ein Bruder mit dem Traktor ackert, anstatt in der Gemeinschaft schwitzender Frommer – »Wir mögen's eigentlich nit, aber was kann man machen?« –, gehen natürliche, zwischenmenschliche Beziehungen und vieles, was Nähe schafft, verloren. Wo Technik Handarbeit erleichtert oder gar ersetzt, droht Unterbeschäftigung, das Alibi zum Nichtstun. Mit dem Müßiggang aber kommt der Teufel, wie die eigene Geschichte immer wieder beweist, auch – oder gerade in eine Gemeinschaft der Heiligen. Johann Hofer, zweiter Prediger – oder auch »Predigergehilf« – der James-Valley-Kolonie, dem Vorzeigebruderhof der Schmiedeleut in Manitoba, formuliert das so: »Je mehr einem Bruder ins Maul fliegt, ohne daß er dafür hart etwas tut, desto schlechter ist es für ihn als Hutterer.« Hofers Kolonie, die ihren Teil des 162000 Hektar großen hutterischen Gesamtareals der Provinz bewirtschaftet – bei weiteren 160000 Hektar gepachtetem Land –, erzielt heute durch harte Arbeit einen Jahresumsatz von zwei Millionen Dollar, gilt als einer der fortschrittlichsten Höfe Kanadas überhaupt. Dort haben die Brüder immerhin damit begonnen, zumindest vor deutschen Gästen ihre »Weiber« »Frauen« zu nennen, auch wenn sie im biblischen Sinne Weiber geblieben sind.

Sie verändern im Sommer das Leben einer Kolonie: der Allerweltsklang der modernen Landwirtschaft, der klopfende Rhythmus aus den Werkstätten, das nächtliche Heulen der Mähmaschinen, der ehrliche Schweiß. Manch stilles Gebet wird jetzt eher wie eine zufällige Konversation über den Ackerfurchen anstatt in der Kirche gesprochen, manche notwendige Fahrt in die Stadt wird zu einem Kompliment für die angenehmeren Seiten der Welt. Die Routine bleibt dem Glockenschlag überlassen, der zum Essen und zur Arbeit ruft und an dem sich die Frühaufsteher orientieren. Nur die kleinen Kinder werden noch konsequent von den weiten Agrarflächen ferngehalten, bleiben zurück in jenen Häusern, in denen sie beten lernen, sobald sie alleine essen können, wo sie am eigenen Bettgestell das Niederknien üben, sobald sie die ersten Sätze sprechen, aus denen sie in Richtung Kindergarten ziehen, der sie davor schützt, von der eigenen Mutter »verzärtelt« zu werden. Nur so ist nach der Ordnung garantiert und die Chance groß, daß

das Kind, das bis zum neunten Lebensjahr auf einem Bruderhof aufgewachsen ist, dabei täglich im rechten Glauben unterrichtet wurde, für immer ein Teil der Gemeinschaft bleiben wird. Nach Gebet, dem Kniefall vor Gott und der Kleinen Schule wird jedes Kind auch an jedem Sommerabend dann noch »die Rechenschaft ablegen«. Wer im Tageslauf nicht tadellos war, erhält zwischen 19 und 20 Uhr, zur Märchenstunde, die Rute als Strafe. Die Brüder glauben von Herzen an die Wirkung.
Die große Kinderschar, sicherstes Ziel der Täufermission, gilt heute noch als typisch für jede Kolonie. Die Hutterer leben trotz lustfeindlicher Disziplin in der Gewißheit, ihre Bruderhöfe mit dem höchsten Geburtenüberschuß der Welt zu füllen, obwohl das hutterische Dutzend – als Minimum einmal charakteristisch für die Fruchtbarkeit der Brüder und Schwestern – nicht mehr ganz so obligatorisch ist. Allmählich schwinden die Zeiten, in denen eine Mutter hier schon wieder schwanger war, wenn ihr »Bobella« in der hölzernen Badewanne gerade »die erste Liebe« erfuhr. »Unsere Weiber sind nicht mehr so stark wie früher, sie können nicht mehr so viele Kinder bekommen«, zieht Peter Tschetter, Diener des Wortes der noch jungen Kolonie Pleasant Valley, den Schluß, selbst Vater »von nur achten«. Daß manche Frau, obwohl sonst demütig wie eine rechte Urchristin, nach einem Blick in den 30 × 30 Zentimeter großen Spiegel ihr angestammtes Dreieck zwischen Kirche, Arbeitsplatz und Schlafzimmer einmal verläßt, um sich über Geburtenregelung aufklären zu lassen, bleibt verborgen wie die Armbanduhr, die ein Hutterer in der Hosentasche trägt, da sie am Handgelenk zu weltlich wäre. Was Familienplanung betrifft, so wird der Status quo, werden kleine Fluchtbewegungen heute auf einigen Kolonien klammheimlich akzeptiert – »Doch dulden tun wir's nit« –, obwohl sie im Widerspruch zur jahrhundertealten Autorität der Lehre stehen. Auf einem Bruderhof haben Kinder zu reifen wie die Früchte an einem Baum. Die gezielte Eingrenzung der Kinderzahl widerspricht der religiösen Sauberkeit, dem theologischen Bewußtsein der Täufer. Doch kommen sie darum herum, wenn es an die Skizzierung ihrer Zukunft geht?

Da die Bruderhöfe am großen Fluß durch ihren Kindersegen aus den Nähten platzen – dabei ihre Alten, ebenso wie die permanent Kranken in der Geborgenheit der Familien behalten –, droht mancher Kolonie auch in einem »gütigen Jahr«, in dem die Bodenproduktivität Gottes Segen kräftig spüren läßt, die finanzielle Sackgasse.
Was im Wissenskapital der Vordenker nicht voraussehbar war, ist die Tatsache, daß sich die Höfe nicht mehr nach Belieben ausbreiten können, daß biblisch begründete, jedoch wirtschaftlich überholte Strukturen dem 20. Jahrhundert entgegenstehen. Das setzt Berge vor die hutterische Expansion, und nur der Glaube an die Berge versetzende Kraft des menschlichen Willens läßt viele Hutterer heute so unbefangen leben wie Adam vor dem Sündenfall...

Der Platz, wo Geistliches wie Praktisches jeden Morgen zur selben Stunde, Minuten nur nach dem Frühstücksgebet, besprochen werden, ist immer das Haus des Predigers, des Ersten unter Gleichen. Hier werden Fragen aufgewühlt, Zensuren verteilt und gleichzeitig entschieden, was der Tagesablauf zu bringen hat. Und was hier beschlossen wird, das ist durchführbar. Beim Diener des Wortes ist der Diener der Notdurft, mit einfacher Mehrheit von allen erwachsenen Brüdern in dieses Amt gewählt, der auf der Kolonie nach den Büchern, nach der Wirtschaft, nach Menschen und Tieren sieht, dem alle Einnahmen zufließen und der sie ausgibt, je nach Bedarf. Die Buchprüfung wiederum obliegt nach dem Vier-Augen-Prinzip dem Prediger, da es in der Vergangenheit durchaus schon vorgekommen ist, daß sich auch ein ansonsten redlicher Frommer ernstlich verirrte. Mit dabei ist auch der Weinzierl oder Farmboss – wobei das »boss« nicht biblisch ist und offiziell auch abgelehnt wird –, dem die Landwirtschaft untersteht. Alle drei Brüder haben neben ihren Ämtern in der Hierarchie des Bruderhofes noch praktische Funktionen inne. Selbst die Prediger arbeiten als Buchbinder, Schlachter, Elektriker oder Schreiner, setzen neben die Verkündung des Gotteswortes, was immer sie sonst noch gelernt haben. Und ein Hutterer übt in der Regel jede

berufliche Tätigkeit aus, die zum Zimmern und zur Erhaltung seiner Arche notwendig ist.
Am Morgen im Haus des 1. Predigers: Unbiblisches in einer biblischen Organisation, hin und wieder der Versuch, Christus durch den eigenen Verwaltungsapparat zu ersetzen, Finanzprobleme ohne Zusammenhang mit der asketischen Mystik der Altväter, zeitgeschichtliche Grenzen für einen endzeitgeschichtlichen Zweck, Probleme und Perspektiven: »Lieber Gott, hilf, daß wir nicht sind wie diese Welt!«
Da lebt ein Frommer in der Kolonie, der durchaus gläubig ist – es gibt kaum einen Hutterer, der nicht glaubt – und der dennoch »sauft vin feesh«, auch harte Sachen, die ganz und gar nicht mit dem brüderlichen Blemelwein zu verwechseln sind. Apropos Blemelwein: Die jungen Frauen, die unter männlicher Obhut aus der Kolonie schwärmen, um Löwenzahn, die hutterische Weintraube, in der Blüte zu pflücken, stoßen bei den Nachbarn jetzt immer mehr auf chemisch präparierte Felder. Gespritzte Pusteblumen taugen jedoch nicht für das brüderliche Getränk.
Da ist eine Heilige nicht »als glente fom Himmel gfoln«, trägt den Saum ihres Kleiderrockes ein paar Fingerbreit zu hoch über dem Knöchel.
Da ist der Diener der Notdurft, der über zu viele Zinsen und zuwenig Einnahmen klagt, doch der Hof muß seine Steuern bezahlen, wie Paulus es vorschrieb: »So müsset ihr auch Steuern geben.« Er entrichtet Zins und Zoll, auch wenn die Beamten an der kanadisch-US-amerikanischen Grenze das häufig anders sehen; er gibt dem Kaiser, was des Kaisers, und Gott, was Gottes ist. Nur Blutgeld zahlt er nicht, Steuern, von denen er glaubt, daß sie »dem Kriegen dienen«. Er beteiligt sich auch nicht an der Arbeitslosenunterstützung, da eine Gemeinschaft der Heiligen keine Arbeitslosen hat, akzeptiert jedoch die staatliche Rente, was die Brüder in Gegensatz zu früherer Praxis bringt, die sich nach dem Motto richtete, daß, wer vom Staat nichts nehme, diesem auch nichts schulde.
Da droht ein neuer, ernster Konflikt mit der Welt, deren widergöttliches Zentrum und Symbol für die Hutterer die

katholische Kirche geblieben ist. Obwohl nach der Lehre des guten Bruders Riedemann ein echter Christ vor Gericht weder hadern noch zanken, noch rechten soll, »Gerichtshandel« generell verboten ist, da der hutterische Christ auch nicht über andere richten kann, soll jetzt eine Futterfirma von den Brüdern verklagt werden, weil deren Produkte die kolonieeigenen Hühner »zu einem Flug von gefederten Mißgeburten machten: Die Mißbildungen bestehen aus gebogenen und eingefallenen Brustkörben, krummen Brust- und weichen Beinknochen, gummiartigen Schnäbeln«, wie die Anklageschrift den Streitwert von 332000 Dollar erklärt. Doch gebührt einem Christen nicht, verfolgt zu werden, statt selbst zu verfolgen?

Alles, was in der hutterischen Gemeinschaft passiert, geht alle an. In der Großfamilie der Frommen nimmt jeder an allem teil, wird alles jedem mitgeteilt. Wichtige Entscheidungen fällt die Gesamtheit der erwachsenen Männer. Einen weltlichen Anwalt ziehen die Brüder hinzu – »Wir mögen's aber werklich nit!« –, um den Aufstand im aggressiven, hochauflagigen Blätterwald zu dämpfen, nachdem publiziert worden war, daß einige Kolonien den abgefallenen Kindern aufrechter Eltern einen Besuch im Mutterhaus verwehren. Eigene Zeitungen haben die Hutterer nicht, Kanada, das Land der 26 Millionen Wölfe, läßt seine 11300 hutterischen Schafe nie wirklich zur Ruhe kommen. Kritik, pfeifende Ablehnung gibt es draußen auch, als die Frommen einmal jede Zusammenarbeit mit Firmen ablehnen, deren Arbeiter sich gewerkschaftlich organisiert haben.

Gerichte beschäftigen sich damit, ob Brüder, die die Kolonie verlassen, nicht doch einen Anspruch auf einen Teil des kirchlichen Vermögens haben. Und schließlich besteht da die permanente Auseinandersetzung der Bruderhöfe mit jenen weltlichen Gemeinden, die sie an jeder Ausbreitung zu hindern versuchen oder die – wie es früher schon einmal Gesetz gewesen war – einen Radius von vierzig bis fünfzig Bannmeilen um eine Kolonie legen wollen, innerhalb dessen sich kein neuer Bruderhof etablieren darf. Dagegen sind die Hutterer weder mächtig noch machtlos, jedoch nach wie vor Mächtigen wie Machtlosen unbequem. An religiösen Eiferern kann die Gesellschaft in einem bevölkerungsarmen Landgiganten wie Kanada vorbeisehen, an der wirtschaftlichen Konkurrenz eines kommunistischen Systems, das preislich jedes Angebot unterbieten kann, beißt sich der Nachbar jedoch fest. Denn für den weltlichen Farmer haben die Brüder in den schäbigen Anzügen nichts Heroisches an sich, versuchen sie ein Land zu erobern, statt zu missionieren, was ihnen von Gott eher als Strafe denn als Gnade zuteil wurde. Die gewaltigen Industrien der Heiligen, die in einer Provinz wie Manitoba 4,5 Prozent der in der Landwirtschaft Beschäftigten stellen, paßt vielen nicht ins Raster einer Religion der Armen, gilt so auch eher als eine gezielte Heuchelei auf dem Weg zum ewigen Heil.

So droht der Tag der Konfrontation: die landwirtschaftlich produktiven Hutterer gegen den Rest der landwirtschaftlichen Betriebe. Die Hutterer als Fremde mit einem Bibelwort aus dem 3. Buch Mose auf den Lippen: »Es soll einerlei Recht unter euch sein, dem Fremdling wie dem Einheimischen, denn ich bin der Herr euer Gott.« Dagegen die Farmer als Einheimische mit der schon häufig angedrohten Selbstjustiz im Sinn, wenn der Staat sie nicht vor den Brüdern schütze.

In der kanadischen Provinz Manitoba zählte die eifersüchtige Umwelt 1971 noch 48 brüderliche Kolonien, neun Jahre später waren es schon 65. Ein Hutterer braucht heute zum Leben nur ein Viertel oder ein Drittel soviel Land wie der mit ihm im Wettstreit stehende Farmer. 25 Prozent der Schweine, der Hühner und der Eier, 90 Prozent der Gänse kommen aus der christlich-kommunistischen Wirtschaft zum Verbraucher auf den Markt. Ein einziger Hof mit 10000 Schweinen oder 70000 Puten ist keine Seltenheit – trotzdem droht manchem einst so intakten hutterischen Unternehmen jetzt der wirtschaftliche Ruin. Doch nicht das Duell mit der Welt treibt ihn dazu. In einigen Fällen – so die Brüder – mag es an mangelnder Kompetenz oder Effizienz der Verantwortlichen gelegen haben, die vielleicht den Sprung vom Schweinehirten, von jener Stelle, wo der Geruch der Arbeit auf einem Bruderhof einsam macht, zum Haushalter eines Großbetriebes nicht verkraftet haben. Hin und wieder wird auch direkte Mißwirtschaft attestiert. Aber

der Grund liegt woanders: Für die Hutterer ist in erster Linie ihr legendärer Kindersegen zur finanziellen Belastung geworden, er läßt ihre Höfe schneller überquellen, als sie sich teilen können. Die Brüder wissen, wie man Wachstum hervorruft, doch sie haben kein Mittel, es in den Griff zu bekommen.
Um wettbewerbsfähig zu bleiben, um sich selbst gerecht zu werden, da sich der einzelne mit einer zahlenmäßig begrenzten Gruppe leichter identifiziert, muß eine Kolonie die Zahl der Frommen bei etwa 120 Personen auf 3000 bis 4000 Acker Land eingrenzen, denn »nur wo genug ist, ist Stabilität, wo Stabilität ist, kann auch Religion sein«. Wird ein Hof zu groß, muß im Zeitalter der modernen Technologie, aber auch der gesteigerten Ansprüche – mögen letztere noch so hutterisch bescheiden sein – gesammelt, getrennt und geschieden werden. Diese Teilung einer Gemeinde beruht auf keinerlei historischem Gesetz, da ist nichts, was mit brennenden Scheiterhaufen und zerbrochenen Gliedern zu belegen wäre. Trotzdem läuft sie reibungslos ab, wenn die wirtschaftlichen Mittel dazu vorhanden sind. Die Mutterkolonie macht in dem Fall Inventur, rechnet das Soll gegen das Haben auf. Danach werden zwei Listen angelegt, wobei darauf geachtet wird, daß beide den Namen eines Predigers oder eines Frommen, der das Amt ausfüllen könnte, tragen und den eines Bruders, der als Diener der Notdurft in Frage kommt. Kleinere und größere Familien werden so gleichmäßig verteilt wie jüngere und ältere Personen. Die Aufstellung kommt zur Vorlage, Änderungen können beantragt werden, ohne daß ihnen entsprochen werden muß. Jetzt entscheidet das Los, welche Gruppe mit Gottes Hilfe geht und welche auf der Kolonie zurückbleiben darf. Der erzwungene Auszug bedeutet keinen tieferen Einschnitt, erschüttert niemanden auf dem Bruderhof, denn wer von der Vergangenheit angezogen wird, der erkennt in der hutterischen Geschichte die ständige Wanderung. Wen der Tod nicht schmerzt, dem tut der Abschied nicht weh. Fraglich bleibt aber, ob eine Gruppe, die mit ihren historisch-religiösen Grundsätzen der Welt ablehnend gegenübersteht, die Zersiedlung auf Dauer in der althergebrachten Form überstehen kann, ob diese nicht eines Tages an ihre

soziale und religiöse Substanz geht. Die Mutterkolonie übernimmt die Aufgabe, für die Tochter eine neue »Arche im Meer der weltlichen Sünde« aufzubauen, ihr Leben zu finanzieren, bis sie selbst dazu in der Lage ist. Doch bei den gestiegenen Landpreisen, bei Hochzinspolitik und Inflation ist die Belastung für einen geteilten Hof häufig viel zu groß, übersteigt das Bekenntnis zum übersteigerten Kindersegen die Kraft, diesen auch zu finanzieren.

Hutterer arbeiten so stetig, wie der Sand in Eieruhren rinnt, doch sie überarbeiten sich nicht. Sie fühlen sich mit der Taufe Gott und der Gemeinde verantwortlich für jede Fähigkeit, für das Talent, die Energie und die Zeit, die sie haben. Sie sind gezwungen, jedes Hilfsmittel zum bestmöglichen Grad zu entwickeln – doch nicht für sich selbst, sondern wiederum zur Ehre Gottes und zum Wohlergehen ihrer Brüder und Schwestern. Dabei muß sich ein jeder an den Platz stellen, an dem er gerade gebraucht wird. Schon als Kind dazu erzogen, wechselt der Erwachsene immer wieder seine Tätigkeit, damit nichts langweilig, nichts selbstverständlich wird. Wen die Gemeinde zum Kuhhirten beruft, der geht zu den Kühen, wer Hühnereier sortieren soll, ist eben bei den Hühnern. Wen aber das Amt des Predigers trifft, der verkündet Gottes Wort... jeder also an seiner speziellen Stelle, denn »wenn der ganze Leib Auge wäre, wo bliebe dann das Gehör«?
Wer gefehlt hat und die von ihm erwartete Leistung nicht erbringt, wird auf einen anderen Posten zwangsversetzt. So kann der Lehrer von heute schon morgen der Nachtwächter sein. Hat er eben noch Kindern das deutsche Bibelwort erklärt, so wird er in Zukunft in der Nachthut darauf achten, daß sich »nirgends Buhlerei merken oder spieglen läßt, damit solchem Unglück rechtzeitig gewehrt wird«. Doch alles in der Kolonie ist Liebesdienst, das Essenservieren, das gegenseitige Haarschneiden bei den Männern, das Zerlegen des Schlachtviehs oder die Wache in der Nacht.
Die Brüder haben sich ihr Talent als hervorragende Handwerker erhalten. Ihre Ausbildung erhalten sie ausschließlich auf

dem eigenen Bruderhof, wobei positive Entwicklungen von anderen Höfen schnell in die eigene Arbeitsweise integriert oder neue Kenntnisse in Fernkursen erworben werden. Vom 15. Lebensjahr an, wenn die Mädchen zum Geburtstag symbolisch Stoff und eine Schere, die Jungen ein Schlachtmesser bekommen, fügen sie sich willig in den Arbeitsprozeß ein, der bei den Frauen zwischen 40 und 45, bei den Männern zwischen 45 und 50 Jahren offiziell erleichtert wird, doch die Frommen beschäftigen sich gerne bis ins hohe Alter, um »nicht langweilig zu werden«. Ab 15 besuchen die Jungen auch das jährliche »Vorlesen« jeweils in der zweiten Januarwoche, die Versammlung aller Männer, in der die Ältesten Rechenschaft über die Lage der Kolonie ablegen. Dann wird Rat darüber gehalten, was der Haushalter den Brüdern und Schwestern, »gleich welches Ansehen der Einzelne hat«, zur Notdurft geben kann, wieviel Hosenzeig und Leiblzeig, wieviel Strickzeig und Einfutter, wo etwa Stiefeln oder Gobeln gebraucht werden. Ein Hutterer, der beinahe alles ebensogern hätte wie sein Nachbar in der Welt, der sich aber viel besser als jener beherrschen kann, bekommt alle drei Jahre zum Beispiel einen neuen Hut, eine junge Mutter zur Kindgeburt Bettsachen und Windelstoff neben einigen Extrarationen aus der kolonieeigenen Küche, die auch Kranken oder Alten gelegentlich zustehen. Und alle zusammen dürfen sich nicht darüber beschweren, daß sie nicht erhalten, was sie wollen, sondern müssen dankbar sein, daß sie nicht bekommen, was sie eigentlich verdienen.
Dem sprichwörtlichen Erwerbssinn der Brüder, die den erlaubten Handel mit der Welt im Dienste der Kolonie häufig wie eine Sportart, wie ein Unterhaltungsspiel betrachten, da er für sie so etwas wie die einzig undichte Stelle des Hofes ist, haben die frühen Lehren der Altväter allerdings so manchen festen Riegel vorgeschoben: »Denn wisset, liebe Geschwister, eitel Kinder und alle, die Gerechtigkeit erfahren wollen: Krämerei und Handeltreiben unter uns ist verboten und wird auch nicht gestattet, da es ein sündiger Handel ist. Ein Kaufmann kann sich schlecht davor bewahren, nicht zu sündigen, denn wie ein Nagel zwischen Tür und Angel eindringt, so steckt die Sünde

zwischen Kaufen und Verkaufen. Daher darf keiner von uns etwas erwerben zum Wiederverkauf. Ein Handel ist nur zur Notdurft der Kolonie erlaubt. Wir lassen keinen unter uns zu, der ein öffentlicher Wirt ist, Bier oder Wein ausschenke, dieweil alles unzüchtige und verderbte Wesen dabei geschieht und alle trunkenen und unnützen Buben da zusammenkommen und ihren Mutwillen treiben ... Vieles Schlechte beginnt beim Trinken mit Halben und mit Vollen.
Wenn jedoch einer über das Land zu uns kommt und nicht weiter weiß und kann und zu einem unserer Brüder einkehrt, so nehmen wir ihn auf, denn ein Heiliger muß zugleich gastlich sein.«
Früher haben die Brüder am großen Fluß in erster Linie mit landwirtschaftlichen Produkten regen Handel getrieben. Und ihre Handwerker waren ebenso geschickt wie preisgünstig, ihre Produkte daher begehrt. Doch heute, wo man nach neuen Methoden suchen muß, um den Bruderhof wirtschaftlich zu erhalten, um die Basis für teure Tochterkolonien zu schaffen, kann das Geschäft nicht mehr konsequent aus dem frommen Leben herausgehalten werden, wird dort angeknüpft, wo die Väter nicht weiterkonnten. So gibt es Kolonien, die Dachstühle oder Fensterrahmen für »draußen« herstellen – »Wir mögen's eigentlich werklich nit« – und die damit in dem Dilemma stecken, zu handeln und zu verkaufen und dabei aufrechte Christen bleiben wollen. Die Gefahr wird nicht übersehen, man weiß, daß ähnliche Gruppen wie die Hutterer durch eine kapitalistisch ausgerichtete Warenproduktion ihren kommunistischen Charakter verloren haben, daß es heute wahrscheinlich nur in kleinen, radikalen Gemeinschaften möglich ist, Kommunist zu sein.
»Doch wisset, liebe Geschwister, eitel Kinder: Es stimmt, daß wir Kommunisten sind, religiöse Kommunisten, so, wie es in der urchristlichen Gemeinde einmal gewesen war. Aber wie die Russen sind wir nicht, das bekennen wir vor der Welt. Denn bei denen ist keine Liebe. Unser Kopf ist nicht voll Lenin, sondern nur voll Christus, auf dessen Rückkehr wir warten. Brüderliche Liebe gilt bei uns alles. Sie ist es, die den Menschen

vom Tier unterscheidet. So haben wir es auch nicht besonders gern, wenn man uns Kommunisten nennt.«
Die Hutterer geben zu, nicht unfehlbar zu sein, Eigentumsdelikte sind im Kirchenbuch ebenso verzeichnet wie die Trunksucht einiger Brüder, die auf einzelnen Kolonien zu einem ernsthaften Problem erwachsen ist. Als Beweise gelten so mancher eingezogene Führerschein – die Brüder fahren keine Personenwagen, sondern ausschließlich Nutzfahrzeuge – und das wohl einmalige Beispiel einer Gruppe von Jugendlichen, die in Manitoba Chemikalien im Wert von 18000 Dollar aus einem weltlichen Betrieb gestohlen hatte. Gerade in diesem Fall offenbarte sich ein verändertes hutterisches Rechtsverständnis. Als der Richter dem betroffenen Bruderhof anbot, die noch ungetauften Burschen mit einer leichten Strafe davonkommen zu lassen, um sie der täuferischen Selbstjustiz zu übergeben – die Brüder gelten allgemein als ehrlich und erhalten darauf auch unbegrenzten Kredit –, bestanden die Prediger darauf, »daß das Recht der Welt seinen Lauf bekomme«. Dabei brachen sie mit ihrer Tradition nach der Weisung im ersten Korintherbrief, Kapitel 6: »Wie darf jemand unter euch, wenn er einen Streit hat mit einem andern, sein Recht suchen vor den Ungerechten und nicht vor den Heiligen? Wisset ihr nicht, daß die Heiligen die Welt richten werden? Wenn nun die Welt soll von euch gerichtet werden, seid ihr dann nicht genug, geringe Sachen zu richten?« Anstelle einer finanziellen Lösung wanderten die gestrauchelten Junghutterer ins Gefängnis. Nichts Scheußlicheres als die Sünde in einer Welt, die der Himmel rühmen soll! Zugedeckt wird das sensationelle Gegenbild zur schauerlichen Geschichte einer 450 Jahre alten Unterdrückung, so, wie diese Welt sie sehen will. Was für eine Niederlage für die unsterblichen Toten vieler Täufergenerationen, für jeden Diener des Wortes, der nicht verhindert hat, daß seine Schafe das Zeitliche anstelle des Ewigen gesucht haben.
So geißeln die Ältesten auch in ihrer morgendlichen Runde im Haus des Predigers häufig in diesem gütigen Sommer und ganz generell den Mangel an religiöser Disziplin und Zucht, nennen jene Brüder beim Namen, die »halb Heilige, halb Welt« sein

wollen, jene Schwestern, »die das Kopftichel immer mehr in den Nacken rutschen lassen, um ihr Haar zu zeigen« – »Wir mögen's absulut nit« –, und beschließen, einen Antrag der Jungen abzulehnen, die lieber einen zwei Inches breiten Gürtel, Western style, tragen wollen als den brüderlichen Hosenträger. Man stimmt darin überein, daß Brüder und Schwestern sich nicht mit »schimpflichen Namen belegen dürfen wie du Schweinigel, du Schweinhund, du Hex oder du Scripka [böse Frau, B. L.]«, daß schon ein unreines Herz sein muß, was solch grausame Dinge erdichtet. Tätlichkeiten unter Erwachsenen einer Kolonie kommen nicht vor, sind also auch undenkbar.
Die Heiligen werden aufgefordert, nicht schläfrig in die Kirche zu kommen und sich im Trunk zu mäßigen, in der Küche nicht zu zanken oder zu scherzen und jeweils mit gutem Beispiel der Jugend voranzugehen, um jeden einzelnen dem Persönlichkeitsideal der Gemeinschaft näherzubringen. Gestraft wird nur dafür, daß im Pumphaus am Fluß eine Gitarre gefunden worden ist, »denn Musikmachen ist so fleischlich und unnütz wie die Kunst des Malens«, und für einen energischen kleinen Augenbrauenstrich im Gesicht einer Dirn, der einem Harren in göttlicher Erwartung entgegensteht.
Dabei rückt die Position des Predigers in den Vordergrund, er ist die Autorität in der Hierarchie des Hofes, deren Wurzeln in der hochgeschätzten Vergangenheit liegen. Diese Hierarchie ist eher notwendig als biblisch begründet, denn in der Schrift bezieht sie sich mehr auf den himmlischen Bereich als auf das irdische Gemeinschaftsleben. Und die herausragende Rolle des Predigers widerspricht in einigen Aspekten dem Gleichheitsgedanken der Brüder, so durch das Privileg, daß er als einziger – abgesehen von den Alten und Kranken – seine Mahlzeiten im eigenen Haus aufgetragen bekommt, was allerdings Gemeindegliedern die Möglichkeit gibt, bei ganz persönlichen Problemen ihren obersten Diener auch einmal alleine anzutreffen. Dieser Prediger ist nicht sein eigener Herr, sondern nur Verwalter dessen, was man ihm unterstellt hat. Gott fordert gerade von ihm Sanftmut und Gerechtigkeit, »also so, daß dich die anderen mehr lieben als fürchten, im Vermahnen freundlich, im Verhei-

ßen wahrhaftig, im Verzeihen willfärtig, in der Vergeltung nach reinem Vermögen«. Er wacht darüber, daß nicht nur er Gott fleißig dient, sondern auch seine Hausgenossen, daß er selbst zu jeder Stunde in der rechten Lehre steht.
Als Hirte sieht er eine Aufgabe darin, daß das tägliche Gebet in der Kirche eingehalten wird. Er kopiert in deutscher Schrift, mit der auch besser »Fraktur zu reden« ist, die alten Predigten, die bereits vor hundert Jahren gehalten wurden, und verliest sie vor der Gemeinde. Er ist mit leiser Stimme Vorsänger in der Kirche, um mit heiligem Ernst das laute Echo abzuwarten. Er wählt jene Lieder aus, die die meisten Hutterer kennen und so kräftig anstimmen wie die Brüder und Schwestern in den Gefängnissen Europas, die diese, ihre eigenen, Texte einst mit so viel Inbrunst und Stimmgewalt ertönen ließen, daß die Glaubensverwandten in anderen Zellen und die Passanten auf der Straße sie nicht überhören konnten. Er beruft sich auf die alten Ordnungen und Bücher, die zum Teil schon in Amerika neu aufgelegt wurden wie Riedemanns Rechenschaft (1902), Ehrenpreis' Sendbrief (1920), die Lieder der Hutterischen Brüder (1914) und das Große Geschichtsbuch, das 1923 in Amerika überhaupt zum erstenmal gedruckt wurde. Der Prediger baut seine Lehre ausschließlich auf der Vergangenheit auf – zum aktuellen Weltgeschehen, zu Militarismus und Terrorismus, zu Macht und Moden haben die Hutterer, wie gesagt, keinen Bezug, und sie beharren auch gerne auf ihrer Ignoranz. So erinnert er mit jedem Gebet, in jedem Gottesdienst an die Jahre in Mähren und in der Slowakei, die trotz gewaltiger Exzesse gegen die Gemeinschaft, trotz beutegieriger Türken und Tataren, radikaler Grundherren und Jesuiten und trotz brutaler Landsknechte in protestantischem wie katholischem Sold von grundlegender Bedeutung für die Brüder wurden.
Denn was heute die Flamme ihres religiösen Lebens in Nordamerika am Leben erhält, entstammt nahezu ausschließlich der geistigen Auseinandersetzung, aber auch der übersteigerten, aus namenloser Angst und Verzweiflung resultierenden Religiosität ihrer zur Volksgruppe zusammengeschweißten Altväter. Es kommt aus Bruderhöfen wie Auspitz, Neumühl oder

Sabatisch, wurde auf den Fluchtwegen über zahlreiche nationale und sprachliche Grenzen geboren und geht auf überragende Persönlichkeiten zurück, die einem biblisch-reformatorischen Christentum im 16. und 17. Jahrhundert neue Formen gaben. Das am Ewigen ausgerichtete Gewissen, die Zucht in der beengenden Kirchenlehre, der christliche Brudergedanke und die zentrale Stellung der Religion tragen heute in theologischer Hinsicht den Stempel dieser vergangenen Epoche. Und die Erfahrungen einer spezifischen Gruppe führten im Laufe der Zeit zu Kritiklosigkeit an der starren Lehrgebundenheit, zu Opferbereitschaft, ganz bestimmt auch zur Selbstüberschätzung. Dazu zählt die Vorstellung von der überlegenen Kraft deutscher Gläubigkeit, obwohl hutterisches Christentum an ein anderes Volk gebunden ist. Doch es gehört zum Wesen vieler aus der Reformation hervorgegangener Bewegungen, daß sie mit bestimmten Volksgruppen verwachsen waren. Seit jenen Tagen in Mähren und in der Slowakei haben die Brüder keine bedeutenden theologischen Entwicklungen mehr mitgemacht, obwohl es durchaus immer wieder Herausforderungen gegeben hat. Als Grund dafür mag zum einen gelten, daß ihre Vordenker in der Frühzeit der Gemeinde lebten, als Kriege, Unterdrückung und Seuchen starke religiöse Kräfte freilegten, als Märtyrer noch gefragt waren. Zum anderen steht die Gemeinschaft geistig vorrangig im 16. und 17. Jahrhundert, da sie die Weltweisheit späterer Zeiten ablehnte – da sie ganz sicher auch ohne den Rückzug in die bescheidene und entscheidende Philosophie der Altväter im Kampf gegen den Individualismus unserer Tage nicht überleben könnte.
So singen die nordamerikanischen Hutterer dem Herrn nach alten Noten, bringen sie statt großer Denker, die sich mit den Rätseln des Daseins auseinandersetzen und nach eigenen Möglichkeiten der Gotteserkenntnis suchen, nur das Zittern und die Furcht vor der Autorität der Lehren hervor, vor dem Altväterglauben und dessen Vorstellungen vom radikalen Reinigungsprozeß, in dem jeder abgestoßen wird, der eine schwache Stelle des Hofes entdeckt, der sich am verkehrten Platz nach irdischen Dingen sehnt. Denn der Gehorsam gegenüber ihrer

eigenen Geschichte ist der Schlüssel für ihre Existenz, und die nach wie vor relativ gesicherte Abtrennung von der Welt, vertieft durch Not und Schicksal vieler Hutterergenerationen, ist eines der Ergebnisse dieses Gehorsams. Das Außenseitergefühl, die Isolation von Menschen zu erhalten, die eine andere Sprache sprechen, eine andere Mentalität und Lebensauffassung haben und ein fremdes Brauchtum pflegen, ist nur möglich, wenn kein denkendes Bewußtsein am Zeugnis der unantastbaren Gründungsväter rührt, kein Zweifel am Bruderhof und seiner religiös-kommunistischen Gesellschaftsordnung aufkommt. Es ist das Verneinen offener theologischer Fragen und des Rechts, die eigene Lehre zu reformieren, das die Hutterischen Brüder auch in relativ müder Gegenwart zusammenhält, in der weder echter Mangel noch äußere Spannung vorhanden sind, um die Frömmigkeit wie in alten Zeiten immer wieder von neuem zu stählen. Wo das von der Herde getrennte Schaf ausnahmslos dem Wolf zum Opfer fällt, sind es allein die Ordnungen und Lehren aus Mähren und der Slowakei, die der Seele in der Einsamkeit des religiösen Daseins heute jene Anstöße geben, die sie benötigt, um nicht zu verkümmern. Damit erfüllen sich in den weit zerstreut liegenden Bruderhöfen Nordamerikas christliches Sehnen und die Missionsgedanken der Vordenker, die einst im europäischen Exil ausharrten.

An einem Sonntag des Jahres gehen die Brüder am großen Fluß mit tiefen Seufzern und hoffnungsfrohen Augen zur anstehenden Wahl eines Predigers. Sie singen das Lied »Gott, du gewaltiger Herr« und lesen aus dem Buch Mose: »Richter und Amtsleute sollst du dir setzen.« Denn die Ehre, zu taufen und zu lehren, darf sich kein Hutterer selbst geben. Ohne jeden Drang nach diesem Amt zu zeigen warten die Heiligen am Tag des Loses voll Demut darauf, ob Er sie aus der Gemeinde zieht, als Sein Geschenk für den Hof. Das Predigeramt wird von einem Hutterer nicht besonders angestrebt. Die Voraussetzungen bringen viele Brüder ohnehin mit, da sie seit ihrer Kindheit darauf vorbereitet werden. Ihren Diener des Wortes wählen sie jedoch nicht demokratisch, sie verlassen sich darauf, daß

er ihnen aufgezeigt wird. Eine Frau taugt nicht für dieses Amt.
Der Prediger, Lehrer, Diener, Haushalter an Christi Statt, kein Herr, sondern Schaffner, muß verheiratet sein, sittlich, treu, muß »das Zeugnis eines berühmten Lebens und Wandels haben, damit er den Lästerern nicht in die Stricke fällt«. Er darf nicht übermäßig trinken und zanken. Im Wahlablauf ist eine Absprache mit den Schwesterkolonien vorgesehen, die ihre eigenen Prediger – jeder ein hutterischer Prototyp – mit abstimmen lassen und so auch die Vergabe des Amtes ganz maßgeblich beeinflussen. Zuerst allerdings geben die Zeugbrüder einer Gemeinde je zwei Stimmen für zwei ihrer Brüder ab, wobei sie sich nicht selbst vorschlagen dürfen. Die Hutterer nennen das »einen Bruder aufsetzen«. Am Wahltag, nach dem Gottesdienst, verlassen Frauen und Kinder die Kirche, fallen Brüder und Prediger »vor dem Herrn, der sie gemacht hat«, auf die Knie und bitten ihn um eine gute Entscheidung. Jene Kandidaten, die jetzt mindestens fünf Stimmen erhalten – es wird verbal gewählt, indem die Brüder an dem Ältesten vorbeilaufen und einen Namen nennen –, kommen danach »ins Los«. Denn viele von ihnen sind berufen, aber nur wenige werden auserwählt. Ihre Namen stehen nun auf kleinen Papierfetzen, die in einem Predigerhut liegen. Wer jetzt gezogen wird, muß keine Mehrheit haben, aber Gott ist mit ihm.
Der neugewählte Diener des Wortes – Hutter, Walpot, Riedemann oder Ehrenpreis waren seine leuchtenden Vorgänger – hat keine Möglichkeit, seine Berufung abzulehnen, obwohl man ihm acht Tage Bedenkzeit gibt. Ausnahmegründe sind gesundheitlicher Art oder ein Vergehen in der Vergangenheit, von dem die Gemeinde nichts wußte. Eine mehrjährige Bewährungsfrist, in der er noch nicht taufen darf, steht ihm bevor.
Gemeinsam singen die Brüder noch das Väterlied, das Vers für Vers der frommen Helden gedenkt, die einmal kämpften und überwanden, sie alle Vorbilder für die heutigen Brüder, die keine Geschichte mehr gestalten, sondern nur noch von ihr beherrscht werden.

Kommunisten in Christo

Die Goldene Zeit der Hutterer in Mähren und der Slowakei

»Unter allen Sekten, die von Luther ihren Ursprung haben, hat keine ein schöneres Aussehen und eine größere äußerliche Heiligkeit als die der (hutterischen) Wiedertäufer. Andere Sekten sind meistens fast aufrührerisch, blutdürstig und fleischlichen Wollüsten ergeben, nicht so die genannten Wiedertäufer! Sie nennen sich untereinander Brüder und Schwestern, sie fluchen nicht, sie schelten nicht, sie schwören nicht, sie brauchen keine Wehr und Waffen. Sie schlemmen und prassen nicht, sie brauchen keine Kleider, die weltliche Pracht anzeigen, sie haben nichts Eigenes, sondern alles gemein. Sie rechten nicht vor der Obrigkeit und tragen alles mit Geduld – wie sie vorgeben – im Heiligen Geist ... Wer sollte da glauben, daß unter diesen Kleidern lauter reißende Wölfe stecken?« So schrieb und sorgte sich zu Beginn des 17. Jahrhunderts der aus Schlesien stammende Dr. Christoph Andreas Fischer, Pfarrer zu Feldberg in Niederösterreich, hart an der mährischen Grenze gelegen. Fischer, Autor der Hetzschrift »Von der Widertauffer verfluchtem Ursprung, gottlosen Lehre und derselben gründlichen Widerlegung, nach welcher gefragt wird, ob die Widertauffer im Land zu leyden seind oder nicht« (1603), war einer der leidenschaftlichsten Gegner der Hutterer, was er dann in seinem Buch »Der Hutterischen Widertauffer Taubenkobel: in welchem all ihr Wüst, Mist, Kott und Unflat, d. h. ihre falsche stinkende, unflätige und abscheuliche Lehre... zu finden ist« (1607) nachdrücklich unter Beweis stellte. Der von Fischer zitierte Taubenkobel, ein Taubenturm in mehreren Etagen, war einmal Mittelpunkt jedes Bruderhofes, da die Heiligen Taubenmist für Pflaster gegen verschiedene Krankhei-

ten und dosiert auch zum Lockern von Semmeln verwendeten, mit dem Federvieh wurde außerdem Handel getrieben.
Eine Originalausgabe dieses Taubenkobel-Pamphlets ist heute im Besitz eines Bruderhofs in der kanadischen Prärie. Ganze Hutterergenerationen haben darin gelesen, einige davon die »grausame, unverschämte Gotteslästerung« mit Hilfe in Fraktur gemalter Fußnoten korrigiert. Die Brüder machen Männer wie Fischer mit ihren kraftvollen gegenreformatorischen Schmähschriften dafür verantwortlich, daß die hutterische Arche, in Zürich gezimmert, in Tirol mit dem Ruder und in Mähren mit dem Segel versehen, für Jahrhunderte durch das aufgewühlte Meer der weltlichen Sünde schwimmen mußte, um schließlich im fernen Nordamerika vor Anker zu gehen. Doch hier dümpelt sie heute in einer recht behaglichen Flaute. Die Mannschaft hält in brüderlicher Liebe wie früher in der Alten Welt das Vorschiff sauber, der Kapitän erstickt rechtzeitig jede Meuterei. Die Bruderhöfe des 20. Jahrhunderts sind dabei nicht besser und nicht schlechter für ihre endzeitliche Aufgabe gerüstet als vor Jahrhunderten die europäischen Schicksals- und Gesinnungsgemeinschaften. Doch sie sind bis zu einem gewissen Grad auch nicht gesicherter, denn im Segel der hutterischen Arche könnte sich unversehens ein falscher Wind verfangen – die Glaubensstärke wird auf die Probe gestellt, das brüderliche Selbstverständnis wird erschüttert –, der stark genug wäre, um das Schiff wieder flottzumachen.
Der Dr. Fischer war zu Beginn des 17. Jahrhunderts mit überreichem Wortschatz gegen die protestantischen Separatisten zu Felde gezogen. Mit willkürlichen Interpretationen des Lebens auf einem Bruderhof wurde er zur Speerspitze im Fleisch der Taufgesinnten: Er versuchte, die allzu weltlichen Mittel, mit denen die Kirche gegen das schädliche Ungeziefer der Neugläubigen vorging, vor den Herren der Erde und dem Herrn im Himmel zu rechtfertigen. Fischer fischte auf seinem grenznahen Amtssitz im trüben und schürte geschickt den Haß der von der Reformation im Stich gelassenen hutterischen Reformatoren.
Einen der wichtigsten Ansatzpunkte für ihre Kritik sahen

Schriftgelehrte wie Fischer im Kommunismus der Bruderhöfe, in den blühenden Wirtschaften der bedürfnislosen Brüder, die den Sinn ihres Wohlstandes allein in dessen sozialer Funktion sahen: »Denn weil sie nicht stadtlich leben, weil sie sich schlecht kleyden, weil sie kein weltlichen Pracht führen und doch darneben täglich gewinnen oder vielmehr betriegen, so können sie ohne gross Geld und Gut nicht sein. Dieses bestettiget auch ihr grosser Fleiss, den sie haben in Auffnehmung der Brüder, denn sie nicht die Armen, Blinden, Lahmen, Krankken, Schwachen, Armseligen auffnehmen, sondern nur die vermöglichsten und Reichesten, damit dass sie ihren Seckel desto besser mögen spicken...«
Im Kampf für den Katholizismus schürte der selbsternannte Ketzerhammer Fischer den Konkurrenzneid seiner eigenen Glaubensbrüder, die auf handwerklichem Gebiet den Täufern immer unterlegen waren. Das enorme Wirtschaftsgefälle zwischen Bruderhof und weltlichen Nachbarn begründete der Pfarrer von Feldberg mit dem Vorwurf, daß die Hutterer der übrigen Bevölkerung »das Brot vom Maul abschneiden« würden. Ihr Land, das sie bebauten, sei das beste; ihre Taktik, soviel Getreide wie möglich aufzukaufen, treibe die Preise in die Höhe; ihr Reichtum, der sie in die Lage versetze, alles bar zu zahlen, mache sie marktbeherrschend. Da die Brüder »nit allein bloss ire Handwerck und Handtierung treiben, sondern auch hin und wider sich behaussen, grossen Bestannd von Mayrschafften, Schäffereyen, Mülen und anderen Wirthschafften haben, davon sie ein namhafftiges Geld, weil man ihnen ihre Arbeit und alles hoch überzahlen muss, samlen. Aber niemand weiss, wo sie solches hinwenden, dann sie keine liegende Grundstück kauffen, auch nichts erbauen, noch zum Kriegswesen oder anderm gemeinen Landsanlagen echtes geben...«
Um das katholische Handwerk zu schützen und die Phantasie des Volkes und seiner Herren anzuregen, forderte Fischer, daß man die Hutterer an der Ausübung eines Berufes hindere, wie früher schon einmal in Mähren praktiziert. Nebenbei förderte er die Legendenbildung von sagenhaften Reichtümern der Hei-

ligen, die in Neumühl zusammengezogen worden seien, wo »die Ketzer der Obrigkeit zuwider einen eigenen König, ein Haupt wie andere Banditen« hätten, die alleine von dem Versteck der Schätze wüßten.
Der sagenhafte, irgendwo gehortete Geld- und Goldsegen der Hutterer und die wirtschaftlichen Möglichkeiten dieser geschäftstüchtigen Gemeinden beschäftigten die Mährer so auch bei weitem mehr als die gelehrte Kritik am hutterischen Anspruch, die alleinseligmachende Kirche zu sein, an ihrer Spättaufe und der Vernachlässigung jeder Bildung außer der durch Bibel und Handwerk, an harter Kinderzucht und ständiger Seelenjagd, an Formalismus und mißtrauischem Wesen und schließlich am hutterischen Ruf nach Abschaffung der Berufsgeistlichkeit und der Kirchensteuer. Das hartnäckige Gerücht, daß die Täufer ihre Kinder verzehrten und ihre Frauen ebenso wie alle Güter in Gemeineigentum hielten, war lediglich eine Steigerung der gezielten Hetzkampagnen, die in katholischen Schreibstuben eröffnet wurden. Die Welt neidete ihnen – so die Hutterer – den göttlichen Segen wie einst Esau dem Jakob, da jene, die die Faulheit und den Wein liebten, sie nach biblischer Voraussage um Christi Willen hassen mußten. Huttererschätze wurden tatsächlich gefunden und beschlagnahmt, der Huttererschatz selbst – wenn es ihn denn gibt – ruht heute noch in Mährens Erde...
Für die Grundherren bis hinauf zur kaiserlichen Majestät war das Gerede vom brüderlichen Reichtum, vom »Gold, das keine vier Ochsen wegschleppen könnten«, jeweils Grund genug, die Steuern und Abgaben der Höfe zu erhöhen; für den Wiener Hof bot es sogar Anlaß, einige Haushaben mit Kriegsknechten und engen Vertrauten zu belegen, die nach den Schätzen gruben. Als der Vorsteher Ruedolf Hirtzl unter der Marter der Kaiserlichen einmal Geldverstecke in Neumühl, Tracht, Gostal und Pribitz verriet, wurde er seines Amtes enthoben und aus der Gemeinde verstoßen. Wo die Brüder aufgrund religiöser Bedenken ihren Herren keine Zahlungen leisteten, beschlagnahmte man kurzerhand ihr Eigentum, was sich im Buch eines Dieners der Notdurft so niederschlug: »16 ausgewinterte und

gemästete Ochsen genommen, 7 Mastschweine, 7 Fässel Wein, 15 Mut Getreide, 2 Roß, dazu dürres und grünes Fleisch...«
Mit Fischer konkurrierte der Kölner Johann Eysvogel im Propagandafeldzug gegen die Taufgesinnten. Obwohl selbst einmal Bruder in der mährischen Gemeinde, brachte Eysvogel 1586 ein Lied in Umlauf – im Ton wie die Weise von Olmütz – mit dem langatmigen Vorspann: »Ein anders schön newes Lied. Darinnen der Betrug und arglistige Art der Hutterischen Widertäuffer wahrhaftig und eigentlich vor Augen gestellt wird. Allen gutherzigen, frommen Christen zu nothwendiger Erinnerung und getreuen Warnung gemacht und in Truck gegeben...«
An schreibgewandten Gegnern fehlte es den Heiligen also wahrhaftig nicht. Zu ihrer Verteidigung waren die Hutterer ausschließlich auf Schriften aus ihrem eigenen religiös-geistigen Gut angewiesen, die ihren Anspruch, eine Version des alttestamentarischen Volk Gottes zu sein und in der Nachfolge der neutestamentarischen Urgemeinde zu stehen, unterstrichen. Darauf bauend antwortete der Prediger Klaus Braidl (auch Klaus Schuster genannt), Führer der Gemeinde in Mähren nach 1583, dem Pfarrer Dr. Fischer mit einer »Widerlegung und wahrhafte Verantwortung der alten, grausamsten, abscheulichsten und unverschamisten Gotteslesterung, Schmach und unwarhafftigen Beschuldigung, so Christoph Andreas Fischer, Pfarrherr zu Feldsberg über uns Brüder erdacht«. Dagegen schrieb Fischer eine »Antwort dem Narren nach seiner Narrheit, dass er sich nicht weise lasse dünken«. Die mährische Bevölkerung forderte er auf: »Schlafet nicht mehr, liebe Mährer, tut Herzen und Augen auf, seht zu, wie sie Euch vertilgen wollen. Laßt's nicht zu, daß die Fremden, der Abschaum der Erde, Eure Güter rauben und besitzen. Gebt nicht länger zu, daß sie Euch das ganze Land verschlagen, Euch alle Obrigkeiten verachten, Euch die Religion abstehlen und Euch für Heiden und Ungläubige halten ... Lasset nicht zu, daß Euer Land durch den Aufenthalt dieser Mörder, Ehebrecher und ausgesprungenen Mönche und Pfaffen einer Mördergrube gleich geachtet wird.«
Mit Entsetzen wies der Pastor darauf hin, daß trotz seiner

bisherigen eindringlichen Ermahnungen sich auch rechte katholische Christen mit den Ketzern einließen, daß man besonders ihre Bader regelmäßig konsultiere und die hutterischen Badstuben, die ausschließlich der Hygiene dienten, an Samstagen Treffpunkt vieler Rechtgläubiger seien: »Aber Gott sey es geklagt, jetzt finden wir in Mähren nichts Gemeineres als eben dieses, denn sowol hohes als niders Stands handel und wandel nicht allein mit den Widertauffern, sondern sie essen und trincken mit inen, sie laden sie zu Gast, sie gebrauchen sich irer Bäder, sie lassen sie zu sich ruffen in ire Kranckheiten, sie nehmen Artzney von inen, sie vertawen inen ire Kinder auffzuziehen. Dass disem also sey, bezeuget das gantze Landt, die geschwollenen Bader reiten auff und nider, alle Sambstag sein ire Bäder mit Christen vol angesteckt...«
Durch das Gemeinschaftsleben bedingt und aufgrund unbefangener Naturbeobachtungen hatten die Hutterer auf ihren Höfen ein eigenes medizinisches Versorgungssystem, in gewissem Sinne eine öffentliche Gesundheitsfürsorge, entwickelt, die zu jener Zeit ähnlich wie die brüderliche Schulordnung als beispielhaft gelten konnte. Eigene Ärzte, Knocheneinrenker, Hebammen und Kräuterexperten wurden direkt in den Haushaben ausgebildet. Ein Kontakt der Brüder mit dem berühmten Arzt und Denker Paracelsus, der sich 1537/38 in der Nähe eines Hofes aufhielt, ist nachgewiesen. Die Täufer verstanden etwas vom Aderlaß und Schröpfen: »Wann es in der Haut juckt und beisset, sonderlich wann nassende Blätterchen kommen, woraus gemeiniglich die bekannte Krätze folget, soll geschröpft werden – Aderlassen ist nützlich in Vollblütigkeit, Blutspeien, Stickflüssen etc.: Dick, hart und zähes Blut ist ein Zeichen der Verstopfung, gelb Blut bedeutet Weh an Galle oder Leber, grün Blut Herzweh, schaumig Blut Feichtigkeit und kalte Füße...«
Sie handhabten die Quarantäne nach biblischem Muster, so, wie Gott Moses empfahl: »Gebiete den Kindern Israel, daß sie aus dem Lager tun alle Aussätzigen und alle, die Eiterflüsse haben und die an den Toten unrein geworden sind... daß sie nicht ihr Lager verunreinigen, darin ich unter ihnen wohne.«
Der Täuferdoktor Georg Zobel aus Nikolsburg erhielt zweimal

einen Ruf an den kaiserlichen Hof, um Rudolf II. zu behandeln, woraus die hutterischen Chronisten schlossen: »Er wäre drauf gegangen, wenn er unseren Arzt nicht gehabt hätte.« Brüder wurden zur Seuchenbekämpfung eingesetzt, bei Typhus, Syphilis und Skorbut. Selbst Kardinal Dietrichstein, der entschiedene Gegner der Gemeinde, beschäftigte mit Balthasar Gollar einen Täufer als Hausarzt. Medizinen und Heilmittel stellten die Bruderhöfe selbst her und beschrieben ihre Wirksamkeit in »Handbüchln« peinlich genau. Der Bruder Johann Spengler etwa verfaßte das »Arznei Handbüchl, vieler Krankheiten Zustände causum et curam, auch einfache nützliche Rezepte, Simplizien Gradibus der einfachen Gewächsen (aus den vier Elementen geboren), Leib- und Wundarzneiisch, samt andern schönen Sachen, einem jeden Arzte Not zu wissen, hierin beschrieben und aufs kürzest begriffen. Samt einem ordentlichen Register, wie und wo ein jedes auf des ehest zu finden. – Der Herr hat die Arznei geschaffen, und die Arznei kommt vom Höchsten.«
Die hutterischen Ärzte zogen von Hof zu Hof, ihre Naturheilpraktiker hatten eine Sonderstellung innerhalb der Gemeinschaft, obwohl sie sich dem Gemeindeleben unterordnen mußten. Da sie gleichzeitig Heilige und Weltliche behandelten und mit Medizin versorgten, wofür sie außerhalb der Kolonie entlohnt wurden, während die übrigen Brüder für ihre Arbeit kein Geld erhielten, sollte es allerdings bald zu ernsten Problemen mit dem verweltlichten Berufsstand der Heilkundigen kommen. Die sogenannte »Bader-Ordnung«, neben den »Jährlichen Warnungen an die vertrauten Brüder«, konnte die alte Eintracht nicht mehr vollständig herstellen. Und so mancher Vorsteher stieß über »die Unordnung, böse Ärgernis und das viele Unkraut«, von den Badern aus der Außenwelt auf den Hof eingeschleppt, den alten hutterischen Stoßseufzer aus: »Gottes Wort wär net so schwer, wenn nur der Eigennutz net wär.«
Die Erfahrungen, die die Heiligen in Mähren und in der Slowakei mit ihren medizinisch geschulten Brüdern gemacht haben – nicht auf fachlichem, sondern ausschließlich auf geistli-

chem Gebiet –, müssen so nachhaltig negativ gewesen sein, daß die Hutterer in Nordamerika selbst heute noch den eigenen Arzt strikt ablehnen. Dagegen steht, daß sich die Vertreter der taufgesinnten »Heilkunde« im 16. und 17. Jahrhundert auch mit missionarischem Eifer auf ihre Patienten stürzten. Aus einem Brief des Bischofs von Seckau an Erzherzog Ferdinand mit Datum vom 15. April 1612 geht jedenfalls hervor, daß »straiffende Widertauffer sich finden lassen, welche als chyrugi die leuth an leibern zu curieren sich unterstehen und derneben durch ir sechtisches gifft viller christen seelen zum fahl und verdambnus bringen«. Ferdinand erließ daraufhin ein Mandat gegen die taufgesinnten Heilpraktiker, die den im Lande ansässigen »palbierern und wundtärzten ... das brot vor dem maul abschneiden« und zusätzlich das schädliche Gift der Ketzerei ausstreuten. Er befahl gänzlich und gnädig, diese Wiedertäuferemissäre festzunehmen.

Was den Hutteren in jenen Jahren mehr schadete als die ihnen nachgesagte, ohnehin hart bekämpfte Ketzerei waren Aufstieg und Fall des kurzlebigen westfälischen Täuferreiches in Münster mit seinem Massenwahn und Evangelium der Rache, das von ihren Gegnern als klassisches Beispiel auch für den Charakter der mährischen Gemeinde hingestellt wurde. Obwohl sich die Brüder spontan gegen den münsterischen Geist stellten und vor Gott bekannten, daß »die Münsterischen nicht unsere, sondern des blutigen Satans Mitgenossen sind«, wurden sie mit einem der blutigsten und seltsamsten Zwischenspiele der deutschen Geschichte allzu leichtfertig identifiziert.

In seiner Schrift »Die Raserei der Wiedertäufer, welche Münster, die berühmte Hauptstadt in Westfalen zerstöret hat« beschreibt der F. K. Magister Hermann von Kerssenbroich als Zeitgenosse diese Rotte als eine Gruppe »verlaufener, bundbrüchiger und liederlicher Geistlicher«, die unter dem Befehl des Pöbels im Zuge der Reformation eine neue Religion in Stadt und Land habe einführen wollen. Begleitet von fürchterlichen Wunderzeichen am deutschen Himmel und gleich einer Seuche habe sich die Sekte im Westfälischen verbreitet, Städte und Dörfer verwüstet, um einer von allen Flecken gottlosen Mißbrauchs gereinigten Lehre des Evangeliums zu huldigen. »Der münsterische Pöbel«, so Kerssenbroich, »durch etliche Kaufleute, welche verschiedene Glaubensartikel aus der Fremde mitgebracht haben, aufgewiegelt, tat sich zusammen, erschütterte das System der väterlichen Lehre und empörte sich nicht allein gegen den Klerus, sondern auch wider die Vornehmsten und die Häupter der Stadt. Um dieselbe Zeit hatte die neue Religion die Städte Soest, Minden, Osnabrück, Herford und andere erfaßt...«

Tatsächlich entsprachen viele der Glaubensartikel der religiösen Gladiatoren im Westfälischen, an deren Schicksal bis heute die drei eisernen Käfige im Turm der Kirche St. Lamberti in Münster erinnern, den Vorstellungen der Hutterer von einem himmlischen Jerusalem auf Erden. So war auch für sie die Kindertaufe ein Greuel vor Gott und nur der ein Christ, der zuerst glaubte und danach die Taufe erhalten hatte. Öl, Zweige, Wasser, Kräuter, Salz und Lichter, die die Priester in der Kirche gebrauchten, galten den einen wie den anderen als Requisiten des Antichristen, vom römischen Papst erdacht, um einen schändlichen Gewinn zu machen. Die Hostie auf dem Altar war der große Baal; ein Umgang der Heiligen mit Andersgläubigen, »die die Pfaffendichtungen glauben und damit dumme einfältige Bauern und Bürgen sind«, war verboten. Papisten und Lutheraner waren gottlose Leute, die »fressen, saufen, huren und dem Wort Gottes widerstreben«.

In Münster, wo ein tausendjähriges Gottesreich geschaffen werden sollte, erwies sich einmal mehr, daß gerade jene Protestanten Luther die größten Probleme schafften, die sein Geist aufgescheucht, in denen sein Auftreten gegen die Autorität der Kirche und für eine christliche Erneuerung des Lebens schwärmerische Vorstellungen geweckt hatte. Mit der Sehnsucht nach einer neuen Gesellschaft und der Idee vom Evangelium des kleinen Mannes erschütterten die radikalen Reformer die Grundfesten der katholischen wie der protestantischen Kirche. Zutiefst beunruhigt warnte der Reformator als Zeuge der Unruhen so auch vor Aufruhr und Empörung. Am Beispiel Balthasar Hubmaiers verwies er auf die schrecklichen Strafen, die

Gott für die Anhänger der häßlichen Lehre der Wiedertaufe bereithalte. Der so reformfreudige wie ketzerfeindliche Melanchthon schrieb in einem Brief an die Münsteraner: »Nichts hat sich jemals wider meine Erwartung zugetragen, als daß ich vernehme, daß sie die Taufe der Kinder verwerfen und verbieten. Kein Gelehrter hat solches bisher getan. Über viele andere Meinungen ist zwar gestritten worden, alle aber sind der Meinung gewesen, die Taufe der Kinder sei entweder erlaubt, oder sie sei notwendig...«

Westfalen erlebte die religiösen Visionen der Zwickauer Propheten, die von Thomas Müntzer und Niklas Storch, die der Hussiten und eines Karlstadt wie ein einziges Flammenzeichen. Geheiligt durch die Wiedertaufe errichteten die Neugläubigen ein apokalyptisch-wahnsinniges Gottesreich mit Glaubensterror, Gütergemeinschaft und Vielweiberei, sie entweihten dabei auch die Lehre der pazifistischen Taufgesinnten, die religionshistorisch weit entfernt von ihnen standen. Dennoch sollten sich die Hutterer im deutschen Raum nie mehr von der Katastrophe von Münster erholen. Zwar wurde noch 1664 in Mannheim unter Führung von Christoph Baumhauer und Jakob Amsler ein Bruderhof gegründet, wobei holländische Täufer Hilfestellung leisteten, doch mußte er schon 1684 nach Ausbruch von Pest und inneren Streitigkeiten wieder geschlossen werden. Was im badischen Raum davon übrigblieb, ist allein die Bezeichnung »Hafe« für einen Krug (von Habanerkrug).

Erst 1920 wurde von Eberhard und Emmy Arnold in Deutschland wieder eine christliche Gemeinschaft ins Leben gerufen, die jener der Hutterer ähnelte. Mit dem Hinweis auf das Versagen der Kirchen, auf Not und Verzweiflung im Echo des Ersten Weltkriegs, boten die Arnolds als Alternative einen lebenswerten christlichen Glauben an, soziale Gerechtigkeit bei Verwirklichung der Bergpredigt: »Es gibt kein Gesetz als das der Liebe. Die Liebe ist die Freude am anderen – was ist also der Ärger über ihn?« Nachdem Arnold in Wolfenbüttel auf hutterische Literatur gestoßen war, fuhr er nach Amerika und wurde nach einem Jahr auf den Bruderhöfen ordiniert. 1930 erfolgte die Eingliederung der Arnoldleute in die hutterische

Gemeinschaft. Mit der Machtübernahme Hitlers wurde die Arbeit der Neuhutterer, die den Rhön-Bruderhof bei Fulda erworben hatten, erheblich erschwert. Um sie dem Griff der nationalsozialistischen Schule zu entziehen, schickten sie ihre Kinder 1934 nach Liechtenstein. Im Jahr darauf starb Eberhard Arnold, 1937 wurde seine Gruppe vertrieben. Allerdings hatten auch die Heiligen die Gemeinde Arnolds zwischenzeitlich wegen verschiedener »Verfehlungen« – wegen Lachens, Rauchens und Tanzens innerhalb des Hofes – aus der großen Gemeinschaft ausgeschlossen. Um einer Internierung in England zu entgehen, wanderten die Arnoldleute 1940/41 nach Paraguay aus, später in die USA, einige kehrten nach Europa zurück, nach Großbritannien. 1974 erfolgte ein Neuanschluß an die Hutterischen, heute bestehen im Osten der Vereinigten Staaten drei Höfe, ein weiterer im Süden Englands. Ihre Gemeinschaften nennen sich neuhutterisch, ohne vollkommen in der Nachfolge Jakob Hutters zu stehen...

Die westfälische Rotte, die der Täuferlehre auf deutschem Boden den Todesstoß versetzte, hing indessen den Vorstellungen des Predigers Melchior Hoffmann aus Schwäbisch Hall an, der für die Vernichtung der »Ungläubigen« durch Feuer und Schwert eintrat. In ihrer Endzeiterwartung hatten sie einen Schneider Johann aus dem niederländischen Leiden 1533 als Propheten aufgenommen und im Jahr darauf zum König über Zion ausgerufen. Als katholische und protestantische Stände die Stadt Münster belagerten, die trotz unvorstellbarer Zustände innerhalb ihrer Mauern erst nach eineinhalb Jahren durch Verrat fiel, ging Johann von Leiden – inzwischen mit 15 Frauen verheiratet – mit rücksichtsloser Gewalt gegen alle »Ungläubigen« vor. Wer die Spättaufe ablehnte, wurde unter wilden Ausschreitungen hingerichtet: »Dieser Johannes richtet ein Regiment an nach jüdischem Brauch und eine neue Religion« – so der hutterische Chronist Braitmichel –, »sonderlich, daß ein Mann möcht Weiber nehmen, wie viel er wöllt; machet sich darnach zu einem König, zeiget königliche Pracht, meinet in seiner Narrheit, er würd das Regiment über die ganze Welt

bekommen, den Stuhl seines Vaters David besitzen, bis der Vater das Reich wiederum von ihm würde fordern, und so die Gottlosen vertilgt, würden allein die Frommen die Welt regieren... Aus solcher Handlung dieser ganz verderbten gottlosen Menschen ist der Gemein Gottes an viel Orten großer Trübsal entstanden, auch viel Fromme... ihrer Sekte sind bezichtigt worden. Aber die ganze Gemein und alle gottseligen Herzen haben ganz standhaft, ja etliche bis in den Tod wider diesen grausamen Greuel, der vom Teufel aufgerichtet und erdicht sei, gezeuget... denn die Rach ist Gottes...«
Das Strafgericht konnte nicht ausbleiben. Den Führern der Bande zerriß man mit glühenden Zangen »ihre fleischigsten und äderigsten Theile des Leibes«, um sie schließlich in Käfigen im Kirchturm hoch über Münster aufzuhängen.

Ein Bruderhof in Mähren um die Mitte des 16. Jahrhunderts war ein Liebes- und Treueverband, nicht ohne gewisse Parallelen zur altnordischen Marktverfassung, für die einmal die gegenseitige Unterstützung und Haftung der Bürger außerhalb der genossenschaftlichen Vermögensverwaltung bindend gewesen war. Er bestand in der Regel aus zwei bis drei Häusern, abhängig davon, wie viele Gemeindeglieder hier wohnten. Die gemeinsame Küche versorgte Brüder und Schwestern, lediglich die Ältesten hatten eine Sonderstellung, die sich etwa darin ausdrückte, daß sie Wein tranken, wenn die übrigen Frommen Wasser bekamen, daß sie besser verköstigt wurden und mit dem Wagen fuhren, wo andere laufen mußten. Der Kritik an dieser Regelung – von der sich auch etwas ins 20. Jahrhundert hinübergerettet hat – hielten die Brüder das Bibelwort in Timotheus 1, Kapitel 5, entgegen: »Die Ältesten, die gut vorstehen, die halte man zwiefacher Ehre wert, sonderlich die da arbeiten im Wort und in der Lehre. Denn es spricht die Schrift: ›Du sollst dem Ochsen, der da drischt, nicht das Maul verbinden...‹«
In dem Haushaben, dem absoluten Feind des Bösen, wurde relativ wenig aus der Bibel vorgelesen, dafür um so mehr aus eigenen Schriften und Protokollen. Die Sprache als konservie-

rendes Element war Deutsch, zusammengesetzt aus den Mundarten jener Landstriche, aus denen die Täufer gekommen waren. So konnte man sich als Minorität im slawischen Umfeld, in kultureller Fremde am sichersten erhalten. Zusätzlich sahen die Hutterer eine Sprache, die ein Volk eher zusammenhält als das Menschenwerk Staat, als gottgegeben an. Auf deutsch erschienen auch die Druckerzeugnisse, darunter bald eine ganze Reihe polemischer Schriften gegen die Weltlichen »und das Geschlecht der Pfaffen«.

Als bedeutendstes Werk, schon 1542 als kirchliches Dokument anerkannt, gilt Riedemanns Rechenschaft, wobei keine Rolle spielt, daß es einmal das beste Zeugnis für die Bruderschaft, aber auch das sicherste gegen sie war. Es formte einen Hutterer in den Augen jedes guten Katholiken zum Terroristen, in denen eines Lutheraners zum religiösen Rebellen und gab den Behörden ein offizielles Dokument gegen die Ketzer in die Hand, als es im Jahre 1565 im Druck erschien. Der gute Bruder Riedemann mit seinen Glaubens- und Lebensweisheiten – wäre er ein Katholik geblieben, so hätte er wie manche Persönlichkeit seiner Zeit zu einem Heiligen der alten Kirche aufsteigen können.

Peter Riedemann, wegen seiner Körpergröße auch der »große Peter« genannt, hatte seinen Weg vom Schuhknecht (Schuster) zum bedeutendsten Führer und Theologen neben Jakob Hutter 1506 in Hirschberg/Schlesien begonnen. Am Zusammenfluß von Bober und Zacken, in Lauban am linken Queisufer, in Liegnitz an der hohen Straße und im waldreichen Sobergebiet war er auf Täufer gestoßen, nachdem sich seine Heimat der Krone Ferdinands I. unterstellt hatte. Wahrscheinlich bereits Mitglied der Linzer Gemeinde, saß er schon 1529 im Gefängnis in Gmunden, um dort die erste »Rechenschaft unseres Glaubens geschrieben zu Gmunden im Land ob der Enns im Gefencknus« abzulegen. 1533 traf er in Auspitz ein, hier ernannte ihn die Gemeinde zum Nachfolger des hingerichteten Zaunring und somit zum Sendboten für Franken. Noch im selben Jahr traf Riedemann zusammen mit einem Sixt Prunsterer in Nürnberg ein, wo man ihn sofort festnahm. Beim ersten

Verhör wollten die Behörden in ihm das sehen, was er wahrscheinlich wirklich war: ein religiöses und kein juristisches Problem. Zur weiteren Verwendung setzten sie den Schlesier im Turm Luginsland fest. Auf Theologen, die den Sendboten der mährischen Gemeinde dort besuchten und in wohldosierter Form umzustimmen versuchten, machte er offensichtlich einen recht negativen Eindruck: Sie ließen verlauten, man habe »gfunden und erfahrn, wie dann bei allen schwärmern seinsgleichens gfunden werd, furnemlich daß er sich in allen hohen artickeln deß christlichen glaubens irre. Item er hab keinen verstand, sonder sei nur von andern verfürt, und von ihm selbs nichts neus erdacht. Item halt vom sacrament wie die Zwinglischen, sei ein widertauffer, wöll seins irrthumbs nit absteen, auch die gebiet eins rats nit meiden, gebir und verlaugen alles, waß ime wider sein lere und meinung furgehalten werde, und sei entlich ein grosse plindheit bei ime.«

Da die verantwortlichen Richter und Pfarrer nicht übereinkommen konnten, ob man ihn köpfen oder seines Weges schicken sollte, gaben sie Riedemann eine Schrift Melanchthons und beließen ihn weiterhin im Turm. In vierteljährlichem Turnus stellten Theologen ihm eine Reihe von Routinefragen, »um zu sehen, ob er sich wenden wollt«, doch dieser Missionar war eine treue Kopie der frühen Taufgesinnten, bereit, mit jedem Opfer für sein Bekenntnis einzustehen. Am 14. Juli 1537 wurde er aus dem Turm Luginsland entlassen, laut Nürnberger Ratserlaß (Akten im Nürnberger Stadtarchiv): »Petern Ridman, den wiedertaufer und schwermer aufm thurm, auf sein zusagen, das er weder hie noch in meiner herrn gepiet außerhalb nichts predigen, sondern gestracks auf Mehrern zu ziehen wöll zu seinen prüdern etc., von statten kommen lassen und ine mit notturftiger kleidung versehen, auch ime 1 fl. zerung geben lassen.«

Als Sendbote in Württemberg, Oberösterreich und Hessen versuchte der große Peter verschiedene Täufergruppen, die alles andere als einheitlichen Sinnes waren, für die eigene Bruderschaft zu gewinnen. 1540 wurde er in Marburg festgenommen und kurze Zeit danach in das Jagdschloß Wolkersdorf (heute:

Bottendorf) gebracht. Es kam Riedemann zugute, daß sich Landgraf Philip, in dessen Hand er sich befand, nicht an den Reichstagsbeschluß von Speyer hielt, demzufolge Ketzerei mit der Todesstrafe zu ahnden war. Also fertigte und reparierte er Schuhe, half bei der Feldarbeit und schrieb seine »Rechenschaft unserer Religion, Lehre und Glaubens, von den Brüdern, die man die Hutterischen nennt« mit einem umfassenden Glaubensbekenntnis und der Auslegung der Schrift, wobei er sich auf rund 1800 Bibelstellen berief.
Peter Riedemann wurde aus der Haft entlassen und starb im Bruderhof Brotzko in der Slowakei im Alter von fünfzig Jahren.

Obwohl es selbst während der goldenen Jahre der Gemeinschaft Perioden gab, in denen große Hungersnöte das Land heimsuchten, die auch die Heiligen vor schwere Versorgungsprobleme stellten, zeichneten sich auch die hutterischen Höfe der Frühzeit durch einen gewissen Wohlstand aus. Wie heute mußte der einzelne die Arbeit verrichten, zu der man ihn aufgrund seines Könnens, seiner Statur und seines Geschlechts bestimmt hatte. Faulenzer wurden nicht toleriert, »selbst die übergelaufenen Pfaffen, die zu uns kommen, lernen hier arbeiten und werken« – was gelegentlich von werbender und bindender Kraft war. Müßiggang galt schon damals als Anfang aller Laster, und »was früher arm oder reich war, hatte jetzt ein Säckel zusammen, ein Haus und einen Tisch miteinander, doch Gesunde mit Gesunden, Kranke mit Kranken und Kinder mit Kindern«.
Die meisten Brüder und praktisch alle Schwestern arbeiteten auf dem Boden der Kolonie, die sich weitgehend selbst versorgte, daneben Gebrauchsartikel herstellte, die in der Welt begehrt waren: »Nur den Pfaffen dürfen sie nicht arbeiten, weder mit Öfensetzen noch sonsten, weil uns gebüert, dieselbigen zu meiden.«
In ihren Näh- und Flickstuben, in der Küche, in Alten- und Kinderstuben arbeiteten die Frauen; in Handwerksberufen, in der Landwirtschaft, in Tierzucht oder Weinanbau die Männer.

Hutterische Zimmerleute errichteten für ihre Landherren Mühlen, Brunnen und Brauereien und erhielten dafür einige Privilegien, sie überwachten die Höfe von Adeligen und Bürgern.
Die Kinder wohnten nicht zu Hause, da sie, sobald ihre Mutter sich von der Geburt erholt hatte – in der Regel nach sechs Wochen –, von ihren Eltern getrennt wurden und in das Säuglingspflegezimmer kamen, das unter der Aufsicht von Schwestern stand. Hier durfte das Kleinkind dreimal am Tag von der Mutter besucht und gestillt werden. Später siedelte es in die Kleine und Große Schule über, immer unter der Obhut der gewählten Schulmänner und -weiber. Früh schon bekamen die Jugendlichen dabei eigene Aufgaben, »um Menschen aus ihnen zu machen«.
Witwen und Waisen unterhielten die Brüder aus den gemeinsamen Einkünften.
Es gab Schlafstuben für die unverheirateten Frauen, für Männer und Ehepaare. Besonders letztere standen jedoch als total unmoralisch vor der Welt da, weil die Hutterer aus Platzgründen gerade die Verheirateten in winzigen Kojen großer Schlafsäle nächtigen ließen, ein Paar vom nächsten jeweils nur durch dünne Stoffwände getrennt.
Aus den Schreibstuben kam der rege Schriftverkehr mit jenen Brüdern und Schwestern, die in den Gefängnissen saßen, und mit verwandten religiösen Bewegungen in Polen, in den Niederlanden und in Deutschland.
Ein Krämerladen war auf dem Hof ebenso verboten wie ein Wirtshaus, wie das Fluchen, das »unmäßige« Kleid, Tanz, Spiel, Saufen oder »das Singen schändlicher Hurenlieder«.
Dafür, daß das Leben auf dem Bruderhof reibungslos verlief, hatten, wie anders, die Diener des Wortes und der Notdurft neben den Zeugbrüdern zu sorgen. Besonders die Prediger konnten von Anfang an auf ein starkes Autoritätsbewußtsein bauen, da die Gemeinde sie in der direkten Reihe der Gesandten Gottes sah. So grenzten sich die Erwählten nicht selten auch sehr konsequent von den Laien ab.
In diesen Haushaben trug sich trotz religiöser Zucht gelegentlich manch offener Händel zu, da es in der frühen Geschichte

der Brüder immer wieder zu Auslegungsschwierigkeiten beim Lesen der Schrift kommen mußte. Die Vorsteher hielten nicht viel von den Worten Salomons, der noch glaubte, »wo nicht Rat ist, da geht ein Volk unter; wo aber viele Ratgeber sind, da geht es wohl gut«. Zu schweigen hatten ohnehin die »geschleierten oder mit Maultüchern versehenen« Schwestern, da das Beispiel Adam und Evas den Heiligen zeigte, daß das Mundwerk des Weibes der allererste Schritt ins Verderben war.
So zerstritten sich einige Brüder im Jahre 1543 etwa über die Bedeutung der Menschwerdung Christi: »Da war ein Völkl, die hielten von dem Artikel, daß Christi sein Fleisch vom Himmel gebracht hätte. Meineten, wenn er in Maria Fleisch angenommen hätte, so wär es keine jungfräuliche Geburt«, wogegen die Auslegung der hutterischen Schriftgelehrten stand, daß »Christi nicht von einem Mann nach Gemeinschaft der Natur empfangen und die Maria nicht befleckt wurden ist wie ein anderes Weib, die ein Kind empfangt mit Versehrung ihrer leiblichen Jungfernschaft. Denn Christus ist empfangen vom Heiligen Geist wie das Weib an Adams Seite geboren wurde.«
Die Brüder machten in der Regel recht kurzen Prozeß mit Gläubigen, die zu vermeintlich offenen Fragen wie der der Menschwerdung Christi oder auch nur der, ob Engel sündigten oder nicht, eine eigene Meinung entwickelten. Das hinderte sie nicht daran, zu behaupten, in jedem Streit die Geduld als Gewehr zu nutzen. Wer selbstherrlich nach persönlichem Gutdünken die Schrift interpretierte, wer Individualität erkennen ließ, war eine Gefahr für die Ordnung auf dem einstimmig eingestimmten Bruderhof und wurde gebannt; allerdings nie, ohne daß sich die Vorsteher der Gemeinde mit ihm auseinandergesetzt hätten. Wenn eine Person ausgeschlossen war, wurde sie, es hat sich wirklich bis heute nichts geändert, so lange gemieden, bis sie rechtschaffene Buße getan hatte und ein gutes Zeugnis von der Gemeinde ausgestellt bekam.

Einen ihrer bedeutendsten Führer neben Jakob Hutter hatten die Brüder in dem früheren Tuchscherer Peter Walpot, der seinerzeit allerdings ganz im Schatten des Pustertalers stand.

Die Glocke ruft die Gläubigen zum Aufstehen, zu den einzelnen Mahlzeiten und Arbeitsprozessen, jedoch nie zum Kirchgang: Ein Hutterer muß zum Gebet nicht gerufen werden. Einzelne Kolonien ersetzen heute die traditionelle Glocke allerdings schon durch Sirenen.

Huttereltern erkennt man am Kind: Als schwierigster Prozeß im Leben gilt die Zeit des Heranwachsens. Während der Jugend in zweiklassigen Schulen Gebet, Lehre und die deutsche Schrift »eingebildet« werden, zieht der Deutschlehrer im Kinderspeisesaal die Rute gerade; das hilft, den hutterischen, das heißt hohen Grad an Disziplin zu garantieren. Küchenarbeit gilt als Liebesdienst an der Gemeinde.

Schon im zarten Alter, in der Kinderlehre, lernen die Hutterer »die Frucht ihrer Lippen vor Gott zu opfern«. Jede Mahlzeit wird durch ein Gebet begonnen und beendet. Am Morgen vor dem Frühstück und am Abend nach dem Essen gehen die jungen Hutterer zusätzlich auf die Knie zum traditionellen langen Kindergebet.

»Wenn die Gemeinde einen Diener notwendig hat, soll sie darauf warten, wen Gott ihr durch das Los anzeigen wird«: Prediger Gross am Kirchentisch des Bruderhofes Iberville. – Deutschland aus dem Bilderbuch: die Mädchen von Pleasant Valley bei einer ersten Bekanntschaft mit der Heimat ihrer Altväter. – Hutterisches Ehepaar, der Mann als Haupt des Weibes. – Original des Kleinen Geschichtsbuches der Bruderschaft.

Auß Zug und kurtzer Durch
Gang unsrer Gmain Geschicht Buech
wie Gott auß allen volckern, Geschlechten
und Zungen Teütschlandes ein Einiges
Volck gesammlet, Auch wie Gott in den
selben sein werck in dem letzten alter diser
welt wider aüff gericht und angeordnet
Hat. Daneben was Schwäre Ver
folgungen Creütz und Triebsals die Ge
mein erlitten: vil Hingericht worden
ünd von Etlichen Sonnderlich, wie sie
Mannlich gewessen, was mit Innen
gehanndlet worden, und Anndere sach
en mehr, So in der Gemein sich be
geben. Zu güeter gedächtnüs
und Betrachtung des HERREN
wunderbaren Anrichtung
Aüff das Kürtzeste be
schreiben und ver
zaichnet.

Demnach
Unserer Gemein Anfang und Her
kommen, Sonnderlich wie Gott unsere
Vatter aus den grosen Irrthum Blindheit und
Finsternüß des Papstums aus gefüret, und sie
zur erkändtnus der Göttlichen warheit gebracht
Darneben auch, wie sich die Gemein Hat An
gefangen zu versamlen, und erbauen, und wie
es die feind der Göttlichen warheit auff alle weiß
Haben gesücht zu verhindern. Groß Verfolgung
und Tiraney über die fromen erregt. So woll
auch wie Gott sein Volck aus iren gewalt erlößt
und wunderbarlich aus dem land Bey Cronstadt
über das Sibenbürgerische gebirg in die wallachey
gefüret

Demnach wz die Gmain in der walachey
In den Türcken Krieg erlitten, und wie sie nach Go
tes willen und fürsehung Von dannen durch die moldau
und Königreich Poln ins klein Rüßland gezogen un
was sich weiter namhafftiges in der gmain zuetrage
Aüfs aller einfaltigst den nachkomenten zum guten
mit allen fleiß verzeichnet und beschrieben.

»Ihr sollt nichts zu dem tun, was ich euch gebiete, und auch nichts davon, spricht der Herr«: junge Mädchen in der »Sunndigschul«, die sie ab dem fünften Lebensjahr besuchen. Hier »verdeutscht« ihnen der Lehrer die Bibel, die alten Lehren und Ordnungen der Gemeinde.

Gebürtig aus der Nähe von Klausen in Südtirol, war Walpot als Kind Zeuge von Blaurocks Märtyrertod gewesen. Er stieß schon früh zur mährischen Gemeinde, die ihn 1542 zum Diener des Wortes machte. Nach einem Missionsaufenthalt in Schlesien wurde er 1550 zu einem der drei Ältesten, 15 Jahre später als Nachfolger des Bayern Leonhard Lanzenstiel zum Vorsteher der gesamten Bruderschaft bestellt. Im Goldenen Zeitalter der Hutterer war es Walpot, der die Heiligen zu geistiger wie moralischer Höhe führte, ihnen dort festen Boden gab, wo Hutter nur Visionen gehabt hatte. Der relative Religionsfrieden im Lande kam Walpot dabei entgegen. »Mit lust und lieb hingen die frommen an disem hirten, von dessen leffzen holdselige worte zu fliessen pflegten« – Lobesworte, die in mehreren Schriften und Bekenntnissen der Nachwelt erhalten blieben. Walpot war vermutlich der Autor der »Fünf Artikel des größten Streits zwischen uns und der Welt«, neben Riedemanns Rechenschaft das bedeutendste Zeugnis der Hutterer jener Zeit, in dem die theologischen und praktischen Unterschiede zwischen dem Bruderhof und den Weltlichen aufgezeigt wurden. Nachdem lutherische Theologen, darunter Melanchthon und Johannes Barantius, 1557 eine Kampfansage gegen die Brüder veröffentlicht hatten unter dem Titel: »Prozeß, wie es soll gehalten werden mit den wiedertäufern, durch etliche gelehrten, so zu Worms versammelt gewesen, gestellt«, war es wiederum Walpot, der eine Gegenschrift verfaßte mit dem Titel: »Handbichl wider den prozeß, der zu Worms am Rhein wider die Brüder, so man die Hutterischen nennt, ausgangen ist im 1557. Jahr, dessen sich dann Philippus Melanchten und Johannes Barentius selbst ander mehr aus ihren Mittel unterschrieben haben. Wehe aber denen, die das Böse gut und das Gut bös nennen, die Finsternus zu Licht und das Licht zur Finsternus machen. Esaie 5.« Walpots Wirkung ist reichhaltig. Sein Kinderkatechismus zum Beispiel wird heute noch auf den Bruderhöfen in Nordamerika verwendet.

Unter der Führung des Tirolers entwickelte sich Neumühl zum geistigen, kulturellen und wirtschaftlichen Zentrum der Gemeinschaft, die jetzt rund 30000 Mitglieder zählte – etwa soviel wie 400 Jahre später die Gemeinde in der Neuen Welt. Hutterische Missionare wurden verstärkt ausgesandt, was den Zuzug neuer Täufer zur Folge hatte, da sich die Nachricht von einem Leben in brüderlicher Liebe, in dem es weder Reiche noch Arme gab, wie ein Lauffeuer bei den Unterprivilegierten verbreitete. Gerade auch die anderen Täufergruppen – Schweizer Brüder, Polnische Brüder, Gabrieler und Philipper – gaben viele Fromme an die Hutterer ab. In Neumühl füllten sich die ersten Seiten des hutterischen Geschichtsbuches, unter Walpot bekamen einzelne Zünfte ihre Ordnungen, nach denen sie sich buchstabengetreu zu richten hatten. Es war die Blütezeit der Gemeinschaft, die alle nachfolgenden Generationen einmal ehrfürchtig betrachten sollten, eine Zeit, in der Hutterer im Gegensatz zu heute noch gemacht und nicht nur geboren wurden.

Die Brüder in Mähren und in der Slowakei widmeten sich vorrangig der Kindererziehung. Wie für die »modernen« Hutterer in Amerika war für sie im Leben eines Menschen nichts komplizierter als der Prozeß des Heranwachsens. Beim täglichen Religionsunterricht erhielten die Jungen und Mädchen ihre Ausbildung für ein friedliches und züchtiges Leben in der Gemeinschaft, an deren Anfang nichts weniger als das »Gebrochenwerden« stand. Die Rute wurde zur Hand genommen, um jenes Maß von Disziplin, Demut und Selbstaufgabe, von Gehorsam und Unterlassung zu erzielen, das für einen Hutterer als unverzichtbar erkannt worden war. Daneben lernten die Schüler lesen und schreiben, allerdings, wie heute noch, nie zu viel, um sie nicht vom wahren Ziel der Lehre abzulenken. Wer zu viel Wissen von der Welt übernahm, konnte sich in sie verlieben.

Bis ins kleinste Detail schrieben Schulordnung und deren Auslegungen durch eigens einberufene Konferenzen den Umgang der Erzieher mit Kindern und Schülern vor. So bestimmte etwa Walpot im Jahre 1568 zu Nemschitz vor den zusammengekommenen Schulmeistern, daß sie die Kinder nicht mehr alle vierzehn Tage, sondern lediglich alle vier Wochen waschen durften, da alles andere »inen nit nutz« sei. Auf Schwestern im Schul-

dienst, den sogenannten Schulweibern, war in Zukunft besonders zu achten, »denn weiber sind weiber und das schwechest glid, damit sie nicht mit der ruten über die kinder gehen gleich wie under das vich«. Wo es jedoch angebracht war, sollte der Unmut aus den Widerspenstigen geprügelt werden wie Staub aus einem Teppich. Die Schuhe der Schüler mußten gerichtet und eingefettet sein, das Aufputzen von Mädchen war verboten, die Kleidung – auch kleine Jungen trugen Röcke, bis sie sauber waren – hatte vernünftig und schlicht zu sein. Wenn Kinder die »Franzosen« bekamen – die Krankheit wurde durch Neuzugänge immer wieder in die Bruderhöfe eingeschleppt –, so hatte man sie von der übrigen Gruppe abzusondern, damit die Kranken den Gesunden nicht schadeten. Bei jeder fälligen Bestrafung sollten sich die Schulmeister nicht drücken, jedoch daran denken, daß der Herr auch mit den Alten nicht immer nach Verdienst handle, sondern häufig Gnade walten lasse. Wenn die Jungen einigermaßen sprechen konnten, hatte man ihnen umgehend »das rechte Gebet einzubilden«. Auch dieses war einheitlich im Wortlaut und zwingend vorgeschrieben. Es begann mit dem Dank für die Erschaffung nach Gottes Vorbild, für Gnade und Barmherzigkeit, schloß in minutenlanger Fürbitte das Schicksal des gesamten Erdballs ein, alle Völker – im besonderen aber das heilige Volk der Hutterer –, dann die Zuchtmeister der Kolonie und die »herzlieben Geschwister, die in Pein und Marter, in Trübsal, Angst und Not« irgendwo in einem Kerker saßen, und endete mit dem Vaterunser.
So waren es auch schon für die Kinder der Goldenen Zeit die Märtyrer der Vätergeneration, durch deren Schicksal sie darauf vorbereitet waren, selbst einmal vogelfrei zu sein, ein ähnliches Leid auf sich zu nehmen, da die Schlange nicht ruhen würde. Die Schüler lernten – und daran hat sich bis heute nichts geändert – das Lied des Vigil Plattner, 1528 in Schärding im Bayernland enthauptet – im Ton: »Gegen den Tag hört man die Hähne krähn« –, das eines Martin Maler, der zusammen mit sechs Täufern 1531 in Schwäbisch Gmünd gerichtet worden war – im Ton: »Ein Blümlein auf der Heide« –, oder das jenes Georg Wagner, der am 8. Februar 1527 in München, nachdem

man ihm einen Sack Pulver um den Hals gehängt hatte, bei lebendigem Leib verbrannte: »Jörg Wagner war gar wohl bekannt. Zu München in dem Baierland hat er die Stuck bekennet. Darum er auch gefangen lag ohn alles Mittel verbrennet. / Zween Barfüß Mönch im grauen Kleid, trösten Jörg Wagner in seim Leid, sie wollten ihn bekehren. Er schickt sie in ihr Kloster heim, ihr Red wollt er nicht hören. / Der Henker führt ihn an ein Strick, im Rathaus las man ihm vier Stück, darauf stand ihm sein Leben. Ehe er eins widerrufen wollt, in Tod tät er sich geben. / In München ein Schulmeister was, der nicht weit von Sankt Peter saß, sprach, Jörg, du solltest beichten. Darfst du keiner Absolution, so laß dich Guts berichten. / Schulmeister, es ist mir zulang, mit Willen ich ins Feuer gang, von Gott ist mir verziehen, daran ich keinen Zweifel hab, so wird der Beicht geschwiegen...«

Nach Walpots Tod begann sich der Himmel über den hutterischen Höfen in Mähren und Oberungarn wieder einmal zu verdunkeln. Probleme stellten sich vor allem immer dann ein, wenn die Brüder sich weigerten, Steuern zu entrichten, wenn sie vermuteten, daß die Ausgaben für »Blut, Kriegssachen und Rach« verwendet würden. Daraus schlossen ihre Gegner lautstark, daß die Hutterischen zwar in Mähren leben wollten und die Toleranz der Verwaltung ebenso wie die natürlichen Vorteile ausnutzten, daß sie Land und Leuten jedoch feindlich gegenüberstanden. Leistung ohne Gegenleistung – das ließ die Grundherren damit drohen, die Täufer in Zukunft nicht mehr vor ihren äußeren Feinden zu schützen, »durch die Finger zu sehen«, wenn ein Hof angegriffen würde. Die Brüder selbst, immer wieder aus diesem Grund zur Rede gestellt, waren sich der prekären Lage bewußt und suchten nach Wegen, wie sie sich als wahre Christen im Umgang mit der Obrigkeit verhalten konnten, ohne anzuecken. Wie schwer sie sich dabei taten, fand seinen Niederschlag in jenem Brief an den Grundherrn von Zierotin auf Selowitz, am 14. Mai 1590 in Neumühl unterschrieben von den »ältesten Brüdern der Gemein, die man die Hutterischen nennt«:

»Vom allmächtigen Gott wünschen wir dem Herren alles Guts jederzeit! Nachdem der Herr unser Beschwer der Steuer halben erkennt und den Herrschaften, unter denen wir wohnen, etlichen... beschwerlich will sein, daß sie uns also Roß, Ochsen und anders ... nehmen sollen, für erbärmlich ansehen, wie denn wahr ist, und derhalben an uns begehrt, wir sollen sonst dem Land zum Guten was tun, das nicht wider unser Gewissen sei. Auf welches wir uns mit einander beredt und viel bekümmert haben, daß wir dem Land nicht gern wollten beschwerlich sein, was nicht widers Gewissen wär, dem Land zum Guten gern was tun wollen; so ist aber das... unser größte Sorg, man werd ihm nur einen andern Namen geben möchten mit demselben also hinein geführt werden; ehe wir um- und aussehen, möchten wir erfahren, daß es ein Steuergeld zu Krieg wäre oder zu andern Dingen, die uns entgegen sind, welches uns darnach bekummern würde. Und wenns auch geschehen oder dahin langen sollt, wollten wir, ehe wir zu solcher Rach holfen, viel lieber nach voriger Weis unser Hab und Gut nehmen lassen, ehe wir unsern Gewissen beflecketen ... denn wir zu keiner Rach Steuern und auch nicht dafür oder anstatt der Steuer was tun oder anders geben können, sonder was dem Land in ander Weg zu Gutem möcht geschehen, dieweil wir das Land genießen und man uns unser Notdurft Getreid vergünnet einzukaufen ... Daneben auf unser Hausnotdurft ein Bier möchten sieden, wie denn die Herrn bisher uns solches vergünnet, auch hinfür also uns aus geneigtem Willen vergünneten. Und damit wir dem Land dest unbeschwerlicher wären, mit unserer Handarbeit uns nähren und im Land also unser Nahrung suchen möchten, wollten wir von unsern Häusern, was doch an einem Ort in einer Kuchel kocht, ein Jahrgeld oder Zins (wenn wir versichert möchten werden, daß solches zu Nutzbarkeit des Landes angelegt und daß menschlicher Notdurft damit gedient möcht werden) zu geben nicht gern gar abschlagen. Denn Gott weiß, daß wir niemend gern beschwerlich sein wollten...« Das Resultat war, daß die Steuern vom Grundherrn kräftig erhöht wurden.

Ihre kaiserliche Majestät, den in Spanien von Jesuiten erzogenen strengen Katholiken Rudolph II., der – wenn er nicht nach hutterischen Schätzen graben ließ – den Brüdern wegen der Bedrohung durch den gemeinsamen türkischen Feind umfangreiche Anleihen aufzwingen wollte, ließen die Heiligen wissen, daß sie die gewünschte »Summa Geld« nicht hatten. Daß sie das Geld nicht haben konnten, weil sie im Gegensatz zur Welt weder der Krämerei, Wucherei noch Kaufmannschaft oder anderem müßiggehenden Gewerbe anhingen, sondern ihr Brot ausschließlich mit saurer, harter Handarbeit verdienten. Daneben habe jede Gemeinde eine Reihe von Personen zu unterstützen, da diese keinem Beruf nachgehen könnten. Besonders die Glaubensflüchtlinge aus anderen Ländern, »viel schwachs, elendes Volk«, würden von den Gesunden ausgehalten. Gerade der kaiserliche Hof sei in der Vergangenheit immer wieder dafür verantwortlich gewesen, daß sie, die Hutterischen Brüder und Schwestern, als »arms nackends Volk« durch die Lande gejagt worden seien, daß man ihre Haushaben verbrannte. Anstelle von Geld, Roß und Wagen für den Krieg gab man dem Herrscher das Versprechen, wie bisher täglich für ihn zu beten, um den gemeinsamen Gott gnädig zu stimmen.

Um die Jahrhundertwende, auf Walpot waren die Vorsteher Hanns Kräl aus Kitzbühel (1578–1583) und Klaus Braidl aus Hessen (1583–1611) gefolgt, war die Goldene Zeit der Hutterischen Brüder in Mähren und der Slowakei dann endgültig einer Epoche der Bedrängnis und des unaufhaltsamen Niedergangs ihrer Haushaben gewichen. Die Profitgier der Grundherren, die allgemeine politische wie militärische Lage, der Bruderzwist der Habsburger, der ständig wachsende Einfluß der Jesuiten, deren weltmännisches Auftreten den Adel überzeugte, und der kräftig geschürte Haß der Nachbarn auf religiöse Rechthaberei und wirtschaftliche Kompetenz der Heiligen waren die Ursachen heftiger Übergriffe auf die Bruderhöfe. 1597 – in der Steiermark, in Kärnten und in Krain hatte man gerade die letzten »Ketzer« ausgerottet – wurden die Brüder aus ihren Häusern in Frischau und Pochtitz vertrieben. Das 17. Jahrhundert brachte neue Kriegswirren. Beim Überfall auf den Hof von Durdonitz wurden 16 Gläubige ermordet, 112 gefangen abgeführt, in Deinitz wurde ein Bruder »jämmerlich zerhackt«, Scheikowitz niedergebrannt, Neusorg geplündert und verbrannt. Landshut verbrannte, Gobschän wurde von Heidukken, Türken und Tataren eingenommen. Und »da der Satan nie genug hatte«, ging über Mähren jetzt zu allem Überfluß der Stern eines Franz von Dietrichstein auf. 1599 in Rom zum Kardinal ernannt, wurde er Bischof von Olmütz, Kaiserlicher Generalkommissar und Statthalter von Mähren – Funktionen, in denen er sich an die Spitze der gewaltsamen Gegenreformation stellte. Er säuberte die Stadträte von Protestanten, vertrieb evangelische Prediger und ließ die hohen Ämter ausschließlich mit Katholiken besetzen.

Als die Wirren des Dreißigjährigen Krieges hereinbrachen, waren die Hutterer den feindlichen Parteien vollkommen wehrlos ausgesetzt. Nach dem Motto »Der Krieg ernährt den Krieg« fielen die Landsknechte in ihre Haushaben ein, erschlugen die Männer zu Hunderten, vergewaltigten die Frauen, raubten Hab und Gut. Kirche und Staat sahen wieder eine Möglichkeit, lästige Ketzer loszuwerden und ihren Besitz zu konfiszieren. Die Frommen, ohnehin auf ein Leben nach diesem Leben ausgerichtet, baten jetzt in ihren Gebeten Gott um den Tod, da sie das große Elend, »desgleich kein Mensch gedenken mag«, nicht mehr ertragen konnten. Obwohl den Berichten der Chronisten zufolge der Himmel »manch wütendem Feind einen Ring durch die Nase zog, um ihn daran um die Siedlungen der Heiligen herumzuführen«, verhinderte er die endgültige Vertreibung der Bruderschaft aus Mähren doch nicht, er nahm vielmehr einen großen Teil der Überlebenden im slowakischen Exil nach einem Pestausbruch zu sich. Doch die hutterische Geschichte sieht den Religionskampf, der als Machtauseinandersetzung in Europa enden sollte, als eine den Brüdern auferlegte Prüfung. So zogen die erklärten Pazifisten aus Mähren wie einst die Kinder Israels aus Ägypten, waren sie bereit, in ihrer neuerlichen Armut ein Geschenk des Himmels zu erkennen. Denn der Herr hatte es der Gemeinde einmal mehr ermöglicht, durch Kummer und Not die Zaghaften und Unbrauchbaren aus ihren Reihen auszusondern. Wer aus purer

Angst die Gemeinde verleugnete, der Stimme der Schlange folgte und sich zurück zum Katholizismus prügeln ließ, taugte ohnehin nicht zum Reich Gottes. Die Jungfrauen von Schermankowitz aber, die ihre Ehre damit retteten, daß sie sich vor fuggerischen Musketieren in das eiskalte Wasser eines Mühlbachs stürzten, der Haushalter von Prutschän, der von den Polen erschlagen wurde, oder der Bruder, den man in Schädowitz erschoß – sie waren von Heiligen auf Erden zu Heiligen am Tisch des Herrn geworden.

Der Erlaß, den Kardinal Dietrichstein im Auftrag des Jesuitenzöglings Kaiser Ferdinand II. und als Vertreter des bei der Schlacht am Weißen Berg siegreichen Katholizismus den Brüdern übergab, hatte folgenden Wortlaut: »... die römisch kaiserliche Majestät, weiln sie die aller Welt kundige Victori erlangt, [ist] dahin bedacht, ihre Erbkönigreich und Länder wieder in gute Ordnung zu bringen und sie vorderst die Ehr und Gottes Dienst zu erheben. Weiln aber die Wiedertaufer oder Hutterischen Brüder im ganzen Römischen Reich nirgend geduldet werden, sie auch in fremde Lande ziehen, andere zu ihrem Irrtum reizen und verführen, den jungen Kindern den Tauf abschlagen, darneben auch keiner Obrigkeit nach dem Gebot Gottes ... unterworfen sein wollen ... auch bei fürgangner Rebellion mit ihrer kaiserlichen Majestät und dero hochloblichen Erzhaus Oesterreich Feinden gehalten, Korrespondenzen und getone Hilf landkundig, sei derowegen ihrer Majestät ernstlicher Befehl, Will und Meinung, daß alle diejenigen Mann- und Weibspersonen, so sich des Hutterischen Glaubens nennen, von dato dieses Monats inner vier Wochen bei Verlust Leibs und Lebens das Markgraftum Mähren raumen und sich weiter darinnen nicht betreten lassen sollen. Die sich aber ... vom Irrtum auf den rechten Weg leiten lassen, denselben solle aber Fürschub, Handreichung und Befürderung erwiesen werden.«

Nach dem Niedergang von Neumühl wurde Sabatisch zum neuen Zentrum der Brüder. Doch der Krieg hatte das Gemeindeleben ganz empfindlich gestört. Unter den mährischen Flüchtlingen, die als Schuldige und Opfer gebrandmarkt über die March gezogen waren, war »viel böser Sauerteig und Unkraut«, Menschen, die sich den Täufern aus opportunistischen Gründen oder durch Zufall angeschlossen hatten. So begannen die Sitten in den Höfen langsam zu verwildern. Jakob Hutters Erbe war einmal mehr ernstlich gefährdet.

Wie Rauhreif eine Blume knickt

Niedergang der Gemeinde in der Slowakei

Vertraute Fremdheit: Sabatisch am Abend, das alte deutsche Freischütz in einer von Menschen gestalteten Landschaft nahe der mährischen Grenze; das Sobotište der Slowaken zur Stunde der Sagen und Schnurren. Erzählungen und Märchen sind auf diesem kulturgetränkten Boden gewachsen, wie der Baum in jedem Jahr neue Blätter trägt. Die waldüberzogenen Berge, galantes Raubgesindel oder die Mundigkeit des slowakischen Weins dominieren in den Geschichten. Die Zeit, in der es hier einige wenige Reiche, dafür viele Arme gab, als Germanismus, Magyarismus und Slawismus aufeinanderstießen, ist im Vergleich dazu nur eine schwebende, nostalgische Erinnerung.
Das Dorf in den Weißen Karpaten, eine gute Autostunde von Preßburg/Bratislava entfernt, fällt heute niemandem mehr besonders auf. Bei ein paar braven Physiognomien im Straßenbild, bei Namen wie Albrecht, Pullmann, Müller, Walter, Roth, Baumgartner oder Tschetterle, die ohnehin langsam verschwinden wie die einst weitbekannten Keramikwerkstätten der Hutterer, die man hier Habaner nennt, assoziiert die Umwelt längst nicht mehr Fremdes, was einst von außen in die Tschechoslowakei kam. Dabei wäre der alte Ortskern mit dem Glockenturm, den winkelverrutschten Fenstern und den welken Fassaden der dicken Hausmauern mit dem Nimbus der Unbesiegbarkeit, denen man erst vor ein paar Jahren die hutterischen Stroh-Lehm-Dächer genommen hat, durchaus ein Platz zum Phantasieren. Denn das alte Sabatisch der Habaner hebt sich schon rein architektonisch klar von der Stereotypie des neuen Sabatisch ab. Auch heute noch scheint es von streng bindenden Regeln, von Glaubensenge eingegrenzt, von einer

gewissen Einheit im Denken und Fühlen geprägt. Es wird dadurch zu einem einzigartigen Denkmal der hutterischen Geschichte, vergleichbar nur noch mit dem historischen Kern im ebenfalls slowakischen Lewär, wo sich mit dem Haus des Krügelmachers Joseph Hörndl als Zentrum das Original eines Habanerhofes erhalten hat.

»... Im 1602. Jahr war die Gemeinde Gottes abermals hart geängstigt und schwerlich bedrängt von den Kriegsleuten. Zu Sabatisch in unser Haus ist am Abend eine Rotte eingefallen und hat alles, was ihr gefallen hat, geraubt...

An einem andern Tag hat der Feind in der Nacht Sabatisch – da gleich durch Gottes Anschickung unser Volk in den Wald geflohen war – überfallen und geplündert, zwei Brüder, die noch im Haus waren, grausam gemartert und besonders den einen jämmerlich gereckt, danach seine Zunge hinten zum Nacken herausgezogen...

Anno 1636, den 27. März, morgens um 8 Uhr, kam bei einem Nachbar zu Sabatisch ein Feuer aus, gegen unseren Dreschhof herüber, worauf auf dem Markt über 60 Häuser ganz und gar verbrannten...

1664 kamen sächsische Fußvölker, die unser Haus in Sabatisch viel kosteten und uns viel plagten...

1665 hat der schreckliche Erbfeind der Türken mit erschrecklichem Rauben, Morden, Plündern und Brennen unser Haus in Asche gelegt, den Zeugmeister Türk niedergehauen, den Gehilfschuster Jacket Walter niedergehauen, den Kilian Schuster im Krankenstüble verbrannt, die Müllerin Marye Bayrin ermordet, die jungen Hafner Lochmaier und den Bachmann weggeführt...«

Sabatisch am Abend, wenn die Frauen beim Anblick eines Fremden die Kopftücher enger ziehen und verschwinden – wieder wird die Phantasie angeregt. Die Geschichte der christlichen Urgemeinde wird lebendig, zeitversetzt: die hutterische Gemeinschaft, die selbst Verfolgung und Tod bis in unsere Tage nicht zerstören konnte, der christliche Enthusiasmus dicht an der Grenze zu Fanatismus und Schwärmerei; Sabatisch, der Vorgeschmack auf das Ewige Leben, die heilige Sorglosigkeit in

der Gütergemeinschaft. Grundzüge der idealen Gemeinde, ohne selbst ideal zu sein, jede Handlung auf das Kommen des Herrn ausgerichtet, jenes Herrn, dem nach dem Apostelwort »nüchtern und wach, standhaft im herrlichen Ruhm des Glaubens« an einem Ort wie diesem entgegenzutreten war.
Das Sabatisch der Hutterischen: »Den Alten ist gesagt: Du sollst nicht falsch schwören, ich aber sage euch: Ihr sollt gar nicht schwören, weder bei dem Himmel, denn er ist Gottes Stuhl, noch bei der Erde, denn sie ist seiner Füße Schemel. – Eure Rede sei ja, das ja ist, und nein, das nein ist...
Stellet euch nicht dieser Welt gleich, sondern verändert euch durch die Erneuerung eures Sinnes, auf daß ihr prüfen möget, welches der Wille Gottes sei ... denn es ist keine Treue, kein Glauben, keine Liebe und kein Wort Gottes im Lande, sondern Gottlästern, Lügen, Morden, Stehlen und Ehebrechen hat überhand genommen und eine Blutschuld kommt nach der anderen...
Darum lasset uns singen, liebe Geschwister, das Lied von der Himmlischen Rose und der wohlriechenden Lilie: ›Und schreien nach uns sere, kehrt wider hinter sich, / nicht folgt götlicher lere, sie ist unsicherlich / das thun sie zu gefallen dem papst und seim gesind / und heuchlen fein mit allen, das sie nur mügen erschallen / verratten uns geschwind. / Die wurtzel heisset Jesse, der stam heisset David, / darauf so ist gesessen der geist in voller blüt, / von einer junckfrawe reine, ward mensch der ewig Got, / gestorben für uns alleine hat geheiligt christlich gemeine, / Jesus das röslein rott.‹«
Und schließlich das Sabatisch der totalen Demütigung durch den ewigen, weltlichen Feind, die lange Liste der Repressalien und Opfer, der Marter und Not, durch die der Habanerhof gebrochen wurde, wie Rauhreif eine Blume knickt, weil seine Frommen jene Ordnungen aufgaben, die die Hutterer zur Gemeinschaft der Heiligen gemacht hatten.
Die Menschen, um die es heute, 200 Jahre später, in Sabatisch geht, sind schwerblütig, bäuerlich in dem Maß, wie sie sich als Slowaken von den leichtlebigeren Tschechen unterscheiden. Sie sind freundlich, wirkungsvoll wortlos, wo es ihnen ratsam

erscheint, bis onkelhaft gesprächig, wenn es eine uralte Vorsicht erlaubt. Ihre Gruppen lösen sich vor Fremden auf wie Zucker und Zimt im slowakischen Schnaps. Doch diese Einheit ist brüchig, wenn die Habaner zum Thema werden.

Der Zweite Weltkrieg hat hier vieles verändert, stellte Sabatisch und seine Bevölkerung vor neue Aufgaben. Der zweite große Krieg, in dem die Glaubensgrenze hier noch einmal gezogen worden war, als eine kleine Minderheit slowakischer Protestanten, Überbleibsel aus den Tagen der Reformation, gegen die von Hitler eingesetzte autoritär-katholische Tiso-Regierung opponierte. Der Krieg, der mit der nahezu totalen Vertreibung der Deutschen aus der Slowakei endete. Wer in Sabatisch zurückblieb, erlag schnell dem Anpassungsdruck, als es darum ging, eine fragwürdige deutsche Identität gegen ein geordnetes slowakisches Provinzdasein einzutauschen, fügte sich dem sozialistischen Kollektiv ein. So bekennen sich in Sabatisch heute nur noch ein paar ganz trotzige Optimisten dazu, eigentlich doch »echte Germanen« zu sein. Viel öfter dagegen halten sich die Deutschstämmigen für Nachkommen der tüchtigen Habaner oder Hutterer. Verständlich – die Hutterischen Brüder gelten in etwas flüchtigen Aufzeichnungen dieses Landstrichs als »die ersten Kommunisten Europas, Revolutionäre, die sich gegen ein herrschendes Feudalsystem aufgelehnt haben«, oder eben wie in Mähren als zu früh geborene Marxisten, als die sie auch in die einschlägige Literatur eingegangen sind. Von Urpionieren der sozialistischen Gesellschaft abzustammen – Engels spricht von einem primitiven Kommunismus – schändet hier niemanden. Nur daß Menschen im Ort noch deutsch beten, will man nicht. So müssen ihre Wortfetzen auch schneller verwehen als ein Haydnscher Akkord in Preßburger Kaffeehäusern.

Da pocht der Sabatischer Bürger Rudolf Albrecht am Abend auf den Stufen zum alten hutterischen Wein- und Fluchtkeller auf slowakisch darauf, von den Habaner-Kommunisten abzustammen. Im Haus des Carol Weny, der 1943 als slowakischer Soldat in Neuberlin bei Odessa noch auf Original-Habaner gestoßen und an der gemeinsamen Muttersprache erkannt ha-

ben will, versammelt man sich mit Freude um Relikte des Weißgeschirrs der Brüder mit seinen klassischen Dekorationsmotiven, das trotz der bescheidenen Farbzusammenstellung fasziniert. Die Habanerkeramik hat, gerade von diesem Ort ausgehend, ihren festen Platz in der europäischen Kunstgeschichte gefunden. Und im Garten von Tibor Suchanek auf dem sogenannten Habanerhof – Tibors Mutter war eine geborene Müller, seine Frau eine Tschetterle (ursprünglich wohl Zeterle, die Hutterer sprechen Z wie Tsch) – wird über den Tugendkatalog der Heiligen von Sabatisch gesprochen, von Brüderliedern, die einmal in den ghettoengen Gassen je nach Lebenssituation gesungen wurden, von geschichtlichen Ereignissen und Altväterlehren, deren Wertvorstellungen bei den Nachkommen der Täufer hier lange Zeit erhalten blieben.
Bis in die Zeit zwischen den Weltkriegen hatten in Sabatisch noch vierzig der 1784 rekatholisierten Habanerfamilien in enger Nachbarschaft wie in einer Muschel überlebt, bei gesondertem Gemeindevermögen und eigenem Schulunterricht, hatten Brüder aus den USA versucht, sie über das Meer zu holen, zurück in die einzig wahre Gemeinschaft. Bei ihren religiösen Übungen wurde Habanerdeutsch gesprochen, wie es einmal mit einigen Differenzierungen in allen Hutterersiedlungen westlich und östlich der Karpaten zu hören war, man beherrschte es wie Ungarisch und Slowakisch. Zu Zeiten der Slowakischen Republik hielten dann allerdings nur noch die Habaner von Lewär (heute: Velky-Levary, früher auch Groß-Schützen) ihren Gottesdienst in der Kapelle des Bruderhofes in deutscher Sprache ab. Hier in Lewär ist heute in einem der historischen Häuser das Habanermuseum eingerichtet. Die wohl größte Sammlung hutterischer Schriften wird allerdings in Preßburg aufbewahrt, darunter vorwiegend Material, das einst als Ketzerliteratur von den Jesuiten konfisziert worden war, darunter Jakob Hutters »Epistel an die Gefangenen zu Hohenwart«, Offrius Griesingers »Sendbrief an die Gemain Gottes in Mähren« und Leonhard Daxens »Bekanndtnus zu Altzey«.
Erst 1961 fand man oberhalb der Eingangstür des alten Haba-

nerhauses Nummer 81 in Sabatisch, das sich im Besitz der Familie Blazek befindet – der Slowake Blazek hat in den Habanerklan Müller eingeheiratet –, zusätzlich 15 Drucke und 135 Handschriften, die um das Jahr 1761 dort versteckt worden waren: die »Kindstauffer Gründ«, »Predigtskizzen über Wassertaufe und Ehe« und Glaubenslehren.

Dieses Schriftgut hat einmal die Umgangssprache der Brüder in Sabatisch so geprägt wie das Deutsch der Lutherbibel bis zum heutigen Tag die hutterische Kirchensprache. »Habanerdeutsch« – wie es selbst die Träger der bekannten Sippennamen in der Slowakei nur noch selten und dann bruchstückhaft kennen – ist inzwischen zu einem sprachgeschichtlichen Denkmal geworden, für den Philologen eine der interessantesten deutschen Mundarten, für die Frommen ein Beleg ihrer freud- und leidvollen Geschichte. Die alten Hutterer sprachen in erster Linie bayrische Mundart. Bevor man in Verbindung mit den Kärntner Transmigranten in Siebenbürgen trat, dominierte dabei das Südbayrische, jener tirolerische Dialekt, der das »fuir« zum Feuer und die »khotz« zur Katze machte, den »ošt« zum Ast und »pfinkhšten« zu Pfingsten. Südtiroler Glaubensflüchtlinge brachten »stairle« für die Schwalbe mit nach Mähren, Westtiroler »khemet« für Rauchfang. Dazu kamen schwäbisch-alemannische Elemente, fränkische und schlesische Worte. Zu einem philologischen Unikum wurde das Habanerdeutsch, als es sich gegen die mährische Verkehrssprache nicht vollständig abgrenzen konnte, die auch Eingang in die brüderliche Mundart fand. Dabei handelt es sich um das Ostmitteldeutsch der Städte Brünn, Olmütz und Znaim, in dem ein Apfel ein »opl« und ein Strumpf ein »strump« war. Je isolierter die Hutterer lebten, um so mehr versteinerte dann dieses Sprachgemisch zur Eigensprache der Brüder, die heute in Nordamerika noch lebendig ist, durch den Kärntner Einfluß aber und den Fluchtweg aus der Slowakei über Rumänien und Rußland in die Neue Welt doch stark verändert wurde.

Das Wort Habaner (Habansky) war erstmals von slowakischen Bauern 1718 in Trenchin im Umgang mit Hutterern gebraucht worden. Selbst für Eingeweihte gibt es heute keine klare Erklärung mehr dafür. Während Schriftgelehrte behaupten, es stamme von Haushaben, Haushaber ab, heißt es in anderen Quellen, damit sei ursprünglich ein Ball gemeint gewesen, da die frommen Brüder häufig ohne feste Bleibe im Oberungarischen herumgeworfen wurden. Wieder andere glauben, daß es vom hebräischen ha-banim herzuleiten ist, was soviel wie Kinder Gottes bedeutet. Gegen diese ursprünglich spöttisch gebrauchte Bezeichnung – besonders für jene Täufer, die von den Jesuiten rekatholisiert worden waren – wehrten sich die vom alten Glauben abgefallenen Personen lange vergeblich. Und erst als Pater Heinrich aus Lewär, ehemaliger Jesuit und Missionar, eine Bittschrift an den Hof in Wien richtete und um Schutz gegen das »Schimpfwort Habaner« ersuchte, wurde es auf höchsten Erlaß hin am 11. Januar 1781 offiziell verboten. Zu diesem Zeitpunkt war die Habanerkeramik schon ein international anerkanntes Wertsiegel, waren das kunstgewerbliche Schaffen, die oft unerreichbare Technik der frühen Hutterer untrennbar mit diesem Begriff verbunden. In Mähren wurde das Wort »toufar« (Täufer) zur Berufsbezeichnung der Krugmacher.

So ziert die Keramik der Heiligen, jene Teller mit weißer Grundglasur und blauen Ornamenten, wie sie noch im Hause Weny in Sabatisch erhalten sind, die birnenförmigen Fayencekrüge mit dem Schuppenmuster oder die künstlerisch vollendeten, milchgrundigen Gefäße mit den Schraubdeckeln, von Sammlern und Museen in aller Welt als Kostbarkeiten gehütet, heute ein Schimpfwort, ein Synonym für einen Glaubenskampf. Daneben sind die Habaner-Fayencen auch überaus teuer geworden, dabei war es den Frommen einmal verboten, »teueres geschüer zu machen, welches bei vielen mer ein Pracht dan ein Nottdurft ist«. Als Lehrmeister der Brüder in ihren europäischen Tagen galten Täufer aus oberitalienischen Fayencestädten, die sich auf der Flucht nach Mähren und in die Slowakei gerettet hatten. Ihr Einfluß auf die Dekorationselemente ist nicht zu übersehen, ihr Brenngeheimnis – die Hutterer verwendeten speziell konstruierte Töpferöfen mit waagerechten Flammen – sollte an Plätzen wie Sabatisch zurückbleiben oder mit den Heiligen später auf ihrem Weg nach Osten ziehen...

Am Anfang der Brudergemeinde von Sabatisch steht der Eintrag im Großen Geschichtsbuch der Hutterer, wonach die Brüder Christl Stampfer, Abraham Schneider und Hans Klampfer 1546 eine Mühle auf dem Grund und Boden des Edelmannes Franz Niary von Bedek, Herr auf Schloß Branc, erworben hatten. Neben Sabatisch wurden weitere Höfe in der ungarischen Slowakei angelegt, wo die Reformation nicht unbedingt mit der lutherischen in Deutschland verglichen werden konnte: so die Bruderhöfe von Banowitz, Deutsch-Nußdorf und Trentschin, von Schloßberg, Holitisch und Steinburg, Getenmarkt, Pobudin, Brodsko, Sekeln, Lewär, Schattmannsdorf, Kotschan, St. Georgen, Groß-Bielitz, Tellnitz, Gutenwasser und Kesseldorf. Häufig Orte, die durch Pest und Krieg entvölkert waren. Aus Mähren ausgewiesene Täufer und Religionsflüchtlinge aus dem Westen sammelten sich in den neuen Kolonien, die entweder nach kurzer Zeit schon aufgaben oder es in ebenso kurzer Zeit zu relativem Wohlstand brachten. Allerdings wurde es den Brüdern auch nie schwergemacht, arm zu bleiben oder arm zu werden. Dafür sorgten weltliche wie kirchliche Mächte, Türken, Ungarn, Polen, Deutsche, Österreicher, Grundbesitzer, die Jesuiten, ungarischer Stolz und slowakischer Nationalismus. So zogen die Brüder 35 Jahre nach der Gründung ihres Hofes aus Sabatisch fort, da sie ständig zur Fronarbeit gezwungen worden waren. 1591 kamen sie auf ausdrücklichen Wunsch des Grundherrn zurück.
Es existiert kein Originalschriftstück mehr, das die Geschichte des Bruderhofes Sabatisch dokumentiert. Während des Zweiten Weltkrieges hatten die Nachkommen der Habaner ihr reiches Schriftgut in einer Kiste vergraben, Nachbarn, immer noch auf der Suche nach dem legendären Huttererschatz, entdeckten das Versteck und zerstörten aus Enttäuschung den gesamten Inhalt der Kiste. So ist selbst Tibor Suchanek, unter dessen Garten der alte Habanerfriedhof liegt, der heute ein paar katholische Priester in der Familie hat und als historisches Gewissen der

Gemeinde gilt, jetzt auf das weniger detaillierte Große Geschichtsbuch der Brüder angewiesen... oder auf einen unbestechlichen Zeugen, der im 17. Jahrhundert – wahrscheinlich – Sabatisch besuchte. Hans Jacob von Grimmelshausen, bedeutendster deutscher Schriftsteller seiner Zeit, selbst zum Katholizismus übergetreten, beschrieb 1669 in seinem Simplicissimus, im 5. Buch, 19. Kapitel: »Etwas Wenigs von den ungarischen Wiedertäufern und ihre Art zu leben«, die hutterische Wirklichkeit auf einem Bruderhof, der ihm den Eindruck vermittelt hatte, »daß kein besser Kunst sei als die theologia, wenn man vermittelst derselbigen Gott liebet und ihm dienet!«.

Grimmelshausen schreibt: »Nach der Richtschnur derselbigen erfande ich vor die Menschen eine Art zu leben, die mehr englisch als menschlich sein könnte, wann sich nämlich eine Gesellschaft zusammentäte beides von verehlichten und ledigen, so Manns- als Weibspersonen, die auf Manier der Wiedertäufer allein sich beflissen, unter einem verständigen Vorsteher durch ihrer Hand Arbeit ihren leiblichen Unterhalt zu gewinnen und sich die übrige Zeiten mit dem Lob und Dienst Gottes und ihrer Seelen Seligkeit zu bemühen. Dann ich hatte hiebevor in Ungarn auf den wiedertäuferischen Höfen ein solches Leben gesehen, also daß ich, wofern dieselbe gute Leut mit andern falschen und der allgemeinen christlichen Kirchen widerwärtigen ketzerischen Meinung nicht wären verwickelt und vertieft gewesen, mich von freien Stücken zu ihnen geschlagen oder wenigst ihr Leben vor das seligste in der ganzen Welt geschätzt hätte; dann sie kamen mir in ihrem Tun und Leben allerdings für, wie Josephus und andere mehr, die jüdische Essäer beschrieben. Sie hatten ernstlich große Schätze und überflüssige Nahrung, die sie aber keineswegs ... verschwendeten; kein Fluch, Murmelung noch Ungeduld wurde bei ihnen gespürt; ja man hörete kein unnützes Wort. Da sahe ich die Handwerker in ihren Werkstätten arbeiten, als wann sie es verdingt hätten; ihr Schulmeister instruierte die Jugend, als wenn sie alle seine leiblichen Kinder gewest wären; nirgends sahe ich Manns- und Weibsbilder untereinander vermischt, sondern an jedem bestimbten Ort auch jedes Geschlecht absonderlich seine obliegende Arbeit verrichten. Ich fande Zimmer, in welchen nur Kindbetterinnen waren, die ohne Obsorg ihrer Männer durch ihre Mitschwestern mit aller notwendigen Pfleg sampt ihren Kindern reichlich versehen wurden. Andere sonderbare Säl hatten nichts anders in sich als viel Wiegen mit Säuglingen, die von hierzu bestimmten Weibern mit Wischen und Speisen beobachtet wurden, daß sich deren Mütter ferners nicht umb sie bekümmern dorften, als wann sie täglich zu dreien gewissen Zeiten kamen, ihnen ihre milchreiche Brüste zu bieten; und dieses Geschäfte den Kindbetterinnen und Kindern abzuwarten, war allein den Wittiben anbefohlen. Anderswo sahe ich das weibliche Geschlecht sonst nichts tun als spinnen, also daß man über die hundert Kunkeln und Spinnrocken in einem Zimmer beieinander antraf. Da war eine Wäscherin, die ander eine Bettmacherin, die dritte Viehmagd, die vierte Schüsselwäscherin, die fünfte Kellerin, die sechste hatte das Weißzeug zu verwalten, und also auch die übrige alle, wußte ein jedwedere, was sie tun sollte. Und gleich wie die Ampter unter dem weiblichen Geschlecht ordentlich ausgeteilet waren, also wußte auch unter den Männern und Jünglingen jeder sein Geschäfte ... Wurde einer oder eine krank, so hatte er oder dieselbe einen sonderbaren Krankenwarter oder Warterin, auch beide Teil einen allgemeinen Medicum und Apotheker, wiewohl sie wegen löblicher Diät und guter Ordnung selten erkranken, wie ich dann manchen feinen Mann in hohem, gesundem und geruhigen Alter bei ihnen sahe, dergleichen anderwo wenig anzutreffen. Sie hatten ihre gewisse Stunden zum Essen, ihr gewisse Stunden zum Schlafen, aber kein einzige Minut zum Spielen noch Spazieren, außerhalb die Jugend, welche mit ihrem Präceptor jedesmal nach dem Essen der Gesundheit halber ein Stund spazieren gehen, mithin aber beten und geistliche Gesänge singen mußte. Da war kein Zorn, kein Eifer, kein Rachgier, kein Neid, kein Feindschaft, kein Sorg umb Zeitlichs, kein Hoffart, kein Reu! In summa, es war durchaus eine solche liebliche Harmonia, die auf nichts anders abgestimbt zu sein schiene, als das menschlich Geschlecht und das Reich

Gottes in aller Ehrbarkeit zu vermehren. Kein Mann sahe sein Weib, als wann er auf die bestimbte Zeit sich mit derselbigen in seiner Schlafkammer befande, in welcher er sein zugerichtes Bett und sonst nichts darbei als sein Nachtgeschirr neben einem Wasserkrug und weißen Handzwehl fande, damit er mit gewaschenen Händen beides schlafen gehen und den Morgen wieder an seine Arbeit aufstehen möchte. Überdas hießen sie all einander Schwestern und Brüder, und war doch eine solche ehrbare Verträulichkeit keine Ursach, unkeusch zu sein. Ein solch seliges Leben, wie diese wiedertäuferische Ketzer führen, hätte ich gerne auch aufgebracht; dann soviel mich dünkte, so übertraf es auch das klösterliche.

...Ach, sagte ich oft, könntest du doch die Wiedertäufer bekehren, daß sie unsere Glaubensgenossen ihre Manier zu leben lerneten, wie wärest du doch ein seliger Mensch! Oder wenn du nur deine Mitchristen bereden könntest, daß sie wie diese Wiedertäufer ein solches (dem Schein nach) christliches und ehrbares Leben führten, was hättest du nicht ausgerichtet? Ich sagte zwar zu mir selber: Narr, was gehen dich andere Leut an? Werde ein Kapuziner! Dir sind ohnedas alle Weibsbilder erleidet. Aber bald gedachte ich: Du bist morgen nicht wie heut, und wer weiß, was du künftig vor Mittel bedörftig, den Weg Christi recht zu gehen? Heut bist du geneigt zur Keuschheit, morgen aber kannst du brennen...«

Die Lebensroutine auf dem Bruderhof von Sabatisch verlief jedoch keineswegs immer so rundherum positiv, wie es Grimmelshausen zu schildern verstand. Auch diese Kolonie, die immerhin vier Mühlen betrieb, war immer wieder Opfer räuberischer Horden, die sich bevorzugt des hutterischen Wohlstands bedienten, und Ziel von Ausbeutung und Knechtung durch den Adel. 1605 aus diesen Gründen wieder einmal aufgegeben, kehrten die Brüder am St. Georgstag 1613 mit ihrem Prinzipalvorsteher, dem Württemberger Sebastian Dietrich (1611–1619), auf den Hof zurück, um bis zum Ausbruch des Dreißigjährigen Krieges dort eine funktionierende Verwaltung aufzubauen. Das Handwerk blühte, die Berufsstände hatten einen hervorragenden Ruf, der dem System der Selbstkontrolle zu verdanken war. So mußten sich die Brüder schon damals daran halten, daß »für gutes Geld nur gute Ware geliefert werden durfte«, schlechte Arbeit wurde zu billigeren Preisen abgegeben. Der Hof erzeugte alles, was zur Befriedigung seiner Ansprüche notwendig war.

Sabatischs Niedergang begann dann mit dem Dreißigjährigen Krieg. Die beiden Vorsteher der Gesamtgemeinde, der Schweizer Ulrich Jausling (1619–1621) und Valtin Winter aus Württemberg (1622–1631), konnten ihn nicht aufhalten. Landsknechte kamen und gingen, lichtscheues Gesindel durchkämmte mordend und raubend die Weißen Karpaten, nahm den Brüdern ihr Eigentum und verschleppte sie. In einigen Höfen lebte man in der Überzeugung, das Jüngste Gericht sei angebrochen. Neben den gewaltigen wirtschaftlichen und menschlichen Opfern, die von Sabatisch gefordert wurden, sollte sich langfristig auch der Einfluß der aus Mähren geflüchteten Gemeinde und ihrer Anhängerschaft äußerst negativ bemerkbar machen. Wahrscheinlich waren über 12000 Täufer auf ihrer Zwangswanderung über die March in die Slowakei gezogen. Durch harte Kriegszeiten zum Teil verroht, durch den Verlust vieler führender Persönlichkeiten ohne rechte Kontrolle und nach den ständigen Missionierungsversuchen der katholischen Kirche, aber auch durch die Armut und Unsicherheit auf den geplünderten Höfen verstört, begannen sie das Gemeinschaftsleben gefährlich aufzuweichen. Und um das Maß vollzumachen, brachen die Raubzüge der Türken über die Bruderhöfe herein. Dieser Türkensturm blieb den Hutterischen für immer im Gedächtnis haften, stellvertretend für die schwersten Heimsuchungen, für Raub, Mord und Entführung von Brüdern und Schwestern.

Trotz der Anstrengungen der Prediger und Vorsteher, ihren Gemeinden »vertraulich und auf teutsch« mit aller Entschiedenheit die christliche Meinung zu sagen, wurde bald offensichtlich, daß Gott die schützende Hand von seinen Heiligen abgezogen hatte, oder wie es der gute Bruder Johannes Waldner in seinem Kleinen Geschichtsbuch offen ausspricht: »Gleichwie von Israel geschrieben steht: daß der Herr anfing, überdrüssig an ihnen zu werden, da sie ihn und sein Gesetz haben verlassen, und übergab sie der Gewalt der Feinde, und ging sie alles Unglück an, damit sie der Herr wollte züchtigen, daß sich wieder sollten zu ihm bekehren. Da aber alles nichts half, verwarf sie der Herr gar vor seinem Angesicht. Also ist es auch fast mit der Huetterischen Gemein ergangen, denn sie hat die erste Liebe verlassen, ihre erste Reinheit und Lauterkeit verloren. Darum hat der Herr ihren Leuchter von seiner Stelle gestoßen...«

Die Gemeinde in Mähren war nun vollkommen ausgelöscht. Ein Versuch in Mannheim hatte gezeigt, daß die Heiligen aufgrund mangelnder Isolation in deutscher Umgebung nicht überleben konnten, und in den noch existierenden vierzig Haushaben der Slowakei zeigte die Gemeinschaft allmählich Auflösungserscheinungen, da sie vom rechten Pfad Jakob Hutters abgewichen war. Mißbräuche rissen auch in Sabatisch ein, die sich im Fleischlichen wie im Geistlichen bemerkbar machten. Das Handwerk erlitt Einbußen, da die Brüder plötzlich »zum Fleiß angetrieben werden mußten«, einige Hutterer gingen von der pazifistischen Grundhaltung der Vorväter ab. Als Beispiele für den sittlichen Verfall nennen die Chronisten, daß die Männer gegen jeden Anstand ihre Frauen mit zum öffentlichen Markt nahmen oder die Weinbauern – die »Boinler«, da sie Bohnen zwischen ihren Reben pflanzten – sich selbst die besten Kunden waren. Selbst das Privateigentum kam allmählich in Mode, wofür dann das Unglück über das Jerusalem der Heiligen hereinbrach, im hutterischen Sinne »der Tag des Widergelts«. Der Herr schwang eine harte Rute mit Krankheit, Krieg und Teuerung. Wer als Hutterer überleben wollte, befand sich bald auf der Flucht, da der Untergang auch der slowakischen Gemeinde nicht mehr aufzuhalten war.

In dieser Zeit der Auflösung hatten die Brüder in Andreas Ehrenpreis (1639–1662) ihren letzten überragenden Vorsteher, einen treuen Hirten und Ältesten im Geist. Müller von Beruf, bereits auf einem Bruderhof in Mähren geboren, wurde er 1621 durch Gottes Los Diener des Wortes, flüchtete danach nach Sabatisch, wo er bis zu seinem Tod in einem noch heute gut

erhaltenen Haus gleich unterhalb des Glockenturms lebte. Dieser Ehrenpreis versuchte der gefährlichen Kehrtwendung der Hutterischen auf »den einfachen Weg der Weltlichen« die bewährten Gesetze Riedemanns, Hutters und Walpots entgegenzustellen. Er rief zum Studium des geschriebenen Wortes auf, das immer als die stärkste bindende Kraft innerhalb der Bruderschaft angesehen worden war, als der hutterische Weg, Geschichte zu erhalten und nachzuleben. Er schrieb selbst Sendbriefe und Gemeindeordnungen, die zum Teil heute noch in Gebrauch sind und äußerst bedeutsam für die sprachliche Entwicklung der Kolonien waren, er richtete ein Archiv ein und eine Bibliothek aus dem Nachlaß von Neumühl. Besonders das Handwerk versuchte er noch einmal zu reaktivieren. Dazu verfaßte Ehrenpreis 1650 die Weinzierl-Ordnung von Sabatisch mit einer eindringlichen Ermahnung an die Vorarbeiter in der Landwirtschaft, danach zu trachten, der Gemeinde den guten Namen zurückzugewinnen: Die Nachlässigen, Unfleißigen sollten sie anreden, bis sie schamrot wurden, beim Krauteinschneiden hatten sie danach zu sehen, daß man nicht in drei bis vier Tagen erledigte, was in zwei bis drei Tagen geschehen konnte, an Samstagen sollte man außer am Badetag in Zukunft arbeiten, Neuankömmlingen war unparteiisch und freundlich entgegenzutreten.
Trotz dieser Anstrengungen war es Resignation, die in den Worten des Vorstehers auf seinem Sterbebett mitschwang, als er im hutterischen Sprachgebrauch »Urlaub von der Gemeinde« nahm, nur Urlaub, da man hoffte, sich eines Tages im Himmel wiederzufinden: »Ich bitt Euch, Ihr lieben Brüder, hütet Euch vor Zank und Zwietracht, damit nicht Uneinigkeit unter Euch entsteht, wodurch das Volk aufrührerisch wird, was Trennung und Zwiespalt nach sich zieht. Ich fürchte aber, daß die Gemeinde einen großen Riß bekommen wird. Darum hütet besonders die jungen Unerfahrenen, damit sie nicht dem Verderben zuwachsen. Versucht ihnen das Böse abzunehmen und das Gute einzubilden!« Doch die Gemeinde war für das Vermächtnis des Andreas Ehrenpreis bereits zu schwach geworden. Es gab in ihren Reihen zu viele, »die Schwerter als Zähne hatten

und mit ihren Backenzähnen fraßen wie ein Wolf... die damit zupackten, bis das Schaf liegenblieb. Den tatsächlich Frommen standen wie einst David die Haare zu Berge aus Furcht vor dem Urteil des Herrn.«

Durch die Niederlage der Türken vor Wien war den Habsburgern erheblich der Rücken gestärkt worden und nach dem Aufstieg der Jesuiten ein ebenso geschickter wie brutaler Verbündeter im Kampf gegen die Neugläubigen erwachsen. Mit dem Wahlspruch »Alles zur Ehre Gottes« fielen die Soldaten des Ignatius von Loyola unter Anwendung aller zeitgemäßen Mittel über die Protestanten her und führten über die Rekatholisierung der Adelsfamilien nach dem Prinzip des »Cuius regio, eius religio« große Gemeinden zum Katholizismus zurück. Der Protestantismus in Ungarn erlebte seine Trauerdekade, eine Leidensgeschichte im Zeichen der Gegenreformation ohne Beispiel in Europa. Davon waren ganz besonders die hutterischen Gemeinden in der Slowakei betroffen.

Hier galten die Nachbarn der Brüder in der Regel als katholisch und kirchentreu. Das Luthertum, obwohl es sich selbst nicht als völkische Kirche verstand, erschien den Slowaken schon von der Ideenwurzel her wie eine Germanisierung des Glaubens. Die Reformation, wo immer ihre Stimme von slawischen Völkern gehört worden war, hatte sich von diesem Ruf nicht befreien können. Die Maßnahmen der Jesuiten gegen die Brüder wurden so auch als durchaus angemessen bewertet.

Der reformatorisch gesinnte ungarische Hochadel, der riesige Ländereien sein eigen nannte, hatte zwar gelegentlich unmißverständlich zu verstehen gegeben, daß er lieber türkisch als papistisch würde, doch wo Vermögensverlust, Gefängnis oder sogar der Feuertod drohten, blieb Luthers Bibel nur zu häufig im Versteck. Von jeder offenen Unterstützung abgeschnitten, mußten so auch die Hutterer den psychologischen Mechanismen der Unterdrückung durch Kirche und Staat bald erliegen. 1685 gaben die Brüder in Sabatisch die Gütergemeinschaft endgültig auf, der Hof selbst blieb allerdings intakt. 1726 erzwangen die Jesuiten die Kindertaufe, das »Kinderbad«, wie es die Hutterer nannten. Ein Vorsteher der Gemeinde, Zacha-

rias Walter (1746–1761), wurde im Kloster zu Buda so lange mißhandelt, bis er zum Katholizismus übertrat. Sein Nachfolger Heinrich Müller dagegen starb 1762 im Kloster zu Oberkrain beständig im rechten Glauben. Ab 1769 mußten alle Bruderhöfe in der Slowakei katholische Gottesdienste einführen, das Gemeindeeigentum wurde parzelliert und aufgeteilt (allerdings hatten die Habaner in Lewär noch 1925 eine gemeinsame Kasse). Verschiedene Versuche der Täufer, zu ihrem Glauben zurückzukehren, wurden – unter anderem selbst von dem als Toleranzkaiser in die Geschichte eingegangenen Joseph II. – erfolgreich abgeblockt.
Die Abkehr von der Lehre Jakob Hutters vollzog sich allerdings nicht so schmerzlos, wie es die reinen Jahreszahlen der Chroniken beschreiben. So überfielen ausgerechnet die demütigen Schwestern von Sabatisch einmal den katholischen Ortspfarrer, der ein Kind zwangsweise taufen wollte, und mißhandelten ihn schwer, »also daß der Pfaff ohne Kind abziehen musste«. 1759 erhielten die Jesuiten von Maria Theresia – laut hutterischer Chronik »erzkatholisch und eine Liebhaberin der Pfaffen« – die Erlaubnis, die übriggebliebenen Höfe, darunter auch Sabatisch, zu überfallen und mit Waffengewalt einzunehmen. Die Landsknechte der Gesellschaft Jesu sammelten alle täuferischen Schriften und Druckerzeugnisse, deren sie habhaft werden konnten, verbrannten sie oder nahmen sie mit nach Preßburg. Ein Gesuch der Brüder an die Majestät, in dem sie um die Erlaubnis zur Ausübung ihres Glaubens und den Abzug der katholischen Missionare baten, wurde wie üblich abgelehnt. Noch 1760 wird vom Jesuitenpater Rotari aus Sabatisch berichtet – den Hutterern war nach der Ordnung verboten, »einen gottlosen Pfaffen zu grüßen, mit ihm zu essen oder zu trinken, von ihm etwas zu kaufen, ihm etwas zu verkaufen« –, »er sei am St. Josefitage hier eingetroffen und vom Schulrichter Tomka in das Oratorium eingeführt worden. Als er es aber am 21. März betrat und zu predigen begann, sei er von den Wiedertäufern mit dem Geschrei unterbrochen worden: daß sie von ihrem Glauben nicht lassen wollten und seinen Predigten fernbleiben würden. Wäre Graf Niary den Leuten nicht drohend

entgegengetreten, so wisse er nicht, was geschehen hätte können. An der Spitze der Rebellen sei der Schuster Abraham Tschetterle gestanden. Bei dieser Sachlage trage er, Pater Rotari, keine Hoffnung auf Erfolg, wenn nicht für eine heilsame Maßregelung der Widerspenstigen gesorgt werden würde. Als eine solche Maßregel empfehle sich bei einem Völklein, das selbst Feuer und Schwert zu fürchten verlernt habe, die Männer, so sie dafür taugten, unter die Soldaten zu stecken.«

Wieder kamen daraufhin die Garanten der Gegenreformation nach Sabatisch zurück, prügelten die Männer so lange zur Messe, bis sie in Tücher gewickelt werden mußten, »weil ihnen das Fleisch vom Körper fiel«, führten andere in die Gefangenschaft, ließen Häuser plündern und verbrachten Täuferkinder, jene kleinen Kopien würdiger Eltern, zur Erziehung in Waisenhäuser.

1780 kehrten hutterische Prediger aus Rußland, wo jetzt eine Gemeinde die Lehre Jakob Hutters lebte, vorübergehend nach Sabatisch zurück, allerdings nicht, ohne die Behörden gegen sich aufzubringen. Elf Familien mit 56 Angehörigen, darunter Jakob Walter, dessen Vorfahren 1590 zur Bruderschaft gestoßen waren und dessen Nachkommen heute die älteste hutterische Familie in Nordamerika repräsentieren, schlossen sich ihnen an und zogen auf dem Weg nach Osten.

1892 luden die Brüder in den USA die Sabatischer Habaner erstmals ein, zu ihnen in die Neue Welt umzusiedeln. Doch nur eine einzige Person, Ignatz Pullman, ging auf die große Reise und brachte der Gemeinde in Süddakota eine Reihe alter Schriften mit. Es hielt ihn nicht lange dort, bald kehrte er wieder nach Sabatisch zurück.

Die Täufer und der Rest der Welt

Herbst – Hochzeit und Erntedank in Iberville

Wenn die Brüder in Iberville am großen Fluß, denen von der Gemeinde die Ehe bewilligt worden ist, zur Hochzeit gehen, hält das Klima das Gras bereits kurz, deuten fallende Blätter auf den nahen Herbst hin. Der Umstand, daß die Ernte dieser landwirtschaftlichen Genossenschaft eingebracht ist – die Arbeit auf dem Feld hat an den geistlichen Grundfesten von manch jungem Burschen gerüttelt –, gibt den asketischen Protestanten nun wieder die rechte Zeit für ihre kontrollierten Gebetsmethoden, die gerade auch vor dem Beginn einer Ehe stehen. Aber jetzt ist auch Zeit für ein Sehnen nach täglichen Wundern, da »der Gott, der die Welt geschaffen hat und einen Mose durchs Meer laufen ließ«, sich in dieser Gegenwart seiner wahren Jünger erinnern wird.

Tief leben die Brüder jetzt in ihrer Erzähltradition, im Vergangenen. Wach ist ihr Mißtrauen gegenüber der Welt, ihre Kritik an der Kirche als Variante des Martyriums geblieben, historisch begründet ist ihre uralte Furcht vor dem kriegerischen Geist der »Katholen und ihren Pfaffen, die einmal mit Stökken, Blöcken, Türmen, mit Gefängnis, Verjagen und Erwürgen« die Gemeinde auszurotten versucht hatten – Feindbild einer pazifistischen Gruppe, die ihre Feinde lieben muß. Ihre Geschichte ist nicht Erbe, sondern Last, Legalität entsteht durch das Festhalten am längst Überholten, in der Zukunft wird eine Fortsetzung der Vergangenheit gesehen, die jeden geistigen wie geistlichen Dialog schon im Keim erstickt. Die Hutterer der Gegenwart wären nicht in der Lehre der Altväter aufgewachsen, richteten ihr Denken nicht kontinuierlich am Leben und Sterben ihrer Märtyrer aus, wäre für sie die Papst-

kirche heute losgelöst von der eigenen Geschichte zu betrachten.
Generationen von Täufern haben es so gesehen, Tausende sind dafür mit Wasser, Schwert und Feuer gerichtet worden: Die katholische Kirche ist das »große Babylon« des 17. Kapitels der Offenbarung des Johannes, in dem Kirchenlehrer das Babel des Herrschers Nimrod sahen, von dem ein Heiliger behauptete, Konstantinopel sei damit gemeint, in dem die Hutterer die Stadt Rom erkennen wollen. Bei Johannes heißt es: »Und es kam einer von den sieben Engeln, die die sieben Schalen hatten, redete mit mir und sprach: Komm ich will dir zeigen das Gericht über die große Hure, die an vielen Wassern sitzt, mit welcher Unzucht getrieben haben die Könige auf Erden; und welche die wohnen auf Erden, sind trunken geworden von dem Wein ihrer Unzucht. Und er brachte mich im Geist in die Wüste. Und ich sah ein Weib sitzen auf einem scharlachroten Tier, das war voll lästerlicher Namen und hatte sieben Häupter und zehn Hörner. Und das Weib war bekleidet mit Purpur und Scharlach und übergoldet mit Gold ... und hatte einen goldenen Becher in der Hand voll Greuel und Unflat ihrer Hurerei und an ihrer Stirn war geschrieben ein Name, ein Geheimnis: das große Babylon, die Mutter der Hurerei und aller Greuel auf Erden ... Hier ist der Sinn, zu dem Weisheit gehört! Die sieben Häupter sind sieben Berge ...« In ihrer Sprache interpretieren der kämpferische Hutmacher Jakob Hutter und der gelehrte Schuster Peter Riedemann das so: »Der Papst ist die Hur, die auf dem siebenköpfigen Tier sitzt und alle Völker verführt und betrügt mit seiner falschen Lehre und dem abgöttischen Leben. Denn der Papst sitzt in Rom und Rom sitzt auf sieben Bergen wie in der Offenbarung des Johannes vorausgesagt.«
Aber man schimpft nicht über die Katholiken im Bruderhof am großen Fluß, nur – man will mit ihnen nichts zu tun haben, denn »so jemand zu euch kommt und bringt die rechte Lehre nicht, den nehmet nicht zuhaus und grüßet ihn auch nicht, denn wer ihn grüßet, der hat Gemeinschaft mit seinen bösen Werken«. Geändert hat sich weder der katholische noch der hutterische Anspruch, die alleinseligmachende Kirche zu sein ...

Der Herbst gehört verstärkt der Ehrung Gottes, dem Erntedank, daneben dem Gesellschaftlichen, das die Täufer ähnlich wie die Calvinisten der individualistischen inneren Einkehr vorziehen. Außerdem gehört er den jungen Paaren und ihrem Anspruch auf die Ehe: »Denn wisset, liebe Geschwister, eitel Kinder: Bei uns gehört alles der Gemeinde, nur der Mann gehört zu seinem Weib und das Weib zu ihrem Mann. Denn unser eheliches Leben ist richtig mit uns wie auch mit Gott. Es bleibt nur zwischen Mann und Weib. Die arbeiten ein Leben lang zusammen, damit sie süßen Honig bekommen. Das ist unsere Gesinnung und unser Brauch.«

Beantworten die Hutterer die meisten Fragen des täglichen Lebens – abgesehen von ihren bäuerlich geprägten festen Arbeitsnormen – auch heute noch mit einem Blick in die Altväterordnungen aus Mähren und der Slowakei, so hat sich im Bereich der Eheschließung, im Verhältnis der Jugend untereinander und im Verständnis der Alten für die Jungen Erhebliches geändert. In Sabatisch hatten sich die Chronisten noch heftig darüber erregt, daß hin und wieder unehrliches Verkuppeln einer Heirat von Mann und Frau vorausging, daß sich die Partner aus eigenen Stücken erwählten. Unnachgiebig machten die Vorsteher dann auch dem bösen, schädlichen Brauch ein Ende, wonach »ein alts Weib oder eine junge, unverschämte Dirn zu einem Bruder kommt, und tragt diesem oder jenem die Heirat an«. Denn kein Bruder hatte die Macht noch die Gnade Gottes, sich eine Frau selbst zu wählen. Dem des Banns würdigen Hurenhandel hatte Riedemann in seiner Rechenschaft einen Riegel vorgeschoben, indem er unmißverständlich erklärte, daß die Ehe göttlich sein müsse und daher nicht aus fleischlichem Willen vollzogen werden könne. Ein Bruder oder eine Schwester hätte am »Tag des Austeilens« jenen Partner mit Dank zu akzeptieren, den ihm beziehungsweise ihr die Gemeinde nach dem Rat des Herrn zuführe, sei er jung oder alt, auch wenn einer Person darüber das Herz zerbrechen sollte. So hat sich in der Slowakei bis heute die Meinung erhalten, daß die Vorsteher der frühen Täufer, wenn Mann oder Frau es ablehnte, einen bestimmten Partner zu akzeptieren, das

auserkorene Paar für ein paar Tage und Nächte bei Wasser und Brot zusammen in eine verschlossene Kammer sperrten, bis beide in die Ehe einwilligten, denn über das Gebot, nach dem der die Jungfrau zum Gemahl nehmen mußte, der sie gebrochen hatte, konnte sich kein Täufer hinwegsetzen.
Im Kleinen Geschichtsbuch schildert ein früher Chronist die Eheschließung auf einem Bruderhof des Jahres 1578: »Meine (leibliche) Schwester Sara hat ihren Mann nicht gern genommen, aber dörfte nicht darwider sagen; dann sie halten diese Weise in ihrem Heuraten: Die Vorsteher berufen auf einen gewissen Sonntag die Jüngling und Jungfrauen, so mannbar sind, in eine Behausung zusammen, stellen sie gegeneinander über und halten einer Jungfrau zwei, drei Gesellen vor, welchen sie wolle. Da muß sie einen nehmen, wird zwar nicht gezwungen, darf aber wider die Vorsteher doch nicht handeln.«
Und auch der uns schon bekannte Pfarrer zu Feldberg, Christoph Andreas Fischer, publizierte, was ihm über den Hochzeitsbrauch der Täufer zugetragen worden war: »Dann sie under ihnen nicht allein diejenigen zusammen verheyraten, die da Lust und Liebe zueinander haben, sondern müssen einander nehmen, sowol ihr Lebtag vor nie einander gesehen, die wohl nit miteinander geredt oder auch wol keines nie vom andern hat gehöret. Ja, wie ich von glaubwirdigen Personen bin berichtet worden, so geschiecht solches Heyraten offtermals in zwo oder drey Stunden auff das Allerlengste. Diser Freyheit nun berauben die Widertauffer diejenigen, so bey ihnen wollen heyrathen. Denn so jemand Lust hat zum Ehestand, so bescheidet man sie samptlich auff eine Haushaltung. Die Sach aber, was ein jeder für ein Weib und das Weib für ein Mann sol haben, ist zuvor alles under den Dienern und Obristen abgedroschen. Wann sie aber nun also beysammen sein, so stellet man die gedachten Heyratsleute in die Stuben nacheinander, die rechte Zeil von Breutigam, die lincke von Breuten. Und wie sie also gestellet sein in opposito gegeneinander uber, wann schon der Diener so zu obrist mitten inn stehet, gar kein Wort sagte, so wissen doch beide Partheyen, was einem jedwedern zugehöret,

als nemlich die zwey, so gegeneinander uber stehen. Da sind sich alsdann ein grosse Ungleichheit, dass der Jung ein Altes und die Alte ein jungen Mann nemen muss. Wann nun die Personen also gestellet sein, so nennet der Diener einem jedwedem seine Braut und einet jedwedern ihren Mann und sagt: Demel die Else dein (und so fort an). Endlich so spricht der Diener zu allen also: Weil ihr dise Ehe mit Stillschweigen bestetiget, so füget eure Hertzen zusammen im Namen des Gotts Abrahams, Isaacs und Jacobs, was Gott zusammenfüget, das soll der Mensch nicht scheiden. Ziehen darnach also die beyde darvon, sie thuns gerne oder nicht. Welcher aber diejenige nicht haben will, so ihm wird zugesprochen, der mus dasselbe Jahr unwerheyratet bleiben, auss welchem hernach Ehebruch, Hurerey und andere grosse Sünde entstehen.«
In F. Hrubys Publikation Archiv für Reformationsgeschichte, 32. Jg., 1935, findet sich ein Brief des Polen Andreas Rey aus Naglowitz aus dem Jahre 1612: »Die Mädchen aber, die in die Ehe gegeben werden, heiraten nicht den jungen Mann, den sie wollen oder von dem sie gefragt werden, sondern welchen das Los einer jeden beschert. Dem jungen Mann nämlich, der zu heiraten begehrt, werden je drei Mädchen aufgestellt, welche er (vielleicht) gar nicht wünscht oder welche er oft nie vorher gesehen hat, von denen er eine wählt, welche ihm gefällt… Einige Male im Jahre feiern sie Hochzeit an irgendeinem Ort, welchen sie bestimmen; sie fordern danach von einer Art Rednerbühne aus alle vorzutreten auf, die zu heiraten wünschen, sei es Bursch oder Mädchen. Hier wählen sie sich auf erstmaliges Sehen hin mit Hilfe des durch sein Ansehen entscheidenden Diener des Worts gegenseitig eine aus den dreien aus, sie mag wollen oder nicht; sie heiratet den, den sie muß. Oft ist es auch nötig, daß der Jüngling aus den dreien das ihn wollende ältere Mädchen nehme. Wenn aber der eine oder andere Teil von den Vorgestellten den einen oder die eine nicht wünscht, muß er einen sechsmonatigen Aufschub ertragen. Danach werden sie getraut. Das Essen nehmen die Männer mit den Männern ein, die Frauen mit den Frauen. Hierauf führt jeder die Seine heim…«

Eine Brautwerbung und ein näheres Kennenlernen der beiden Partner vor der Ehe – die Männer nennen ihre Frauen »eheliche Schwester« – hat es also bei den frühen Hutterern auf keinen Fall gegeben und ist auch heute nur ansatzweise üblich. Zu sehr fürchtete man sich vor den Zungenstreichen der üblen Nachrede und »daß man das Weib danach nicht mehr brauchen konnte«. So wurde den Brüdern auch jede überflüssige Chance genommen, zu sehen, daß eine Schwester vielleicht wohlgeformt war, um der törichten, fleischlichen Liebe keinen Vorschub zu leisten. Selbst auf das Handgeben war peinlich zu achten, »so daß man das Fleisch dabei nicht reize«.

In diesem Punkt haben sich die Hutterer von der Altväterlehre entfernt, allerdings ohne daß es an die religiöse Substanz gegangen wäre. Hier liegt eines der ganz seltenen Beispiele vor, daß der Aufstand der Jugend die Tradition gebrochen hat. Schon im Laufe des Dreißigjährigen Krieges war Riedemanns strenge Ordnung etwas ins Wanken geraten. Eine gewisse Aufweichung verdanken die Brüder und Schwestern von heute allerdings einer hutterischen Jungfrau aus den Zeiten in Rußland, die – obwohl zu sklavischem Gehorsam erzogen – mit einem wesentlich älteren Witwer verheiratet worden war, trotz der kirchlichen Trauung aber den Vollzug der Ehe ablehnte. Als die Frommen die beiden zusammen einsperren wollten, gelang ihr die Flucht. Jetzt war es der große Gönner der Gemeinde, der Mennonit Johann Cornies, der die gewählte Braut fortschickte an einen entfernten Platz, bis die Brüder ihr Einverständnis zu einer neuen Auslegung der Bibel hinsichtlich der ehelichen Partnersuche gaben. Ab sofort konnten Eltern und Verwandte zwei Hutterer »verheiraten«.

In Nordamerika wurde dann auch mit dieser Regel gebrochen. »Doch immer noch halten wir es so, liebe Geschwister, eitel Kinder: Jeder von uns ist allein zur Ehre Gottes gemacht. Er hat uns vor allen anderen Kreaturen mit Vernunft, Verstand und Sinnlichkeit ausgestattet, damit wir Seinen Willen erkennen können ... Also hat Gott uns ins himmlische Wesen geschaffen, uns einen himmlischen Körper gegeben, der von

der Erde genommen war wie er sagt in Mose: ›Lasset uns Menschen machen, die nach unserem Bild gestaltet sind.‹
Dies ist ein herrliches Bild, des wir uns billig alle freuen und Begier danach haben sollen, doch es ist nicht Fleisch und Blut wie Paulus uns auch erklärt: ›Die aber fleischlich sind, mögen Gott nicht gefallen.‹ Denn der fleischliche Vorwitz ist aus der Schlange Rat erwachsen. Bei uns ist die Ehe eine Verbindung zweier Dinge, da eins das andere annimmt zu versorgen und das andere sich begibt, dem ersten zu gehorchen und also durch ihre Bewilligung aus zweien eins werden und nicht mehr zwei, sondern eins sind. Die Ehe aber steht in drei Graden. Erstlich ist es die Ehe Gottes mit der Seele oder dem Geist, zu anderem des Geistes mit dem Leib, zum dritten ein Leib mit dem anderen, welches ist der letzte und gröbste Grad der Ehe, darum auch sichtlich, begreiflich und jedermann erkenntlich.
Nur so ist eine Ehe richtig. Und so ist es dann auch mit den Kindern: Es kann kein guter Baum böse und kein böser Baum gute Frucht tragen, sondern ein jeglicher Baum gibt seine Art Frucht wie uns Christus selbst sagt: ›Man sammelt nicht Feigen von den Disteln noch Trauben von Dornen.‹«
Junge Hutterer finden ihren Partner fürs Leben heute bei Besuchsfahrten der Familie – die nie ohne einen besonderen Grund angetreten werden –, bei Hochzeiten und Beerdigungen. Ein unnachahmliches, kurzes Händchenhalten kündet eine Verbindung an. Da alle drei Gelegenheiten nicht allzu häufig vorkommen, bleibt den meisten jungen Leuten die Qual der großen Auswahl auch erspart. Besonders die Frau hat es gelegentlich schwer, den geeigneten Partner zu finden, da sie darauf zu warten hat, bis sie gefreit wird, selbst kaum aktiv werden kann.
Hutterer haben eine Vorliebe für Ehen »in der Familie«. Nicht selten wird ein entfernter Verwandter gewählt, gerne heiraten Geschwister wiederum Geschwister aus einer ihnen bekannten Familie. Die Ehe mit einem Nichthutterer ist ausgeschlossen, es sei denn, der Partner von draußen entschließt sich dazu, zur Gemeinde in das gesellschaftliche Ghetto zu kommen. Da praktisch kein Zuzug von außerhalb stattfindet, gibt es auch

keine Vermischung mit Personen außerhalb der täuferischen Tradition. Niemand wiederum kann Hutterer werden und heiraten, der geschieden ist und dessen Partner noch lebt. Dabei geht die Verordnung, die eine Ehe zwischen einem Frommen und einem Weltlichen untersagt, auf schlechte Erfahrungen zurück, die die Altväter mit sogenannten Mischehen gemacht haben.

Für manche junge Frau, die sich ein christliches Leben auch außerhalb der Kolonie vorstellen kann, ist heute der einzige Grund, den Bruderhof zu verlassen, die Aussicht, hier keinen Partner zu finden. Nicht selten dagegen führt die Ehe einen jungen Menschen, der die Kolonie verlassen hatte, wieder in die Gemeinschaft der Heiligen zurück, da er aus traditionellen Gründen und psychologisch bedingt seinen Partner in der Bruderschaft sucht. Voraussetzung ist allerdings, daß sich draußen »der böse Körper nicht schon vermischt hat mit jenen, die für einen Hutterer keine rechten Christen sind«.

Der junge Mann, der Kleine Mike, Yuseppel, Hansela, Dicke Jupp oder Sturtz – die Brüder haben eine Vorliebe für Spitznamen –, der, nachdem er getauft ist, die Zeit für eine eheliche Bindung nahen fühlt, sucht seinen Prediger auf und bittet darum, in seinem Namen bei der Gemeinde die Erlaubnis für die Hochzeit mit der Auserwählten einzuholen. Vielleicht wird er erklären, daß bei seiner Entscheidung die Schönheit des Partners keine Rolle gespielt habe, daß er vielmehr glaube, eine gute Frau und Mutter der zu erwartenden Kinderschar gefunden zu haben. Vielleicht wird ihm dann dankbar jene Geschichte erzählt vom Prediger Mändel, der mehrmals verheiratet war und schließlich doch die Bilanz zog: »Die letzte Frau war zwar unansehnlich, aber dort war die Liebe!« Gegen die gängige Meinung, daß das Aussehen einer Frau Hutterer vollkommen unberührt läßt, spricht allerdings die Praxis des Lehrers Mändel, der seinen eigenen Töchtern die Namen von Frauen gab, denen er begegnet war und die ihm »bsonders gfolln ham«.

Es ist durchaus die Regel, daß ein Partner den anderen kaum kennt, ihn nur ein paarmal gesehen hat, dazu meistens noch in größerem Kreis; denn Eltern und Gemeinden wachen auch heute noch fleißig über die absolute Reinheit eines Hutterermädchens. In der Kolonie gibt es keine Privatsphäre, ist nichts, außer der Aussteuertruhe, mit einem Schloß versehen und selbst das Anklopfen an einer Tür vollkommen unüblich. Die Zeugbrüder einer Gemeinde müssen jetzt dafür garantieren, daß der Grad der Verwandtschaft in auf- und absteigender Linie zwischen den in Frage kommenden Eheleuten nicht unmoralisch ist. Obwohl die Frommen, die relativ spät heiraten, in dieser Hinsicht strengere Maßstäbe anlegen als zum Beispiel das kanadische Gesetz, zieht die Welt den Schluß, daß die Gemeinschaft durch die ständige Vereinigung von Blutsverwandten bald durch Inzest untergehen muß. Dieses Thema gibt draußen immer wieder Stoff für ein lustvoll faszinierendes Gespräch her. Aufgrund wilder Gerüchte versuchen so auch mit Einbruch der Dunkelheit immer wieder Männer der Welt, in die Kolonien einzudringen, um sich dort regelrecht als Deckhengste anzubieten. Horrend sind die Summen, die die geheimnisvollen Bruderhöfe angeblich für die Blutauffrischung zur Verfügung stellen, und gewaltig in der überbordenden Phantasie der Bürger die nächtlichen Großaktionen, in denen die Brüder generalstabsmäßig mit ihren Frauen neues Leben zeugen. Tatsache ist bei alledem nur, daß ein »Fremdgehen« mit einem Weltlichen für einen Hutterer den Ausschluß aus der Gemeinde nach sich ziehen würde. Im übrigen stellen die Behörden den Hutterern heute ein besseres Gesundheitszeugnis aus als dem Durchschnittskanadier.

Wenn das Mandl, der junge Mann, das Jawort seines Bruderhofes erhalten hat – in jedem Fall wird das Paar nach der Hochzeit auf diesem Hof leben –, besucht er zusammen mit seinem Vater und nahen Verwandten die Kolonie seiner Zukünftigen. Dort übergibt er dem Brautvater einen Bittbrief, mit dem er offiziell um die Hand der Tochter anhält. Dieses Ereignis, das »Begehren«, wird zum Anlaß für ein Familienfest. Jetzt muß auch die angehende Braut ihre Einwilligung in die Ehe geben. »Da es Gott mit den beiden angefangen hat«, ruft der Prediger das Paar in die Kirche und erklärt ihm das Hochzeitszeremoniell. Danach werden beide verlobt, was die Hutterer das

»Aufreden Hulba« nennen (Hulba: ukrainisch Hulalba = gemütliche Zusammenkunft). Diese Feier endet mit einem geselligen Beisammensein der Kolonie. Um allen Eventualitäten vorzubeugen, findet die Hochzeit schon ein paar Tage später statt.
Für die Hutterer ist die Ehe eine Verbindung, in der sich die Frau dazu bereit erklärt, »unter dem Joch des Mannes« zu leben. Sie beherzigt dabei die Schrift: »Das Weib, das über seinen ehelichen Mann herrschen will, ist eine Mißgeburt, das sollte kein eheliches Weib wünschen, es sei denn, daß der Mann ein Narr wäre. Schon Eva begehrte klüger zu sein, als sie gemacht war... Lust zieht die Sünde nach sich. Und nur wenn der Mann ungläubig wird, kann die Frau zum Haupt einer Familie werden.« Fortan sind beide Partner eins, durch das Treuegelöbnis miteinander verbunden wie der getaufte Hutterer mit seinem Herrn. Dabei wird dem Mann auferlegt, Mitleid mit seinem Ehepartner zu haben, »ist doch das Weib ein schwächliches Werkzeug: Wo aber ein Mann solches nicht tut, dabei liederlich oder leichtfertig ist, verläßt er seine Herrlichkeit, die ihm von Gott gegeben ist...«
Doch was hier mit markigen Worten in den Merksätzen der Altväter steht, wird auf dem Bruderhof, der noch nie etwas von einer Frauenbewegung gehört hat, viel praxisnaher ausgelegt. »Denn wisset, liebe Geschwister, eitel Kinder: Das Weib hat bei uns durchaus etwas zu sagen, zum Beispiel im Kindergarten und bei allem, was die Küche anbetrifft, selbst wenn sie schweigen soll, wie es das Testament vorschreibt. In wirtschaftlichen Dingen lassen wir sie allerdings nicht mitreden, sie darf auch nicht abstimmen mit den Brüdern in anderen Dingen, denn das gehört zu unserer Tradition. Aber in der Ehe, dort wo Liebe ist, da gibt es keine Erhebung... Durch das Zusammenleben als Geheiligte gibt es die Einigkeit, nicht die Absonderung von Mann und Weib. In der Ehe kann das Weib auch seine Erkenntnis hören lassen, nur... die Brüder sind es dann, die über sie abzustimmen haben. Es gibt bei uns jedoch keine unterschiedlichen Meinungen zwischen zweien, die die Ehe miteinander eingegangen sind.«
Die hutterische Frau leidet nicht darunter, kein Stimmrecht zu

haben. Was sie denkt und fühlt, erklärt sie zu Hause ihrem Mann, der es dann verwerten kann, doch immer nur so, daß er dabei sein Gesicht nicht verliert. Ihre Aufgabe sieht sie in erster Linie in der Erfüllung ihrer Mutterpflichten, in der Bereitschaft zum Zusammenleben in der Lehre, auch darin, »einem anderen sein Unrecht zu sagen und ihn trotzdem zu lieben und nicht zu hassen«. Ihre Ehe scheint fast ausnahmslos glücklich, soweit dies von Außenstehenden beurteilt werden kann.

Auch heute noch erklärt der junge Täufer im Bruderhof am großen Fluß, eine Ehe nicht aus »fleischlichem Willen wie das Maultier oder Ross« einzugehen oder wegen einer schönen Gestalt, wegen der Jugend seiner Partnerin oder aus einem anderen Grund, »der nicht von Gott, sondern vom Teufel kommt«, sondern ausschließlich nach Seiner Fügung, ohne allerdings eine Glaubensfrage daraus zu machen. Dabei haben die jugen Männer im Lauf der Jahrhunderte zweifellos so manchen Weg entdeckt, um den Willen Gottes in die für sie richtige Richtung zu lenken. Ein vorehelicher Verkehr ist verboten, denn wer dem Fleisch so üppig gehorcht, der fehlt.

Am Tag vor der Hochzeit holt der Bräutigam zusammen mit einem Bruder oder Bekannten die Braut und deren Aussteuertruhe ab. Es wird erwartet, daß sich das Paar bis spätestens zum Abendgebet in der Kirche des Bruderhofes einfindet, der beiden von nun an Heimat sein wird.

Zum Fest laden die Bruderhöfe häufig gewaltige Menschenmengen ein, der Grund, warum heute Hochzeiten von mehreren Paaren gerne zusammengelegt werden. Wenn der Bräutigam dann im vollen Bewußtsein seines Autoritätszuwachses, doch nach außen vollkommen emotionslos, vor der Gemeinde steht, vielleicht begeistert, jedoch ohne es zuzugeben, trägt er den hausgemachten dunklen Anzug mit »Sunntigjanker« und Röhrenhosen – seit 1920 dürfen die Schmiedeleut einen Kragen tragen, was zuvor als Hochmut angesehen worden war – und das weiße Hemd, das seine Partnerin geschneidert haben soll. Die Braut kommt im königsblauen, langen Kleid, das »nicht zerschnitten, verbremet, verblumet und ausgestochen« sein darf. Sie trägt dazu das weißgepunktete Kopftuch über dem hochgesteckten langen Haar – »denn es steht einem Weib übel, wenn es das Haar geschnitten hat«, wie die Bibel auch befindet, »daß das Weib, das da betet mit unbedecktem Haupt, das schändet sein Haupt«. Die Tracht des Paares erinnert entfernt an das Kärnten des 18. Jahrhunderts.

Um 9.29 Uhr an diesem Sonntagmorgen sitzen alle Hutterer der Kolonie hinter ihren Fenstern, die Kleinsten so herausgeputzt wie die Großen, und warten wie vor jedem Kirchgang darauf, daß der Diener des Wortes sein Haus mit den Worten verläßt »Auf zum Gebet!«. Dann strömen sie aus ihren Wohnungen und ziehen im Gänsemarsch zur Kirche, vorneweg immer der Vater, gefolgt von der Mutter, hinter ihr die Kinder. Dazu gesellen sich an diesem Festtag der Alt-Vetter, der Großvater oder alte Mann, und die Basel, die Tante oder alte Frau.

Ab 9.32 Uhr spricht dann der Prediger der Brautkolonie über den Gehorsam der verehelichten Frau gegenüber ihrem Mann, über den Gehorsam des verehelichten Mannes gegenüber der Gemeinde und Gott. Das Paar wird darauf hingewiesen, daß es für eine Huttererehe keine Scheidung gibt als die durch Ehebruch oder den Abfall eines Partners vom rechten Glauben. Darauf gibt es sein »Jo«.

Das Brautpaar erhält kleine Geschenke, für deren Kauf der Haushalter der Kolonie zuvor ein paar Dollars ausgeteilt hat, daneben Gänsefedern für eine Bettdecke und eine Nähmaschine. Nach dem Festessen eröffnet das Lied »Am dritten Tag ein Hochzeit war« einen bunten Nachmittag, der am Abend mit Löwenzahnwein, weltlichen Getränken und einem »Nun ist die Mahlzeit ja vollbracht« zu Ende geht. Gegen zehn Uhr führt der Bräutigam seine Frau in die von der Kolonie mit allem Notwendigen, der Notdurft, vorbereitete Wohnung: »Bedörf einer aber etwas mehr, kann er es in Liebe und Vertrauen beim Haushalter melden. Wird man es für notwendig erkennen, wird man's ihm nicht versagen oder abschlagen.« Den Begriff Flitterwochen kennen die Hutterer nicht. Nach alter Tradition versucht das Paar jetzt, fruchtbar zu sein, sich zu mehren, um die Erde mit weiteren Heiligen zu füllen.

Der Mann setzt seinem Namen in Zukunft den Vornamen der

Frau hinzu und umgekehrt – ein Benjamin Gross, der eine Susanna Hofer geheiratet hat, wird sich fortan Benjamin Susanna Gross nennen, und die Frau ist nun eine Susanna Benjamin Gross. Kinder werden häufig zuerst nach den Eltern benannt, dann nach den Großeltern und nahen Verwandten. Wenn heute gelegentlich andere Namen gewählt werden, so tun das die Alten geringschätzig als »ausländisch« ab. Ehebruch wird streng bestraft, sexuelle Verfehlungen – zuviel heidnische Brunst und Lust – werden geahndet. Auch hier kann die Gemeinde zensieren, belehren und richten.

Der Frau, die dem Mann den Gehorsam verweigert, dem Mann, dessen Fleisch den Geist überwindet, droht der Ausschluß aus der Gemeinde. Derjenige wiederum, der sich an seinem gebannten Partner noch einmal »ehelich zu schaffen macht« und dadurch unrein wird, muß mit dessen Schicksal rechnen, denn hier halten es die Brüder noch mit den Worten ihrer Lehre: »… so einem das Weib oder einer der Mann hinderlich, ärgerlich und verböserlich wär – wie denn ein unglaubiger Eheteil gräßlich ärgern kann – und kein Fleiß an ihm nicht helfen will, wendet sich das glaubig Teil billig von ihm nach des Herrn Wort.«

Hier sei noch einmal daran erinnert, daß die Hutterer auch dem schuldlosen Partner, der alleine auf der Kolonie zurückgeblieben ist, jede neue Ehe verbieten, solange der geschiedene Teil noch lebt. Eine weltliche Scheidung wird von ihnen nicht anerkannt.

Die Hutterischen Brüder und Schwestern bleiben also unter sich. Nur äußerst selten verläuft sich in unseren Tagen ein reicher Mann zu einem der Bruderhöfe am großen Fluß, um dort zum armen Lazarus zu werden. In den letzten fünfzig Jahren schlossen sich nur drei Familien den Schmiedeleuten an und blieben auch bei ihnen. Zuwenig wird das Gemeinschaftsmodell der Heiligen, das rein theoretisch dem Geborgenheitsbedürfnis vieler Menschen entgegenkommt, draußen akzeptiert, zu tief ist die Welt in ihrer Konsummentalität und im Banne des alten Adam verfangen. Dabei kann jeder ein Hutterer werden, vorausgesetzt, er betritt im hutterischen Sinne makellos eine Kolonie und erkennt die aus dem Evangelium entwickelten Prinzipien der Gemeinde an. Doch das heißt für ihn auch, sich in einem fremden ethnisch-kulturellen Milieu einzuleben, die von der Welt unabhängige Abhängigkeit des Bruderhofes ebenso zu akzeptieren wie die gesellschaftliche Isolation und ein christliches Gruppenbewußtsein, das die Hutterischen als Vorbild für die Bewohner des Gottesreiches sehen. Schnell und gründlich bedarf es der Zerstörung des eigenen Ichs und einer Korrektur der Vorstellung vom Paradies, da jede Alternative für die Brüder ein Reizwort ist.

So beschränkt sich der Kreis jener, die auf einem Bruderhof Zuflucht suchen – und damit allerdings noch lange keine Heiligen sind –, auf eine Handvoll Menschen, häufig solche, die sich in einer Krise befinden, der sie nicht gewachsen sind, die ein tiefsitzender Selbstzweifel aus ihrer Beziehungslosigkeit zur Umwelt treibt und nach einer neuen Identität suchen läßt, Menschen mit dem Bedürfnis nach Schutz, nach verläßlichem Heilsversprechen oder auch nur nach der in der Gemeindestruktur verankerten Sicherheit gebenden Macht- und Autoritätsgewalt. Doch kaum einer von ihnen kann sich einfügen, da er die Kunst, sich zu beschränken und zu isolieren, nicht beherrscht. Davor steht die Zerstörung mancher Illusion, denn das Leben eines Hutterers mag weitgehend sorglos sein, ganz bestimmt aber kennt es den sauren Schweiß, mit dem ein Heiliger in geistlichen wie weltlichen Dingen dafür bezahlt, ein Heiliger zu sein.

Die Brüder verzichten praktisch auf jede missionarische Tätigkeit außerhalb der Kolonie, wofür sie selbst keine überzeugende Erklärung haben. Ganz sicher sind sie zu pragmatisch, um nicht zu erkennen, daß hutterische Tugenden, ohne die der Bruderhof nicht überleben kann, im Urteil der Welt einen überaus schweren Stand haben, daß schon die Kirchensprache ein häufig kaum überwindbares Problem für einen von draußen darstellen muß. Die meisten Amerikaner und Kanadier, die etwas von den Kolonien wissen, lehnen sie ohnehin ab – selten den einzelnen Hutterer, aber die Gemeinschaft –, selbst wenn sie mit einem Hof in gutnachbarlicher Beziehung stehen.

Das »Kinderwaggela«, vom Kolonieschreiner angefertigt, gehört, wie hier auf dem Bruderhof Jamesville in Süddakota, in jede Familie. Auch beim Spiel schrecken schon die Jüngsten vor der Kamera zurück, da ihnen bereits beigebracht wird: »Du sollst dir kein Bildnis machen.«

Wohnhaus in Bon Homme, der Mutterkolonie der Schmiedeleut in Nordamerika. – Links unten: Hauptgebäude des Rhön-Bruderhofes der Neuhutterer in der Nähe von Fulda, der 1937 geschlossen werden mußte. – Auf den Spuren ihrer Altväter: die Prediger Jakob Gross und Peter Tschetter in Deutschland. – Im Original erhaltenes Habanerhaus in Lewär bei Preßburg/Bratislava in der heutigen Tschechoslowakei, in dem sich ein Habanermuseum befindet.

MAX FACTOR
MAX FACTOR
MAX FACTOR
MAX FACTOR
MAX FACTOR

Durchschnittlich viermal im Jahr besuchen die Mädchen von Iberville in Begleitung eines gestandenen Mannsbildes »die Welt« – die kanadische Provinzmetropole Winnipeg. Dafür erhalten sie vom Haushalter ein Zehrgeld, das hin und wieder auch zweckentfremdet Verwendung findet.

Als ganz und gar nicht hutterischer Tradition gemäß gilt die Nikolausfeier auf einem Bruderhof. Hier konnte sich der Einfluß der »weltlichen« Englischlehrer durchsetzen. Geblieben sind dagegen Hut, Bart und Hosenträger als äußerliche Kennzeichen eines Bruders und die »nie zu lauten« Farben der selbstgeschneiderten Frauentracht.

Mittagspause auf dem Bruderhof, dem Wartezimmer des auserwählten Volkes im Jammertal des Diesseits. Noch garantiert die extreme Einsamkeit der nordamerikanischen Prärie den christlichen Kommunisten jenen Grad an Abgeschiedenheit, der sie dem Jenseits näher bringt, weil die sündhafte Welt nicht über die Grenzen ihrer Kolonien dringt.

So halten es die Frommen mit der Missionsarbeit wie mit ihrem Ideal, unsichtbar zu bleiben: »Die Welt braucht uns heute nicht mehr als Missionare«, erklärt ein Prediger in Süddakota. »Es heißt zwar ›gehet hin und lehret alle Völker, taufet sie in meinem Namen‹, aber das Wort ist jetzt gelehrt, alle Christen haben die gleiche Schrift.« Andere Hutterer befürchten, daß sie heute nicht mehr gläubig genug sind, um draußen zu missionieren, da auf den eigenen Kolonien die Schrift ihrer Meinung nach nicht mehr mit der gleichen Konsequenz ausgelegt wird wie früher.

»Wir machen's jetzt nicht mehr so begeistert mit der Mission, aber immer halten wir die Tür offen«, erklärt der Älteste der Schmiedeleut. »Wenn du unser Geschichtsbuch wirst lesen, kannst du sehen, daß wir im Vergangenen immer damit beschäftigt waren und unsere Brüder dahin schickten, wo Menschen am Gemeinschaftsleben interessiert waren, wir haben immer mit ihnen Verkehr gehalten. Das machen wir noch immer so, nur finden wir, daß es jetzt kaum noch Lust zur rechten Gemeinschaft gibt. Ein Beispiel dafür sind die Arnoldleut. Der Arnold war ein Professor in Deutschland, der einen Bericht über die hutterische Lebensweise gefunden hat. Er kam zu uns, hat ein ganzes Jahr bei uns in Manitoba und Alberta gelebt und wurde ein Prediger. Danach hat er das Licht des hutterischen Gemeinschaftslebens wieder zurück nach Deutschland gebracht. So haben's die Hutterer immer gemacht.«

Die Brüder gehen davon aus, daß jeder Mensch, der sich danach sehnt, heute die Schrift, die Bibel, hat, danach lebt oder nicht, daß er etwas von der Existenz der wahren Gemeinde weiß und zu ihr geführt wird oder nicht. Zudem fürchten sie den Einfluß der Welt auf ihre eigenen Brüder, denn nicht selten waren es jene Frommen, die, nachdem sie längere Zeit in und mit der Welt gelebt hatten, mit neuen Ideen auf den Hof zurückkamen, der weiter mit dem Alten leben wollte.

Allerdings haben die Täufer neben den Arnoldleuten jetzt auch in Japan »ein kleins Häufl aufrechter Christen im finstern Heidenland der 120 Millionen Götzendiener« als Hutterer akzeptiert, eine Gruppe von Japanern, die, »umgeben von der Buddhafinsternis« in Owa, 225 Kilometer nördlich von Tokio, in apostolischer Armut lebt.

Wer sich dem Bruderhof, der auch heute noch eine Aufgabe darin sieht, »die Verderbten zu mißachten und die Bußfertigen zu empfangen«, anschließen will, dem wird eine Bedenkzeit von rund einem Jahr eingeräumt, das er zusammen mit den Brüdern und Schwestern in der Gemeinschaft verbringen muß. Hier lernt er, seinem bisherigen sündigen Leben zu entsagen, um einen Anspruch darauf zu haben, in die göttliche Arche aufgenommen zu werden. Entsagung aber heißt Unterwerfung, denn je mehr sich der einzelne der Gesamtheit unterwirft, desto sicherer wird er zu einem Teil jenes Ganzen, das zukünftig alle Entscheidungen für ihn treffen wird.

Nach seiner sündigen Existenz legt der Weltliche die fleischliche Natur ab – ein »Tobackschnupfer oder -raucher« ist er ohnehin nicht mehr –, behält jedoch seine Geistlichkeit. Der Eintritt in die Gemeinde wird von den Brüdern nicht als menschliche Initiative gesehen, sondern erfolgt auf Beschluß Gottes: Wie Maria, als sie ihren Willen in die Hand des Herrn legte, Jesus empfangen hat, so empfängt ein neuer Hutterer – ein neuer Mensch – bindend für die Zeit auf Erden wie im Himmel den rechten Täuferglauben, mit dem die Kolonie »einen Anfang und ein Ende machen kann«. Denn die Kirche behält sich den Schlüssel zu seinem Leben vor, die Gewalt, sich mit ihm zu verbinden oder sich von ihm zu lösen. Der Bekehrte bestätigt den Grundgedanken der hutterischen Lehre, den Jakob Kleinsasser, Prinzipalvorsteher der Schmiedeleut in Manitoba, Norddakota, Süddakota und Minnesota, heute so zusammenfaßt:

»Wir nehmen ihn von der Lehre, aus dem Evangelium. Der liebe Herr Jesu kam und brachte ein neues Gebot: ›Liebe Gott über alles und deinen Bruder wie dich selbst.‹ Daran glauben wir vollmächtig. Wir können das auch nachlesen in der Apostelgeschichte, wo alle gläubig beieinander waren und alles gemein hielten. Keiner sagte mehr von seinen Gütern, daß sie sein Eigentum wären, sondern jeder legte, was er hatte, den

Aposteln zu Füßen, und sie teilten aus, was jemand Not hatte, was seine Notdurft war. Das ist der Grundsatz der Hutterischen. Das echte Gemeinschaftsleben war – wie wir glauben – für eine Zeit aufgehoben worden, bis Jakob Hutter kam und es wiederherstellte. Deshalb werden wir auch Hutterer genannt. Nicht wir nannten uns so, aber die Welt.« Kleinsasser, auch Ältester und aufgrund seiner Funktion von Nichthutterern als Bischof bezeichnet – er wird von allen getauften Brüdern demokratisch gewählt –, hat die Oberaufsicht über 114 Schmiedeleut-Kolonien und Entscheidungsgewalt in allen kirchlichen Fragen, aber auch jedes andere Problem, das eine Gemeinde nicht selbst lösen kann, wird ihm vorgetragen. Sein Urteil muß von den Brüdern angenommen werden.

Der Weltliche, der ein Hutterer werden will, erfährt mit Hilfe religiöser Begründungen sittlicher Gebote, daß er vorher, während »fetter Tage«, sich gewissenhaft genau zu überprüfen hat, ob er wirklich stark genug ist, die Last der Nachfolge Christi auf sich zu nehmen. Denn vielleicht muß er, sollte die Zeit wieder einmal reif sein, wie die Altväter in Tirol, in Mähren oder in der Slowakei bereit sein, für den hutterischen Glauben zu leiden und zu sterben.

Kein Mensch darf gezwungen werden, in den Dienst eines Bruderhofes zu treten, eine Gehirnwäsche wie in den ins Kraut schießenden pseudoreligiösen Bewegungen unserer Zeit ist ausgeschlossen. So vermahnt der Prediger den Weltlichen, den er vom ersten Tag der Begegnung an mit du anspricht, da derjenige, der mit Gott per du ist, es auch mit den Menschen sein kann:

»Wir geben auch dir wie keinem anderen schmeichelhafte Worte, um zu uns zu kommen, denn Gott will einen freiwilligen Dienst. Wer sich uns nicht mit herzlicher Freude anschließt und nicht standhaft in göttlichen Dingen sein kann, den lassen wir in seiner jetzigen Lage. Wir lassen auch niemanden aufgrund eines anderen beitreten, sei es, daß ein Mann einer Frau oder eine Frau einem Mann gefallen will, Kinder den Eltern oder umgekehrt, denn das würde bedeuten, daß wir eine Gemeinde auf Sand bauen. Wie ein jeder andere hast auch du deine eigene

Last bei uns zu tragen. Nur was auf Felsen steht, kann Gott gefällig sein.
Ein jeder unterwirft sich der brüderlichen Ermahnung, nimmt Strafen an, wie er im Hause Gottes selbst ermahnt und strafen soll, so daß keiner von uns in Sünde fällt. Was die Kirche macht, ist richtig, darum mußt du ihr erlauben, dich zu führen, so, wie es viele Fromme mit ihrem Blut versiegelt haben, wie es unsere Helden beschreiben, die jetzt in Frieden ruhen...
Wir wollen, daß du dem Privateigentum entsagst, wie es in der ursprünglichen apostolischen Gemeinde der Fall gewesen war. Denn das Mein und Dein ist die Ursache für viele Kriege. Wir betrachten diesen Weg als die sicherste Verbindung mit Gott und das beste Fundament unserer Gemeinschaft... Deshalb bestätigen wir es mit dieser Ermahnung vor deinem Eintritt in unsere Kirche, so daß wir später nicht verpflichtet sind, dir wieder irgend etwas zurückzugeben. Wir sagen auch: Sollte einer vorhaben, uns beizutreten, und später fühlen, daß es ihm unmöglich ist, bei uns zu bleiben, und sollte er das Seine dann zurückfordern, dann muß er jetzt wegtreten und sein Hab und Gut behalten, uns also damit in Frieden lassen. Denn es ist so, daß ein hutterischer Bruderhof nicht auf das Geld eines Menschen aus ist, sondern auf sein göttliches Herz. Wir glauben, daß nur Heiden Privateigentum haben.
Wer immer Schwierigkeiten in der Welt verursachte, die Strafe verdienen, sei es, daß er verschuldet ist oder Menschen betrogen hat, oder wer heiraten will oder verlobt ist, so muß er diese Dinge zuerst ins reine bringen. Denn wenn er sie vor uns verschweigt und sich taufen läßt und wir erst danach davon erfahren, so müssen wir ihn von uns ausschließen wie einen, der durch Falschheit in die Kirche aufgenommen worden ist. Deshalb sei auch du ermahnt und ehrlich verwarnt. Doch wenn du das Gesetz Gottes und die Ordnung Seiner Gemeinde, wenn du dein Heil und deine Seligkeit liebst, dann mache dein Testament und gib Zeugnis davon, daß du mit der ersten Kirche und ihrer Rechenschaft stimmst.«
Am Tag der Aufnahme in die Gemeinschaft, die natürlich durch die Taufe erfolgt, wird der neue Hutterer dann beken-

nen, daß er aus den Lehren Hutters, Riedemanns, Walpots oder des Ehrenpreis die Wahrheit erfahren hat, die zwölf Artikel des christlichen Täuferglaubens anerkennt, seine bisherige, sündige Natur bereut, um in Zukunft lieber zu sterben, als eine Sünde zu begehen. Er erklärt sich bereit, brüderliche Strafen und Ermahnungen anzunehmen, wo eine Gefahr für die Gemeinde in Sicht ist. Erst dann legt der Diener des Wortes ihm die Hände auf und tauft ihn: »Gott der Allmächtige im Himmel, der dir Gnade und Erlösung durch den Tod Jesu und das Gebet seiner Heiligen geschenkt hat, wird dich von oben mit Seelenstärke und Mut wappnen und deinen Namen in das Buch des Ewigen Lebens eintragen, um dich in Frömmigkeit und Glauben zu bewahren bis in den Tod. Das ist mein Wunsch für dich durch Jesum Christum. Amen.«

Die Platzanweiser der Gemeinschaft, der Diener des Wortes, der im Wirtschaftsunternehmen Bruderhof auch Präsident ist, der zweite Prediger als Vizepräsident und der Diener der Notdurft als Geschäftsführer stellen den Frommen nach dem Grundsatz »Können – Sollen – Müssen« und nach der reinen Lehre des Marktes an seinen Posten im Arbeitsprozeß. Als Kuhmann vielleicht oder Hühnermann, als Hüter der hutterischen Mississippi-Bienen oder an einen Topf im Großbetrieb Küche.

Doch als viel wichtiger gilt, daß der Bruderhof einen wiedergeborenen Menschen gewonnen hat, einen Partner, der nicht mehr für sich selbst existiert – einen Heiligen. Und Brüder und Schwestern danken Gott aus tiefstem Herzen. So singt ein Bruder: »Die Arche bedeutet Gottes Gemein. / Wer nit darinnen wird sein, / Derselbig wird müssen leiden / Die ewige Feuerspein.«

Und ein anderer: »Bein Frommen ist mein Freud und Lust, / Die Gott förchten und lieben. / Weib, Kind Hausgesind, weltlicher Wust, / Dein Teil hab mit den Dieben. / Fahr hin, fahr hin, weltlicher Pracht! / Du Unflat geh dein Straßen! / Ich zieh darvon zum frommen Mann; / Dein Teil wird gleich im feuerigen Teich / Nach deinem Schlemmen und Prassen.«

Wenn die Gärten verwildern

Die Täufer in Siebenbürgen – Wohlstand lockert die Sitten

Nicht viele Wege führen heute nach Kleinsaß, dem »kleinen Sitz« an der Drau, in eine Kärntner Ferienregion oberhalb von Spittal. Die Menschen, die es in diese Gegend zieht, kommen ganz gezielt wegen des milden Klimas in Adrianähe, wegen des Millstätter Sees oder der gewaltigen, bis zu 2000 Meter hoch aufragenden Berge, sie kommen als Wildwasserfahrer oder Gipfelstürmer, als Wanderer oder Kulturbeflissene. Familiär wird der Ort dann zur Winterzeit, wenn die Skipisten Anfänger wie Könner locken.

Auf der Schattenseite der Drau, dem historischen Grenzfluß zwischen dem südlichen Bistum Aquileia und dem nördlich gelegenen Salzburg, der Besitzgrenze zwischen Ortenberg und Foscari, liegen vor Kleinsaß in uralte Äcker eingebettet die Dörfer Ober-, Unteramlach und St. Peter, die allesamt – allerdings ohne sich dessen je bewußt gewesen zu sein – einen maßgeblichen Beitrag zur Geschichte der Hutterischen Brüder geleistet haben. Von hier stammen jene Kärntner Transmigranten, stramme Antikatholiken, die die Gemeinschaft der Heiligen, die nach den Verfolgungen in der Slowakei und Siebenbürgen unbedeutend geworden war, davor retten sollten, zwischen den etablierten Kirchen endgültig zerrieben zu werden. Es waren die Glanzers vom Mörtlgut an der Drau, die Waldners vom Ertlhof, die Kleinsassers, die Wurtzys vom Mayerhof und die Hofers, die in Rumänien – die Hutterer standen nicht unter dem Schutz des siebenbürgisch-sächsischen Toleranzgesetzes – Täufer-Reste übernahmen und zu ihrer heutigen Bedeutung auf den nordamerikanischen Bruderhöfen führten. Von den ursprünglich 14 Kärntner Familiennamen, die die Huttererchronik nennt, sind nur fünf erhalten geblieben, doch diese fünf Familien stellten 1985 die Prediger für 154 Kolonien: 122 allein die Hofers, 81 die Waldners, 32 die Kleinsassers, 26 die Wurtz und drei die Glanzers.

Noch vor ein paar Jahren waren die Besitzer des mächtigen Kleinsasserhofes in Kärnten, 800 Meter über dem Meeresspiegel, gegenüber dem Hochgisch, der Meinung gewesen, daß es die eigene Familie Kleinsasser nur in Kärnten und an evangelischen Fleischtöpfen Siebenbürgens geben könne, wohin ein Teil der Vorfahren im Zuge der Gegenreformation als Häretiker verschleppt worden war. In Amerika wiederum hielten sich die »Kärntner Hutterer« für echte Tiroler. Erst der Besuch eines Sprachforschers der Münchner Universität, der in Süddakota oberkärtnerische Sprachdialekte auf Tonband aufgenommen hatte, sollte Licht in die Familiengeschichten bringen. Heute leben tatsächlich mehr Kleinsassers auf hutterischen Bruderhöfen als in der Gegend von Spittal, der Amlacher Johannes Waldner, dem das Kleine Geschichtsbuch der Brüder zu verdanken ist, hat eine gewaltige Nachkommenschaft, die Zahl der Hofers aus St. Peter – die alten Höfe der Transmigranten stehen alle noch – ist weit größer als die Einwohnerschaft aller vier Dorfgemeinden zusammen.

Wenige Monate nach dem Besuch des Sprachwissenschaftlers aus Bayern kroch dann auch ein Mike Kleinsasser aus Kanada »auf allen vieren« den Hang zum Haus seiner Urahnen hinauf: Es war das erste Mal, daß der fromme Mann aus der flachen Prärie einen »Berg« bestieg. Und heute hängt am Eingang des Kleinsasserhofes an der Drau derselbe Spruch wie in der Kirche der Kleinsasser-Kolonie Crystal Springs in Manitoba: »Daß wir uns von Herzen einander lieben und im Herzen auf einem Sinn bleiben.«

Wie den vergilbten Urkunden des Kärntner Hofes zu entnehmen ist, hatte ein Hans Kleinsaß, Vieh-, Acker- und Waldbauer, bereits um das Jahr 1559 den Hof bewirtschaftet, wobei er, ohne ein Leibeigener im Sinne des frühen Mittelalters zu sein, im Untergebenenverhältnis zu seinen Grundherren, den Grafen von Salamanco-Ortenburg, stand, deren Spittaler Residenzschloß mit manchem Schweißtropfen der Bauern von der Drau gebaut worden war. Die Kleinsassers blieben im Besitz des Hofes. Als wohl traurigstes Ereignis in der ereignisvollen Familiengeschichte gilt heute noch jener Tag des Jahres 1755, an dem der Bauer seine Söhne hergeben mußte: Spittaler Landsknechten ergaben sich der Kleinsasser Johann, 32 Jahre alt, mit Ehefrau Barbara, geborene Hofer, und zwei Töchtern; der Kleinsasser Josef, 15, der 23jährige Christoph Stephan und der 17jährige Mathias. Als sogenannte Kryptoprotestanten hatten sie zwar den katholischen Gottesdienst besucht, zu nächtlicher Stunde im Keller unter der Küche des väterlichen Hofes jedoch auch aus Luthers Bibel gelesen, was in jenen Tagen zur Ächtung führte. Und »wenn der Alte – der Hofbesitzer Hans Kleinsasser – jetzt durch das Korn ging, wenn sein Blick das Stück Erde übersah, von dem er und seine Vorväter das Brot genommen hatten, dann lag ihm der Schatten, der mit dem Verlust seiner Söhne auf den Hof fiel, schwer auf der Seele. Wohl hatte er männliche Nachkommen, doch sie waren alle in fremden Landen verschollen...«, so die Familienchronik. Nach dem Alten, der das weitere Schicksal seiner Söhne nicht mitzuerleben brauchte, aber auch nicht erleben durfte, wie ihr Sehnen nach einer Gemeinschaft der Frommen in Erfüllung ging, übernahm die Tochter, die einen Gasser heiratete, den Hof. Und die Gassers sitzen auf dem Anwesen, das zu einem Restaurationsbetrieb für Kärntner Spezialitäten ausgebaut wurde, bis heute. Standhaft sind sie evangelisch geblieben, die Familienbibel aus dem Jahre 1720, aus der die verlorenen Söhne einmal gelesen hatten, ruht klotzig in einer Glasvitrine. Der Versammlungsraum der Protestanten, dessen meterdicke, mit Mörtel zusammengefügte Mauern einst vor Verrat nicht geschützt hatten, ist heute Vorratskammer.

Die Wittenberger Kunde war in Kärnten, wo man immer regen Anteil an den geistigen und politischen Entwicklungen in Deutschland genommen hatte, ebenso wie im benachbarten Tirol recht früh positiv aufgenommen worden. Bereits um das Jahr 1528 – Jakob Hutter hielt sich vorübergehend in Spittal auf

– bekannten sich hier Adel und einige Städte, darunter Klagenfurt und Villach, zu Luther. Vorübergehend wurden den Protestanten auch erhebliche Zugeständnisse gemacht, wogegen der zerrüttete Klerus machtlos war, der ohnehin von der aufreibenden Missionsarbeit in abgelegenen Gebieten nicht allzuviel hielt. So mußten sich hier wie im gesamten Österreich die Habsburger zu Garanten des Katholizismus erheben und versuchen, mit gegenreformatorischen Maßnahmen – insbesondere Reformationspatenten – auch den letzten Ketzer zu verdrängen. Bauern und Bürger wurden dabei vor die Wahl gestellt, entweder Haus und Hof zu verlassen oder aber jenes Gelübde abzulegen, das die Jesuiten in loyolatreuer Loyalität aufgesetzt hatten: »Ich armer, elender Sünder bekenne Euch Priester anstatt Gottes und der Heiligen Jungfrau und aller lieben Heiligen, daß ich der verführerischen, verdammten, gottlosen Sektenlehre beigewohnt und in ihrem greulichen Irrtum gesteckt bin, auch in ihrem Sakrament nichts anderes empfangen als ein schlecht Beckenbrod [Brot vom Bäcker, B. L.] und aus dem Kelch nichts anders als einen schlechten Wein aus dem Faß. Solchem greulichen erschrecklichen Irrtum entsag und widersprech ich nimmermehr beizuwohnen, sofern mir Gott helfe und die Heiligen.«
Die Habsburger hatten allerdings erkannt, daß mit der Massenverschickung religiös-unbequemer Untertanen aus dem eigenen Land die Herrschaft selbst geschwächt, vielleicht sogar das feindliche, evangelische Preußen gestärkt wurde. So sollten die Protestanten zwar aus ihrer Heimat ausgesiedelt werden, jedoch eine Bleibe in den erst kürzlich erworbenen Gebieten in Siebenbürgen finden. Der Banat blieb Katholiken vorbehalten. Der Siebenbürgische Landtag hatte sich von der türkischen Herrschaft losgesagt und dafür die Oberhoheit Wiens anerkannt, nachdem es Habsburg gelungen war, auch Ofen (Budapest) von den Muselmanen zu befreien. Als Leopold I. den Titel eines Fürsten von Siebenbürgen annahm, bestätigte er durch das Leopoldinische Diplom die ständische Verfassung, die die Gleichberechtigung der evangelischen Kirche garantierte.

In Kärnten, wo die Täufer frühzeitig mit Feuer, Wasser und Schwert ausgerottet worden waren, hatte sich das Luthertum bei den Bauern in den entlegenen Landstrichen einige Zeit gehalten. Selbst während der Gegenreformation waren zum Beispiel in Amlach, unterhalb des Kleinsasserhofes, alle Stammfamilien protestantisch geblieben, obwohl nur eine *katholische* Kirche im Ort stand. Aber die Männer der Hofers, Glanzers oder Waldners, anspruchslose Bergbauern, die sich in religiösen Gemeinschaften gefunden hatten, die durch die räumliche Geschlossenheit des Drautales gefestigt waren, wagten ein gefährliches Doppelleben. Zu Hause waren sie Lutheraner, in der Gemeinde, in der Öffentlichkeit aber Katholiken. Sie ließen sich katholisch taufen, besuchten die Messe und wurden vom Ortspfarrer getraut. Doch »solches kunnte die Geistlichkeit der Papisten bald nicht mehr ertragen noch leiden, da ihre Sach ins Abnehmen kam«.
Zuerst wurde der Besitz der deutschen und nun vielen verständlichen Lutherbibel verboten, »dann woher kommt dies Ketzer Feuer als aus dem Bücher lesen? Ist eine wichtige Frag, ob es nicht wäre besser unter diesen Umständen, wenn diese Leuth nicht kunthen lesen« – so die katholische Seite. Den Bauern sollte fortan alleine der Pflug, die Geißel und der Ochsengart in die Hand gehören, der Bäuerin Kochlöffel und der Trugenschlüssel, dem Knecht Hacken, Zappin, Drischel und Mistgabel und der Dirn Spinnrad und das Saufutter, aber eben nicht das Buch. Die Kirche hatte eigens Späher eingesetzt, die zu nächtlicher Stunde an Türen und Fenstern der Bauernhöfe lauschten, ob dort in lutherischen Schriften gelesen wurde. Wer gestellt werden konnte, mußte mit empfindlichen Strafen rechnen.
Dem Landrichter von Spittal, Johannes Turteltaub von Thurnau, hatte Wien befohlen, Kärnten zum Katholizismus zurückzuführen, da Maria Theresia (1740–1780) in ihren Erbländern keine Ketzer mehr duldete. Als Turteltaub die sogenannten Kryptoprotestanten zu einem öffentlichen Bekenntnis zum Papst zwingen wollte, nahmen einige von ihnen lieber die Zwangsverschickung in Kauf, als zur alten Kirche zurückzu-

kehren. Was für sie daraus folgte, beschreibt Johannes Waldner aus Amlach im Anschluß an seinen »Auszug und kurzen Durchgang unserer Gemein Geschichtsbuch, wie Gott aus allen Völkern, Geschlechtern und Zungen Teutschlands ein einiges Volk gesammlet, auch wie Gott in demselben sein Werk in dem letzten Alter dieser Welt wieder aufgericht und angeordnet hat, daneben, was schwere Verfolgungen, Kreuz und Trübsale die Gemein erlitten: viel hingericht worden, und von etlichen sonderlich, wie sie mannlich gewesen, was mit ihnen gehandelet worden, und andere Sachen mehr, so in der Gemein sich begeben, zu guter Gedächtnis und Betrachtung des Herrn wunderbarer Anrichtung auf das kürzeste beschrieben und verzeichnet«. Seine Aufzeichnungen, die die Hutterer, wie gesagt, das Kleine Geschichtsbuch nennen, besitzt heute im Original die Kolonie Sturgeon Creek in Manitoba:

»Demnach [die Kärntner Gruppe – unter ihnen Waldner selbst – hatte Turteltaubs Vermittlung abgelehnt, B. L.] befahl der Religionskommisari allen denen, so nit abweichen wollten, sie sollten sich zur Reis schicken. Es wurden von der Obrigkeit Wägen bestellt, und wurden also von Spittal durch den Schergen oder Bot auf Klagenfurt geführet mit ihren Weibern und Kindern und etwas Bettgewand, das man ihnen folgen ließ. Ihre hinterlassene Güter, liegende und fahrende Hab, wurde alle beschrieben und darnach geschätzet; und war die Verheißung, daß es ihnen sollte nachgeschickt werden; allein es blieb dabei, und haben die wenigsten etwas darvon bekommen.«

Die Gruppe bestand aus 65 Personen, darunter die Söhne und Töchter aus den durchaus begüterten Bauernfamilien von Amlach, St. Peter und Kleinsaß, recht einheitliche Typen, da man schon seit Generationen in ihrem Landstrich »gheirat hat ba der Hand«, seinen Ehepartner nach Möglichkeit in der unmittelbaren Nachbarschaft suchte. Die Verbannung ging über Klagenfurt, wo für zwei Monate Sträflingsarbeit verrichtet wurde, nach Ybbs, von dort über Wien und Preßburg nach Temeschwar. Ziel war Rumes, dessen erste Siedler bereits im Jahre 1206 urkundlich als Saxones oder »primi hospites regnis«, erste Kolonisten, erwähnt werden. In diesem Ort, ursprünglich

katholisch, mit überzeugten Bruderschaften für den Ortsheiligen Johannes und den heiligen Nikolaus, war der Reformation Mitte des 16. Jahrhunderts der Durchbruch gelungen, nachdem Kaufleute von der Leipziger Messe die Schriften Luthers und Zwinglis nach Siebenbürgen mitgebracht hatten. Schnell strahlte der reformatorische Geist ins Land aus, da der Kampf um die ungarische Krone den Siebenbürger Sachsen eine relative Entscheidungsfreiheit in Religionsfragen ermöglichte, die vom Landtag zu Thorenburg 1543 auch bestätigt wurde. Von Bedeutung war es, daß alle deutschen Ansiedlungen zur evangelischen Kirche übertraten, die bald ein festes Band um alle Deutschen schlang, auch um jene, die nicht auf freiem Sachsenboden, sondern auf abhängigem Komitatsgrund wohnten. Diese Übereinstimmung von Kirche und Volk – 1572 wurde das Augsburger Bekenntnis angenommen – war für die Siebenbürger Sachsen, ihrem Stamm nach Moselfranken, die im 12. Jahrhundert »als rodender Arm und kriegerische Faust« hier eingewandert waren, von eminenter Wichtigkeit. Sie festigte diesen vorgeschobenen Posten des Abendlandes, den Türken und Tataren mit einiger Regelmäßigkeit heimsuchten. Den Kärntner Transmigranten geriet sie zum Nachteil, da die Bauernburschen mit Gottes Gnade bald zu erkennen glaubten, daß die lutherischen Pfaffen des Landes zwar lautstark das Lied vom »Reichen Mann und Lazaro« sangen, dabei jedoch ähnliche Privilegien genossen wie die katholischen Pfarrer an der Drau. Die Hofers, Waldners und Kleinsassers sahen diese Lutheraner »nicht in der Wahrheit des Evangeliums« und fanden so bei ihnen auch nicht das, was sie sich von einer protestantischen Kirche erhofft hatten: »Wir erfuhren viel anstößiges und ärgerliches Wesen und allerlei Ungerechtigkeit, als sonderlich den unersättigen Geiz der Pfaffen, dazu Fluchen, ... Schwören, Lügen und Betrügen, Hurerei, Ehebruch und Trunkenheit und dergleichen Sünden mehr, welches alles wider das Evangelium ist.«
So konnte eine unmittelbare Konfrontation zwischen den hartnäckigen Kärntnern und der Kirche nicht ausbleiben, zumal die sächsische Nation auf ihre Religionsverwandten aus Österreich ohnehin nicht gut zu sprechen war, da der Wiener Hof verord-

net hatte, den Neuankömmlingen Ackerland und Hofstellen zur Verfügung zu stellen. Zur ersten offenen Auseinandersetzung kam es dann auch gleich in Rumes, einer durchaus religiös orientierten Gemeinde, in der auch heute noch der Bauer auf uraltem Acker die ersten Handbewegungen beim Ausstreuen der Saat mit einem »Im Namen des Vaters, des Sohnes und des Heiligen Geistes« begleitet, wo während des Säens kein Wort gesprochen werden darf und nur, wenn der Herr Pfarrer vorbeikommt, stumm der Hut gezogen wird. Der lutherische Prediger war es, der hier die Kärntner aufforderte, vor dem abendlichen Betglockengeläut einen Eid auf die Kaiserliche Majestät abzulegen, die ihnen die große Gnade erwiesen habe, sie nach Siebenbürgen einzuladen, wo man sich zu seiner protestantischen Lehre offen bekennen könne. Erst nach diesem Treuschwur war es den Neusiedlern dann erlaubt, Häuser zu bauen und Felder zu bestellen. Während ein Teil der Transmigranten den Eid leistete, weigerte sich der harte Kern von der Schattenseite der Drau.

Die Gruppe um Kleinsasser und Hofer blieb, inzwischen völlig verarmt, den Winter über bei sächsischen Bauern in Rumes. Im Frühjahr 1756 gingen Georg Waldner und Andreas Wurtzy auf Arbeitssuche und streiften dabei rein zufällig den etwa 15 Kilometer entfernten Marktflecken Winz (Alvinz, heute: Vintul de jos), wo sich im Jahre 1622 Hutterer aus Mähren und der Slowakei niedergelassen hatten. Im Gespräch mit deren Diener des Wortes Josef Kuhr schilderten sie ihre Lage, die durch den Konflikt mit der lutherischen Kirche verzweifelt geworden war. Kuhr, der als aufrechter Täufer den Eid ebenfalls ablehnte, war von der Bibelfestigkeit der beiden Kärntner beeindruckt. Er erklärte ihnen dafür die Grundzüge der eigenen Lehre, die Punkte, in denen sie sich von der päpstlichen, aber auch von der lutherischen Kirche unterschied. Schnell meinte er dabei zu erkennen, daß es die Vorsehung Gottes gewesen sein mußte, die die Kärntner nach Winz gebracht hatte, denn ähnlich wie in Sabatisch war die hutterische Gemeinde auch hier im Zerfall begriffen.

Die Begegnung wurde der Schlüssel zu dem, was heute noch

hutterischer Bruderhof bedeutet. Kuhr, Wurtzy und Waldner stimmten darin überein, daß sie alle drei an dasselbe glaubten. Schon in den nächsten Tagen zogen 23 Männer mit 18 Frauen und 24 Kindern aus der Gruppe der Transmigranten von Rumes zu den »Teutschen Leuten« nach Winz in der Nähe von Weißenburg (Karlsburg, heute: Alba Iulia). Dort verdingten sich die Erwachsenen als Tagelöhner. Doch Kuhr hatte damit ein Verbot übertreten, nach dem seiner Täufergruppe unter Androhung strenger Strafen untersagt war, neue Mitglieder aufzunehmen. Die fürstlichen Privilegien, die einmal zur Ansiedelung geführt hatten, stellten Wächter vor das Paradies, beschränkten sich auf Täufer und deren Nachkommen aus Mähren und der Slowakei. So war es für den lutherischen Prediger in Rumes jetzt auch problemlos, den zuständigen Magistrat gegen die Winzer und ihre Kärntner Untermieter zu mobilisieren. Dem Stuhlrichter von Reußmarkt, der die Neuankömmlinge auf den in der siebenbürgischen Kirchengeschichte einmaligen Vorfall aufmerksam machte, sollte es jedoch nicht gelingen, sie von Gott und der hutterischen Wahrheit abzubringen. Also mußten die Kärntner mit Gewalt wieder zurück nach Rumes gebracht werden.

Gabriel Bethlen, bedeutendster unter den siebenbürgischen Fürsten und nach dem Fenstersturz zu Prag auf seiten der aufständischen Böhmen und deutschen Protestanten, hatte mit dem Einzug seines Heeres in der Slowakei die hutterischen Bruderhöfe Sabatisch, Lewär und Trentschin selbst kennengelernt und war dadurch auf die großen handwerklichen Fähigkeiten der Brüder aufmerksam geworden. Aus der Geschichte ist heute nicht mehr klar ersichtlich, ob Bethlen den Hutterern ein Siedlungsgebiet in Siebenbürgen anbot oder ob sie um seinen Schutz nachsuchten: Im April 1621 verabschiedete sich eine Gruppe von Frommen unter Führung des Baders Franz Walter, Diener des Wortes, und des Haushalters Konrad Hiertzl von ihren slowakischen Brüdern, um begleitet von einer Eskorte sächsischer Reiter in Richtung Winz zu ziehen. Ihnen folgten schnell weitere Täufer, die ihre Handwerksgeräte mit sich führten, daneben aber auch das geheimnisvolle Knowhow zur Herstellung der Habanerkeramik, die ihre »Kunstexplosion« gerade hinter sich hatte. Im August 1621 erreichte der erste Täuferzug das teilweise entvölkerte Winz. Die Hutterer wurden in einem alten Adelshof einquartiert, dessen Wirtschaftsgebäude, Felder und Weingärten von ihnen genutzt werden durften. Im Jahr darauf erklärte der Landtag in Klausenburg die Gemeinschaft der Hutterischen Brüder zur geduldeten Sekte und sicherte ihr Glaubensfreiheit zu. Als Auflage hatte sie dem Fürstbischof alle ihre Erzeugnisse zum halben Preis anzubieten und daneben den üblichen Zehnten zu entrichten.

In dem »Klein grundlichs denkh-Bichlein darinnen begriffen und angezeigt wirt, was sich seit dem 1524–1642 jar mit den rechtgläubigen und frommen Menschen hat zugetragen«, einer Handschrift der Karlsberger Bibliothek, heißt es dazu: »In dem 1621 jahr den 1 tag Aprillis ist der Bruder Frantz Walter, ein Diener des Worts, Conrad Hirtzl Haussvatter, mit inen noch bey 183 personen, Brueder, schwestern, kinder aus dem Ungarlandt, von Schachtitzer und Echtelnitzer Herrschaft, dahin sie vor der grossen unmenschlichen Tyrannei des kaiserlichen volks geflohen waren, durch des Gabriel Bethlen Sübenburgischen Fürsten gewalt inns Landt Sübenburgen gefuert worden.« Im Oktober 1622 ist »das maiste volcks auss zwajn hausshalten Majkowitz und Ollechkowitz sampt drejen Bruedern des worts Michel Kocher, Thoman Wilhelm und Albrecht Grob in saer bösen wetter zu den unsrigen in Sübenburgen gezogen«. Nachdem im Jahr darauf Albrecht Syl aus Winz gestorben war, wurde »Bruder Josef Nagello zu ainem Eltesten in Sübenburgen geordnet, welcher 18. II. 1623 sampt etlichen personen von Sobotisch seinen abschied genommen«.

Vier Jahre später bestätigte ein siebenbürgischer Landtagsartikel den Winzer Täufern, daß sie hervorragende Handwerker seien, von großem Nutzen für das Land und Vorbild für die übrigen Meister, die sie alle überträfen. Diese Konkurrenz konnte den Siebenbürger Sachsen indessen alles andere als willkommen sein. Sie setzten 1631 einen Landtagsbeschluß durch, wonach den Winzer Täufern untersagt wurde, ihre Produkte – darunter das begehrte Fayencegeschirr, auch Brudergfäß genannt – auf sächsischem Boden zu verkaufen. Dennoch sollte gerade die Keramik aus Winz bald viele Freunde im Land gewinnen.

Bis zu diesem Zeitpunkt hatte es in Siebenbürgen keine Bruderhöfe gegeben, vor 1556 waren Täufer, wie in den deutschen Landen üblich, verfolgt und »mit allen Wurzeln ausgerottet« worden. Daß sie in Siebenbürgen missionierten, beweist aber das frühe Liedgut der sächsischen Lutheraner, die bereits 1543 in Kronstadt das »Wiltu bei Gott dein wonung han« drucken ließen, das eindeutig aus Täuferquellen stammte.

Jakob Hutters Erben waren in ein Land gekommen, das als historischer Umschlagplatz vieler Völker auf einen Tiefpunkt seiner Geschichte zusteuerte. Dem kulturellen Aufschwung im Sog der Reformation und des Humanismus folgte jetzt ein erbitterter Abwehrkampf gegen türkische und tatarische Zerstörungswut, gegen Seuchen, Hunger und den Niedergang der Wirtschaft. Die Korruption des Staatsapparates förderte die Ausbeutung der ärmeren Volksschichten, Rechtlosigkeit und allgemeine Unsicherheit. Die religiöse Begeisterung des 16. Jahrhunderts hatte in dem Maße nachgelassen, in dem das Land zum politischen Wetterwinkel Europas wurde. Bauern bauten plötzlich »lieber Müllen, Ross- und Schweinestell« als neue Bethäuser. Und als die Habsburger Siebenbürgen 1691 zur Kronprovinz erklärten, sollten sich die negativen Vorzeichen noch erheblich verstärken. Mit den Österreichern kamen auch die Soldaten Jesu, die Jesuiten.

Der Bruderhof in Winz entwickelte sich trotzdem für einige Jahrzehnte dank fürstlicher Privilegien recht gut. Wie schon im Lebensraum Mähren oder in der Slowakei wurde die Kolonie zu einem handwerklichen Zentrum, »im Geistlichen geschlossen, dem Fleischlichen abhand«. Sie bot sich daneben als Asyl für die oberungarischen Täufergruppen an. Der Siebenbürger Chronist Kraus schreibt über den Zuzug: »All die da baweten, undt ihrer Sekt und Handels pflegten, ja auch jetzt zur Stunde allda hausen undt sich widertaufferischer art nach, vill tausend ermehret.« Wenn auch der Ausdruck »vill tausend« erheblich übertrieben sein dürfte, so glaubt doch der Hermannstädter Klaus Klusch, heute der bedeutendste Habanerforscher in Rumänien, aufgrund neuester Forschungen, daß sich um die Mitte des 17. Jahrhunderts in Winz zwischen 900 und 1000 Hutterer – auch hier Habaner genannt – zusammengefunden hatten. 150 Fromme starben während eines Türkeneinfalls 1661 wohl an Typhus; Kraus berichtet, daß bei der Sekte, die sich vor den Muselmanen in die Festung Zebernik geflüchtet hatte, »ein sterben eingerissen sei, und unsere besten handwerksleut drauff gangen. Also daß in wehre der Zeit 150 persohnen drauff gangen sein.«

In Winz arbeiteten Deutsche und Slawen, Italiener und Rumänen oder Ungarn einträchtig zusammen, der rumänische Schneider Roman Walßner wurde sogar zum Diener der Notdurft oder Haushalter gewählt. Der Hof galt als »Bienenstock Weißenburgs«, so, wie die ersten Haushaben einmal die Honigstöcke Mährens waren. Die Brüder lebten in der Gütergemeinschaft, ihrem tatsächlichen Besitz, und unterstanden der hutterischen Ordnung Sabatischs, dem religiösen Wert. Dabei mußten die Vorsteher in der Slowakei jedoch recht bald erkennen, daß ihr relativer Wohlstand die Winzer mit den Reinheits- und Tabuvorschriften Jakob Hutters in Konflikt brachte: Die Brüder des Ostens beteten zwar fünfmal am Tag, schenkten dazu aber jedesmal auch einen Humpen Wein aus. Eine lascher werdende Disziplin führte zu Zweckmäßigkeiten, in denen die Heiligen des Westens Prunksucht erkennen wollten. So mahnte Sabatisch schon im März 1642 ganz ernstlich, »das man besser hüeten und wachen soll wider die hoffart, dan die schwestern wider gar zu gemain werden mit den glitzenden leinern schürtzen, damit sie daherrauschen, sowohl als mit den schönen röckhen, so köstlichen Betgewandt, und andern dingen Mer, welches man Alles haimlich wider alle ordnung gewiss umb gelt kaufen muess ... Die Aussgeber sollen auch bessern fleiss anwenden, das die leinen schwesterschürtz, leine Hosen und strimpf, zu rechter Zeit gemacht und teure wullen gewandt gespart werden.«

Hier sollte sich zum erstenmal zeigen, daß sich Hutterer neuen Lebensordnungen zuwandten und traditionelle Formen des Gemeinschaftslebens moderat handhabten, sobald sie sich wirtschaftlich emanzipiert hatten. Daneben reagierten sie auf eine gewisse äußere Freiheit mit einer Reihe innerer Freiheiten. Den vom Wohlstand etwas strapazierten Hof in Siebenbürgen beschreibt der Winzer Bruder Jacobus Werner in seinem »Hauss Buech«: »Diesses hauss oder hofstadt hat aber eine solche gestalt und ligt nach den vier orten der welt, wie es in unserm hausbrief geschrieben ist, da wier auf ein yedes ort underschidliche geber [Gebäude] haben. Erstlich sted im hausbrief fürs erst der morgen plan, das ist die seiten unsers hof-fair [Hoffeuer] und bader hauss, als dass wir den hinder tail oder den hintern hof nennen. – Zum andern wirt die mittägige seiten genent [Lücke im Text] das ist da wir jetzt die schneiderstube und satler und riemer haben. – Zum driten meldets den nidergang [der Sonne], da wonen jetzt die messerer, weissgerber und hueter. – Zum vierten steet es das auf der mitnächtigen seiten der Fluss Marusch drin hinfliesse, das ist der orth, da wier jetzt die Kirschnerstuben, das haupt eckh oder gibl unserer hetzigen gross stuben und ein tail unseres hausgartens haben. Es sein aber hinter der messer stuben am Marusch fluss da es ein brieff den niedregang nent, zwo salzhitten, die hat uns die königin zur hofstadt geschenkht, auf der ainen stell, wo danegst ain messerer haus ist gewesen, stedt jetzt die klingen schmitten und segessen schmitten [Sägeisenschmiede].« (Anmerkungen in ekkigen Klammern vom Autor)
Eine besondere Erfindung der Hutterischen Brüder wurde auch im Winzer Haushaben verwendet: das Strohdach, mit dem die Frommen bereits in Ungarn und in Mähren einiges Aufsehen erregt hatten. Es handelte sich dabei um eine exklusive Dachdeckung, die – von Zeitgenossen bestätigt und immer wieder mit Bewunderung abgehandelt – einem Feuer ebenso wie dem Blitz widerstehen konnte. Voraussetzung dafür war, daß die Hutterer ihr Getreide droschen, um so an Garben und Schabstroh zu kommen, wo im allgemeinen die Feldfrucht nur von Pferden ausgetreten wurde. Zur Herstellung der Dachplat-

ten verwendeten die Brüder kleine Schablonen, in die sie verschiedene Schichten Stroh stapelten, anschließend wurde jede Lage mit Lehm überstrichen. Von der Sonne hartgebacken, war das Resultat ein unbrennbares Stroh-Lehm-Gemisch.
Während sich das häusliche Leben der Hutterer hauptsächlich auf dem Dachboden abspielte, wo sie auch die Schlafzimmer hatten, war das heizbare Erdgeschoß »der Wirtschaft« vorbehalten. Hier lagen die Werkstätten der brüderlichen Handwerkskunst, die bis in unsere Zeit berühmt bleiben sollte. Hier entstanden die schönsten Blüten der Keramik, »durch eine oft unerreichbare Technik vollkommen, erhaben über jeden Individualismus, angesiedelt an der Grenze von Volkskunst und Kunsthandwerk«. Dominierte in Mähren und der Slowakei das Weißgeschirr, so verwendeten die Brüder in Winz immer häufiger gelbe und blaue Glasuren verschiedener Farbschattierungen bei der Herstellung von Prunk- und Ziergefäßen, was auf einen orientalischen Einfluß schließen ließ und damals bereits Seltenheitswert hatte. Daß sich die Habanerkeramik auch bei den kriegerischen Türken großer Beliebtheit erfreute, geht daraus hervor, daß ein um die Sicherheit der Krüglermeister besorgter Pascha ihnen »einen Brueff gab, daß sie von straffenden Türkhen unangefochten bliben und sicher warn«. Evlia Tschelebi, türkischer Wanderchronist, war von der Qualität der Winzer Habanerfayencen so begeistert, daß er sie in seiner 1660 verfaßten siebenbürgischen Reisebeschreibung mit den paradiesischen Früchten verglich und noch über das Porzellan des Kaisers von China stellte. Das Mitglied einer königlich-schwedischen Gesandtschaft, Conrad Jakob Hiltebrand, der 1657 Winz besuchte, vermerkte in seinen Aufzeichnungen: »Wie dann in der Töpfer Stuben solche schöne Teller und Schüsseln von thon auf eine ganze taffel verfertigt waren, als wären sie in Holland gemacht.«
Die Brüder selbst bewahren in den sonst so ausführlichen Chroniken – ebenso wie in der in Winz hinterlassenen Bruderschaftslade – über die technischen und künstlerischen Produktionsstufen in ihren Hafnerwerkstätten vollkommenes Stillschweigen. Trotzdem kann davon ausgegangen werden, daß

sich ihre »fürgestellten Haffnermeister« zum Erfahrungsaustausch trafen, daß gerade die Winzer ganz erheblich von der jahrhundertealten Erfahrung der mährischen und slowakischen Berufskollegen profitierten. Der Winzer Meister Jakob Weiss, der sich als erfolgreicher Alchimist und schöpferische Künstlernatur auszeichnete – er wurde dafür zum Diener des Wortes erhoben –, stammte selbst aus einem Hof in Mähren. Eine Arbeitsteilung ermöglichte es jedoch, das Geheimnis der Zubereitung der Grundglasuren bis zuletzt zu bewahren. Was Brenn- und Krüglermeister wußten, gaben sie als echtes Berufsgeheimnis mündlich weiter. Erst die moderne Chemie erlaubt es heute, den Herstellungsprozeß so weit zu rekonstruieren, daß man daraus auf die Arbeitsmethoden und die verwendeten Rohstoffe schließen kann.
Das zur Färbung der Glasur notwendige Material konnte zu jener Zeit nicht in chemisch reinem Zustand bezogen werden, sondern wurde in Winz wahrscheinlich als Erzgestein in Farbmühlen gemahlen und durch komplizierte Verfahren von den Alchimisten zu den gewünschten Stoffverbindungen verarbeitet. Da die Krüglermeister selbst während politisch unruhiger Zeiten über diese Glasurzusätze verfügten, ist anzunehmen, daß sie sie aus ihrer näheren Umgebung bezogen. Dabei mußten recht gute Beziehungen zu den Bergwerken bestehen, da man bei historischen Wohnstellen Siebenbürger Kumpel immer wieder Habaner Geschirr gefunden hat.
Neben Krügen, Humpen, Tellern und Töpfen fertigten die Winzer Brüder, denen die Darstellung figuraler Szenen – von »überflüssigem Gemäl« – aus religiösen Gründen verboten war und die sich so auf Pflanzenmotive und Eingebungen geometrischer Art beschränken mußten, in den vier Scharffeuerfarben auf elfenbeinfarbener Zinngrundglasur Kachelplatten für die in Siebenbürgen beliebten Lutheröfen. Ein Prunkstück aus dieser Habanerkollektion steht heute im Budapester Gewerbemuseum, denn die Keramik der Frommen blieb eine Rarität, bis man im 18. Jahrhundert in der Slowakei mit der Großproduktion des früher den Brüdern vorbehaltenen Weißgeschirrs begann.

Diese handwerkliche Vollkommenheit führte die Winzer zu dem von Sabatisch gegeißelten Wohlstand, zu einem wirtschaftlichen Aufschwung, der wiederum beutegierige Türken und habgierige Landesherren anzog: Winz war zur Quelle stattlicher Einnahmen staatlicher Stellen geworden. So verurteilte Fürst Rákoczi im Jahre 1633 alle Hutterer in Siebenbürgen im Kollektiv zum Tode, weil ihr Prediger in einem Brief, der dem hohen Herrn hinterbracht worden war, einige unbedachte Äußerungen gemacht hatte: »Und als er den liess lesen, und vernomen, daz seiner und seiner Regierung auch darinen gedacht worden, hat er sich mächtig erzürnet, liess als baldt die Fürnembsten Brüder gefangen nemen ... liess ... die gantze gemaindt zu Alwintz besetzen und zwar, da kein Mensch nit schuldig war, wurde dennoch die gantze gemaindt zu Alwintz zuem todt erkenndt, und die sach dahingezogen, als ob sy nit allein am Fürsten, sondern auch am landt zu verräthern worden seyen...« Fürst Rákoczi dachte indessen gar nicht daran, die Habaner hinzurichten, was er sogleich mit einer Umwandlung der Todesstrafe in eine so stattliche Geldbuße unter Beweis stellte, daß sämtliche Ersparnisse des Hofes dafür herhalten mußten. Dabei war die Winzer Gruppe auch gezwungen, ihren in Not geratenen Bruderhöfen in der Slowakei mit einiger Regelmäßigkeit finanziell unter die Arme zu greifen...

In den Jahren 1771 und 1850 wurde Winz vom meist unschuldig dahinfließenden Marosch überschwemmt. Der Fluß nahm die von den Hutterern zurückgelassenen Werkstätten samt Erdreich mit sich. So kann über die Produktionsstätten der Brüder heute nur gerätselt werden. Die Fachwelt geht davon aus, daß die Winzer Krüglerwerkstätten denen der Haushaben in Oberungarn glichen, daß sie sich zwei Jahrhunderte lang nicht der in Italien üblichen, auf eine vertikale Achse gesetzten Spindel-Töpferscheibe bedienten, sondern die massive Trommeldrehscheibe deutschen Ursprungs verwendeten. Sie bevorzugten den Kasseler Ofen, ein Ziegelofen mit länglicher Brennkammer, und »gliederten sich in drei gesonderte Abteilungen, eine für das Schmelzen der Farbglasur, eine für das Vorbrennen der rohen Gefäße und eine für den Garbrand. Höchstens viermal im Jahr wurde in den Öfen Feuer gemacht, und zwar bei Nachtzeit unter großer Geheimnistuerei, was in der Umgebung Aufsehen und Verdacht erregte.«

Die Nachfahren der Habaner verließen 1851 Winz und gründeten Neuwinz. Der inzwischen verstorbene letzte Habaner Siebenbürgens, der ausschließlich von der Landwirtschaft lebte, hatte zwar noch einen deutschen Namen, sprach allerdings nur Ungarisch. Die Winzer Hutterer waren bereits 1767 vollkommen rekatholisiert, was jedoch ein falsches Bild ergibt, da unter den 24 im habsburgischen Sinne bekehrten Familien kein einziger Name mehr aus Mähren zu finden ist. Bei der Aufgabe des Hofes wohnten dort Personen, die sich als Täufer bezeichneten, ohne Zweifel auch der hutterischen Lehre einmal anhingen. Doch die »echten« Hutterer, die von den Pionieren der Jahre 1621/22 abstammten und noch in der Täufertradition standen, befanden sich nicht mehr darunter, sondern waren auf dem Weg nach Osten. So schrieb ein Zeitgenosse sicher nicht von ungefähr über die »katholischen Winzer«, daß sie »des Handwerks ... völlig entwöhnt (seien), obwohl sie früher zu diesem Zwecke ins Land gerufen wurden«.

Der Platz, wo der Hof einmal lag, ist heute kein Erlebnis mehr. Niemand blieb den Winzern, der noch ihre Geschichte beschwören könnte. Ortsunkundige auf der Suche nach einem letzten hutterischen Rest läßt man in die Felder laufen. Die Regierung in Bukarest besteht sogar darauf, daß es am Ufer des Marosch niemals einen Bruderhof gegeben habe...

Als die Kärntner Transmigranten zur Winzer Gruppe stießen, hatte diese ihre geistliche Blüte schon hinter sich, waren ihre brüderlichen Gärten im Wohlstand verwildert. Doch auch innere Streitigkeiten konnten dafür verantwortlich gemacht werden, daß sie sich vom Ideal Jakob Hutters distanzierten. Die Ältesten versuchten zwar noch mit hörbaren Protesten, dem Gemeindeleben einen Rest von Legalität zu geben, doch das bereits geprägte Sprichwort, daß gute Zeiten keine guten Christen machen, erfuhr seine Bestätigung. Besonders die tüchtigen, erfolgreichen Handwerksmeister konnten nicht mehr so recht auf den Grundsatz der Gütergemeinschaft eingestimmt werden. Das Knirschen gieriger Zähne begleitete die Umverteilung der Güter, die sich wie üblich nach dem Bedarf des einzelnen richtete und nicht nach der Leistung, die er für den Hof erbrachte. Die Übersättigung erzeugte Gegengift. In Winz florierte ein recht unchristlicher Schwarzmarkt, persönliche Bereicherung war die Regel, was wiederum begründete wie unbegründete Ausschlüsse mehrerer Brüder und Schwestern nach sich zog. Gemeindebesitz wurde als Konsum- und Gebrauchsware veruntreut, ein Ältester packte soviel er konnte auf fünf Pferde und in den Wagen und machte sich davon. Nach den Jahren der Not und Verfolgung, der Wanderung und des Neuaufbaus hatte die Schlange wieder zugebissen.

Allerdings trafen auch unverschuldete Schicksalsschläge den Winzer Hof mehrmals hart: Zur Zeit der Türkenherrschaft brannte die Kolonie zweimal vollkommen ab. Immer wieder trat der Marosch über die Ufer, zerstörte Häuser und Wirtschaftsgebäude. 1738 raffte die Pest 57 Heilige dahin. Für das geistliche Leben wurde dann das Auftreten der Jesuiten noch verheerender. Die christlichen Konquistadoren Maria Theresias, mit ihren eigenen Spielregeln, schleppten wie einst in Sabatisch ganze Wagenladungen mit Täuferschriften davon und hinterlegten sie in Weißenburg. Daneben garantierten sie jedem Hutterer fürs Ende ein Eselsbegräbnis: Wer nicht nur als Ketzer gelebt hatte, sondern auch als solcher starb, wurde auf einem Eselskarren – zur Belustigung des gemeinen Volkes – zur letzten Ruhe gefahren.

Die Ankunft der Kärntner Brüder in Siebenbürgen war in eine Zeit gefallen, in der sich die heimischen Lutheraner tatsächlich Gedanken darüber machten, wie gesund ihre Kirche eigentlich noch war. Daraus entstand zwar keine moralische Revolution, die Würdenträger kamen aber doch zu dem Schluß, daß »das wahre Christentum im Lande generell arg zerfallen sei, daß geistliche wie weltliche Stände nur danach trachteten, wie ihre privaten und zeitlichen Absichten ins Werk gerichtet werden könnten«. Sie monierten, daß die Unterhaltung der Kirchen und Schulen als Nebensache betrachtet und das Heil der Seelen auch von den Kirchgängern »schläfrig, laulich, ja ganz kaltsinnig« behandelt würde. Sie forderten ihre Synode auf, »den Verfall des eigenen Religionswesens in Erwägung zu ziehen und *unitis viribus et consiliis* eine heilsame Verordnung zu verabreden, wie dem kranken Christentum bei Kirche und Schule zu helfen, denen sehr eingerissenen ja herrschenden Sünden gesteuert, dem Ehrgeiz, Privatismo, Trunkenheit, und dem über die Maße angewöhnten Luxui gewehret, mithin alles dasjenige, was der Lehre Christi zuwider und den Gläubigen unanständig, gebessert und in seine Ordnung gebracht werden möge«.

Wie tief die Kirche tatsächlich schon gefallen war, machte den Geistlichen die Duldung jener Kärntner Gruppe deutlich, die ihre Finger tief in die lutherischen Wunden gestoßen hatte. Symbolisch wurde dafür Mathias Hofer aus St. Peter in die schwere Eisenkette gelegt, die ihn mit Jakob Hutter verband. Er hatte öffentlich behauptet, die Lehre der evangelischen Pfaffen in Siebenbürgen sei unrein, mit menschlichem Gutdünken verfälscht und widerspreche dem Evangelium. Die verwendete Bibel sei zwar rein, aber die Auslegung falsch, woraus als Frucht nur Fluchen, Schwören, Lügen, Rauben, Huren und Ehebrechen erwachse. Zusammen mit Hofer wanderten Wurtzy und Müller ins Gefängnis. Auf der Festung Deva an der Marosch wurden die drei einige Monate festgehalten; zwar im hutterischen Raster, doch ohne zu diesem Zeitpunkt schon Hutterer zu sein, widerstanden sie allen Bekehrungsversuchen der eigens dazu abgestellten lutherischen Prediger. Wie die frühen Märtyrer, in deren Nachfolge sie sich sahen, wollten die Kärntner im frommen Leiden ein Zeichen des Himmels sehen, den Beweis dafür, daß sie sich auf dem rechten Weg befanden.

Im Spätjahr 1756 brachte man die Unbelehrbaren nach Großpold (heute: Apoldul de sus) und siedelte sie in der Nähe österreichischer Transmigranten auf Grund und Boden der sächsischen Nation an. Doch auch hier sonderten sie sich sofort wieder ab und bildeten einen eigenen Bevölkerungsteil. Lebensbestimmend war die Religion geblieben, die Mechanismen

der Unterdrückung dagegen wirkungslos. Mathias Hofer ging zusammen mit einer Rosina Pichler nach Winz zurück, sie wurden festgenommen und ins Zuchthaus von Hermannstadt (heute: Sibiu) gesperrt. Als sein Bruder Michael und Johann Amlacher die Gefangenen besuchen wollten, setzte man sie ebenfalls, in ihren Augen zur Ehre Gottes, fest. Und für etliche Jahre sollte das System die vier Bekenner im Zuchthaus halten, wo sie pro Woche siebzig Pfund Wolle reißen oder hundert Pfund zerpflücken mußten. In seiner Zelle dichtete Mathias Hofer, der sich als so bibelfest wie schwierig im Umgang mit der Obrigkeit erwies: »Man hat uns genommen von der christlichen Gemein, / gebunden und geführet in die Hermannstadt ein, / Da haben wir gelitten viel Schmachwort und Spott; / dz tuen wir dir klagen, o Herr, unser Gott. / Man hat uns gesperret ins Zuchthaus, wie ich sag. / Da haben wir gemüßt arbeiten ein Jahr und viel Tag. / Man gab uns ein Gröschl und ein Brot auf ein Tag. / Gott hat uns gesegnet, wir haben kein Klag. / Wir haben gmüßt arbeiten in der Wolle und Decken, / in der Wochen 70 Pfund reißen oder 100 Pfund pflecken, / sonst hätt man uns geben für ein Pfund ein Streich, / man hätt uns gescholten für faul und für weich.«
Der Pfarrer von Großpold, der mit dem traurigen Rest der Kärntner Glaubensrebellen umgehen mußte, kam jetzt zu der Überzeugung, daß der harte Kern von der Drau für die lutherische Kirche verloren war. Er empfahl dem Hermannstädter Magistrat, die Gemeinschaft dadurch zu zerschlagen, daß man sie familienweise getrennt über Siebenbürgen verteilte. Dem wurde entsprochen. Aus einer »Specification der Wiedertäufer, wo sich selbte dermahlen befind« aus dem Jahre 1758, zusammengestellt von einem Baron Dietrich, geht folgendes hervor: In Eybersdorf (Eibisdorf) lebten die Wurtzys, sieben Köpfe stark, mit sieben Gulden und 39 Kreuzern »baar in Cassa«. Anmerkung: »Die Familie beharrt noch immer auf den Wiedertäuferischen Lehrsatz, im gemeinen Leben aber seien es bescheidene Leute.« In Deutschkreuz waren die Kleinsassers untergebracht, sechs Köpfe, die sich weigerten, eine Wirtschaft anzunehmen, und so verstockt seien wie die anderen. In Stein

hatte man die Glanzers eingemietet, acht Köpfe, verstockt wie die anderen. Der Johann Hofer, der in Groß-Schenk mit neun Köpfen lebe, mit 198 Gulden und 13 Kreuzern »baar in Cassa«, gelte als ein gefährlicher Mann. Er gehe in der Stille herum und versuche an verschiedenen Orten, seine Landsleute zur Täufersekte zu verführen. Der lokale Pfarrer habe sich vergeblich bemüht, Hofer in die lutherische Kirche zurückzubringen. Ein neugebautes Haus habe er zwar bezahlt, aber eine Wirtschaft nehme er nicht an. Die Gemeinde Groß-Schenk wolle ihn loswerden, da man befürchte, daß das Wiedertäuferübel auch in der sächsischen Nation einreißen könne. – Über die Gefangenen Michael und Mathias Hofer, Johann Amlacher und Rosina Pichler »im hiesigen Zucht Hauß« berichtet Baron Dietrich, daß sie seit zwei Jahren für ihr Zusammenleben mit den Winzer Hutterern büßten, um so zum Gehorsam gebracht zu werden: »Allein alles umsonst, sie beharren beständig auf ihrer einmal gefaßten Meinung, und es kann weder die geistliche noch die weltliche Obrigkeit sie mit guten oder scharfen Worten zur Raison bringen. Sie bitten nicht einmal darum, daß man ihnen ihre Fehler verzeihe, sie behaupten, sie hätten nichts getan, was dieser Strafe würdig sei, daher könnten sie ihr Gewissen nicht damit beschweren, einen Menschen um Vergebung zu bitten, denn dadurch würde Gott der Ehre beraubt, dem sie allein gebühre, wie es ihr Glaube lehre.«

Im Jahr darauf lehnten die Häftlinge, um das Maß vollzumachen, jede Arbeitsleistung ab, worauf sich der Magistrat beschwerte, daß sie nicht nur unbelehrbar seien, sondern die Stadt auch noch eine Menge Geld kosteten. Ausgerechnet zu diesem Zeitpunkt wollten die drei Stieftöchter von Andreas Wurtzy die Gefangenen besuchen. Sie wurden ebenfalls festgenommen und sollten viele Jahre im Hermannstädter Zuchthaus verbringen.

Da die Kirche voraussetzte, daß die räumliche Trennung die abtrünnige Kärntner Gemeinschaft auflösen würde, ließ man sie vorerst unbehelligt. So konnten 1763 in Deutschkreuz Hans Kleinsasser zum Diener des Wortes, Jörg Waldner zum Lehrer, Joseph Müller zum Haushalter und Dorothea Nagler (Näglerin) zur Küchenfrau ernannt werden. Das war der Zeitpunkt, zu dem sich die Kärntner endgültig im Geistlichen wie im Weltlichen zur christlichen Ordnung Jakob Hutters bekannten, wozu sie auch die Zustimmung der Winzer Ältesten Märtl Roth und Joseph Kuhr erhielten. »Und der Herr segnete sein kleines Häufelein auch an zeitlicher Nahrung, ob sie gleich nichts anbauten noch einernteten, sondern sich nur in täglicher Handarbeit mit Spinnen und Weben bemüheten, machet ihnen Gott ein gnädiges Auskommen... denn es geschah aus sonderbarer Führsehung zur Erhaltung und Errettung vieler Seelen.«

Die »teutschbürtigen« Bauern in dem einmal von Zisterziensern angelegten Abteidorf Deutschkreuz (heute: Crit), das dem Hermannstädter Magistrat unterstand, verfügten über eigenen Grund und Boden, konnten jagen und fischen, was sonst Vorrecht der Feudalherren war. Sie entrichteten dafür eine Natural- und Geldrente, teilten den Zehnten zwischen Fiskus, Feudalherren und Ortspfarrer auf. Da letzteres ihnen nicht paßte und aus Protest gegen die Zerstreuung der Kärntner Gruppe, weigerten sich die jetzt »im Vater und Sohn geheiligten« Neuhutterer, eine Wirtschaft anzunehmen; außerdem gehörte dies zur höheren Bewährung. Eine Drohung des Magistrats, die »faulen Wirte, wenn es also sein mußte, mit je 20 Prügeln zum Fleiß anzutreiben«, blieb ohne jede Wirkung. Doch die Gemeinde im siebenbürgisch-sächsischen Abseits zog dadurch wieder einmal die Aufmerksamkeit der Kirche auf sich, zumal sie auch jeden Umgang mit den »Teutschen« im Ort ablehnte, sich nicht an der Dorfwache, der Nacht- oder Taghut beteiligte, weder Soldaten hielt noch stellte und sich vom sogenannten Nachbarschaftswesen ausschloß. Die Gruppe wohnte in zwei Häusern oberhalb des Ortes, an einer Stelle, wo heute das Wasserreservoir von Deutschkreuz steht, in der Tisch-, Raum-, Betriebs- und Familiengemeinschaft, wie sie auch auf den großen Höfen Kärntens nach einem ungeschriebenen bäuerlichen Gesetz Tradition gewesen war. Die gleichgemachten Frommen saßen in hutterischer Ordnung in der Gebetsstube getrennt nach Geschlecht und Alter, ihre Mädchen

trugen Hauben, ihre Frauen Kopftücher, was selbst heute noch unter der Landbevölkerung in Siebenbürgen üblich ist. In alttestamentarischer Heilserwartung harrten sie so auf die neutestamentarische Heilserfüllung.
Obwohl sich die Hutterer in ihrer Weltenge ganz bewußt abgrenzten, gab es in Deutschkreuz eine Reihe von Parallelen zwischen dem Leben der Sachsen und dem des Bruderhofs. Am auffälligsten war dabei die alte Einrichtung des Nachbarschaftswesens, das die Sachsen über Jahrhunderte hinweg aus einem Gemeinschaftsbetrieb heraus entwickelt hatten. Aus ihrer Sorge um die Sicherheit und ein reibungsloses Zusammenleben waren in der Siedlung – vom Brunnen bis zur Bäckerei – gemeinsame Einrichtungen entstanden, das Schroten von Weinfässern gehörte ebenso zur Aufgabe der gesamten Nachbarschaft wie etwa die Dorfwache oder Beschlußfassung über gemeinsame Angelegenheiten. An der Spitze der Gemeinde stand der aus ihrer Mitte demokratisch gewählte »Nachbarhann« – das »Hann« erinnert an Hunno, den Vorsteher der alten Hunschaft –, der sein Amt, wenn er einmal dazu bestellt war, genau wie bei den Hutterern nicht ablehnen durfte. Und wie bei den Täufern erstreckte sich sein Aufsichtsrecht bis in die Wohnstuben, wurde hier mit Hilfe einer Lebensordnung rechtzeitig gebannt, was den Frieden und die Sicherheit in der Gemeinschaft beeinträchtigen konnte. Der Nachbarhann wachte darüber, daß sich kein fremdes Element in seine vom deutschen Gruppengeist geprägte Dorfgemeinde drängte, wobei ihm eine »Altschaft« – vergleichbar mit den hutterischen Zeugbrüdern – beratend zur Seite stand. Dieses Nachbarschaftswesen weckte den Sinn für die Notwendigkeit gemeinsamer Ordnungen, für Selbstbeschränkung, Zucht und Sitte. Für die Hutterer war dies keine fremde Welt, wie sie etwa die Altväter in Mähren oder in der Slowakei in die Isolation trieb. Doch genau darin lag für die Heiligen, im zeitlichen und geographischen Abstand zu ihren kraftgeladenen Vordenkern, mehr Nachteil als Nutzen. Je größer der Unterschied zur Welt war, desto leichter ging das religiöse Herz in der durch das Kreuz von Golgatha und das Kreuz des Bruderhofes entdeck-

ten neuen Wirklichkeit in der eigenen Mission auf und desto besser ließ sich die eigene Religiosität rechtfertigen. Die Hutterer brauchten eine ihnen feindlich gestimmte Welt zur eigenen Legitimation und Stärkung.

Was auf den nordamerikanischen Bruderhöfen heute kein umstrittenes Thema mehr ist, die inzwischen vereinfachte Frage, wie ein hutterischer Mann zur hutterischen Frau kommt, sollte sich unter den Kärtnern in Deutschkreuz, Stein und Eibisdorf bald zum regelrechten Streitfall entwickeln. Hans Kleinsasser, mit der frischen Macht des Predigers, trat nach der alten Lehre dafür ein, daß die jungen Leute heirateten, was ihnen die Gemeinde durch den Herrn bescherte. Der 30jährige Paul Glanzer und der 24jährige Johann Hofer aber, die beide hutterische Mädchen ihrer Wahl ehelichen wollten, hielten ihm den ersten Korintherbrief des Paulus entgegen: »Eine Frau ist gebunden, solange ihr Mann lebt; wenn aber ihr Mann entschläft, ist sie frei zu heiraten, welchen sie will, nur daß es in dem Herrn geschehe.« Als der Herr es geschehen ließ, kam es zum Bruch unter den Brüdern, der erst wieder durch gemeinsame Notzeiten gekittet werden konnte.

Die dringende Bitte der Deutschkreuzer an Hermannstadt, sie von den Heiligen zu befreien, traf mit dem Entschluß Maria Theresias zusammen, die nach dem Frieden mit Preußen daranging, die Ketzerei auch in Siebenbürgen gnädigst zu verbieten. Jenen Täufern, die wie in Winz aufgrund fürstlicher Privilegien schon lange genug im Land lebten, sollten als erster Schritt die Prediger entführt und der lutherischen – falls dies nichts nützte, der katholischen – Umerziehung unterworfen werden. Wer sich dagegen sträubte, konnte mit der Ausweisung aus Siebenbürgen rechnen. Neuhutterer sollten in das Zuchthaus in Hermannstadt eingeliefert werden. Ihre Familien wollte die Regentin systematisch zerstreuen, die Kinder in Waisenhäuser einweisen.

Wie bereits in der Slowakei bediente sich Wien auch in Siebenbürgen der bewährten Dienste der Jesuiten. Man importierte einen Pater Johannes Theophilus Delpini, seiner Abstammung nach ein Italiener, der bereits an der Vernichtung der hutterischen Gemeinden in Sabatisch und Lewär aktiv teilgenommen hatte und jetzt auch im Umgang mit den Winzern und Kärtnern zum Teufelsymbol der Brüder werden sollte. Nach dem jesuitischen Grundsatz, nach dem im Umgang mit Ketzern der Zweck alle Mittel heiligt, befaßte sich Delpini zuerst mit den Winzer Täufern, für den Anfang das leichtere Ziel, da sie sich ohnehin schon ein erhebliches Stück von der Lehre Hutters und der brüderlichen Liebe entfernt hatten. Seiner Autorität als Missionar, »von der gnädigsten kaiserlichen Majestät zu ihnen geschickt, sie von ihren Sekten und irrtum zum rechten christlichen Glauben zu bekehren«, hielten die Winzer trotzdem entgegen, daß sie lieber sterben wollten, als der Predigt eines katholischen Priesters zu folgen. Delpini schloß daraus, daß diese Ketzer wie die »gewesten Widertäufer in Ungarn unheimlich dumm« seien, einer Bekehrung in absehbarer Zeit jedoch nichts im Wege stehe.

Mit Blick auf die Kärntner Hutterer schlug der Pater vor, sich diese erst dann vorzunehmen, wenn der Widerstand ihrer Winzer Lehrmeister gebrochen sei.

Den Frommen in Deutschkreuz, Stein und im Hermannstädter Zuchthaus war in der Zwischenzeit vom sächsischen Bischof ein Katalog von sechzig Fragen bezüglich ihrer Lehre vorgelegt worden, den sie zu beantworten hatten, um ihre Identität einwandfrei nachzuweisen. Erich Buchinger, selbst Nachkomme eines österreichischen Bauernführers und Glaubensrebellen, zitiert in seinem Buch über die Geschichte der Kärntner Hutterischen Brüder aus diesem religiösen Frage- und Antwortspiel, wobei allerdings berücksichtigt werden muß, daß die verschiedenen Protokolle von lutherischen Geistlichen aufgenommen und zu einem montiert wurden:

Frage: Wes Glaubens seid ihr? Seid ihr auch evangelisch-lutherisch wie wir?

Kleinsasser: Evangelisch bekennen wir uns, aber von Luther wissen wir nichts. Wollen auch nicht Lutheraner heißen.

Glanzer: Sie seien Evangelische, aber nicht lutherische evangelische Christen.

Hofer: Nein, ich bin christlich, ich berühme mich keines

Menschen, weil der Apostel Paulus sagt, man solle sich nicht paulisch nennen.

Amlacher: Ja, evangelisch, aber nicht lutherisch.

Strauß: Wir nennen uns christlich.

Wurtzy: Evangelisch wohl, aber nicht lutherisch!

Frage: Warum sondert ihr euch von unseren Glaubensgenossen ab?

Kleinsasser: Weil sie das Evangelium, das sie bekommen, nicht halten.

Glanzer: Sie sondern sich ab, weil unsere Glaubensgenossen nicht mehr hielten, was das Evangelium befehle.

Hofer: Darum, weil sie kein christliches Leben führen.

Amlacher: Deswegen, weil sie nicht die Lehre Christi lehren.

Strauß: Weil ihr nicht die richtige Lehre habt.

Wurtzy: Sie sondern sich ab, weil die Lutherischen nicht mehr hielten, was das Evangelium befehle.

Frage: Warum kommt ihr nicht in unsere öffentlichen Versammlungen zum Singen, zum Beten und zur Anhörung der gepredigten Worte Gottes?

Kleinsasser: Weil es nicht rein und lauter gelehrt wird.

Glanzer: Alldieweil die lutherische nicht mit ihrer Religion übereinstimme.

Hofer: Weil der Herr befohlen habe, sich von den unsrigen abzusondern: Gehet aus und habt keinen Teil an ihren Sünden!

Amlacher: Dieweil sie das Evangelium nicht rein lassen.

Strauß: Weil's keine christliche Versammlung ist.

Wurtzy: Dieweil die lutherische Lehr nicht mit ihrer Religion übereinstimme.

Frage: Warum bedient ihr euch nicht auch der Weise wie wir der heiligen Taufe?

Kleinsasser: Weil es nicht Gottes Gebot ist, so zu taufen!

Glanzer: Darum, weil sie solche nicht für recht erkenneten.

Hofer: Christus der Herr hat verboten, die Kinder zu taufen.

Amlacher: Weil's dem Evangelium nicht gemäß ist.

Strauß: Weil's nicht in der Schrift befohlen.

Wurtzy: Darum, weil sie solche nicht als recht erkennen.

Frage: Glaubt ihr, daß unsere evangelisch-lutherische Lehre irrig sei?

Kleinsasser: Was dann?

Glanzer: Sie glauben es, weil die evangelisch-lutherische Lehre nicht mit dem Evangelium übereinstimme.

Hofer: Ja, das glaube ich.

Amlacher: Ja, großer Irrtum, nicht wenig.

Strauß: Ja.

Wurtzy: Die Lehre von der Taufe, vom Schwören und anderen Dingen anerkennen wir nicht, weil sie nicht mit dem Evangelium übereinstimme.

Frage: Werden die Menschen mit der Erbsünde, folglich als Sünder geboren?

Kleinsasser: Der Mensch wird in Sünde geboren, ist aber darum kein verdammlicher Sünder.

Glanzer: Es sei dem also. Es ruhe der Same der Erbsünde in den Kindern, aber die Kinder wären deswegen nicht verdammt, ob sie gleich stürben.

Hofer: Das sei richtig, daß wir mit der Erbsünde geboren sind.

Amlacher: Ja.

Strauß: Die Erbsünde ist uns von Adam her zugefallen.

Wurtzy: Antwortet wie Glanzer.

Frage: Sind die heiligen Sakramente eigentliche und wahre Heilsmittel?

Kleinsasser: Wir haben weder im Alten noch im Neuen Testament von einem Sakrament etwas gelesen, erlangen auch nicht durch dieselben, sondern durch Christum die Gnade Gottes.

Glanzer: Sie glauben, daß es Mittel seien, bei Gott Gnade zu erlangen, weil aber das Wort Sakrament in der Heiligen Schrift nicht vorkommt, so nennen sie die Taufe den heiligen Bund mit Gott und das heilige Abendmahl das Gedächtnis des Herrn.

Hofer: Vom Sakrament habe ich nie gelesen, daß sie uns befohlen wären, sondern wir sollen allein durch sein Verdienst selig werden.

Amlacher: Nein, nur Christus ist das Mittel.

Strauß: Wir glauben, daß Taufe und Abendmahl keine Sakramente sind.

Wurtzy: Antwortet wie Glanzer.

Frage: Glaubt ihr, daß der wahre Leib und das wahre Blut unseres Heilandes Christi Jesus im heiligen Abendmahl wahrhaftig gegenwärtig sei?

Kleinsasser: Nein, Christus ist ja gen Himmel gefahren, wie soll dann sein Leib hier gegenwärtig sein?

Glanzer: Sie leugnen dies, indem solches nur zum Gedächtnis empfangen würde.

Hofer: Nein.

Amlacher: Nein.

Strauß: Nein.

Wurtzy: Antwortet wie Glanzer.

Frage: Haltet ihr es vorerst, daß die Leute ihrem Seelsorger beichten?

Kleinsasser: Untereinander bekennen wir unsere Sünden. Könnten es aber auch nicht recht heißen, wenn man dann christlich beichtet.

Glanzer: Dem Lehrer absonderlich sollten die Sünden nicht bekannt werden, hätte aber einer eine schwere Sünde begangen, so sollte er sie vor der ganzen Gemeinde bekennen. Nicht müßte solches bestimmter, sondern nur unbestimmter Weise geschehen, daß einer nur sagt: Er habe gesündigt.

Hofer: Nein, das ist im Evangelium nirgends begriffen.

Amlacher: Nein.

Strauß: Nein.

Wurtzy: Nein, sondern einer bekenne dem anderen seine Sünden.

Frage: Was haltet ihr von der Sonntagsfeier?

Kleinsasser: Vor Gott ist ein Tag wie der andere, halten darum nichts davon, daß man Gott einen absonderen Tag feiern soll.

Glanzer: Sie hielten alle Tage gleich, doch um des Ärgernisses willen unterließen sie die Handarbeit.

Hofer: Wir sollen uns kein Gewissen machen, sagt Paulus, einen Tag wie den anderen halten.

Amlacher: Nichts darauf, es ist im Neuen Testament nicht aufgestellt.
Strauß: Was im Neuen Testament davon geschrieben, Christus selbst hat's gehalten.
Wurtzy: Um der Predigt des Wortes Gottes und unserer eigenen Ruhe willen feiern wir, aber aus keinem Gebot, denn sonst ist ein Tag wie der andere.
Müller: Wir halten einen Tag Ruhe, nicht aus Gottes Gebot, sondern aus freiem Willen, und halten uns vor keine Sünde, an demselben zu arbeiten.
Frage: Glaubt ihr, daß der obrigkeitliche Stand eine Ordnung Gottes sei?
Kleinsasser: Ja.
Glanzer: Sie glauben solches.
Hofer: Das glaube ich, aber der Gemeinde Christi sollen sie keine Gewalt tun.
Amlacher: Ja.
Strauß: Ja.
Wurtzy: Hier ist die Antwort einstimmig mit der Antwort der Brüder.
Müller: Ja.
Frage: Glaubt ihr, daß ein Christ erlaubterweise streiten oder einen Soldaten abgeben kann?
Kleinsasser: Nein.
Glanzer: Ein rechtschaffener Christ könne mit gutem Gewissen kein Soldat sein.
Hofer: Nein.
Amlacher: Nein.
Strauß: Nein.
Wurtzy: Nein.
Müller: Nein.
Frage: Seid ihr fest entschlossen, bei eurer bisherigen Wiedertäuferischen Lehre zu leben und zu sterben?
Kleinsasser: Ja.
Glanzer: Sie seien entschlossen, durch die Gnade und Hilfe Gottes bei ihrer Lehre zu leben und zu sterben.
Hofer: Freilich, bei Christi Lehre und seinen Geboten.

Amlacher: Ihr könnt mich nicht zurechtweisen, daher bleiben wir bis zu unserem Tode bei unserer Lehre.
Strauß: Wie Amlacher.
Wurtzy: Ja.
Die Namen Amlacher, Strauß und Müller sind heute nicht mehr in den nordamerikanischen Höfen zu finden. Die Fragen nach dem Wesen eines Hutterers und der ihn zum Heiligen machenden Gemeinschaft würden die Nachkommen der Kleinsasser, Hofer, Waldner, Glanzer und Wurtzy (heute Wurtz) bei einem gleichen Fragenkatalog aber noch genauso aggressiv beantworten wie die Brüder damals in Siebenbürgen.

In Winz und Deutschkreuz begann die katholische Kirche mit Gewalt, den Überlebenswillen der Frommen zu brechen. Neben der religiösen Intoleranz war es die nackte Angst, die kirchliche wie weltliche Obrigkeit dazu trieb, da man in einer Zeit sozialer Unruhen in der Idee der praktizierten Gütergemeinschaft eine Gefahr für die Feudalherren sah. So meldete eine Kommission, die sich 1770 mit der Taktik in der Täuferfrage beschäftigte, dem sächsischen Staatsrat, daß das Widerlichste an der Ketzergruppe sicher die Gütergemeinschaft sei. Es sei deshalb auch anzuraten, im Lande noch vorhandene Wiedertäufer – zum Beispiel die Häftlinge in Hermannstadt – entweder im Gefängnis sterben zu lassen oder auch über die Grenzen abzuschieben: »Ihre Irrlehre könne in dem Staat nicht geduldet werden, weilen sie besonders bey dem Pöbel die abscheulichsten Folgen nach sich ziehe.«
Josef Kuhr wurde in Winz von »den gottlosen Feinden Gottes« gefangengenommen, ebenso Johannes Stahl und Lorenz Tschetterle. Alle drei konnten sich später zu der Kärntner Gruppe durchschlagen und mit ihr in die Walachei flüchten. Der Älteste Märtl Roth dagegen erlag den Repressalien Delpinis und trat in die katholische Kirche ein, ein Lehrstück ohne Lehre für viele Winzer Brüder. Roth wurde dafür eine lebenslange Rente vom Staat zugesagt. Der Bruderhof an der Marosch sollte fortan als »neue deutsche Gemeinde katholischen Glaubens« in den Büchern geführt werden.

Den Entschluß, aus Siebenbürgen zu fliehen, faßten die Brüder in Deutschkreuz, nachdem der Jesuitenpater bei ihnen mit hundert Soldaten aufgezogen war. Einen Teil der Kärntner setzte man im Turm der Befestigungsmauer zur weiteren Verwendung fest, doch die Not der Stunde war für sie zu einer prinzipiellen Existenzfrage geworden, zu geschickt verbreiteten die Versucher der Kirche Furcht und Not. Das endgültige Zuschlagen Delpinis war so nur noch eine Frage der Zeit. Zwei Brüder – gerade aus dem Gefängnis entlassen – forschten in den Nachbarländern nach neuen Siedlungsmöglichkeiten und kamen mit dem Vorschlag zurück, in die Walachei zu flüchten, da »vom türkischen Kaiser dort niemand wegen seines Glaubens geplagt würde, der Boden fett sei und große Weiden und Ödland vorherrschten«.

Die Heiligen gingen daran, ihren Auszug aus Siebenbürgen geradezu generalstabsmäßig vorzubereiten, um den Hermannstädter Magistrat, den Richter von Kreuz und den »gottlosen Delpini« nicht auf sich aufmerksam zu machen. Nachdem sie der Bibel das »So man euch in einer Stadt verfolgt, so fliehet in die andere« entnommen hatten, schickten sie die Späher los, die den Weg in den Süden auskundschafteten. Die Risiken lagen auf der Hand: Ein Teil der Brüder saß noch im Turm von Deutschkreuz, auf der beschwerlichen Reise über die Südkarpaten mußten 38 Kinder, darunter 13 Kleinkinder, drei Schwangere und eine erblindete Person mitgeführt werden. Die Pässe waren vom Militär bewacht, der erste Schneefall stand bevor. Zusätzlich mußten die Kärntner ihren gesamten Hausstand zurücklassen, um das Unternehmen nicht vorzeitig in Gefahr zu bringen. Da sie Gott jedoch auf ihrer Seite glaubten, erfolgte der – glückliche – Auszug aus Deutschkreuz am 3. Oktober des Jahres 1767, am hellichten Tag, morgens um zehn Uhr. In Stein dagegen wurde die Flucht entdeckt, die Brüder und Schwestern – nur Paul Glanzer war entkommen – wurden von Bauern festgenommen und im Kirchenburgverlies verwahrt, »worüber die ganze Gemein herzlich betrübet war, daß sie also ihre lieben Mitglieder mußte hinter für sie lassen. Weil sie aber nit kunnten wenden, haben sie die Sache Gott heimgestellt und befohlen. Es ist aber dieser Gefangenen täglich im Gemeingebiet vor Gott gedacht worden.«

Von den noch existenten Hutterersippen befanden sich auf der Flucht über die Südkarpaten die Kärntner Kleinsassers, Hofers, Waldners, Wurtzys und Glanzers; von der Täufern, die sich in Winz den Hutterern angeschlossen hatten, die Wipfs und von jener Gruppe, die einmal aus der Slowakei nach Winz gekommen war, die Brüder Tschetterle und Stahl.

Wie Gras in der Steppe

Flucht über die Walachei nach Rußland

Der Auszug aus Siebenbürgen, aus lutherisch reformierten Dörfern. Die Flucht vor Habsburgs katholischer Krone, vor den Kindertäufern, »die so gar verdorben... sind, daß sie nicht mehr wissen ... was die rechte Kirche Christi sei ...«, vor »der befleckten und unreinen Gesellschaft der Teutschen, die Gott hasset... und fliht«: eine kleine Gruppe bärtiger Männer und glattwangiger Frauen, Kleinkinder an der Brust – ein Spielzeug der etablierten Kirchen, schillernde Persönlichkeiten, die für den Pflugsterz gedacht waren, denen als Lohn für ihre Hartnäckigkeit jetzt nur noch der Ausweg über die wild aufstrebenden Südkarpaten nach Rumänien geblieben ist.

»Nach Sonnenuntergang kam unser Geleitsmann, welchen Joseph Kuhr bestellt hatte, zu uns und sprach: ›Macht euch gleich auf den Weg und braucht alle die größte Vorsicht. Wir haben einen gefährlichen Weg über das Gebirge, weil wir Wege und Stege verlassen und durch dicke Hecken, über steile Berge und Felsen kriechen und klettern müssen.‹ Wir fragten ihn, ob er nicht einen anderen Weg mit uns reisen könnte; es würden dies unsere Weiber und Kinder nicht durchsetzen. Er antwortete: ›Die Wege und Brücken sind mit Wachen besetzt; wir können nicht anders reisen.‹ Darauf nahm er unsere Pferde und auch von den seinen und setzte die schwächlichen Weiber darauf. Unter allen andern hatten wir auch einen Blinden unter unserer Gesellschaft; der mußte auch auf einem Pferd sitzen. Diejenigen, so auf Pferden saßen, die band der Wegweiser sowohl vorwärts wie hinterwärts an, damit sie nicht, wenn es steil in die Höhe ginge, hinterwärts, und wenn es wieder sehr steil herabginge, vorwärts herabfallen könnten.

Darauf begaben wir uns auf das Gebirge. Zuvor mußten wir über ein Wasser passieren. Viele wurden sehr naß. Und also kamen wir des Abends spät an das Karpatische Gebirge. Dieses Gebirge ist die Grenzscheide zwischen Ungarn und Polen und erstreckt sich auch bis Siebenbürgen. Es ist ein hohes Gebirge mit erstaunlichen Felsen und tiefen Abgründen, davor uns das Haupt schwindelte, wenn wir es erblickten. Allein unser Wallache sprach uns ein gut Mut ein... Wir hatten zwei Nächte stark marschiert, ehe wir auf das Gebirge kamen. Von nun an ging es mit uns niederwärts, und wir getrauten uns, da wir schon etwas sicherer waren, des Tages zu gehen. Nach drein kamen wir endlich über das Gebirge in die Walachei hinein.

Was dieses für ein mühseliger Weg und mühselige Reise gewesen, läßt sich nicht genug beschreiben; denn bald mußten wir hinan und an solche hohen steile Felsen klettern, daß wir alle Augenblick befürchteten, ob jemand von den Unsrigen einen Fehltritt tun würde und hinabstürzen, da ihm niemand helfen könnte, wie es einem unserer Pferde ging, welches herabfiel und in dem Abgrund liegenblieb. Bald mußten wir solche schmale Fußsteige passieren, welche von beiden Seiten entsetzlich tiefe Gründe hatten, daß man angst und bange war, wenn wir dahin blickten; und hiebei war es noch fürchterlicher, weil wir unsere Reise bei Nacht fortsetzen mußten. Auch mußte niemand einen Laut von sich geben, weshalb unser Führer befahl, daß die Weiber die säugenden Kinder immer an den Brüsten haben mußten, damit die Kinder nicht weinten; und den Hunden, die mit uns waren, mußten wir die Mäuler zubinden. Wenn wir im Gebirge eine Landstraße antrafen, worüber wir gingen, so nahm unser Geleitsmann einen Strauch und wischte damit die Fußstapfen zu, weil ihm bange war, daß man uns noch nachspüren würde. Überhaupt war dieses die größte Not, daß es uns an Lebensmitteln gebrach... Wir haben uns also vier Tage ohne Brot behelfen müssen, weil der wenige Vorrat den Alten und Säugenden höchst nötig war. Wir schabten uns die Rinde von den Bäumen und aßen auch viele Kräuter...

Wir begaben uns darauf zu einem Dorfe namens Kompin allwo

uns der Edelmann gerne aufnehmen wollte. Weil es aber eine schlechte Gegend war, so begaben wir uns bis eine Meile vor Bukarest.« (Waldner, Kleines Geschichtsbuch)
Dort standen die frommen Brüder so mittellos wie einst die Nikolsburger Stäbler des »ainaugeten Jakob« auf der schwarzen, wassergetauften Erde der Walachei. Ein Überleben setzte eine echte Beziehung zwischen Mensch und Land voraus auf einem Boden, der noch nicht viel mehr trug als Sonne und Schatten, Sommer und Winter. Was sie brauchten, war eine Periode ohne äußerliche Bedrohung, was dabei helfen würde, war ein unerschütterliches Beharren auf der Gütergemeinschaft.
Die Heiligen, zusammen achtzig Personen, gruben sich für die kalte Jahreszeit in Cioragirla in der Nähe von Bukarest in ein paar notdürftigen Erdhütten ein. Im Frühjahr 1768 kauften sie das Haus »des verstorbenen teutschen Herrn Wölfl«, dazu zehn Stück Vieh und 24 Bienenstöcke. Sie begannen damit, Ackerfurchen zu ziehen, in denen ihre Aussaat bald aufging, legten Obst- und Weingärten an, praktizierten Religion mit der Landwirtschaft, um »ihr Licht leuchten zu lassen vor der heidnischen Menschheit, auf daß man ihre guten Werke sah und den Herrn im Himmel dafür lobte«. Dem talentierten Krüglermeister Johann Stahl richteten die Brüder eine provisorische Töpferwerkstatt ein. Doch allzu schnell sollte der Hof wieder Kontakt mit der harten Wirklichkeit bekommen. Acht Fromme starben am »harten Fieber«, da die Kärntner neben dem Klima auch das Wasser von Cioragirla nicht vertrugen. Und noch im selben Jahr brach der Krieg zwischen den Russen und Türken aus.
Desillusioniert verließ die Gruppe 1769 den Platz um das Wölfl-Haus und zog neun Kilometer weiter nach Prisiceni am Ufer des Arges auf das Grundstück eines Bojaren, das einmal »Fuß des Paradieses« genannt worden war. Hier bot sich den Brüdern gutes Acker- und Weideland, der nahe Wald lieferte jenen Holzvorrat, den sie zum Bau von Wohnhäusern und Stallungen benötigten. Der Grundherr forderte dafür den Zehnten der Feldfrüchte und ein paar Gulden in bar. Doch der

Rhythmus von Entstehen und Vergehen wurde immer schneller. Der Krieg brachte barbarische Räuberhorden mit sich, deren sengende Spur zu den Heiligen führte. Ihr Land stand jedermann offen, war ohne Schutz, nachdem die Russen Bukarest eingenommen hatten. Der Hof wurde mehrfach geplündert, Frauen und Kinder flüchteten in die Wälder, die Brüder blieben auch dann noch zurück, als ganz in ihrer Nähe heftige Kämpfe zwischen den rivalisierenden Parteien tobten. Ohne Zweifel konnte es aber nur noch eine Zeitfrage sein, bis die Arche von Kosaken oder Türken endgültig versenkt werden würde.
Auf der Suche nach einer Friedensadresse machten sich die Brüder auf nach Bukarest zur Audienz bei dem russischen General Zamjatin, daraufhin erhielten sie einen Schutzbrief, doch keinerlei wirkliche Sicherheiten für ihre Kolonie »am Fuß des Paradieses«. Dieses Zusammentreffen mit Zamjatin war jedoch insofern von Bedeutung, als er die radikalen Kriegsgegner indirekt bald auf den Weg nach Rußland brachte, laut Chronik der Hutterischen nicht viel mehr als eine Fortsetzung ihrer Geschichte der Wanderschaft: »Also fing man darnach an, sich auf die Reis zu schicken. Man verkaufet noch eines und anders, was uns noch von den Raubern war übriggeblieben und man nit möcht mitnehmen; und kamen wieder etliche Gulden zusammen, daß uns selbst darüber wundert, die wir doch vor kurzer Zeit so bloß und arm waren, daß wir in der ganzen Gemein nit einen Heller hatten. Weil es aber noch frühe im Ausgang des Winters war, mußte man ein wenig verziehen, bis man das Vieh auf dem Gras weiden konnte.«
Inzwischen auf 66 Personen dezimiert – die Vorsteher hatten in der Walachei aufgrund der aktuellen Not das Heiraten untersagt und strengste Enthaltsamkeit geboten –, zog der Treck mit fünf Ochsenwagen, mit Kühen, Kälbern und Schafen im April 1770 nach Nordosten. Am 8. Mai erreichte er Botosani, überquerte danach den Pruth und traf am 19. Mai in der Grenzstadt Hotin ein. Dort meldeten sich die Brüder bei dem russischen Feldmarschall Graf Pjotr Rumjanzow Za-Dunaiski, der sich gerade darauf vorbereitete, mit seinem Heer in

die Moldau vorzustoßen. Spontan bot er den Hutterern an, sich auf einem seiner eigenen Güter in der heutigen Ukraine anzusiedeln.

Graf Rumjanzow übertrug Joseph Kuhr, Elias Wipf und Paul Glanzer eine Reihe von Privilegien, die ihnen ermöglichen sollten, kräftige Zäune zwischen sich und die Welt zu legen. Zu den »Vorteilen, welche denen Kolonisten, die sich unter Wirschinka an der Desna – rund 190 Kilometer nördlich von Kiew – niederzulassen gedenken, zugestanden werden«, zählten:

1. Ihre völlige und freie Religionsübung; auch sollen sie nie gezwungen werden, weder vor Gericht noch sonsten Eide zu leisten.
2. Sollen sie nie zu Krieges Diensten employiert werden.
3. In ihrer Gemeinschaft sollen sie von niemandem beeinträchtigt werden, und es ist ihnen unverwehret, gemeinschaftlich zu arbeiten und die Steuer abzutragen.
4. Es werden ihnen drei Freijahre zugestanden.
5. Das Nötige soll ihnen vorgeschossen werden, und zwar der ganzen Gemeine auf einen Tag ein Scheffel Mehl.
6. Zur Reise werden ihnen dreißig Rubel zugestanden und bei ihrer Ankunft in Wirschinka das Notwendige; überdem soll ihnen Geld und Holz zum Bauen vorgeschossen werden.
7. Für die ihnen anzuzeigenden Stellen zum Ackerbau, Heu, Ernte und Gärten zahlen sie nach verflossenen drei Jahren etwas Gewisses.
8. Einem jeden von ihnen wird erlaubt, seine Nahrung frei zu treiben. Sie sollen in keine Zunft verwilligt werden; und dasjenige, welches sie verfertigen, ist ihnen vergönnet ohne Hindernis zu verkaufen.
9. Ihre Freiheit soll ihnen auf keine Art benommen sein. Und wenn es etwa dem Eigentümer des Guts oder ihnen selbst nit mehr gefallen sollte, länger unter erwähntem Gut zu bleiben, so soll ihnen ihr Abzug zwar verstattet sein, jedoch müssen sie nach Abtragung des ihnen geschehenen Vorschusses sich auch den Zehnten Teil ihres dort erworbenen Vermögens abziehen lassen.

10. Nach den Freijahren bezahlen sie die Zins für Acker und Wohnung in barem Gelde.
11. Zum Heumachen werden ihnen sogleich achtzig Fuhren Heu für ihr Vieh angezeiget.
12. Da sie mit der Erbauung der ihnen nötigen Wohnungen bis auf den Winter nicht fertig sein können, so werden sie unterdessen angezeiget.

[Im Lager am Pruth im Eid Rabog. d. Juni 1770]

Am 1. August 1770 erreichten die Hutterischen Brüder Wirschinka. Ihre erste Sorge galt jetzt den in Siebenbürgen zurückgelassenen Frommen: Im Gefängnis von Hermannstadt saß nach wie vor Mathias Hofer, 1757 im Sitzungssaal des Magistrats unter der Inschrift in gotischen Minuskeln »Die glänzendste aller Tugenden ist die Gerechtigkeit« verurteilt, nachdem man im »Martergärtchen« und der »Stinkenden Kammer« des Rathauses vergeblich versucht hatte, ihn umzustimmen. Christine und Elisabeth Strauß waren zusammen mit Anna Ehgartner 1759 eingeliefert worden und sechs Personen nach der mißglückten Flucht aus Stein. Änne Wipf hatte man 1767 eingekerkert. Zusammen waren sie drei Brüder, sieben Frauen, ein Mädchen und ein Kind, durchwegs »boshafte und halsstärrige Leut, gar keines Mittels würdig«, wie die zuständige Behörde notierte. 1771 war auf kaiserlichen Befehl zwar ihre Freilassung angeordnet worden, jedoch – wahrscheinlich auf Betreiben Delpinis – nicht erfolgt. Erst nachdem Änne Wipf und ihrer Tochter Gretl die Flucht gelungen war, setzte man auch die übrigen an der Grenzstation zur Walachei am Roten-Turm-Paß auf freien Fuß, um sie gleichzeitig des Landes zu verweisen. Mit Entsetzen notierte Waldner in seinem Kleinen Geschichtsbuch allerdings, daß »die drei ledigen Schwestern, welche von Anfang her bei die 15 Jahre mit dem Mathies Hofer gefangen waren im Zuchthaus, zurück blieben in der Hermannstadt, und ist freilich ein betrübts und traurig Ding, daß sie den ersten Eifer und die erste Liebe verlassen und so schwerlich gefallen sein; denn ob sie wohl ein lange Zeit... tapfer für die göttliche Wahrheit gelitten und gestritten, auch

den Glauben vor geistlicher und weltlicher Obrigkeit unerschrocken ... verantwortet und die Wahrheit vor jedermann frei bekennet, ließen sich auch durch kein Trutzen noch Drohen darvon abschrecken, auch kein liebkosen und Verheißung zeitlicher Güter und Reichtum abwendig machen.
Jedoch fingen sie auf die Letzt an zu verfließen und abzuweichen. Nachdem sie schon ein Zeitlang der Gefängnis entledigt und frei in der Stadt waren, hängten sie sich an Mannspersonen, traten zur lutherischen Kirchen und begaben sich in Ehestand.« Die übrigen Brüder und Schwestern trafen am 26. Januar 1773 in Wirschinka ein.
Die Heiligen von Deutschkreuz, Winz, Stein und Hermannstadt lebten jetzt in einem Bruderhof zusammen. Doch schnell war zu erkennen, daß es eine religiöse Einheit in der Endzeiterwartung der Gruppe nicht geben konnte, daß die Gemeinschaft einzelne Zellen schuf, in denen Gleichzumachendes nicht gleichzumachen war. Als besonders rebellisch erwies sich dabei der Kärntner Mathias Hofer, der die gesamte Bibel hersagen konnte wie andere das Vaterunser, den der lange Gefängnisaufenthalt jedoch zum asketischen Eigenbrötler gemacht hatte. So sollte es zu Unstimmigkeiten über die Ausübung der Gebetspflicht kommen. Hofer erinnerte an den 119. Psalm, in dem es heißt »Zu Mitternacht stehe ich auf, dir zu danken«, und bestand auf einer neuen Ordnung, nach der jeweils zwei Brüder darüber zu wachen hatten, daß auch jeweils um Mitternacht alle Bewohner des Bruderhofes zum Gebet aufgeweckt wurden. Die Regelung, die etliche Jahre strikt durchgehalten wurde, sah vor, daß sich jeder Schlag zwölf in seinem Bett aufrichtete. Ein Vorbeter sprach eine Zeile laut, die übrigen beteten in der Stille nach. Dabei mußte peinlich darauf geachtet werden, daß niemand schläfrig wurde. Daneben hatte die Gemeinde – die verheirateten Brüder, die verheirateten Schwestern und die unverheirateten Brüder und Schwestern jeweils in einer Gruppe – morgens, mittags und abends ein gemeinsames Gebet zu sprechen. Zusätzlich hielt man zweimal am Tag eine religiöse Versammlung ab. Am Morgen wurde untereinander »der Gruß zum Frieden geboten«, wie in Riedemanns Rechenschaft ver-

ordnet, vor dem Abendessen stand wiederum ein Gebet, bei dem der Diener des Wortes die Psalme Davids vorlas. Doch Hofer war damit noch nicht zufrieden. So bewies er den Brüdern anhand der Bibel, daß sie in Zukunft – wie zum Beispiel die Quäker – vor keiner weltlichen Obrigkeit, generell vor keinem »Ungläubigen«, den Hut ziehen durften, um der Welt damit den guten Menschen zu zeigen, eine Regelung, die den Hutterern sehr zum Nachteil ausgelegt werden sollte. Es kam zu Differenzen über die Sonntagsarbeit, da Christus den Sabbat geheiligt habe. Ständig mußte die »Schrift fleißig untersucht werden ...«, um in der richtigen Lehre zu bleiben. Doch das Band zu den Altvätern hielt, dabei mag geholfen haben, daß Hofer sich von der Gemeinde trennte, um zu den Quäkern nach Amerika auszuwandern.

Den Bruderhof von Wirschinka schilderte besonders authentisch der Mennonitenälteste Heinrich Donner, der bei einem Besuch dort in einigen Glaubensübungen Übereinstimmung mit seinen eigenen Taufgesinnten in Westpreußen erkannt hatte: »Die Handwerker bringen ihre verfertigte Arbeit dem dazu verordneten Aufseher, welcher, wenn er sie verkauft, das Geld dem Ältesten bringt. Über das Landwesen ist ein besonderer Aufseher, wie auch über die Kornmühle, die sie erbaut haben. Die Weiber haben ihre Arbeit mit Spinnen, Stricken und Nähen. In summa, ein jeder unter ihnen muß etwas schaffen, sonst wird die Ordnung Pauli an ihm vollzogen, wo es heißt: Wer nicht arbeiten will, der soll auch nicht essen.

Bei ihrer Arbeit sind jede Sorte in einer Stube getrennt, die Männlichen desgleichen auch die Weiblichen. Zum Essen kommen alle, die da können, in das große Speisezimmer, allwo immer zwölf an einem Tisch speisen. Die in der Mühle und auf dem Felde arbeiten, denen wird das Essen hingebracht. Über die Küche ist eine Schwester als Aufseherin verordnet, die wieder ihre untergebenen Aufwärterinnen hat. Nach vollbrachtem Tagewerk verfügt sich ein jeder Mann mit seiner Frau ins Gemach, welches auf der zweiten Etage des Hauses ist.

Wenn eine Frau schwanger ist und sich der Geburtsstunde nahet, so wird sie in ein dazu verordnetes Zimmer gebracht, wo

sie ihr Wochenbett hält und ihre Verpflegung bekommt. Wenn sie wieder gesund ist, so kommt sie in ein anderes Zimmer, wo alle säugenden Frauen sind, diese dürfen nicht arbeiten und bekommen die Zeit bessere Speise, wie sie sich für solche Frauen schickt. Sie dürfen aber die Kinder nicht länger als 1 ½ Jahre an den Brüsten ernähren; alsdann übergeben sie dieselben an eine Schwester, die Schulfrau oder -mutter genannt. Selbige hat wieder ihr besonderes Zimmer und die Aufsicht über die Kinder und hat noch Schwestern zur Hilfe nach Bedarf, die des Abends helfen, die Kinder auszuziehen und zu Bette zu bringen und des Nachts bewachen, überhaupt besorgen. Allhier bleiben die Kinder, bis sie fünf Jahre alt sind. Von der Zeit kommen sie unter die Aufsicht des Schullehrers, welcher wieder sein eigenes Zimmer hat. Dieser unterrichtet sie im Lesen, Schreiben und dergleichen. Hier wird ihnen auch schon der Weg zum wahren Christenthume gezeiget; nach ihren zarten Begriffen wird ihnen auch schon die Heilige Schrift erklärt und bekannt gemacht... Ferner bleibt die Jugend unter dem Schullehrer, bis sie zwölf Jahre alt ist, da dann ein jeder zu einem Handwerk treten kann, wozu er Lust hat.
Von Streitigkeit und Rechtshändel vor der Obrigkeit ist ihnen nichts bewußt, derowegen Joseph Müller, da er das Wort Prozeß nennen hörte, mich fragte, was das bedeute und was für ein Wort das sei. Da ich ihm das erklärte und fragte, ob denn bei ihnen gar keine Streitigkeiten entstünden, welche durch gerichtliche Aussprüche müssen geendigt werden, antwortete er mir: Nein, weil das Mein und Dein bei uns aufgehört hat oder keine Statt hätt, so entstehen solche Streitigkeiten auch nicht; und wenn etwas vorfällt, so schlichten wir es selber unter uns nach dem Befehel. 1 Kor. 6, 1–6. Also haben wir mit der Obrigkeit nichts zu tun, als daß wir den gehörigen Zins entrichten. Sollte aber jemand bei der Obrigkeit Schutz und Recht suchen, so würde der nicht mehr für ein Glied unserer Gemeinde angesehen werden.«
Auch die Hutterer in Wirschinka betrieben Ackerbau, Viehzucht, bauten Obst und Gemüse an, in ihren Werkstätten arbeiteten Töpfer, Buchbinder, Tischler, Besenmacher, Schlos-

ser, Schmiede und Schneider. Der Zweifel an der Welt ließ sie zusammenrücken und Unwahres entlarven. Der gute Mensch, der das Allzumenschliche abgelegt hatte, stand im Mittelpunkt des Gemeindewesens. Und wo der Hof nicht durch äußere Unterdrückung als effektives Kollektiv gefordert wurde, versuchte man, die verlorenen Brüder aus Winz, Sabatisch oder Lewär, selbst die Verwandten und Bekannten von der Nordseite der Drau, nach Rußland zu ziehen. Doch die Armut der Brüder überzeugte dort kaum jemanden mehr, Gutsein im hutterischen Sinne war nirgends gefragt: In Kärnten stießen die Sendboten der Wirschinkaer Gemeinde auf eisige Ablehnung, da ihnen das scharfe Gewürz der Fremde anhing, »Wiedertäufer« mit den Augen der kalten Gesetze Habsburgs gesehen wurden. In Lewär waren die Habaner äußerst überrascht, daß es die Frommen überhaupt noch gab, in Sabatisch schenkte man ihnen zwei Brüderröcke, Hosen und Schuhe, die sie mit nach Rußland nahmen und nach deren Vorbild die Tracht des dortigen Bruderhofes an die Vergangenheit angeglichen werden sollte. Auch aus Winz zogen die Heiligen unverrichteter Dinge ab.
Erst 1783 ließ eine Reihe von zum Katholizismus Zwangsbekehrten in Sabatisch erkennen, daß man bereit sei, sich dem Hof in Wirschinka anzuschließen. Als die katholische Kirche davon erfuhr, steckte sie einige der Zweifler in »ein bös stinkendes Gefängnis« in Neutra und streute zusätzlich einige Zweifel über die Echtheit der Gemeinde im russischen Exil unter die Bevölkerung. Ein weiterer Vorstoß der Frommen, sich über das Toleranzpatent Kaiser Josephs II. den Weg zurück zur hutterischen Lehre zu ebnen, schlug fehl. Joseph hatte zwar versprochen, die Szenen abscheulicher religiöser Intoleranz vollkommen aus seinem Reich zu verbannen, den Fanatismus künftig zu ächten, so daß niemand mehr wegen seines Glaubens irgendwelcher Drangsal ausgesetzt wäre, doch das Ersuchen der Hutterer lehnte er ab. So blieb ein paar Sabatischern jetzt nur die Flucht in den Osten. Darunter waren die Vorfahren der heute in Nordamerika lebenden Familien Waleman (Wollmann), Mändel, Walter, es kamen weitere Tschet-

terles und Stahls. Dazu stießen aus mennonitischen Gemeinden in Preußen die Knels, Deckers, Entz und Gross. Die Brüder hatten jedoch auf ihren ehemaligen Höfen erkennen müssen, daß sich der Großteil ihrer »dem Fleisch nach unbekannten Verwandten« nicht mehr vom Reichtum trennen konnte – darunter wiederum einige Tschetterles, aber auch die früher hutterischen Familien Roth, Pullmann, Müller, Albrecht oder Baumgartner, die heute noch in den Weißen Karpaten leben. Ohne Zweifel standen einem Umzug aber auch Kirche und Staat entgegen, die den Sendboten aus Wirschinka eine Reihe von juristischen Hürden in den Weg stellten.

Graf Rumjanzow, inzwischen Feldmarschall, der Grundherr des russischen Bruderhofes, dessen Sympathie die Heiligen genossen hatten, starb 1796, ein Datum, das die hutterische Bruderschaft in ihrer traditionellen Form nicht lange überleben sollte. Die Erben des Grafen verweigerten den Kolonisten eine Erneuerung des Pachtvertrages. Der Fall wurde daraufhin Zar Paul I. vorgelegt, der bestimmte, daß der Hof, da er auf Privatgrund einer Adelsfamilie lag, nicht die Privilegien genießen konnte, wie sie die Krone etwa den Mennoniten zugesprochen hatte. Als die Brüder jetzt auch noch aufgefordert wurden, Rekruten zu stellen, gaben sie Wirschinka auf. Zar Alexander I., der inzwischen den Thron bestiegen hatte, gab seine Genehmigung für eine Umsiedlung auf Kronland. Am 20. März 1802 begannen die Frommen damit, ihre Wirtschaftsgebäude in Wirschinka abzureißen, um sie, in Einzelteile zerlegt, ins 15 Kilometer entfernte Raditschewa zu schleppen.

Auf dem neuen Bruderhof lebten jetzt 201 Personen in fünf großen gemauerten Häusern. Die Siedlung »bildete ein Quadrat von siebzig Faden im Geviert, hatte ein großes Tor beim Eingang, welches des Nachts sorgfältig geschlossen wurde; es wurde regelmäßigerweise Wache des Nachts gehalten. In den besagten Häusern waren die Werkstuben, für jede Profession eine. Auf dem Boden war für jede Familie ein kleines Stübchen, welches Örtl genannt wurde. In diesem Stübchen war kein Ofen, nur eine Bettstell, ein Tisch und zwei Stühle.«

Auch hier ist es mit dem Herrnhuter Theologen Johann Wigand ein Außenstehender, der nach einem Besuch von Raditschewa eine genaue Beschreibung über das Leben der Brüder verfaßte (Aus dem Tagebuch eines Reisenden, 1802): »Rechter Hand von der Einfahrt in den Platz, am Fuß eines sich sanft erhebenden, mit den schönsten Fruchtgärten bedeckten Berges, steht ein nicht unansehnliches steinernes Haus, mit Lehmstroh gedeckt, welches einen für die Gemeinde hinlänglich geräumigen allgemeinen Speisesaal, der jetzt zugleich zum Betsaal dient, desgleichen die allgemeine, von einer beständigen Köchin und zwei täglich wechselnden Schwestern bediente Küche enthält. Neben derselben sind verschiedne Vorratskammern, und unter denselben gewölbte Keller. Außer diesem fanden wir eine Schmiede nebst Kohlenschuppen, weiterhin eine Gerberei mit Lederniederlage, eine Schuhmacherei, eine Branntweinbrennerei von drei Kesseln und die Wäscherei nebst einem Brunnen sechs Faden tief; ferner die allgemeine Bäckerei, wo für alle Einwohner nur eine Art Mittelbrot von einer Schwester nebst einer täglich wechselnden Gehilfin gebacken wird; eine Interimsweberei nebst andern Interimsgebäuden; und endlich das aus einer geräumigen Stube bestehende Wohnhaus des ersten Lehrers. Auf der linken Seite des Quarré sind zwei Stuben, welche jetzt 18 Mütter, eine jede mit ihrem Säugling, bewohnen. Sie bleiben in dieser Wohnung die ersten anderthalb Jahre; die Speisen werden ihnen aus der allgemeinen Küche gereicht. Endlich ein kleineres und größeres Schulhaus, wo die Jugend beider Geschlechter zusammen, aber zu beiden Seiten abgeteilt, unter der sorgfältigen Aufsicht des ersten Lehrers, seiner Frau und noch einiger lediger Brüder und Schwestern im Lesen, Schreiben, Christentume und alle insgesamt im Strikken, Spinnen und Nähen bis zu den erwachsenern Jahren oder bis zur Taufe unterrichtet werden.

Von den bei einer solchen Einrichtung zu befürchtenden Unbequemlichkeiten wird man nichts gewahr. Doch ist es bemerkbar, daß diese sonst viel mehr stillen als wilden, geräuschigen, wenngleich freien Kinder etwas Ungebrochenes, Starres, und man möchte es nennen ›einen ungetauften Strich‹, haben.

Nächst diesen Schulwohnungen sind die Tischlerei und einige

Wirtschaftsgebäude. Es wird auch ein Schwesternhaus gebaut, wo sämtliche Schwestern, ledige, verheiratete und verwitwete, die nicht sonst beschäftigt sind, arbeiten. Daß dieses möglich ist, ja sogar paßlich ist, rührt von ihrer Einrichtung her, nach welcher keine Frau bei ihnen ihre eigene Wirtschaft führt, sondern mit Mann und Kindern in allem Nötigen versorgt wird; wogegen eine jede, was sie kann, dem Allgemeinen wieder widmet. Gleicher Art werden nach vollendetem Ausbau sämtliche Männer in den Arbeitsstuben arbeiten, dabei ihre Kammern haben, die ledigen aber in dem Brüderhause schlafen. In der Folge werden längs der Straße die Töpferei, Hutmacherei, Färberei die vierte Seite des Vierecks ausmachen. Außer allen diesen Gebäuden sollen noch Ställe für das verschriebene Vieh und mehrere Fruchtscheuren angelegt werden.«
Auf religiösem Gebiet wollte Wigand »die Spuren der gnädigen Obhut Gottes über dieses treu meinende Häuflein erkennen wie ihre mancherlei aus der Mangel der nötigen Klugheit und aus allzu großer Strenge entstandenen Fehler und Versehen«. Mit Wehmut und Seufzen habe ihm der Lehrer Johannes Waldner erklärt, daß der Hof noch ein erhebliches Stück vom wahren Leben in Gott entfernt sei. Dies resultiere daraus, so der Herrnhuter weiter, daß die Hutterer »mehr als irgendeine andre Verfassung gegen jede Neuerung, wie sichtbar sie zum Besten gereiche, argwöhnisch sind und von weitem merken, was dahin irgendeine Tendenz haben könnte. Daher wird alle Tage unablässig dasselbe Gebet wiederholt; daher keine Gemeinfesttage des Lobens und Dankens für erfahrne Wohltaten, deren Bedürfnis fürs Herz sie doch lebhaft fühlen; daher keine Abwechslung in ihren Versammlungen, welche in einer täglichen und zwei oder drei sonntäglichen bestehen, ohne irgendeine Veränderung in Form und Inhalt. Daher die äußerste Gleichförmigkeit in der Brüder- und Schwesternkleidung nach der Mode des 15ten Jahrhunderts. Der Grund dieser allzu weitgetriebenen Entfernung von allem Neuen und Zeitüblichen mag darin liegen, daß seit ihrer ersten Absonderung von der alten mährischen Kirche stets Irrlehrer unter ihnen geschäftig waren, welche diese ehmals zahlreiche Kirchenabteilung bis in

die neuesten Zeiten spalteten und zerrissen, bis endlich nur äußerst wenig noch übriggeblieben ist...
Bei so unlichten Köpfen und so eifrigen Herzen kann der kleinste Funke fangen und eine alles zerstörende Feuersbrunst erregen. Um dieser Ursache willen wurde mir auch kein Vortrag an der Gemeinde angetragen.
Abends, als die Dämmerung sich eingestellt und die Arbeiten gehemmt hatte, gingen ein paar Schulknaben in die verschiedenen Wohnungen und zeigten an: es sei Zeit zum Gebet. Unser Wirt ging in den Versammlungssaal, setzte sich hinter den Tisch zwischen dem zweiten Lehrer und dem Hausvater oder Gemeinvorsteher. Wir waren neben ihnen gesetzt. Die Brüder und Schwestern saßen in zwei Reihen auf Bänken; die Schuljungen zunächst vor dem Tisch des Lehrers. Man sang ein paar Verse aus einem in Siebenbürgen üblichen Gesangbuche, welche der Lehrer vorsagte. Nach dem Gesange stand Johannes Waldner auf und redete schriftmäßig und bündig von der Liebe. Schade, daß sein Vortrag durch eine Gewohnheit, an jedes eine oder andere Wort ein paar Silben, dem Klange nach, anzuhängen, dem ungewohnten Ohr unangenehm wurde. Nach dieser kurzen Rede wurde das alltägliche, an sich gute Kirchengebet von dem Lehrer vorgebetet. Ein vom zweiten Lehrer vorgesprochenes Lied machte den Beschluß. Unmittelbar darauf wurde gespeist...
Ihre Bekleidungsart ist überhaupt folgende. Die Männer tragen den Bart ungeschoren, einen runden Hut und einen Leibrock, dem russischen ähnlich, nur daß er weniger Falten hat, vorn nicht übereinanderliegt, meist von blauer Farbe ist und statt der Knöpfe nur Haken hat. Männer und Weiber haben weder Schnalle noch Band, noch Knopf, noch sonst etwas, das irgend entbehrlich ist, indem sie sich bloß auf das Allernotwendigste beschränken. Daher auch kein Zucker, Kaffee, Tee, Tobak bei ihnen gebraucht wird. Die Weiber tragen eine schwarze, wollene Mütze mit schlechtem leinenem Bande und in der Kälte ein weißes, grobes Tuch darüber, ein Tuchjäckl und einen Rock von selbstgemachtem Zeug mit einer Schürze von schlechter Leinwand.«

Doch wieder sollte – ähnlich wie in Winz – der aufkeimende Wohlstand eines Hofes einige Brüder zu einer Überprüfung des großen geistlichen Systems und zur Neuregelung, das heißt Milderung einiger unerträglicher Härten verführen. Der Satan säte mit Eigennutz und Untreue Unkraut unter den Weizen des Herrn, »während die Gemeinde schlief«. Waldner attestiert in seinem Geschichtsbuch den Frommen plötzlich »Trägheit zum Guten, Lauheit zur Lehr«, was zum Aufstand gegenüber den Ältesten führte.

Die Gemeinde spaltete sich einmal mehr in zwei Teile, brach organisatorisch und geistig auseinander. Raditschewa verfiel, als die Regierung bestimmte, daß die dreißig Familien mit ihren 143 Personen, die die Gemeinschaft aufgegeben hatten, mit je 400 Rubel pro Familie aus dem Vermögen des Hofes abzufinden seien. So endete die Gütergemeinschaft Jakob Hutters, und das Privateigentum wurde eingeführt. Die Gaben des Himmels, die nicht einem einzelnen Glied, sondern dem ganzen geheiligten Leib der Gemeinde gehörten, waren durch Aufteilung restlos vergeben.

Wieder stellte sich die Frage, ob Wohlstand und Gütergemeinschaft, die Produktivität des einzelnen und die soziale Gerechtigkeit, wie die Hutterer sie kannten, überhaupt miteinander vereinbar waren. Und wieder wurde sie, wie schon in Winz, negativ beantwortet. Doch wenn es nie Nacht, nie dunkel würde, was wäre dann der Tag?

Eine Erkenntnis war auch in Rußland wieder, daß mit relativem Wohlergehen die Neigung zu Müßiggang, Neid und Unzufriedenheit selbst in einer Gemeinde von Heiligen wächst, daß besonders die erfolgreichen Handwerker ökonomisch denken lernen, wo gesellschaftliche Gerechtigkeit ein Denken im Kollektiv voraussetzt. Auch in Raditschewa war »in vielen die Neigung erwacht, Privateigentum zu erwerben, und das Bestreben, die Früchte ihrer Arbeit zum Vorteil der eigenen Familie zu verwenden und von dem Mitgenuß derselben einige Müßiggänger auszuschließen, welche sie, als nicht blutsverwandt, für Fremde ansahen«.

Nach dem Manifest der Zarin Katharina II. aus dem Jahre 1763 waren einige tausend Mennoniten zumeist aus Ostpreußen nach Rußland gekommen und hatten sich im Schwarzmeergebiet angesiedelt. Durch die Privilegien der Zaren genossen sie Religionsfreiheit, waren vom Wehrdienst befreit und konnten in geschlossenen deutschen Siedlungen wohnen, wobei ihre Kirchenverfassung die Autonomie der Gemeinden vorsah, in der jeder einzelne gleiche Rechte und Pflichten hatte. Als die Hutterer 1842 aus Raditschewa, wo sie zuletzt 24 Jahre im Privateigentum gelebt hatten, am Fluß Molotschna, in der Nähe von Melitopol, Provinz Tschernigow, eintrafen, waren es diese Mennoniten, die den verarmten Brüdern kräftig unter die Arme griffen. Auf Kronland, das bis dahin Johann Cornies verwaltet hatte, den sein Biograph David H. Epp einen »Titanen unter den deutschen Ansiedlern Südrußlands« nennt, konnten sie so ihre neue Gemeinde »Huttertal« gründen, von den Nachbarn »Bärtige Nummer« genannt, da das Tragen eines Bartes für die verheirateten Männer immer noch obligatorisch war. Hier in der Steppe, Ziel vieler Emigranten aus der Pfalz, aus Baden und Württemberg, mit Orten wie Mannheim, Karlsruhe, Stuttgart oder München, bauten sich die Frommen 46 Wohnhäuser. Pro Familie wurden ihnen von der Regierung 70 Hektar Ackerland zugewiesen, zusätzlich ein Vorschuß von 15000 Rubel gewährt. Von den Mennoniten erlernten die Kolonisten die Vierfelderwirtschaft und moderne Praktiken in der Viehzucht. Im Zeitlichen weiterhin getrennt, im Geistlichen aber gleich wie das Gras in der Steppe, dazu geschieden von der gefährlichen Welt, nippten die Brüder und Schwestern auch schon bald wieder am gefüllten Kelch: »Es sind arbeitsame Leute, ordentlich, reinlich, friedsam und gehorsam«, notierte ihr väterlicher Freund Johann Cornies. Das von Unkraut überwucherte Raditschewa, der Schutt der eigenen Tradition, sollte langsam in Vergessenheit geraten. Schon 1852 mußte eine neue Kolonie gegründet werden: Johannisruh, Neu-Hutterdorf folgte und Neu-Huttertal. In der Zwischenzeit war ein erster Versuch fehlgeschlagen, wieder zum Gemeineigentum zurückzukehren.

Die Hutterer waren rein äußerlich Hutterer geblieben, ihre zugehakten Röcke erinnerten daran, daß sie den Knopf als Symbol des Militarismus ablehnten, Schnurr- und Kinnbart blieben unrasiert, Hut, Beinkleider und Westen waren vom alten Schnitt, nur die Stiefel mit dem Schaft, der übers Knie reichte, galten als fortschrittlich. Auch in der Kleidung der Frauen hatte sich wenig geändert, vielleicht, daß man jetzt neben der blauen auch noch andere dunkle Farben trug. In der Nahrung spielten wie früher Kartoffeln, Milch und Obst die Hauptrolle, an gewöhnlichen Tagen wurde Roggenbrot gegessen, Weißbrot und Fleisch kamen nur an einem Festtag auf den Tisch. »Hitzige« Getränke waren weitgehend verpönt, ebenso Kaffee, den man durch Prips ersetzte, ein Getränk aus dem Sud von Gerste oder Roggen. Von den Mennoniten unterschieden sich die Brüder – häufig auch »Bart-Mennoniten« genannt – kaum, hier wie dort war man in der Landwirtschaft beschäftigt, selbst die Prediger arbeiteten als Bauern; hier wie dort war man etwas steif, ungelenk und schweigsam, aber ein »Übermensch«, wenn es um Leistung ging. Beide Täufergruppen regierte die Tradition, beide waren einmal aus dem Umgang unterer Gesellschaftsschichten mit den Ideen der Reformation entstanden. Doch wahres Hutterer-Sein in einer Zeit der religiösen Abkehr von der Lehre der Altväter mußte den Willen zur Restaurierung der alten Ordnung einschließen, das Zurück zur wahren Bruderschaft Christi, zum Mittelpunkt der hutterischen Theologie.

Es begann damit, daß der Prediger Michael Waldner, als er schwer krank niederlag, eine Vision hatte: Ein Fremder nahm ihn bei der Hand und führte ihn zuerst zum Paradies, »zur Freud«, und danach zur Hölle, die Waldner auch nach seinem Erwachen nicht richtig beschreiben konnte, da er keine Worte für das Leid der Menschen dort hatte: »Sie standen im Feuer und schrieen vor Schmerzen.« Während der Vision fragte er den Fremden: »Wo werde ich einmal sein?« Der Fremde: »Weißt du, wie viele Menschen am Ende der ersten Welt außerhalb der Arche Noah überlebten? – Keiner. Denn nur wer in der Arche war, wurde gerettet. Nun weißt du, wo dein Platz sein wird. Die Arche ist die Gemeinschaft, und nur in ihr gibt es ein Überleben.«

Noch 1859 gründete Michael Waldner – genannt Schmiedemichel – zusammen mit Jakob und Jörg Hofer in Hutterdorf eine Gemeinschaft, die das Privateigentum ablehnte. Aus ihr entstand die Michael-Waldner-Gemeinde, die Gruppe der Schmiedeleut, zu der einmal die Bruderhöfe am großen Fluß in Kanada zählen sollten. Im Jahr darauf war es der Diener des Wortes Darius Walther, der in Hutterdorf ein weiteres »Völkl« mit den Zielen des Schmiedemichel vertraut machte; aus ihm sollten einmal die Dariusleut hervorgehen. 1864 schließlich schloß sich der Kreis der hutterischen Erneuerung: Jakob Wipf und Peter Hofer sammelten in Huttertal und Johannisruh 23 Familienväter, um im Gemeineigentum zu leben. Sie bezeichneten sich später in Amerika als Lehrerleut.

In Hutterdorf gab es jetzt drei Gruppen, eine der Frommen und zwei der Heiligen. In der Mitte siedelten jene Kolonisten, die am Privateigentum festgehalten hatten. Doch um sie herum tönte es kräftig in echter Täufertradition: »Ja spricht die Welt es ist nit not das ich mit Christo leide, er lid doch selbst für mich den Tod nu zech ich auf sein kreyde, er zahlt vor mich, das selb glaub ich, do mit ists aufgerichtet, o bruder mein, es ist ein schein, der teuffel hats ertichtet.« Es kam aus jenen Häusern, in denen Schmiede- und Dariusleut wohnten.

Doch die hutterischen Siedlungen waren wieder nur auf einer provisorischen Existenz aufgebaut. Ihre aufstrebende Gemeinschaft, eine Ausnahme in der Lebensregel der russischen Steppe, paßte ebenso wie das kolonistische Schulbeispiel der Mennoniten bald nicht mehr in die sich verändernde politische Welt. Als rund sechzig Jahre nach Wiedereinführung der Gütergemeinschaft in Rußland ein David M. Hofer aus den USA zurück zu den hutterischen Siedlungen kam, fand er in Neu-Huttertal gerade noch zwei Bruderhäuser vor. Über den Ort war der Erste Weltkrieg hinweggegangen. Irgendwo gab es ein paar übriggebliebene Tschetterles, in Johannisruh standen die alte Windmühle, die Schule und die alte Schmiede, war selbst der Friedhof noch halb intakt. Er traf auch auf Leute, die sich an die Täufer in dieser Gegend erinnern konnten. Und er sprach mit Kommunisten. Allerdings hatte dieses Wort für David M. Hofer, Nachkomme eines Kärntner Transmigranten von der Schattenseite der Drau, jetzt einen bitteren, unchristlichen Beigeschmack.

Gott ist ein Hutterer

Von der Alten in die Neue Welt: neue Wirren

»Ich will euch was erzählen, von etwas wert und hold, von Herzen soll's euch freuen, daß ihr euch wundern sollt. / Es sind die vielen Lieben, einstens im fernen Land, sie wuchsen wie die Eichen, am fetten Meeresstrand. / Sie lebten dort viel Jahre, dann kam ein Aufruf drein: ihr müsset aus dem Lande, wenn ihr wollt wehrlos sein. / Der Älteste Paul Tschetter, der wurde dann gesandt, in eine fremde Gegend, zu suchen Heimatland...«

Was der »Präriemann« Hofer aus Bowden, Norddakota, in seiner »Erinnerung in Reimen« heute vorträgt, markiert jenen »rechten Moment« in der hutterischen Geschichte, den die Brüder einmal total verkennen sollten. Ihr Vorurteil über Amerika, über die Neue Welt, ist der gültigste Beweis dafür: die USA als Zufluchtsstätte für Verbrecher und Abenteurer, ein Land der Revolverhelden, der latenten Bedrohung des einzelnen, eine an Wundern reiche Unendlichkeit, doch ein Leben in der unteren Hälfte der Ächtungstabelle. Dagegen stand nur, daß dieses Nordamerika ganz energisch nach bäuerlichen Einwanderern suchte, daß seine Prärien der russischen Steppe ähnlich waren und daß die Frommen aufgrund einer neuen Innenpolitik ihre Höfe im Schwarzmeergebiet verlassen mußten, wenn sie einer Russifizierung entgehen wollten.

1870 erklärte Zar Alexander II. in einem Erlaß die Privilegien der Kolonisten für nichtig, die russische Sprache sollte als Pflichtfach in allen Schulen eingeführt werden, die Befreiung vom Wehrdienst wurde aufgehoben, die deutschen Siedlungen direkt Petersburg unterstellt. Innerhalb eines Zeitraums von zehn Jahren galten die von Katharina II. von Gottes Gnaden,

»Kayserin und Selbstherrscherin aller Russen zu Moskau, zu Peterhof im Jahre 1763«, gegebenen Versprechen nicht mehr, mußten Hutterer und Mennoniten vollgültige russische Bürger werden, mit allen Rechten, aber auch mit allen Pflichten. Die Bittschriften der religiösen Pazifisten, die dahin zielten, zum Beispiel ihre Söhne von der Pflichterfüllung im Soldatenrock zu befreien, wurden abschlägig behandelt. Rußland sollte in Zukunft Russen vorbehalten sein. Für traditionsbewußte Emigrantengruppen, für Kopftuch und Huttererbart, war kein Platz unter ihnen.

Gemeinsam mit den Mennoniten sprachen die Brüder die diplomatischen Vertretungen der USA, Kanadas und Großbritanniens an, sondierten Siedlungsmöglichkeiten in Australien und Südamerika, machten sich Gedanken über das sicher nicht einfache Verhältnis zu einem neuen Gastland. Schließlich konzentrierten sich die Bemühungen der Frommen auf eine Auswanderung entweder in die USA, die ihnen allerdings hinsichtlich des Militärdiensts keinerlei bindende Zusagen machten, und Kanada. Beide Länder warben um Neusiedler, boten Menschen echte Existenzen, die bereit waren, mit gesunder Pioniermentalität im Westen den Boden zu bearbeiten, sich mit der Natur auseinanderzusetzen und eine bereits bestehende einfache Zivilisation auszubauen. Vor 1900 übten die Vereinigten Staaten von Amerika dabei gerade auf Deutschstämmige eine so große Anziehungskraft aus, daß der kanadische Landgigant im Norden Probleme hatte, überhaupt Einwanderer zu bekommen.

So wird auch die Entscheidung von Paul und Lorenz Tschetterle verständlich, die von einer vierzehnwöchigen Erkundungsreise durch Nordamerika am 27. Juli 1873 die Empfehlung mit zurück nach Rußland brachten, in die USA auszuwandern. Die hutterischen Kundschafter haben dabei sicher nicht übersehen, daß Kanada seinen Einwanderern gegenüber toleranter war, obwohl auch hier die ethnisch abgeschlossenen, mit der Alten-Welt-Atmosphäre durchtränkten Enklaven nicht als Idealzustand angesehen wurden, beide Länder vielmehr davon ausgingen, daß Neusiedler sich im Laufe der Jahre der fremden

Zivilisation anpaßten. Doch gerade die USA hatten sich in Glaubensfragen deutschen Religionsflüchtlingen gegenüber bisher äußerst großzügig gezeigt, was am Beispiel der beiden christlich-kommunistischen Gruppen der Rappisten oder Harmonisten des Württembergers Georg Rapp und der Amaner, die in apostolischen Gemeinden in praktizierter Gütergemeinschaft in Indiana und Iowa lebten, deutlich wurde. Am Beginn der deutschen Gruppeneinwanderung nach Amerika stand 1683 die Fluchtbewegung von Mennoniten und Quäkern, »Gott fürchtender Menschen, überdrüssig der... gekosteten europäischen Eitelkeiten, nebenst ihnen ein still und christlich Leben zu führen unmöglich ist«, die sich zwei Fußstunden von Philadelphia entfernt niederließen, um auf englischem Kolonialboden Germantown zu gründen. Wo die religiöse Freiheit im Grundgesetz formuliert war, mußte auch für die Hutterischen Kanaan liegen.

Rund 18000 Mennoniten und Hutterer verließen in den folgenden sechs Jahren Rußland. Die meisten von ihnen wanderten nach Nordamerika aus, darunter 1265 Hutterische Brüder, von denen allerdings nur 400 im Gemeineigentum lebten, da die Gruppen von Johannisruh und Huttertal das Experiment ihrer Vorsteher nicht durchgestanden hatten und inzwischen wieder zum Privatbesitz zurückgekehrt waren. Echte Beständigkeit hatten somit nur die Schmiedeleut gezeigt, die sich durch einen Umzug in den Bruderhof Scheromet auch räumlich von den übrigen Täufern trennten. Sie waren es dann auch, die als erste Gruppe über Wilna, Königsberg und Berlin nach Hamburg kamen, um sich am 5. Juli 1874 als »Farmer und Arbeiter« in die Schiffslisten der »Hammonia« für eine Zwischendeckspassage nach Amerika einzuschreiben.

Während der Überfahrt stimmten die Brüder häufig das Auswanderungslied der deutschen Taufgesinnten in Rußland an, das auch heute noch besonders unter den Prärieleuten in Süddakota – Familien, die von europäischen Brüderhöfen stammen, in Amerika aber nicht im Gemeineigentum leben – in Erinnerung an den Exodus gesungen wird: »Jetzt ist die Zeit und Stunde da, daß wir ziehn nach Amerika, viel tausend

Seelen geht's dort gut, das tröstet uns und gibt uns Mut. / Und kommen wir gen Baltimor, dann heben wir das Land empor und rufen laut ›Victoria‹, jetzt sind wir in Amerika. / Willkommen fremdes Vaterland, wo sich mein Herz hat hingewandt, du Land, wo ich geboren bin, muß scheiden und muß weit dahin. / Leb' wohl du altes Vaterland, lebt alle wohl die uns gekannt, wir werden einst uns wiedersehen, dort wo die Friedenspalmen wehn...«

Doch dort, wo es »viel tausend Seelen« gutging, erwartete die Hutterer, noch bevor sie das Dokument ihrer Kirchenordnung aus dem Reisegepäck holen konnten, ein schwerer Schlag. Bei der Ankunft in Lincoln/Nebraska geriet die Gruppe in eine Ruhrepidemie, der 36 ihrer Kinder zum Opfer fielen. Unverzüglich brachen die Frommen nun wieder auf und zogen nach Süddakota, wo sie in Yankton ein größeres Haus zur Abhaltung der Gebetsübungen mieteten. Ein Angebot der Regierung, im Rahmen des Heimstättengesetzes äußerst billig Grundparzellen zu erwerben, schlugen sie aus, da die Bestimmungen dafür vorsahen, daß die Bauern auf je 160 Acker Land persönlich wohnen und es für fünf Jahre bestellen mußten, bevor es in ihren endgültigen Besitz überging. Dieser Individualismus widersprach dem hutterischen Prinzip der christlichen Gemeinschaftsordnung. Die Landvergabe durch die Regierung ließ sie auch im ungewissen darüber, in wessen Nachbarschaft sie unmittelbar zu siedeln hatten: »Es bestand somit die Möglichkeit, daß Störenfriede sich in nächster Nähe hätten niederlassen können, deren religiöse Ansichten sich nicht mit unseren deckten.«

So erwarben die 123 Schmiedeleut, die die Reise von Scheromet bis Süddakota überstanden hatten, im Bon Homme County, direkt am Missouri, aus Privathand ein Stück wellenförmige Prärie, die in Bodenbeschaffenheit und Klima an die Monotonie der südrussischen Steppe erinnerte. Der »Dakota Herald« berichtete darüber am 25. August 1874: »Hon. W. A. Burleigh verkaufte gestern 2500 Acker seiner großen Farm in der Nähe von Bon Homme. Der Käufer ist eine Gesellschaft von Rußland-Deutschen, die sich nach Art der Kommunisten zusam-

mengeschlossen haben. Vom Kaufpreis von 25000 Dollars bezahlten sie 17000 bar; den Rest bezahlen sie auf Abschlag.«
Hier, auf uraltem Siouxland, wo die Da-co-tahs, ein wildes indianisches Reitervolk, die gefürchtetste leichte Kavallerie des Mittleren Westens, einst ihrem Büffel huldigten, entstand die Mutterkolonie der Schmiedeleut. In ihrem Zentrum steht heute noch der alte, gemauerte Versorgungsposten der weißen Indianeragenten, doch anstelle der geölten Büffelhautteepees umgeben ihn die einfachen Zweckbauten der frommen Brüder. Den Schmiedeleut folgte die Dariusgruppe, in der sich wiederum der Wunsch nach Gemeineigentum durchgesetzt hatte. Sie überwinterte in Erdhütten auf Regierungsland, um sich 1875 am James River eine Kolonie zu bauen. Die Prärieleut nutzten das Heimstättengesetz des amerikanischen Getreidegürtels und siedelten in der Nachbarschaft der Höfe, einige zog es allerdings nach Kalifornien oder Kanada. Auch die Lehrerleut kamen. In wenigen Jahren waren mit ihnen nahezu alle Hutterer, die in Rußland gelebt hatten, nach Amerika ausgewandert, eine Familie Wollmann – wohlhabende Unternehmer – blieb in Europa zurück, ein paar Stahls, Tschetters und Knels, die zum Großteil in den Wirren der Revolution untergingen. Schon zu diesem Zeitpunkt unterschieden sich die Frommen voneinander, je nachdem, aus welcher Fraktion der Bruderschaft sie stammten. Die einen lehnten den Privatbesitz mit großer Konsequenz ab, die anderen, »die Eigentümer«, brachten es dadurch zu einigem Wohlstand. Die einen hatten Knöpfe an ihren Röcken, die anderen nur Häkchen, die einen trugen breitkrempige Hüte, anderen saß »der Teufel« auf dem Kopf in Form von modernen Hüten. Auf allen zusammen lasteten die Lehren der Altväter, vor allem die Hutters und Riedemanns – hier schlossen sich die Prärieleut nicht konsequent aus –, wie ein Orakel.
Die Jahre unmittelbar nach der Umsiedlung erwiesen sich als besonders schwer, wobei den Hutterern die Prärie die wenigsten Rätsel aufgab. Einer der ersten Frommen, die zu Grabe getragen wurden, war von einem Indianer ermordet worden. Das Leichentuch der Winter mit ihren Schneemassen brachte

ebenso harte Prüfungen wie der Gifthauch des Sommers mit seiner trockenen Hitze und den Heuschreckenschwärmen. Der Weg des Lebens war köstlich, aber eng. Dabei zeigten sich die Brüder, die Augen gen Himmel, die Beine fest auf dem Boden, schon bald als der geeignete Menschentyp für die Besiedlung der amerikanischen Graswüste. In systematischer Arbeit gingen sie an die Neugewinnung des Ackerbodens und verzichteten religionsgebunden, selbstgenügsam und bedürfnislos, wenn es nicht anders ging, auf jede Zivilisation. In ihrer Nachbarschaft wohnten Skandinavier und Iren, Schotten und besonders viele Deutsche, die den Nationalisierungsbestrebungen und überlebten Wirtschaftsformen in Rußland und in den slawischen und magyarischen Teilen des Habsburger Reiches den Rücken gekehrt hatten. Nach altem Muster vermehrte sich die Hutterergemeinde schnell. Am Stamm der Mutterkolonie der Dariusleut in Süddakota, Wolf Creek, sprossen die Ableger Jamesville, Richard oder Beadle, die Lehrerleut bauten Elm Spring, Rockport oder Millford. Das Bon Homme der Schmiedeleut verzweigte sich in Tripp, Maxwell, Huron, Milltown oder Rosedale, vorübergehend versuchten es die Brüder mit einem Bruderhof in Pennsylvanien, vier Meilen östlich von Tidioute, wo die Flachlandbauern jedoch bald an den Anordnungen der Forstwirtschaft scheiterten.

Finanziell wurden die Schmiedeleut von den Rappisten unterstützt, die bereits 1803 nach Amerika gekommen waren und als deren auffallendstes Merkmal galt, daß sie ihren Gemeindemitgliedern neben dem Privateigentum auch das Heiraten verboten, und von den Amanern, einer sogenannten Inspirationsgemeinde, die 1842 aus dem Hessischen zunächst nach Buffalo/ New York ausgewandert war. Besonders letztere ähnelten in ihrer Ablehnung der Weltlichen, mit ihren landwirtschaftlichen Kommunen, der deutschen Umgangssprache, dem strengen Verbot des individuellen Gelderwerbs und in vielen Aspekten des Gemeindelebens den Hutterischen Brüdern. Doch im Gegensatz zu diesen konnte sich das Kommuneleben der Amaner nicht erhalten, es verfiel 1932 durch einen Aufstand der Jugend und wegen wirtschaftlicher Schwierigkeiten. Die deutsche

Sprache wurde als reiner Prestigefaktor beibehalten, das Amanerblau der hutterischen Frauenkleidung erinnert bis heute an die einst engen Beziehungen zwischen den Bruderhöfen und der Inspirationsgemeinde.
Am 13. Oktober 1889 nahm Schmiedemichel Waldner »Urlaub« von der Gemeinde. Wie einst bei Andreas Ehrenpreis in Sabatisch war sein letztes Vermächtnis düster, war das Feindbild der Gottlosen darin eingesponnen, als ahne er die Grenzen, die den Brüdern in einer nationalstolzen Umwelt gesetzt waren, voraus: »Meine lieben Kinder! Fürchtet Gott und haltet ihn stets ... im Herzen! Seid ... aufrichtig und lasset nicht Unbilliges von euch gesagt werden, sondern merket stets auf die Worte eures Vaters, die ich euch gesagt habe!
Liebe Kinder! Ich habe stets gesucht, euch dem Herrn zuzuführen. Ich bin euch mit gutem Exempel vorangegangen. Darum hütet euch vor Streit... welches ist eine Zerspaltung der Liebe. Erzeiget euch gehorsam gegen die, so über euch gesetzt sind; denn Ungehorsam ist eine Zauberei und Sünd.
Liebe Brüder! Ich weiß nichts anders, denn daß ich allezeit begehret habe, Gott zu fürchten und der Gemein treulich zu dienen, also daß ich mein Gewissen aller Sünden halben frei weiß, ohne allein, daß mich meiner Schwachheit halben allezeit zu beklagen gehabt, wie auch andere...
Nun aber, weil ich achte, daß ich meinen Lauf vollendt haben möcht und mich der Herr von hinnen fordern wird, so ist das meine Bitte an euch, liebe Brüder.
Ihr wolltet euch die Gemein treulich lassen befohlen sein und sehet, daß sie wohl versorget werde. Und sonderlich wollet ihr euch der Notdürftigen, der Jungen, Witwen und Waiselein lassen befohlen sein. Und nachdem der Gottlosen viel um uns her sein, so wollet ihr schauen, daß ihr euch nicht zuviel mit ihnen einlasset oder zu weich werdet, sonder das billig und recht behaltet.«

Zu Beginn des Ersten Weltkriegs unterhielten die Hutterer in den USA 18 Bruderhöfe. Ihr Verhältnis zu den Nachbarn war distanziert, aber durchaus gut, ihre Handwerker, die zum Teil noch mit den Geräten aus Rußland arbeiteten, hatten einen ähnlich guten Ruf wie einmal in Mähren, in der Slowakei, in Siebenbürgen oder in der Gegend von Wirschinka. Das sollte sich jedoch schlagartig mit dem Kriegseintritt der USA ändern. Die nationalistischen Reaktionäre stürzten sich auf die Kolonien mit ihrer starken Konzentration von »Yellow Foreigners« – feigen Ausländern – in Süddakota. In der Hetzpropaganda, die nicht selten von Kirchenkanzeln kam, galten die Brüder entweder als Deutsche, wilhelminische Deutsche, oder Kommunisten, bolschewistische Kommunisten, importiert aus dem zaristischen Rußland. So, wie jeder Soldat ein Feindbild braucht, wollte man in den Dienern des Wortes geschickte Saboteure sehen. Wo nur das hutterische Gewissen schlug, wurde militärischer Geheimnisverrat vermutet. Die Bruderhöfe, die »kein Widerstand tun dörften, auch wenn der Türk ins Land kommt, dan geschrieben steht: du sollst nit töten«, standen im Mittelpunkt der Massenhysterie und des gezielten Terrors. Wieder war der Staat der Gegner, der die Frommen zum Ankauf von Kriegsanleihen, zur Entrichtung von »Blutgeld«, und die hutterischen Söhne in die Armee zwingen wollte. An seiner Seite tobten die Nachbarn, allen voran die Iren. Den Deutschen wurde ihre Sprache verboten, was die Hutterer nicht akzeptieren konnten, da ihre deutsche Bibel, ihre Ordnungen und Predigten Teil ihrer Glaubenslehre waren. Deutsche Schäferhunde wurden gesteinigt, nur weil sie das Wort »deutsch«, das Synonym für Hunnen, in ihrer Artbezeichnung trugen.

Der pazifistische Bruderhof bot leichtes Ziel für den Zorn der aufgehetzten Patrioten, doch die Frommen hielten »dem Übel«, der ihnen »einen Streich auf die rechte Backe« gab, die linke hin, streng nach der Bibel. Die Ethik der Täufer forderte weiterhin, jede Gewalttat, jedes Töten abzulehnen. Waffen überließen sie denen, »die keinen Unterschied zwischen Menschen- und Tierblut machen«. Das hutterische Selbstbewußtsein hinderte die Brüder aber auch daran, das geringste Verständnis für den Nachbarn zu zeigen, der seine Söhne gehorsam auf die Schlachtfelder Europas schickte. Ein Soldat war

für sie eben ein Teufel; alles Schlechte, was über sie hereinbrach, »englisch«.
Bei Überfällen auf die Kolonien wurden den Brüdern die Bärte abrasiert, einem Hof wurde Vieh im Wert von 40000 Dollar weggetrieben und versteigert, um mit dem Geld Kriegsanleihen zu kaufen, in Bon Homme mischten Saboteure Glassplitter unter das Mehl der Frommen. Im Namen der drei Gemeinden, Schmiede-, Lehrer- und Dariusleut, verfaßten die Vorsteher einen Brief an den »achtbaren Woodrow Wilson, Präsident der Vereinigten Staaten«, in dem sie ihre Haltung als pazifistische Christen niederlegten und um Hilfe baten:
»Wir, die Hutterischen Brüder, auch als Bruderhof oder kommunistische Mennoniten bekannt, etwa zweitausend Seelen an der Zahl in achtzehn Gemeinden in Süddakota und Montana wohnhaft, als Kirche organisiert seit dem Jahr 1533, wenden uns hiermit an Sie, Herr Präsident, und all Ihre Gehilfen, um in Kürze Ihnen unsere Grundsätze und Überzeugungen mit Bezug auf Militärdienst vorzulegen. Da wir nur einfache Leute sind, und ungeschult in den Wegen der Welt, bitten wir um Nachsicht, wenn dieser Brief nicht die gebührende Form aufweist.
Die Grundsätze unseres Glaubens, was das praktische Leben anbetrifft, sind Gütergemeinschaft und Wehrlosigkeit. Unser gemeinschaftliches Leben beruht auf dem Grundsatz ›Was mein ist, ist dein‹ oder, in anderen Worten, auf Bruderliebe und demütigem, christlichem Dienst nach Ap.-Gesch. 2,44 und 45: ›Alle aber, die gläubig waren geworden, waren beieinander und hielten alle Dinge gemein...‹ Daher unterscheiden wir uns grundsätzlich von den nicht-christlichen kommunistischen Systemen mit ihrem Grundsatz: ›Was dein ist, das ist mein.‹ Wir glauben, das gemeinschaftliche Leben, das nicht auf der christlichen Liebe beruht, wird immer ein Fehlschlag sein. Unsere Bestrebungen sind gänzlich religiöser Art, und wir wissen, daß nur wenige willens sind, unsern Glauben anzunehmen und mit der Selbstverleugnung Gott und einander im gemeinschaftlichen Leben zu dienen, wie wir es tun. Wir halten uns frei von politischen Umtrieben, erkennen aber die Obrigkeit an als von

Gott verordnet. Wir ehren unsere Regierung, und ... (wir) beten für unsere Obrigkeit. Wir haben immer unsre Steuern auf Land- und Personal-Eigentum williglich bezahlt, obgleich uns gesagt worden ist, daß unser Eigentum eigentlich nach dem Gesetz steuerfrei ist, weil es einer religiösen Körperschaft gehört. Es braucht wohl kaum gesagt zu werden, daß wir unsre Witwen und Waisen, unsre Kranken und Schwachsinnigen nicht dem County oder dem Staat zur Last werden lassen ...
Mit Bezug auf den Grundsatz der Wehrlosigkeit ist unsere Stellung ganz im Einklang mit der neutestamentlichen Lehre. Unser Glaubensbekenntnis zeigt, daß wir die Obrigkeit als von Gott verordnet halten, weil nicht alle Menschen Nachfolger des sanftmütigen und demütigen Heilands sind, und wir glauben, die Regierung sollte die Frommen beschützen und die Übeltäter bestrafen, nach Röm. 13, 1 bis 7. Die Kirche jedoch muß die ausdrücklichen Lehren und das Beispiel ihres Meisters befolgen. Wir haben nie teilgenommen an der Erwählung von Zivilbeamten. Ohne zu prahlen können wir sagen, daß wir immer diesem unserem Grundsatz treu geblieben sind. Ins Gericht zu gehen ist gegen unsere Überzeugung und ist unter uns nicht gestattet. Unsre jungen Männer können nicht ein Teil der militärischen Einrichtung werden, und sei es nur für ›nichtkämpfenden‹ Militärdienst, ohne unsere Grundsätze zu verletzen.
Unser vollständiges Glaubensbekenntnis wurde verfaßt 1540 und zum erstenmal gedruckt 1565. Unsere Geschichte ist mit Blut und Tränen geschrieben ... Wir haben die Berichte von über zweitausend Personen unsers Glaubens, die den Märtyrertod erlitten haben durch Feuer, Wasser oder Schwert. Unsere Gemeinschaft ist von einem Lande zum andern getrieben worden und lieber, als ihren Grundsätzen untreu zu werden, ist sie nach fremden Ländern geflohen, bis sie endlich 1874 von Rußland nach diesem Lande auswanderte.
Wir möchten hinzufügen, daß wir unser Land lieben und Gott und der Regierung sehr dankbar sind für die Gewissensfreiheit, die wir bisher genossen haben. Wir ... möchten unserm Lande auf irgendeinem Wege dienen, wo nicht unsere christliche

Überzeugung verletzt wird; und wir hoffen, Sie glauben auch, daß wir den Lehren des Wortes Gottes und dem Mahnen unseres Gewissens Gehorsam leisten und daß wir lieber leiden sollten, was Gott zuläßt, als das zu tun, was wir deutlich erkennen als gegen Gottes Wort...«

Da die Antwort auf sich warten ließ, wurde eine Abordnung nach Washington entsandt, um einen Beschluß der Regierung in der Frage herbeizuführen, ob Hutterische Brüder weiterhin zum Militärdienst gerufen werden durften. Für diesen Fall hatten die Hutterer die Auswanderung nach Kanada in Erwägung gezogen, obwohl man sich dort in allgemeiner Kriegspsychose gegen eine Zulassung der Bruderschaft stemmte. Immerhin hatte Ottawa den Mennoniten gegenüber das Versprechen aus dem Jahr 1874 gehalten und sie vom Wehrdienst befreit. Doch die Zweisprachenklausel, die den Täufern neben der englischen die Unterhaltung eigener Schulen gestattete, war in den Kriegswirren umstritten, wodurch die Hutterer befürchteten, daß man sie in Kanada »hart zum Lernen des Englischen zwingen und einen auswärtigen Lehrer auf eine Kolonie schikken würde: Dadurch müßte das Lernen der Muttersprache und der Religion gänzlich verkürzt und unterdrückt werden, weil die Schullehrer Weltmenschen sind.« Als die Abordnung unverrichteter Dinge – eine Entscheidung war nicht gefallen – aus Washington zurückkehrte, rüsteten einige Bruderhöfe trotzdem zum Umzug, darunter die Kolonien Frankfort, Huron, Maxwell, Milltown, Rosedale, Tschetter, New Elmspring, Old Elmspring, Jamesville und Buckrange. Nach Beendigung des Krieges kehrten einige Brüder wieder in die USA zurück, wo sie heute in den Staaten Minnesota, Nord- und Süddakota, Montana und Washington leben. Der Großteil blieb jedoch in Kanada, wo ihre Kolonien in Britisch-Kolumbien, Alberta, Saskatchewan und Manitoba zu finden sind. Ihre alten Höfe in Süddakota wurden teilweise zu Geisterstädten, von der Prärie überwuchert, vom Leben gänzlich abgeschlossen.

Somit war den Brüdern ihre pazifistische Grundhaltung einmal mehr zum Verhängnis geworden. Wie schon in Nikolsburg, in Neumühl oder Deutschkreuz hatten Staat und Kirche in ihnen

Parasiten gesehen, die zwar in einem, jedoch nicht für ein Land lebten, die in ihrer Sehnsucht nach einem fernen Leben das Zusammenleben mit anderen Bürgern völlig ignorierten. Ein Hutterer wurde zur Symbolfigur des unbeliebten Mitläufers, ein Bruderhof stand für den Versuch, einen Staat im Staate zu bilden. Die kanadische Regierung wurde noch für Jahrzehnte dafür gegeißelt, daß sie den Brüdern – wahrscheinlich aus rein ökonomischen Gründen, da die Hutterer zu den besten Farmern Amerikas zählten – Asyl geboten und eine Wehrdienstverweigerung sanktioniert, damit praktisch das Tragen einer Waffe öffentlich als Sünde akzeptiert hatte.

Besonders die jungen Brüder sollten in den Augen des patriotischen Amerika mit dem Bekenntnis zu Gott und Gemeinde zu Verrätern an Gott und Vaterland werden. Auf Weisung ihrer Prediger folgten sie zwar dem Ruf der Armee zur Musterung, gingen dann jedoch keinen Schritt weiter. Zwangsweise in die Militärlager eingeliefert, mußten sie Rede und Antwort stehen: Warum war für sie der Glaube an das Kreuz unvereinbar mit der Aufgabe, einen Feind zu bekämpfen? Gab es für einen Christen keinen gerechten Krieg? Auch dann nicht, wenn er von einer rechtmäßigen Regierung für eine angeblich gerechte Sache erklärt wurde? War es der höchste Widerspruch für einen Menschen, zu schießen, wenn ihm drohte, selbst erschossen zu werden? Wie weit durfte der christliche Gehorsam gehen, wenn der Landesverteidigung auf dem Schlachtfeld ein persönliches Martyrium gegenüberstand?

David, Joseph und Michael Hofer und Jakob Wipf waren ein junges Leben lang der Meinung gewesen, daß ein Mensch »nicht richten dürfte, um nicht selbst gerichtet zu werden«. Schon auf dem Weg vom Bruderhof ins Militärlager Lewis/Washington rasierten ihnen Rekruten die Schädel blank und schnitten ihnen die Barthaare ab. Als sich »die wehrlos Schaf mitten unter die Wölf« auf dem Exerzierplatz weigerten, in Reih und Glied anzutreten, sperrte man sie »unter schrecklichem Fluchen und Schimpfen« in ein Gefängnis, wo die vier zwei Monate festsaßen. Bei der anschließenden Verhandlung vor einem Kriegsgericht half es dann wenig, daß sich die

Frommen auf die Schrift beriefen, nach der sie ihre Feinde lieben mußten. Da es in den USA für Männer im Alter zwischen 21 und 31 Jahren keine Möglichkeit zur Wehrdienstverweigerung gab, wurden sie zu 37 Jahren Haft verurteilt, vom kommandierenden General zu 20 Jahren »begnadigt«. An Händen und Füßen aneinandergekettet, wurden die Brüder von Militärpolizisten im berüchtigtsten aller US-Gefängnisse, im Alcatraz in der San-Franzisko-Bucht, abgeliefert. Diese Haftanstalt, in der einmal Chicagos Modellgangster Al Capone als lebender Toter einsaß, daneben Bösewichte wie Walter Burgett, der legendäre Posträuber von Missouri, oder der Entführer und Mörder Theodore Cole, hatte nicht umsonst den Ruf, schlimmer als die Hölle zu sein. Einen Vorgeschmack sollten die Hutterer gleich bei ihrer Einweisung erhalten: Als sie sich weigerten, eine Uniform anzuziehen, kerkerte man sie in dunklen, feuchten Einzelzellen ein, die unterhalb des Meeresspiegels lagen. Die Arme kreuzweise an Eisenstangen geschnallt, mußten sie die meiste Zeit über stehend verbringen, wurden sie von den Wärtern verschiedentlich bewußtlos geschlagen. Doch die Täufer blieben standhaft.
Nach vier Monaten verlegten die Behörden die vier Brüder nach Kansas: »Diese Reise ging durch Texas und dauerte vier Tage und fünf Nächte. Sie kamen um 11 Uhr in der Nacht in Leavenworth an und wurden mitten auf der Gasse getrieben mit Geschrei und Bajonettstichen, als ob Schweine getrieben würden. An den Armen zusammengekettet, trugen sie ihre Reisetasche in der andern Hand und ihre Bibel und ein weiteres Paar Schuhe unterm Arm. Sie wurden zu immer größerer Eile angestachelt, die Höhe hinauf bis dorthin, wo das Militärgefängnis ist. Als sie das Tor erreichten, waren sie mit Schweiß bedeckt, so daß sogar das Haar auf ihrem Haupt naß war. Und in diesem Zustand, in der rauhen, kalten Winterluft, mußten sie ihre eignen Oberkleider wieder ablegen, um die Gefängniskleider anzuziehen, die ihnen gebracht werden sollten. Als dies nach zwei Stunden geschah, ungefähr ein Uhr in der Nacht, waren sie fast steif vor Kälte. Frühmorgens um 5 Uhr mußten sie schon wieder im kalten Wind vor einer Tür stehen und

warten. Joseph und Michael Hofer hielten es nicht länger aus, sondern bekamen so heftige Schmerzen, daß sie zum Hospital genommen werden mußten. Jakob Wipf und David Hofer wurden hinabgenommen zu den einsamen Einzelkerkerzellen, weil sie auch hier die Gefängnisarbeit unter Militärkontrolle verweigerten. Sie mußten ihre Hände durchs Eisengitter stekken, wo sie dann zusammengekettet wurden. So mußten sie neun Stunden den Tag stehen und erhielten nur Brot und Wasser zur Speise. Dies wurde vierzehn Tage so fortgesetzt; dann erhielten sie vierzehn Tage lang regelmäßige Mahlzeiten, und so ging es abwechselnd weiter.«
Zwei Tage nach dem Eintreffen in Fort Leavenworth war Joseph Hofer tot und damit in der Nachfolge der hutterischen Märtyrerreihe, die offiziell mit der Hinrichtung der Christina Brünnerin und Jost Wilhelms im Jahre 1618 geendet hatte. Als Hofers Frau Maria die Leiche sah, bemerkte sie zu ihrem Entsetzen, daß die Militärs den Toten in der von ihm so verhaßten Uniform der amerikanischen Armee eingesargt hatten. Wenige Tage darauf starb auch Michael Hofer... Doch was die Täufer begehrt hatten, war nicht sterblich gewesen. Jakob Wipf und der dritte Hoferbruder wurden später entlassen.
Es steht heute außer Zweifel, daß den vier hutterischen Brüdern während des Ersten Weltkriegs am übelsten von allen Wehrdienstverweigerern in den USA, darunter auch Mennoniten, Zeugen Jehovas, Quäker und Sieben-Tage-Adventisten, mitgespielt wurde. Psychischer Terror und körperliche Mißhandlungen waren allerdings auch in anderen Militärlagern und Gefängnissen üblich. Jakob Waldner schildert in seinem Tagebuch, wie man versuchte, den Brüdern mit Gewalt die Uniform überzuziehen, wie sie geschlagen wurden, wie sie unter der ständigen Drohung der Todesstrafe standen.
Kurz vor Kriegsende sollten patriotische Nachbarn noch einmal den Bruderhof Bon Homme überfallen. Mit dem Wein, den sie aus den Kellern der Brüder gestohlen hatten, wurde dann vor dem Rathaus der Kreishauptstadt der militärische Erfolg der USA im fernen Europa gefeiert. Den Hutterischen

Brüdern hatten die Kriegsjahre indessen einmal mehr gezeigt, daß dort, »wo Gott eine Kirche erbaut, der Satan eine dagegen erstellt«. Die Notzeit betrachteten sie als eine Strafe zur Besserung der eigenen Gemeinde, doch zum Verderben der Gottlosen.

Während im Ersten Weltkrieg kein einziger Hutterer zu Waffe oder Uniform griff, leistete nach 1941 eine ganze Reihe von ihnen Ersatzdienst, zerschnitten einige wenige sogar das Band zwischen der Gemeinschaft der Heiligen und der Altväterlehre und traten in die Streitkräfte ein. In wortreichen Schilderungen beschreiben die Frommen am großen Fluß heute noch den Zorn des Herrn über so viel weltliche Verfehlung: »In der Nacht begann dafür die Luft über der Kolonie Maxwell zu lärmen, der Mond verfärbte sich blutrot.« Oder: »Der Himmel über Barickman wurde plötzlich tief dunkelrot. Die Frauen im Garten blickten zu ihm hoch und sahen Menschen knietief in Blutlachen waten.« Die Frau des Hühnermanns auf Iberville: »Mein Vetter Johann Waldner war mit den kanadischen Soldaten in Deutschland. Dort brachen sie in ein Haus ein, wollten etwas mitnehmen oder so. Da sah mein Vetter eine große, große Uhr. Darauf stand sein eigener Name: Johann Waldner. Der Herr hatte ihm ein Zeichen gegeben.« Einige Hutterer waren von der Lehre abgesprungen, doch Gott war ein Hutterer geblieben.

Wer »das Schwert« genommen hatte, galt auf den Bruderhöfen nicht mehr als frommer Bruder, konnte es nach rechtschaffener Buße aber dann wieder werden, wenn er sich »vor Gott demütigte und versprach, in Zukunft behutsamer zu leben«, wenn die Gemeinde spürte, daß ihn der Satan nicht weiter übervorteilte. Eine Veteranenrente darf er als Mitglied einer Kolonie allerdings bis heute nicht beziehen.

Die Heiligen waren, ohne den »American way of life« anzunehmen, bis zu einem gewissen Grad Nordamerikaner geworden, dabei in den Augen der Welt auf der Stufe des mittelalterlichen Kommunismus zurückgeblieben. Im Gegensatz zur Mehrheit der deutschen Einwanderer in der amerikanischen Prärie, die im überharten Pionieralltag und in stürmischen

Kriegsperioden ihre angestammte Kultur vergaß, deren Söhne es einmal besser haben sollten als die Väter, sahen die Frommen wie eh und je zum Denkmal Jakob Hutter auf, hielten sie eisern an ihrer Tradition fest, gaben Sichtbares und Unsichtbares mit der Genauigkeit von Erinnerungen von Generation zu Generation weiter. Denn so manches war auch auf dem Bruderhof im Fluß – der Lebensstandard stieg, die Wertvorstellungen veränderten sich –, nur die Vergangenheit nicht. Ähnlich wie bei den Juden untermauert sie ein Glaubensgebilde, das die notwendige Überlebenskraft gab: das Grundkonzept von Gottes auserwähltem Volk, in radikale und idealistische Ordnungen und Lehren verpackt. Die Hutterer überstanden auf diese Weise, krisengeschüttelt, einen Zeitraum von 450 Jahren.

Danach wäre der Bruder Michelvetter, dessen Amt als Haushalter ihn heute beinahe täglich mit den Weltmenschen in Kontakt bringt, nicht der Bruder Michelvetter, erwachte er nicht an jedem Morgen mit dem Bewußtsein, daß dies sein letzter Tag sein könnte. Er befleißigt sich des Gebets, um darauf vorbereitet zu sein, da es auf dem Bruderhof nichts Gewisseres gibt als den Tod, nichts Drohenderes als das Jüngste Gericht, nichts Schrecklicheres als die Hölle und nichts Verlokkenderes als das Paradies. Und der Bruder Jakobvetter, der im kolonieeigenen Lastwagen zwischen dem Reich Gottes und dem Reich der Welt pendeln muß, der hütet sich vor jedem unnützen Geschwätz, wird niemals etwas »für wahr sagen, was er nicht sicher weiß«. Heißt es doch: Wo einmal offenbar wird, daß ein Mensch kein Gewissen hat zu lügen, ihm niemand mehr selbst die Wahrheit glauben wird. So hat sein Wort als Hutterer auch mehr als der Eid eines Weltlichen zu gelten. Und in allen Dingen, die er anfängt, bedenkt er das Ende. Am Abend, wenn sich die Brüder und Schwestern in ihre Schlafkammern zurückziehen, legt auch er sich Rechenschaft darüber ab, ob er die Zeit des Tages, die unwiederbringlich vorbei ist, im Sinne Gottes und der Gemeinde so nützlich wie nur möglich verbracht hat.

Die Basel Maria, die als Küchenweib die prominenteste Stufe erklommen hat, die der Hof einer Frau zumuten kann, versucht,

»gegen sich selbst mäßig zu leben, gegen Gott heilig, gegenüber dem Nächsten billig«. Sie meidet den Müßiggang, da er das Ruhekissen des Teufels ist – »denn ist nicht der David, als er auf dem Dach seines Hauses müßigging, zum Ehebrecher geworden«? Der junge, noch ungetaufte Timotheus, dem heimlich die Zigarette an der Unterlippe klebt, die junge, ungetaufte Barbara, die ein Radiogerät unter ihrem Bettgestell versteckt – beide belasten damit ihr Gewissen –, werden gegen diese Sünden ankämpfen, um bald darüber Meister zu sein, denn »wie der Vogler den Vogel an einem Bein halten kann, so hält dich auch der Satan an einer winzigen kleinen Sünde fest ...«.

So leben sie ohne Angst um die Gefahren der Zeit in ehrlicher Gemeinschaft, gekleidet in nivellierende Tracht, wachen darüber, daß sie dem Fleisch keine Ursache zum Sündigen geben, hüten sich davor, schandhafte Worte über ihre Lippen zu lassen und etwas wider die christliche Liebe zu tun. Davon überzeugt, daß der Bruderhof die beste aller Welten repräsentiert, versuchen sie, nicht über die Maßen glücklich zu sein, da daraus nur Stolz und Übermut erwachsen. Sie vertrauen ihren alten Lehren, die sie davor bewahrten, in Amerika eine neue Kultur zu entwickeln, und sie an ihren alten Traditionen festhalten ließ. Sie betrachten ihre Bruderschaft als das herrliche Werk Gottes und freuen sich darüber, daß ihre Namen im Himmel aufgeschrieben sind.

Die Posaunen des Herrn

Zwei Diener des Wortes auf den Spuren ihrer Geschichte

Zwischen Sterzing und Bozen ist die hutterische Chronik ein ebenso lebendiges wie tödliches Buch. Ob Brief- oder Erzählfragment, mit seinen eigenartigen Formulierungen und Präzisierungen entzieht es sich schnell jeder vergleichbaren Literatur. Vor rund vier Jahrhunderten für das brüderliche Leserpublikum geschrieben, ruft es in konzentrierter Form und mit hutterischer Ausschließlichkeit im Gedankengut die frühe Täuferhatz zurück, durchaus in der Sprache einer radikalen Gruppe, jedoch weitgehend im Rahmen historisch belegbarer Tatsachen. Für einen Hutterer ist es ein Geschichts- und Lehrbuch, für die zwei Diener des Wortes, die auf den Spuren ihrer Altväter Tirol bereisen, zusätzlich ein Reiseführer.
Sterzing am Brennerabstieg nach Süden. Beginn eines empfindsamen Ausflugs. Die Stadt des Michael Gaismayer, der bis zum heutigen Tag noch gerne mit den Hutterern in Verbindung gebracht wird, da er als Führer des Tiroler Bauernaufstandes den Versuch machte, die Bereicherungsbestrebungen des Adels und der Kirche abzublocken. Doch die Täuferchronik erwähnt ihn mit keinem Wort. Dafür nennt sie jene dreißig Brüder und Schwestern, die hier ihr Leben lassen mußten, wie der fromme Kuntz Fiechtner, der 1533 »um der göttlichen Wahrheit willen zu Sterzing gefangen, gereckt und gestreckt wurd…«. Hier saßen 1541 die Heiligen Christel Lisner und Mathes Legeder ein, wurde der Bruder Hans Mändl gepeinigt, bis ein Gefängniswärter versehentlich die Tür »halbs offen gelassen und er davon entwichen ist«. In Sterzing hatte Jakob Hutter selbst jene böse Niederlage erlitten, als zwei Getaufte, der Marthan Niders und die Christel Bühlers, von ihm gebannt wurden, um

daraufhin »zu grausamen, gottlosen und teufelspänigen Menschen zu werden: sie sein zu Innsbrugh vor dem regiment gwesen und alles, was sie wissen, das verraten und zeigen sie an und vil grausamer lug... haben sie geredt und noch für und für, diese Gotteslästerer und kinder des teufels«.

Brixen, die bischöfliche Hofburg, deren Tor noch Spuren der Eroberung durch die Bauern im Jahre 1525 zeigt, hinter deren dreigeschossigen Logengalerien die alten »Urgichten« der Wiedertäufer liegen, aber auch die einst berüchtigte Folterkammer, in der 16 Täufer lieber das Todesurteil wählten, statt zu widerrufen. Die Gegend um Brixen, für Hutterer von heute ein Landstrich, »wo Pfaffen Lust am Würgen hatten«. Wo ihre Vorväter in den Nächten auf einsamen Feldern, in Kellern und Heustadeln oder in tiefen Wäldern tauften: »Die Gemeinde hat hier noch große Einigkeit und wartet auf die Wiederkehr des Herrn in großer Geduld«, schrieb Hutter in einem seiner letzten Briefe nach Mähren. »Doch sie wird von großen Schmerzen und Trübsal geplagt, da die Richter viele grausame Mandate gegen die Brüder erlassen, und sie haufenweise in die Gefängnisse führen...«

Gufidaun, das brennende Zeugnis von 19 Täufern, die an jener Stelle gerichtet wurden, wo sich heute der Kinderspielplatz befindet. Burg, Kirche und einige alte Höfe haben ihr mittelalterliches Bild erhalten. Doch kein Wort etwa von Jörg Blaurock, den man hier einmal in Ketten gelegt und gerichtet hat, oder von jenen sieben Frommen, die 1533 zusammen verbrannt wurden, nachdem allerdings »der Bruder Wölfl unter der Marter gestrauchelt war«. Nur die hutterische Chronik erinnert daran, daß in Gufidaun an Fronleichnam 1533 Hutters Gemeinde verzweifelt darüber beratschlagte, wie sie am besten aus Tirol ausbrechen und hinüber ins Täuferparadies Mähren flüchten könnte. Noch im Juni zog dann »ein ersts Häuflein mit 25 Kindern gen Auspitz«, obwohl die Pfleger die Wege und Brücken zum Brenner überwachen ließen.

Und schließlich Klausen, die zwischen Eisack und Thinnen gedrängte Zollstation, durch die jahrhundertelang der Brennerverkehr floß. Ein Walther von der Vogelweide, gewiß nicht

einer der Frömmsten, hatte von seinem Klausener Wohnsitz aus einmal gewarnt, daß, wenn Papst und Bischöfe als Hirten der Christenheit schliefen, der Wolf in die Herde einbrechen würde. Denn schon zu Walthers Zeiten pflügte der Herr hier das christliche Ackerland. Am Andreasabend des Jahres 1535 hielten dann die Hirten Wacht. Der Wolf Jakob Hutter kam aus der Richtung des Villnößtales, zog unterhalb Gufidauns gen Klausen. Die Winternacht unter freiem Himmel, selbst in den windgeschützten Weinbergen, konnte der gehetzte Vorsteher seiner hochschwangeren Frau nicht mehr zumuten. Das Überqueren der Eisackbrücke, die direkt in den Mesnerturm neben der St. Andreaskirche mündete, schien ihm zu gefährlich. So mietete sich Hutter direkt vor der Brücke ein, wo mit ihm schon der Verräter wohnte. Auch Klausen schrieb somit Täufergeschichte, ohne sich heute daran zu erinnern: Da ist die Färbergasse, in der man dem Vorsteher »den Knebel ins Maul bund, daz er nit reden solt kunen«; die Burg Branzoll, in der Hutter gefangenlag; die Reste der historischen Holzbrücke mit dem Mesnerturm; die gewaltige Säbener Anlage, deren Pfleger den Pustertaler festnahm; und dahinter am Berghang der Stammsitz der Walpots – einst die Klausener Mühle –, der nach einem Brand im Jahre 1969 neu aufgebaut wurde und weiterhin im Besitz der Familie des großen Täuferführers blieb.
Das Eisacktal – es gibt außer der Gegend um Michelsburg kein Gebiet, das auf einen Hutterer heute einen stärkeren Eindruck machen, keine Lektüre, die seinen religiösen Willen ideologisch und menschlich mehr härten könnte. Der Widerspruch zwischen der zerfallenen Burg im schwäbischen Urach und dem noch existenten Kerkerloch des Paul Glock, zwischen dem slowakischen Sabatisch und dem alten Bruderhof des Andreas Ehrenpreis ist zu real, um zu enttäuschen. Aber was ist mit Tirol, der Diskrepanz zwischen der Hoffnung Jakob Hutters und der verwirklichten Gegenwart, dem Trost des eigenen Geschichtsbuches und der hutterischen Identität?
Hier leben Menschen, die man irgendwie zu kennen glaubt. Denn noch sind die Hutterer im freien Raum neben Wahlamerikanern oder -kanadiern, neben Heiligen in der Gemeinde

Gottes, rein gefühlsmäßig zuallererst Tiroler, mag auch die Forschung auf ihren Bruderhöfen keine direkten Nachkommen von den nach Mähren abgesprengten Täuferresten des Eisack-, Puster- oder Inntales mehr finden. Rein optisch scheint es tatsächlich Parallelen zwischen den Brüdern in der Verschlossenheit der Kolonien und den Bauern Tirols in der Abgeschiedenheit der Berge zu geben. Zäh und zurückhaltend, hart und tief religiös sind Bruder wie Bauer. Und wenn es wirklich einmal darum geht, gelingt ihnen spontan eine Verständigung in ein und derselben Sprache. Die einen sprechen die vor Jahrhunderten teilweise erstarrte Mundart ihrer sozial und national scharf umrissenen Täufergruppe, die anderen einen ebenso umgrenzten Tiroler Dialekt. Jedesmal, wenn sich das Großvaterdeutsch der beiden an irgendeinem Punkt bei ganz einfachen Dingen des täglichen Lebens trifft, wird ihre Beziehung schnell enger, freundlicher, vielleicht auch brüderlicher: »Daham uf dem Hof rede mir so, wie ihr es tut...« Für die Südtiroler, die täglich um ihre Sprache kämpfen müssen, werden die Hutterer so zu einem Symbol für die eigene Kultur, gegen Resignation und Veränderung. Eine Gruppe, etwas Ureigenes, das vor rund 450 Jahren die Heimat unter Zwang verlassen mußte, kommt erstmals wieder zurück und spricht nach all der Zeit noch »tirolerisch«.

Doch wie steht es mit der Schrift, mit der hutterischen Offenbarung für jenes Land Tirol, das so viele Märtyrer gefordert hat? »Wenn unser Herr Jesus eines Tages mit flammendem Feuer zurückkommen wird, um Gericht zu halten, da wird die Erde das Blut zurückgeben, das sie verschluckt hat, und die toten Brüder und Schwestern nicht mehr verbergen... die zu Asche und Pulver verbrannt wurden, die Geköpften und Ertränkten. Und es werden andere zu Gericht sitzen als vor 450 Jahren. Da ist der Herr nicht mehr Herr und der Knecht nicht mehr Knecht. Und die Leute werden anheben zu klagen: ›Ach, wie sind wir so töricht gewesen, haben gemeint, der Wiedertäufer Leben sei eine Unsinnigkeit und Narrheit und ihr Ende ohne Ehre. Sieh, sie sind jetzt unter den Kindern Gottes, gezählt und haben ihren Teil mit den Frommen wie das Buch der Weisheit so sagt...‹«

Ein Hutterer ist ein Hutterer ist ein Hutterer. Er hält nicht viel von dieser Welt, doch er bewegt sich in ihr mit einiger Gewandtheit. Er lehnt die Wertvorstellungen der Gesellschaft außerhalb des eigenen Kollektivs ab, doch empfindet den zeitweiligen Kontakt mit ihr nicht als Lüge. Er geißelt sein Bewußtsein, arrangiert sich in der Askese der Endzeiterwartung und gibt sich trotzdem die fairste Chance für eine diesseitige Zukunft. Wo Spuren zu verwehen drohen, wo sich Konturen abzuschleifen beginnen, ist es immer wieder der aggressive Ton ihrer Literatur, der in den Hutterern Sehnsucht nach dem alternativen Leben, nach den Realitäten im christlichen Kommunismus wachhält. Dazu gehört ihre Vorstellung von einer Welt, in der der Mensch den Menschen liebt, und einer zweiten, die dazu im vollen Gegensatz steht.
Ein Hutterer wäre allerdings kein Hutterer, würde er nicht ein frommes Leben lang eine gewisse Sehnsucht nach dieser Welt mit sich herumtragen. Ganz besonders denkt er dabei an jenes Land der Altväter, das er – ohne politisch zu sein – »Deitschlond« nennt und das Österreich genauso einschließt wie etwa das Elsaß oder Südtirol. Fernweh – oder Heimweh? – nach jenem Boden, auf dem Gott einmal sein ureigenstes Volk wachsen ließ, zu dem die Heiligen unseres Jahrhunderts eine so tiefe wie geheime Bindung haben. Es ist für sie aber auch das Land der schlimmsten Traditionen, wo »schwanger Weiber und Jungkfrauen in den finstren Turm gesteckt und hernach ertränkt wurden, wo man Brüder bei lebendig Leib zu Pulver verbrennt hätt«, wo allerdings hin und wieder auch ein Henker »schrie und brüllte wie ein Ochs, sein Zungen fraß und in seim Blut erstickete«, nachdem er einen Frommen gerichtet hatte. Hier interessiert ihn – in etwa dieser Reihenfolge – das Tirol des Bruders Jakob; das »Hamburger Loch«, in dem die böse Tochter des Jerg Schneider einmal verschwunden war; die Stadt Urach in Baden-Württemberg und ihre Burg, in der Jung Paule Glock 19 Jahre gefangen lag; die Stadt Alzey und das umliegende Land, wo der Pfalzgraf 350 Fromme hatte richten lassen; Marburg, wo der gute Bruder Riedemann »sein Bichl geschriebn hot«; der Kleinsasserhof in Kärnten; »dem Hitler sei

Autobahn«; die Stadt Ried, heute in Österreich, die im Rieder Land besungen wird; das slowakische Sabatisch und Lewär, in denen noch einige Leute »khotz« für Katze und »fuir« für Feuer sagen; die »Katholertempel«, die großen Kirchen, in denen »die Katholer ihre Götzen anbeten«; und ein echter Franzose, nach dem jene schlimme Krankheit benannt wurde, die gerade auch in den alten Bruderhöfen immer wieder aufgetreten war. Er sucht nach einem Land, das die Zeichen Gottes tragen muß, da er es zu Seiner Ehre geschaffen hat, aus dem Er die Frommen dann vertrieb, um ihre eigene Standhaftigkeit, aber auch den Glauben von 2651 Märtyrern – so die hutterische Rechnung – auf die Probe zu stellen.

Und so treffen sie sich an einem Morgen im September auf dem Flugplatz der großen Stadt am großen Fluß zum Abschieds- und Bruderkuß. Menschen hutterischer Machart in ihrer hausgemachten Tracht: der rustikale Haushalter, der in den nächsten Wochen den Kontakt zwischen den Brüdern drinnen und draußen aufrechterhalten wird, denn er allein öffnet die Post der Kolonie, um allzu Privates rechtzeitig abzufangen; der Weinzierl als brüderlicher Gemütsmensch, den an diesem Tage besonders interessiert, »ob deitsches Geld noch den Hitler drauff hat«; die junge Frau, das Kopftuch mit weißer Wäschefarbe und der kolonieüblichen Schablone frisch gepunktet; der altersgraue frühere Prediger, der das Deutsche noch so perfekt beherrscht, da er mit Gott in Seiner Sprache und nicht in der Seiner Gegner reden will; ein aufrechter Kuhhirt, der fest daran glaubt, daß die Brüder eines Tages wieder einmal wandern müssen, da ihr Glaube in Kanada zu schwach geworden sei; ein blitzgescheiter »Theologe«, der sich der Meinung des Ältesten anschließt, wonach heute auf allen Bruderhöfen nur noch 15 Hutterer bereit wären, für ihren Glauben auf dem Scheiterhaufen zu sterben, vielleicht aber auch nur noch acht; das junge Mädchen, das wie so viele ihrer Altersklasse durch Augengläser blickt, die nichts als gerahmtes Fensterglas sind, da die Brille die einzige »auswendige Pracht« ist, die eine Huttererfrau tragen darf; und schließlich jener Bruder, der eine Schallplatte mit dem Lied »Von den Bergen rauscht ein Wasser« als Souvenir

mitgebracht haben will. Er besitzt keinen Plattenspieler dafür, er weiß, daß es nur ein »Lumpenlied« ist, doch es weckt in ihm Erinnerungen an den Aufbau der eigenen Kolonie, als ein paar deutsche Gelegenheitsarbeiter vorüberkamen.
»Und wennst drüben noch echte Huttrische findst, bringscht se mit!« Denn Deutschland mag gottgemacht sein, ist aber ein Land von Hurern, Ehebrechern und Gotteslästerern geblieben. Muß es noch sein, denn hin und wieder erfahren die Heiligen in Nordamerika, daß sich unter den Deutschen wieder Gruppen bilden, die sich nicht nach dieser Welt gestalten, die »des Heils wegen« wie die Hutterer leben wollen und absondern: etwa eine Gruppe junger Leute in der Nähe von Dachau, denen man allerdings keine große Chance gibt, da sie zwar zusammen lebten, aber kein rechtes System dafür hätten. Oder eine Gemeinschaft auf einem Bauernhof bei Stuttgart, ebenfalls keine rechten Frommen, da dort kein Prediger fungiere, sondern jeder bei religiösen Übungen das sage, was ihm gerade eingegeben werde. Am ehesten sehen die Brüder eine Möglichkeit, zur rechten Lehre zu finden, noch für die Basisgemeinde Wulfshagenerhütten, in einem früheren Haus der Kieler Stadtmission, die heute den ernsthaftesten Versuch in Deutschland unternimmt, nach hutterischem Vorbild »in ungeteilter Hingabe in der Nachfolge Jesu zu stehen«. Die Mitglieder der Gemeinde haben dazu ihre Berufe und Sicherheiten aufgegeben, leben bereits seit einigen Jahren in Gemeineigentum, glauben, »daß Gott die Welt nicht in Hoffnungslosigkeit versinken lassen will«, und trachten gemäß der Einladung der Bergpredigt »am ersten nach dem Reich Gottes und nach seiner Gerechtigkeit«. Eine Anerkennung durch die hutterische Bruderschaft hat trotz verschiedener Kontakte allerdings noch nicht stattgefunden.
Das Loch von Hamburg, die Kerker von Alzey, die große, weite, böse Welt sind Risiken, die sich nicht vollends kalkulieren lassen. So steigt es knarrig auch zur Neondecke der Abflughalle empor: »Herr Got hemmlischer Voder, laß uns nicht sein wie diese Welt...«, beschütze diese unsere Brüder mitten in der Sintflut außerhalb von Noahs Arche... Den Bruder Peter Tschetter aus alter hutterischer Familie, die den Rekatholisie-

rungsversuchen der Jesuiten in Sabatisch trotzte oder erlag, Diener des Wortes mit visionärer Kraft der Kolonie Pleasant Valley in Süddakota. Daneben der Prediger Jakob Gross von Iberville in Manitoba, dessen Vorfahren aus mennonitisch-preußischer Tradition zu der Kolonie in Wirschinka gestoßen waren. Zwei Brüder – denn der Herr schickte nie einen Sendboten alleine aus –, die, von den Ältesten der Schmiedeleut dazu ernannt, stellvertretend für ihre sozialradikale Gemeinschaft das Auge auf Deutschland richten und im Land der Altväter – wo man sie als »vergessenes Volk« bezeichnet hatte – mit schöner Direktheit über christlichen Heroismus und christliche Askese sprechen sollten. Propheten auf Achse, die einst als Schweinehirten auf ihren Kolonien gearbeitet hatten, bevor Er sie zu Höherem berief, denen die technischen Möglichkeiten des Menschen – zum Beispiel das Luftschiff – kein Kopfzerbrechen bereiten, um so mehr dafür der lange Weg von Amerika nach Europa: »So groß kann d'Welt net sein.« Die Welt der Nichthutterer.

Vielleicht passen die Heiligen ins Flugzeug wie die biblische Schöpfungsgeschichte zur kopernikanischen Lehre, ganz bestimmt gehört ihr Bild, so, wie sie es von den Altvätern übernommen haben, zuallererst in die zeitliche wie weltliche Isolation des Bruderhofes. An Orten der Masse, der Gesellschaft, der ganz gewöhnlichen Menschen, sind sie als Gestrige nur Gäste, als Heutige unerkannt, als Morgige noch ohne jede Formel. Doch sie machen das Beste daraus, bringen Anspruch und Praxis immer auf den hutterischen gleich biblischen Nenner. Der Prediger Tschetter beim Steigflug über der großen Stadt am großen Fluß: »Danach wir, die wir leben und übrigbleiben werden zugleich mit ihnen hingerückt werden in den Wolken, dem Herrn entgegen in die Luft, und werden so bei dem Herrn sein allezeit.« (1. Thess., 4, 17)

Dann sitzt er vertieft, auf der Suche nach sich selbst, über der brüderlichen Reiselektüre, dem großen »Geschicht-Buch und kurzer Durchgang von Anfang der Welt wie Gott sein Werk in seinem Volk auf Erden angericht, gehandelt und getrieben hat«, das die Brüder in Deutschland auf seine Quellen untersuchen wollen, um historische Tatsachen in ihren Ursprüngen zu erkennen. Es ist für sie, selbst in seiner brutalen Sachlichkeit, so authentisch wie aufklärerisch, es bewältigt und bindet. Es macht Deutschland und das alte Österreich zu einem riesigen Museum für Taufgesinnte mit Relikten aus jener Zeit, als weltliche und kirchliche Macht noch weitgehend identisch waren. Der Bruder Braitmichel hatte damit in Mähren begonnen und das Bichel bis 1542 geführt, Hauppracht Zapf (bis 1593) und eine Reihe anonymer Schreiber setzten es fort. Es beginnt wie die Geschichte des auserwählten Volkes mit der Erschaffung der Erde, erzählt von Marter und Pein der Apostel, von übrigen Frommen und »wie der Greuel der Verwüstung nach und nach erwachsen, wie die Päpst nacheinander manicherlei Mißbräuch aufgesetzt, wie die Zeugen der göttlichen Wahrheit allezeit unterdruckt und hingerichtet worden; wie daz Licht der Wahrheit verdunklet und ein große Finsternis und Blindheit die ganze Christenheit eingenommen, bis endlich der völlige Antichrist und die rechte babylonische Hur aus der Kirchen ist entstanden«. Es rückt Luther und Zwingli ins hutterische Licht und die Ahnenreihe der in deutschen Geschichtsbüchern so selten genannten Gemeinschaft der Heiligen: »Wie die Anfänger durch Gottes Gnad aus dem Irrtum herausgewaten und Gott die Völker gewannet, die Spreuen zerstreuet, den Weizen abgesündert in sein Scheuren, aus allen Völkern, Geschlechtern und Zungen Deutschlands ein einig Volk gesammelt. Auch wie Gott im selben sein Werk in dem letzten Alter dieser Welt wieder aufgericht und angeordnet hat. Demnach, was schwere Verfolgung, Kreuz und Trübsal die Gemein erlitten, viel hingericht worden und von Etlichen sonderlich, wie sie mannlich gewesen, was mit ihnen gehandelt worden und andere Sachen mehr, so sie in der Gemein sich begeben zu guter Gedächtnis und Betrachtung des Herren wunderbare Anrichtung aufs kürtzeste beschrieben und verzeichnet.«

Das Original des über tausend Seiten starken Geschichtsbuches liegt heute in der Bon-Homme-Kolonie der Schmiedeleut in Süddakota. Seine Existenz ist ein Glücksfall für die Gemeinde,

da es manchen religiösen Zwist im Sinne der Altväterlehre beschwichtigen konnte. Es hat die Brüder von Mähren in die Slowakei begleitet, entging später selbst den so wachsamen Augen des Jesuiten Delpini im siebenbürgischen Bruderhof Winz, von wo es rekatholisierte Hutterer in das Gefängnis von Hermannstadt schmuggelten. Von dort brachte es Martin Glanzer nach Wirschinka, ein unbekannter Bruder nach Südrußland und schließlich in die USA.
Im Reisegepäck befindet sich auch Johannes Waldners Kleines Geschichtsbuch, jene Denkwürdigkeiten, mit denen der Vorsteher den Zeitraum der letzten Eintragungen in der großen Chronik vom Jahre 1660 bis 1793 überbrückte, um schließlich selbst den Weg der Kärntner Transmigranten nach Siebenbürgen und der Hutterer nach Rußland aus eigenem Erleben nachzuvollziehen. Geschichtsbücher als Reiseprogramm, »Entlarvungsliteratur« nach Altväterart. Nicht mit an Bord ist dagegen die Bibel, denn ein Hutterer kennt die Schrift, ist bibelfest wie keiner und hat sich längst an ihr orientiert.

Zurück liegt ein mürrischer Septembertag. Auf den Bruderhöfen flogen bereits die Herbstblätter, als sich die beiden Prediger von ihren Großfamilien verabschiedeten: von den engbrüstigen, noch so lebenslustigen Jungen, den breitgescheitelten Mädchen und fraulichen Frauen mit den traurig-kühlen Augen, den männlichen Männern, denen allen zusammen eine ernste Sorge in den Gesichtern stand: Zwei Brüder flogen mit dem Luftschiff ins Land der Altväter, und nur Gott allein wußte, ob man sie wiedersehen würde.
»Weil es nun ist erkennet, nachs Herrn Rat und Sinn, daß wir werden gesendet, von euch zu ziehen hin, unter die Völker werden gesandt, weit und fer in die Land, daß Gottes Wort und Willen den Menschen werd' bekannt. / Urlaub wir von euch nehmen, lieben Geschwistriget mein, euch mit dem Arm des Herzens, umfahen in der Lieb Christi rein. Wir segnen euch nach treuem Sinn, all Frommen, auch Weib und Kind, von euch müssen wir scheiden, ob hie keins das andre mehr find.«
Einst waren die Hutterer die aggressivsten Missionare aller

christlichen Kirchen gewesen, erst ihre Todfeinde, die Jesuiten, standen ihnen in nichts nach. Zweimal im Jahr, zu Ostern und im Herbst, schickten die Heiligen ihre Sendboten aus. Wie einst Gott Christus, so sandte jetzt Christus sein Volk in die Welt. Die Brüder warben mit dem Schwert der Geistlichkeit zwischen Dänemark und Italien für ihre Lehre und für den guten Menschen im gelobten Land Mähren. Sie predigten die geistige Wiedergeburt und tauften in Polen oder in der Schweiz, in Süddeutschland und Österreich. Sie starben als Märtyrer überall dort, wo man ihre Stimme hörte.
Die Worte und Taten ihrer Missionare sind das Seil, an dem sich die beiden Brüder in Europa festhalten, das Gute und Böse der hutterischen Chronik sind ihre Wegweiser. Und das ist der frühe Hutterer: »Das Verwesliche, der Leib, den kein Leid, keine Trauer und kein Schmerz mehr rühren kann, und das Unverwesliche, der Geist, der zum Ewigen leben geboren ist.« Dieser frühe Heilige ist also der sterbende Heilige, sein Trost nur die jenseitige Welt. Dafür gibt es gerade in Deutschland für Fromme auf Reisen eine ganze Reihe von Ansatzpunkten. Alzey in der Pfalz ist nur einer davon, doch sicher einer der bekanntesten; ein Brudersymbol für den hundertfachen Mord des »Pfalzgrafen«, für die Reduktion des Menschen zum Schlachtvieh. Brüderliche Frömmigkeit, die die Burg mit monumentaler Wucht erschlug, Armsünderschweiß, dessen Geruch über dem Richtplatz verwehte. Heidnisch, katholisch, protestantisch, blutig – ein so berüchtigter wie berühmter Platz der Religionsgeschichte.
Erst ein paar Tage war es her, daß auf dem Bruderhof in Nordamerika das Schicksal der Frommen von der Pfalz zu Sprache geronnen war: in den 41 Strophen des Alzey-Liedes, das beinahe im Märchenton erklärt, warum Blut und Qualm am Anfang der hutterischen Zeit standen, warum der Tod eine Kleinigkeit, die verzückte Sehnsucht nach Gott als ewige Größe aber zeitlos ist.

Die Täuferbewegung in der Kurpfalz wurde einige Jahre geprägt von Hans Denk: aus Nürnberg ausgewiesen, in Augsburg

zur Gemeinde gestoßen, 1526 bei der großen Täufergruppe in Straßburg, im Jahr darauf in Worms, wo er die Propheten des Alten Testaments aus dem Hebräischen ins Deutsche übersetzte und zusammen mit Ludwig Hätzer drucken ließ. In Basel wurde Denk von der Pest eingeholt. Doch mit ihm war 1527 auch in Alzey das Licht der täuferischen Wahrheit aufgegangen, gegen die Kurfürst Ludwig mit der Todestrafe vorging, und zwar drohte sie allen, die andere noch einmal tauften, die sich selbst noch einmal taufen beziehungsweise ihre Kinder nicht taufen ließen. Die neun Brüder und zwei Schwestern, denen die Hutterer mit dem Alzey-Lied ein Denkmal gesetzt haben, waren, wie anders, als Ketzer festgenommen worden: »Zu Alzei in der Stadte, sie gfangen glegen sein, zwar ohne Kurfürsten Rate, legt man ihn an solch Pein. Kein Gwinn werdens nicht haben die daran schuldig sein, es wird ihnen noch geraten zu der höllischen Pein.«
Da das zuständige Landgericht eine Verurteilung aus rein religiösen Gründen ablehnte, übergab man sie sogenannten Ketzermeistern, die dafür zu sorgen hatten, daß jeder »wiedergetaufte Mann und jede Weibsperson im verständigen Alter vom natürlichen Leben zum Tod durch Feuer, Schwert oder auf anderem Weg hingerichtet wurden«. Noch einmal wurde den Frommen die Möglichkeit zur Rückkehr in die katholische Kirche gegeben, doch »da sie nicht abstehn wollten, ging es gar bald zum End, sie mußten alle erdulden, den Tod so gar behend. Zur Richtstadt mans ausführet, da sah man groß Elend, doch ward kein Abstehn gespüret, blieben bständig bis ans End. / Die neun Brüder merkt eben, durchs Schwert man richtet hin. Die Schwestern auch darneben, ertränkt in der Roßschwemm. Zu Alzei in der Stadt im Jahr wie vorgemalt, nach ihrer Feinde Rate ward solches angestellt.«
Der Märtyrerspiegel der Hutterer nennt die Täufer, die Opfer des Pfalzgrafen Ludwig wurden, nicht beim Namen, sondern beruft sich auf Flüchtlinge, die zur Gemeinde in Mähren gestoßen waren und berichteten, »wie man die Frommen aus den Häusern und aus der Verschlossenheit alter Keller holte, wo man sie wußte, und sie wie Schlachtschafe zur Richtstatt

führte. Doch die Brüder und Schwestern ... standen wie harte Felsen, allen Meistern der Welt zum Trotz. Während man mit den einen umging, sie ertränkte oder hinrichtete, sangen die andern, bis der Henker auch sie an der Hand nahm ...«
Zahlreiche Kurpfälzer verließen jetzt aus religiösen Gründen unter Protest das Land, ganz besonders dann auch im Nachhall der Unruhen von Münster, und schlossen sich den Hutterern an. Als Grund galt noch für einige Jahrzehnte, daß ihnen in der Heimat niemand mehr ein christliches Leben vorlebe, in den eigenen Gemeinden nichts weiter zu finden sei als »fluchen, schweren, fressen, saufen, tanzen ... raufen, schlagen, hurerei ... was den aufrechten Kristen nur ekel macht«.
Im Turm von Alzey saß 1567 der Hutterische Bruder Leonhard Dax ein, der, so die Chronik, »als Pfaff der Katholen einmal gegen die Unsrigen geschrieen hatte«, aber dann doch noch zur brüderlichen Einsicht gekommen war. (Dax war 1555 mit dafür verantwortlich, daß der Bruder Hans Büchner enthauptet wurde.) Fortan wetterte er in der Kurpfalz, wie zuvor schon in Bayern und Tirol, gegen die »große Blindheit und Abgötterei« der etablierten Kirchen. Diese wiederum zeigten sich den Taufgesinnten gegenüber schon toleranter, ohne sie allerdings zu dulden. So kam es in Alzey nach den Jahren der absoluten Verfolgung zu jener exemplarischen Auseinandersetzung zwischen dem hutterischen Theologen Dax und den Calvinisten. Im Mittelpunkt stand dabei der radikale Standpunkt von Dax, das heißt das brüderliche Verhältnis zur Obrigkeit und zum Schwert, die Lehre von der Erwählung des geretteten und der Verwerfung des verlorenen Menschen. In echter hutterischer Tradition blieb Dax unerschütterlich, selbst als ihm der calvinistische Landesfürst »herrliche Konditionen« für einen Übertritt versprach. Der Täufer wurde später aus der Haft entlassen.
1664 kam es zu einem Duldungsgesetz, das sieben Jahre später den Zuzug von Taufgesinnten aus der Schweiz auf Pfälzer Boden ermöglichte, deren Nachkommen in ihrer religiösen Tradition noch heute dort siedeln. Für die beiden Brüder aus Amerika liegt über ihren Zentren nur ein Hauch von heiler Welt. Doch sie stehen ihnen Rede und Antwort, halten in der

Mennonitengemeinde Weiherhof dann eine hutterische »Lehre«, wahrscheinlich die erste nach einigen Jahrhunderten. Sie erklären, warum sie als Hutterer so anders sein müssen als die übrigen Kirchen: »Ihr habt in Deutschland die gleiche Schrift wie wir, die gleiche Wahrheit. Doch Gottes Wort muß studiert werden, denn wir sind verantwortlich für das, was wir wissen.« Ein Hutterer glaubt jedes Wort der Schrift, selbst wenn er es nur aus zweiter Hand erhält. Nicht die Bibel ist sein direkter Trost, sondern ihre Belastbarkeit, ihre Verwendbarkeit: das, was die Altväter während der Glaubensspaltung für ihr eigenes Weltbild herausgelesen und im derben Dialekt ihrer Zeit schriftlich weitergegeben haben. Das, was einmal praktikabel und unverzichtbar schien für das Zusammenleben theologisch ungebildeter Kleinbürger- und Handwerkerschichten und heute innerhalb der geistlich und sittlich hochstehenden Brudergemeinschaft weiterhin unverzichtbar erscheint. Dazu zählt eben in erster Linie die große Idee der Gütergemeinschaft, die an den religiösen Enthusiasmus, die großherzige Nächstenliebe der urchristlichen Gemeinde erinnert. Doch für die Täufer in der Pfalz, deren religiöse Tradition sich mit jener der Hutterer an vielen Stellen trifft, obwohl sie mit einigen alten Verbindlichkeiten gebrochen haben, bedeutet dasselbe Wort der Apostel nur die Gleichheit des Menschen vor Gott, läßt die Schrift genügend Raum für Privateigentum und Familie...

Aus einem Kerker des Bistums Speyer weht den Brüdern das Lied der Rechenschaft des Hans Arbeiter entgegen, der, »von der Gemeinde in Mähren gestärkt, den edlen Samen des Herrn« in das Pfälzische trug, dort 1568 zusammen mit seinem Weggefährten Heinrich Schuster gefangen wurde, noch bevor er die Früchte seines Wirkens einsammeln konnte. Hier in Speyer war es zur klassischen theologischen Auseinandersetzung zwischen dem Hutterer Hans Arbeiter und Jesuitenmissionaren gekommen, die seit 1566 in Speyer eine Niederlassung hatten. Auf den heimischen Kriegsschauplätzen des Glaubens, die Bewahrung und Erneuerung des katholischen Glaubens wie auch die Zurückdrängung der Protestanten auf dem Banner, waren die

Soldaten Jesu, die gefährlichsten Gegner der Taufgesinnten, im guten wie im schlechten Sinne zu allem fähig, nach ihrer Weisung: »Der Eingang kann sein, wie er will, wenn nur der Ausgang unser ist!« Verschiedentlich hatten sie, wie wir gesehen haben, in der Vergangenheit geholfen, einen Hutterer vorzeitig zu seinem Herrn zu bringen. Zu diesem Zeitpunkt allerdings – die »katholische Reformation« hatte durch die Beschlüsse des Konzils von Trient viele Mißstände innerhalb ihrer Kirche abgestellt – war ihr geschicktes Auftreten im Umgang mit vielen Frommen erfolgreicher als Scheiterhaufen und Schwert. Den standhaften Neugläubigen erschienen sie daher als Apostel des Teufels, als »Jesuiten-Jesu-Wider«. So sollte auch Papst Gregor XIII. einmal erkennen, daß kein größeres Instrumentarium zur Bekämpfung der Ketzer von Gott je geschaffen wurde als dieser Orden. Sein eigentliches Ziel, die Ausrottung der Protestanten, sollte er dennoch nicht erreichen.

Arbeiter selbst hat über seine Haft Buch geführt: »...Am 18. Juli dieses 1568. Jahres begehret der Schultheiß ein handtglob von uns, oder ein maß wein oder drey denen zu schenckhen, die uns die nacht auff dem radthauß gefangen bewarten, damit man uns nit bei der nacht sondern erst am morgen zu Kirweiler auf das Schloß füeret. Unser antwort: ›Euch mit der Hand globen, ist wider gott, dan wer mit der Hand globt, der ist vor gott ein narr. Auch geben wir kein wein, ja nit ein pfennig, denn so wir denen sollen lohnen, die uns gefangen bewaren, so legten wir uns selbst gefangen.«

Der gestrenge Hans Arbeiter kam in Dunkelhaft ins Gefängnis Kirweiler, Heinrich Schuster in die sogenannte Petzkammer. Nach 14 Tagen begann der Oberamtmann des Bischofs mit neun Helfern, die sich abwechselten, das Verhör. Die Brüder wurden des Aufruhrs bezichtigt. Es ging zuerst um die üblichen Fragen nach der Kindstaufe, über die Lehre und das täuferische Leben.

Arbeiter: »Ir wist villeicht nit vil von unserm glauben, leer und leben, dieweil ir mich nun drumb fraget, so will ich euch gern rechenschaft geben. Bit euch, ir wölt mich hören. Dan ich

glaub wol, dz ir nit vil guets von uns höret, dan es haben all weg die gottlosen vil lugen von dem volckh gotes gsagt.
Ich bit euch aber, ir wölts nit glauben, dan wier wonen im landt zu Märhern, auch under der obrigkeit und bei den herren, die unser thuen gar wol wissen... ja der kaiser selbs wais wol, dz unser etlich im land sein, dan er kumbt offtmals selbs ins landl. Wan wier solche leüdt weren, wie man uns lestert, maint ir, dz sie uns wurden dulden künen und got wurdt auch keinen schutz ob uns halten. Die herren wissen unser thuen und leben gar wol, si bringen auch vilmals ander edlleüt herren und frauen, die unsere heüser auch die schuellen und vast alle gemach durchsehen, auch wie oder was unser kinder essen, trinckhen unnd wie sie ligen, das sich vil verwundern, das wier unser kinder so fein künen halten und sonst solche schöne ordnung haben...«
Als die ersten Verhandlungen zu keinem Ergebnis führten, wurden die beiden den militärisch straff geführten Jesuiten übergeben, die ihnen keine große Marter auflegten, nur hin und wieder mit der Rute drohten. Sieben Monate lang versuchten Ober- und Unteramtmann, Abgesandte des Bischofs von Speyer, hohe katholische Geistliche und immer wieder Jesuitenmissionare, die beiden Hutterer zurück zum alten Glauben zu bringen. Die Gefangenen wurden vor die Alternative gestellt, abzuschwören oder im Rhein ertränkt zu werden. Als besonders hartnäckig erwies sich dabei ein Jesuit namens Lamprecht, der in Mähren das Täufertum studiert hatte und nun im Frage-und-Antwort-Spiel alles daransetzte, die beiden Sendboten zu überzeugen: »Ob es denn keine Hurer und Vollsaufer in der Gemeinschaft der Heiligen gäbe?« – »Ja, es gibt sie, aber sie werden gebannt!« »Ob sie nicht glaubten, daß Christi leiblich in Fleisch und Blut des Sakraments wäre?« – »Nein, denn die Wahrheit ist dagegen!« »Ob sie nicht glaubten, daß die Kirche heilig sprechen könnte?« – »Nein, denn der Einzelne muß sich durch die Wiedergeburt in der Taufe selbst heilig machen.« Der Jesuit war – laut Arbeiter – so fleißig wie der Teufel bei der Versuchung. Er distanzierte sich von der Schrift oder bat im Namen des Leidens Christi, er fiel dem Häftling um den Hals,

doch dieser, der seinen Ältesten ebenso streng zum Gehorsam verpflichtet war wie der Katholik seinem Ordensoberen, setzte ihn auf eine Stufe mit dem biblischen Judas.
Arbeiter und Schuster hatten das Glück, daß eines Tages »Krieger und Reiter« ins Bistum Speyer kamen, vor denen Wärter wie auch Henker Reißaus nahmen. Beide kamen frei und flüchteten aus dem Land.

Alzey, Speyer, der Ausrottungsoptimismus des 16. Jahrhunderts, Armut als Nährboden: eine Gesellschaft, die beschlossen hatte, daß sie die Frommen nicht mehr haben wollte. Münster in Westfalen, der König, der sein Reich verhurte: der seltsamste Riß in der zerrissenen Geschichte des Täufertums.
Aalen: »Der Aichele, des Königs Profos, hat in 1526 hier viel unschuldigs Blut vergossen. Männer, Jüngling, Weiber und Jungfrauen mit samt ihren Dienern verbrennt.« München: »Der Feirer Hans, ein Diener der Gemein, ist im 1528. Jahr mit fünf seiner Brüder hier verbrennt worden, ihrer drei Weiber ertränkt, auch zwo von Adel.« Schwäbisch Gmünd: »Sieben Brüder, darunter der Martin Maler und der Wolf Eßlinger, haben hier im 1531. Johr mit dem Blut bezeuget.«
Für jene Deutschen, die die Hutterer von Amerika her schon kannten, gehörten die beiden Prediger einem Volk mit unveränderter Geschichte an, einer Brudergemeinde in der radikalen Nachfolge, im Glauben an die Vorsehung, in Gottes eigenem Garten leben zu können, Himmel und Erde dabei näher als jeder Durchschnittsbürger. Andere, die die Bruderschaft in ihren Anfängen studiert hatten, in denen einmal viele theologische Schriften, Glaubensbekenntnisse, Predigten, Lieder und Katechismen geschaffen worden waren, um Erfahrungen weiterzugeben, staunten über die Geistesart der beiden Diener, über die hutterische Provokation, in unserem Zeitalter geboren zu sein und mit einer Erziehung des 16. oder 17. Jahrhunders zu leben. Wem die Existenz der Heiligen fremd gewesen war, wer zwischen Geburt und Wiedergeburt keinen Unterschied machen konnte, erprobte an den Predigern die Erinnerung an die biblische Geschichte, stellte der irdischen Glücksverweige-

rung der Frommen seinen Anspruch auf Glück entgegen, belächelte den konservativen Traditionsdrang dieser unamerikanischen Amerikaner, ihr Leben im Nicht-Leben, um gleichzeitig zu bewundern, daß sie trotz des religiös-patriotischen Blicks ihrer Kirche in dieser Welt nicht vollkommen geblendet waren. Auf beiden Seiten gab es Zweifel an Personen und Sachen: Wie erklärt man einem westdeutschen Publikum Kommunismus als Religion, Armut als Alternative? Wie praktikabel wirkt das endgültige Weltbild der Brüder auf Menschen, die häufig keine eigene Zukunft mehr erkennen können? Wie provozierend ist für eine TV-gesättigte Nation der Vergleich des Fernsehapparates mit dem »Teufel im Haus« oder in einer emanzipierten Gesellschaft jener Knallsatz »Das Weib hat zu schweigen«?
Zuerst staunten allerdings die Hutterischen Brüder. Auf dem geschäftigen Flughafen, gleich nach der Landung, entdeckten sie eine Frau mit einem »Kopftichel«, fragten sie, ob sie vielleicht nicht doch »eine Hutterische« wäre, was nicht viel mehr als kühle Reserve zur Antwort hatte. Gleich danach wurden sie mit einem ersten kräftigen »Shalom« begrüßt, da man sie nach ihrer äußerlichen Erscheinung, ihrem winzigen Touristengepäck, wie immer wieder in Deutschland, für konservative Juden hielt. Tschetter: »Wie glaubt's denn, daß wir dm Hitler auskommen sein?«
Vor den Überlandfahrten sprachen sie ihr Gebet, »jeweils der Situation angepaßt«, auf den breiten Autobahnen in fremder Umgebung sangen sie fromm: »Ich geh den schmalen Lebenspfad.« In Schnellgaststätten setzten sie vor jeden »Hamburger« einen lautstarken Dank, um der Welt ein Zeichen zu geben. Vor unbekannten Gerichten, wie etwa Feldsalat, bestimmten die glaubensstrengen Prediger: »Ums Unkraut z'essen, dorf ma nit bete, es braucht's nit.«

Brüderliche Worte aus der Prärie:
Gross nach einer Unterweltreise durch Hamburg, nach einem Blick auf ruinierte Mädchen: »Der Herr mog's nit. Er wird's schon richten.«
Tschetter vor dem goldenen Gelege der christlichen Altäre:

»Des kann dm Herrn nit recht sein. Ein Platz voller Götter und Götzn. Die Gmain ohn Flecken und Runzeln darf sich nit ein Bildnis machen.«
Gross: »Deitschlond is scheen, doch ich hob's mir deitscher vorgstellt.«
Tschetter beim Anblick eines strohgedeckten Hauses: »Warum legn die Deitschen ihr Ernt ofs Dach?«
Gross beim Abendessen: »Der Kas schmeckt wie daham. Wir nennet ihn russischen Kas, doch er ischt auch deitsch.«
Tschetter, pflastermüde, beim Aufstieg zur Burg Hohenurach: »Die Deitschen müsset verruckt gwen sein. Warum bauten sie so auf dr Höch, wenn's im Tol viel leichter gwen wär.«
Gross: »Ich hob in Deitschlond glernt, daß viel englische Wörter au deitsche Wörter sein. Ich hob auch glernt, daß Deitsche, um zum ›washroom‹ z'gehn, dafür zohlen müsset.«
So ist dos in Deitschlond. Ist das so in Deutschland?
Bei den Begegnungsabenden mit den Predigern sollten dann jedoch auch die Deutschen, Österreicher und Südtiroler nicht mehr aus dem Staunen kommen. Wo sie Figuren der Vergangenheit erwartet hatten, trafen sie in intellektueller Hinsicht auf Personen des späten 20. Jahrhunderts, auf Repräsentanten einer durch persönliche Armut und die List der Natur schnell wachsenden, alternativen Gemeinschaft, von denen man, obwohl seit »Ewigkeiten« im fremdsprachigen Asyl, in Stuttgart behauptete, daß sie schwäbisch-alemannisch sprechen, in Südtirol wurde daraus tirolerisch, in Wien kärtnerisch und in Bayern bayrisch. Und nirgendwo hielten die beiden ein flammendes Plädoyer für ihre Bruderschaft, überall nur war solides Trompeten für den gemeinsamen Herrn zu hören.
»Mir lebn so, wie mir glaubet, daß richtig ist. Gott hat die Frommen von den Unfrommen gschiedn. Er sonderte ein Volk ab aus allen Völkern, zu dem er Lust hatte, und befestigte den Bund zu ihm nach 2. Mose 20.«
»Bei ons leid keiner Not, keiner Überfluß, denn mir sind an Gmainschaft auch im Zeitlichen, wie mir aus dr Apostlgschicht lest.«
»Mir sogen jo, jo ond nein, nein. Mir schwöret nit, sondern

sogn sogleich die Wahrheit, ein jeglicher zu seim Nächsten, so, wies der Paulus von ons wöll.«

»Mir san nit mehr so isoliert, wie ihr's glaubt, mir hoben onser täglich Gschäft, d'Schwein ond d'Küh. Die bringet ons in Kontakt mit dr Welt. Aber im Herz ond Gmüt, do bleibet mir onder ons, do solle mir ons nit mische mit dr Welt.«

»Den Bart traget mir nit, weil mir sein wollet wie dr Herrgott, der hemmlische Voter, der ons zu seim Ebenbild gschoffen hot, wie's schon in 1. Mose 1. z'lesen ist. Mir tragen ihn zu seiner Ehr. In Deitschlond wollet d'Menschen häufig anders sein. Ohne an Bart.«

»Acht, zehn Kindr sein in einer Familie nit viel, zwanzig, dos sein viel.«

»Dos Fleischliche zerstört dos Geistliche.«

»Die Kirchengebilde in Deitschlond sein so, daß sie Gott hassen muß, ein richtig Abgötterei. Was immer da gleißt und scheint, ist kan Gottesdienst. Wir vergleichen's mit dem olte Mann, der sich an neues, schöns Haus baut und glaubt, dorin z'überlebn. Er irrt sich.«

»Die Katholen glaubet falsch. Die sogen, wer gut ist, kummt in Himmel, wer schlecht ist, in die Höllen. Sie sogen, man müßt sich den Himmel verdienen, und lassen sich hineinbeten durch die Totenmessen. Mir habn hier ein Begräbnis gsehn. Dabei worn zwei Gscheite: der Tote und ds Pferd, was den Wogn mit dem Kasten gzogn hot. Denn für an Toten ist es allweil z'spät zum Beten.«

»Dos katholische Wesn sucht's Heil bei der Kreatur ond dient dm Gschöpf mehr als dem Schöpfer. Doch es hoßt in Markus 7: ›Dieses Volk lobt mich mit den Lippen, aber sein Herz ist weit von mir, darum dient es mir vergeblich, und ich will sein Gebet nicht erhören.‹«

»In Deitschlond fällt ons auf, daß die einzelnen Menschen so verlassen sein. Bei ons fühlt sich kaner allein.«

»Dr Luther hot die Reformation nur halb gmacht. Er gab an, Gott zu liebn und zu dienen, und hot doch dorneben die Greuel der Sünden und Untogend mit allem Dienst des Tuifels grod so nit verlossen.«

»Ob mir als Gmaind noch amol 450 Johr überlebn könnet, wissen mir nit. Die Huttrischen warn schon amol auf 65 Menschen z'ammgfallen, die Gütergmainschaft habn sie mehrmols aufgebn, in Sabatisch einmol, in Rußland ein andermol. Mir hoffet, daß ons dos Wüten der Welt wie früher ihre Tyrannei nit abschrecken wird sollen von dem Werk, das der Herr, onser Gott, durch Christum in ons angfangen hot....«
»Na, mir lieben's nit, wan ainer en Bildl von uns mocht, denn ›du sollst dir kein Bildnis machen‹.«
»Wann von uns wer schlecht deitsch redt, den heiße mir Deitschverderber.«
»Onsere Tür steht für ein jeden offen, so er zu ons kommen will. Doch den Huttrischen kann man nit beitreten wie am Gsangverein.«
»Mir sans doch Deitsche...«
...trotz der Wahrheiten des hutterischen Geschichtsbuches, des unentbehrlichen Reisebegleiters der Prediger. Trotz Schärding, das unübersehbar auf dem klassischen Hauptkampffeld der deutschen Täuferhatz und der Gegenreformation liegt: »Im 1527. Jahr wurde Leonhard Kaiser, der ein Pfaff gewesen war, zum Glauben bekehrt und dann ein Diener des Wortes, hier gefangen und vom Bischof von Passau und anderen Pfaffen zu Feuer verurteilt. Als er nun dazu hinausgeführt wurde – an einem Freitag vor Laurenti –, griff er vom Karren herunter und brach eine Blume ab. Zum Richter sagte er: ›Ich nehme die Blume mit, sofern sie mit mir verbrennt, so habt ihr richtig gehandelt, wenn sie aber nicht verbrennt, so denkt daran, wie ihr gehandelt habt.‹ Darauf hat man einige Klafter Holz angezündet, doch Kaiser brannte nicht, lediglich sein Haar war angesengt und die Fingernägel braun. Die Blume blieb frisch. Als man seinen Leib berührte, ging Ruß ab, darunter aber war er noch weiß. Danach wurde er zu Stücken zerhauen, die der Henker in den Fluß des Inns geworfen hat!«
Trotz Wasserburg am Inn: »Im 1542. Jahr ist der Bruder Hans Hueber hier unter dem Grafen von Öttingen gefangen gelegen. Nachdem sie viel mit ihm angefangen hatten, um ihn vom Glauben abzukehren, wurde er zum Tode verurteilt. Als die

Flammen an ihm hochzüngelten, der Bart schon abgesengt war, fragten sie ihn noch einmal, ob er widerrufen wollte. Er aber verbrannte bei lebendigem Leib und bezahlte so dem Herrn sein Taufgelübde.«
Trotz Landshut: »Im 1560. Jahr sind die Brüder Klaus Felbinger und Hans Leutner nicht weit von Neumarkt in Bayern gefangen und nach Landshut überführt worden. Dort hat man an ihnen wegen des Sakraments hantiert, gefragt, warum sie von der Papstkirche abgestanden sind. Darauf haben sie es mit der Marter versucht und beide übel gereckt, damit sie ihre Brüder verraten würden, bis der Henker erkannte: ›Sie hingen jetzt einen ganzen Tag, sie sagen nichts.‹«
Trotz Burghausen: »Im 1571. Jahr führten sie den Bruder Wolf Binder mit guten, glatten Worten, mit falscher Lehr und Drohungen gegen Burghausen. Als die Pfaffen ihn nicht richten konnten, war der Henker der nächste. Der hat seinen Leib mächtig gemartert, gereckt und gestreckt. Sie haben ihn zerrissen und so zugerichtet, daß er nicht mehr laufen konnte. Wieder kamen zwei Pfaffen, die ihn umstimmen wollten, doch er sagte zu ihnen: ›Du Pfaff, tu Buße. Du kommst in Schafskleidern, aber inwendig bist du ein reißender Wolf, über den der Herr Christus das Weh vielmals ausgesprochen hat.‹ Danach war er mit dem Schwert gerichtet.«
Trotz ...
Oder gerade wegen der kolossalen Verschwendung von Menschenleben an hundert anderen Orten, an denen sich einmal die Mühlen des Todes drehten. »Denn der Herrgot, unser hemmlischer Voter, lasst nichts Überflüssiges zu. Er hot's noch nie getan.«

Hutterer sind gewohnt, Lasten zu tragen, doch sie glauben, daß jener am besten trägt, der am wenigsten darüber spricht. So war es kaum mehr als stille Bewunderung, die die Prediger aus der Prärie vor den Ruinen einst hoher Gerichte, im faden Gestank unterirdischer Kerker, auf ausgefransten Pilgerwegen und vor den schlichten Denkmälern kleiner Menschen erfüllte, die im Glauben einmal so groß und beständig waren, daß sie im

Sterben zu Riesen wurden. So versuchten die beiden auch immer wieder mit beinahe weltmännischer Gelassenheit, die etablierten Kirchen aus ihren Diskussionen herauszuhalten, denn wer Gott im Munde führt, muß seine Feinde lieben. Anlaß zu tiefem Pessimismus gab es jedoch allemal. Die Haltung der Altväter fand auf Schritt und Tritt ihre Rechtfertigung. Dieses Deutschland hatte sich tatsächlich weit von jenem Schöpfungstag entfernt, an dem Gott alles ansah, was er gemacht hatte, und fand, daß es sehr gut war.

Beinahe über Nacht hatten die Deutschen ihr vergessenes Volk wiederentdeckt. Das totale Aufgehen der Hutterer in der Bibel, die Summe der Erkenntnisse aus ihrer Vergangenheit, die in ihrer Gegenwart noch gelten, die erhabene Unabhängigkeit der stolzen Sektierer, ihre Wertvorstellungen und die kommunistische Basis in einer kapitalistischen Welt rückten sie in die Schlagzeilen der Medien. Zwei Heilige, menschliche Raritäten, deren Vorfahren einmal Geschichte geschrieben hatten, über die man jetzt Geschichten schreiben konnte, über die Opfer kirchlicher Willkür, die sich zu Volkshelden nie eigneten:

»In der bunten Welt westdeutscher Städte wirkten die beiden Männer ungewöhnlich und auffällig«, notierte »Die Welt« in einer halbseitigen Reportage. »Ihre altmodisch geschnittenen schwarzen Anzüge, die schlichten Hemden ohne Krawatten, die schwarzen Hüte erinnerten an die Kleidung orthodoxer Juden. So ungewöhnlich wie die Kleidung war auch ihre Sprache, ein kehliges Deutsch mit Tiroler Anklängen, wie man es hierzulande seit einigen Jahrhunderten nicht mehr spricht...«

Die »Frankfurter Allgmeine« dagegen bemerkte ein »gut verständlich kärntnerisch-deutsches Sprachgemisch« im Wortschatz von Jakob Gross und Peter Tschetter. Die »Stuttgarter Nachrichten« stellten den Umstand heraus, daß die beiden Hutterer bei einem Besuch im Stuttgarter Rathaus Oberbürgermeister Rommel kurzerhand duzten, da, »wer mit Gott per du sein kann, auch mit Menschen per du ist«. Der »Eckartbote« in Wien würdigte die »einmalige Gelegenheit, mit Menschen zu sprechen, die im 16. Jahrhundert das österreichische Alpengebiet verlassen haben«. Der Berichterstatter der »Westdeutschen

Allgemeinen« meinte mit Blick auf die hutterische Gütergemeinschaft, Glaube hin, Glaube her: »Kommunisten, wie man sie heute versteht, sind sie trotzdem nicht.« »Deutsch gut, Englisch böse« hieß die Schlagzeile in der »Verdener Zeitung«, »Mit dem lieben Gott per du« meldete das »Volksblatt Berlin«, »Hutterer entdecken die Alte Welt« wußte das »Flensburger Tageblatt«, »Hutterer entdecken eine ganz neue Welt« hielt die Deutsche Presse-Agentur (dpa) dagegen.

Radio und Fernsehen, mit dem Blick für Sensationen, nahmen sich der beiden Prediger in der phantasielosen Kleidung der Bruderhöfe an, bewunderten ihre phänomenale Bibelfestigkeit und ihr zielbewußtes Auftreten, setzten sich mit ihrer Funktion innerhalb der Kirchen auseinander. Dabei erinnerten die Frommen so kühl wie selbstbewußt anhand der reichen Verknüpfungspunkte mit der deutschen Heimat an ihren christlichen Auftrag: »Wir, die Hutterischen Brüder in Nordamerika, haben allen längst vergeben, die uns einst vertrieben, marterten und töteten. Deutschland ist für uns ein Land des Lebens und des Sterbens, eine Arena unserer Geschichte, der standhaften Gemeinde, die hingerichtet wurde, um zu siegen. Das endgültige Urteil aber liegt nicht bei uns. Wir lesen aus der Schrift: ›Denn wahrhaftig und gerecht sind Seine Gerichte, daß Er die große Hure verurteilt hat, welche die Erde mit ihrer Unzucht verderbe, und hat das Blut Seiner Knechte von ihrer Hand gefordert. Und sie sprachen zum andern Mal: Halleluja! Und ihr Rauch steigt auf in Ewigkeit ...‹«

Weiter geht die Reise. Linz: »Der Wolfgang Brandhueber von Passau und der Hanns Mitermair, beide Diener des Wortes, sind hier im Land ob der Enns im 1529. Johr mit viel Glaubigen, über die 70 Personen, gericht worden.« Ried: »Der Hans Blüetl, der am Sant Johannestag im 1545. Johr auf dem Scheiterhaufen mit heller Stimme rief, ein redlicher Mann sollt Kunde nach Mähren bringen, daß er um göttlicher Wahrheit willen verbrennt wär.« Wien: »Der Bruder Oswald wurde im 1545. Johr, nachdem er tröstlich bis ans End verharrte, in der Nacht ohne Urteil in der Donau ertränkt.«

Und schließlich Sabatisch am Ende des Regenbogens, in schwefelgelbem Herbstlaub, mit Resten von früher hutterischer Architektur. Nahezu sechs Wochen sind vergangen seit dem Tag, an dem die Diener des Wortes Abschied von ihren Gemeinden genommen haben. Das Dorf zeigt wenig Lust an Fremden, die Fremden sehnen sich um den halben Erdball zurück auf ihre Bruderhöfe, die sie im Abenteuer Deutschland noch einmal als die beste aller Welten erkennen konnten. Es drängt sie nach dem Erwerbsleben, zum Putenköpfen, zur Schweineschlacht, ans Besenkraut und in die Buchbinderei, zur biblischen Idylle an Bord ihrer Arche.

Nur die wenigen alten Habanersippen haben noch Fragen an die unsterblichen Hutterer. Menschen, die die Zeit dazu hätten, die ihre Gespräche jedoch nicht mehr mit christlichem Inhalt erfüllen wollen. Und wie soll der Prediger Tschetter den Tschetterles von Sabatisch erklären, daß in Nordamerika heute der Mensch den ganzen Himmel für sich hat, wo sie im alten Europa nur einen kleinen Ausschnitt davon besitzen?

So bleibt der Dialog an Sabatisch hängen, an dem nur noch schmalen Bezug zu seiner Täufergeschichte. Am »krautegortn« etwa, wie ihn die Slowaken der Gegend der Habanertradition entnommen haben, oder am Sabatischer Siedlungskern, in dem ein Hutterer nicht fragen muß, wo er ist. Der Ort hat Krieg und Fehden überstanden, seine Kulissen überdauerten einige hundert Jahre. Ohne die Habsburger oder den Kardinal von Dietrichstein, die die Täufer über die March getrieben hatten, als die Ostwanderung der Deutschen eigentlich schon zum Stillstand gekommen war, wäre der Ort vielleicht nie gewachsen. Oder doch? Sabatisch, das einen Großteil seines Erbgutes verschluderte, als es den christlichen Kommunismus aufgab, später noch einmal, als es sich dem östlichen Kommunismus ergab. Oder nicht? Es ist nicht leicht, in ein paar Augenblicke zu fassen, was Jahrhunderte gebracht haben, was weitere Jahrhunderte hätten bringen können. So versuchen die Brüder des Ostens und die Brüder des Westens nur noch den Weg zu verfolgen, auf dem sich die religiös-starken Habanersippen von ihrem Hof trennten, und auch den, auf dem die zwangsweise rekatholisierten Brüder und Schwestern im alten Habanerland zurückblieben.

»Pozdravujte mi Habánov v Amerike!« rufen die Tschetterles den beiden Predigern zum Abschied nach. »Grüßt die Habaner in Amerika!« ... grüßt von den Nachkommen der Nachkommen der Hutterer in ihrem einstigen Glaubenszentrum zu Sabatisch. Sprecht von ihnen drüben in der Neuen Welt, wo die Vergangenheit des Hofes in der Slowakei noch gehütet wird! Vom Dorf in den Weißen Karpaten, wo ein Bruder in zernagten Mauern noch etwas Ureigenes finden kann, das für die Positionen der Altväter, die Todesbereitschaft und die Selbstaufgabe im Kollektiv stehen kann. Auch wenn eine neue Lehre das soziale Bewußtsein der frühen Hutterer mehr den eigenen Idealen als der idealistischen Größe einer Gemeinschaft im urchristlichen Gebot zuschreibt.
So endet der Tag von Sabatisch im wortkargen Zeremoniell mit einem Schuß Traurigkeit. Doch viele hutterische Geschichten enden traurig, melancholisch, wehmütig. Dabei sind die Brüder und Schwestern auch als Heilige unseres Jahrhunderts durchaus lebensfrohe, mit ihrem Los zufriedene Menschen, führen ein weit optimistischeres Leben, als es die Welt ermessen mag. Was das Gesetz der menschlichen Logik nur nicht wahrhaben will, ist der Umstand, daß die Frommen im Abseits der Prärie einen gewissen Genuß selbst in der Trauer finden, damit ihre stärksten Gesten begründen. Dazu hat ihre Lehre, haben die Altväter sie verurteilt. Lebenslänglich. Und nur wer das akzeptieren kann, besitzt einen Schlüssel zu ihrer Seele, begreift, warum Gott für sie ein Hutterer geblieben ist.

Anhang

Chronik der hutterischen Geschichte

70
Zerfall der urchristlichen Gemeinde nach der Zerstörung Jerusalems.
1520
Durchbruch der Reformation Martin Luthers (1483–1546).
1521
Ferdinand I. erhält die österreichischen Erblande.
1522
Huldrych Zwingli (1484–1531) tritt in der Schweiz gegen kirchliche Mißstände auf.
1524
Beginn des Bauernkriegs in Waldshut und Stühlingen. Aufstand in Thüringen unter der Führung Thomas Müntzers. Luther gegen aufständische Bauern.
1525
Konrad Grebel, Felix Mantz und Blaurock (Georg vom Haus Jakob) legen in Zürich den Grundstein zur Täuferbewegung. Der Rat der Stadt Zürich verfügt zwangsweise die Kindtaufe.
1526
Todesstrafe in der Schweiz für Anhänger der Täufer. Grebel und Mantz hingerichtet. Balthasar Hubmaier gründet die Täufergemeinde in Nikolsburg. Protestantisch gesinnter Kleinadel bietet Mähren als Täuferasyl an. Ferdinand I. König von Böhmen und Ungarn.
1528
Auszug der Stäbler aus Nikolsburg, Einführung der Gütergemeinschaft. Gründungsjahr der hutterischen Bruderschaft.

Bruderhof in Austerlitz gegründet. Jakob Hutter zum Diener des Wortes im Pustertal/Tirol erwählt. Hubmaier wird in Wien verbrannt.

1529

Erwachsenentaufe wird auf dem Reichstag zu Speyer von Karl V. unter Todesstrafe gestellt. Hinrichtung Blaurocks in Klausen/Tirol, sein Nachfolger wird Hutter. Verfolgte Täufer aus Süddeutschland, aus der Schweiz und Österreich flüchten nach Mähren. Hutter in Mähren.

1530

Nahezu 2000 Täufer starben bis zu diesem Zeitpunkt den Märtyrertod. Gründung des Bruderhofes in Auspitz.

1533

Hutter übernimmt die Gemeinde in Mähren als Vorsteher.

1534

Gründung des Jesuitenordens mit dem Ziel der Ketzerbekämpfung.

1534/35

Herrschaft der Wiedertäufer in Münster/Westfalen.

1535

Schwere Heimsuchung der Täufer in Mähren. Festnahme Jakob Hutters in Klausen/Tirol.

1536

Hinrichtung Hutters in Innsbruck.

1539

Die Falkensteiner Brüder werden als Galeerensklaven nach Triest verschleppt.

1540

Peter Riedemann schreibt im Gefängnis von Wolkersdorf/Hessen seine »Rechenschaft«. Bis 1553 verstärkte Verfolgung der Täufer in Mähren.

1546

Bruderhof in Sabatisch/Oberungarn gegründet.

1555

Augsburger Religionsfrieden.

1556

Maximilian II., mit Neigung zum Protestantismus, übernimmt

die Regierung. Beginn der Guten, ab 1565 der Goldenen Zeit der Hutterer.

1558

Bruderhof in Neumühl gegründet.

1565

Peter Walpot wird Prinzipalvorsteher.

1568

Erste Schulordnung der Hutterer.

1576

Erstes Auftauchen der Habanerkeramik.

1579

Beginn der Gegenreformation in Kärnten.

1593

Rund 80 Bruderhöfe in Mähren. Krieg zwischen dem Habsburger Reich und den Türken. Neue Heimsuchungen der Bruderhöfe.

1618

Beginn des Dreißigjährigen Krieges. Die Bruderhöfe in Mähren und in der Slowakei werden von protestantischen und katholischen Landsknechten angegriffen.

1620

Schlacht am Weißen Berg, die mit dem Sieg des kaiserlich-katholischen Heeres endet.

1621

Erste Ansiedlung der Hutterer in Siebenbürgen.

1622

Ausweisung der Hutterer aus Mähren nach Mandat Ferdinands II. (1619–1637). Siebenbürgischer Landtagsartikel XXIII sichert den »Uj keresztyeńek« (Neuchristen) in Winz und ihren Nachkommen Religionsfreiheit zu.

1639

Andreas Ehrenpreis Prinzipalvorsteher.

1685

Die Hutterer in der Slowakei geben ihre Gütergemeinschaft auf.

1690

Aufgabe der Gütergemeinschaft in Winz/Siebenbürgen.

1699
Siebenbürgen kommt zu Österreich.
1733
Die Hutterer in der Slowakei werden gezwungen, ihre Kinder zu taufen.
1740–1780
Mit Maria Theresia besteigt eine entschiedene Gegnerin der Hutterer den Thron.
1755
Transmigranten aus Kärnten treffen in Siebenbürgen ein.
1756
Erster Kontakt der Kärntner mit dem Hof in Winz.
1760
Zangsweise Rekatholisierung der Hutterer in der Slowakei.
1762
Kärntner Brüder führen die Gütergemeinschaft in Siebenbürgen ein.
1767
Flucht der Hutterer aus Siebenbürgen in die Walachei.
1771
Auszug aus der Walachei und Ankunft in Wirschinka. Erste Versuche, die ehemaligen Hutterer aus der Slowakei und Winz nach Rußland zu bringen.
1782
Toleranzedikt Josephs II. (1780–1790) schließt hutterische Bruderschaft aus.
1794
Johannes Waldner, Autor des Kleinen Geschichtsbuches, wird Vorsteher der Gemeinde.
1802
Umzug von Wirschinka nach Raditschewa (Orte in der Ukraine).
1814
Unstimmigkeiten auf dem Hof von Raditschewa, die 1819 zur Aufgabe der Gütergemeinschaft führen.
1842
Aufgabe von Raditschewa und Umzug nach Südrußland.

Gründung von Huttertal mit Hilfe mennonitischer Kolonisten.

1859

Wiedereinführung der Gütergemeinschaft bei einem Teil der Gemeinde.

1874

Drohende Russifizierung veranlaßt die Hutterer zur Auswanderung nach Nordamerika. Gründung des Bon-Homme-Bruderhofes in Süddakota, der Mutterkolonie der Schmiedeleut.

1875

Dariusleut bauen den Bruderhof Wolf Creek in Süddakota.

1877

Elmspring in Süddakota wird Mutterkolonie der Lehrerleut.

1883

In Wien erscheint die Geschichte der Wiedertäufer von Joseph Beck, das erste umfassende Buch über die Hutterer.

1918

Schwere Ausschreitungen gegen die Hutterer in den USA – zwei Brüder sterben im Gefängnis von Fort Leavenworth. Nahezu totaler Auszug nach Kanada.

1920

Eberhard und Emmy Arnold gründen eine täuferische Gemeinde in Deutschland, die 1930 vorübergehend in die hutterische Bruderschaft eingegliedert wird.

1923

Das Große Geschichtsbuch der Hutterischen Brüder erstmals im Druck, hrsg. von Prof. Rudolf Wolkan.

1937

Die Arnoldbrüder werden aus Deutschland vertrieben, gehen über England nach Paraguay.

1942

Die kanadische Provinz Alberta sanktioniert durch Gesetz die Diskriminierung der Hutterer (*Land Sales Prohibition Act*, aufgehoben 1973).

1947

Das Kleine Geschichtsbuch der Hutterischen Brüder im Druck, hrsg. von A. J. F. Zieglschmid.

1954
Arnoldleute gründen Tochtergemeinschaft in den USA.
1961
Bis zu diesem Zeitpunkt sind alle Mitglieder der Arnoldleute in die Vereinigten Staaten oder nach England eingewandert.
1974
Die Arnoldleute werden wieder in die Bruderschaft aufgenommen.
1977
Nachdem Riedemanns Rechenschaft zehn Jahre zuvor ins Japanische übersetzt worden war, wird der Japaner Izeki Vetter als Prediger der Gemeinde Owa, nördlich von Tokio, anerkannt.
1984
Die Diener des Wortes Peter Tschetter aus der Kolonie Pleasant Valley in Süddakota (USA) und Jakob Gross aus Iberville/Manitoba (Kanada) besuchen die historischen Stätten der Hutterer in Deutschland, Österreich, in der Tschechoslowakei und in Südtirol.
1985
Zu Beginn des Jahres leben in den USA 11300 und in Kanada 21550 Hutterer in Gütergemeinschaft auf ihren Bruderhöfen.

Hutterische Gebete

Das Gebet des Herrn

1526 In Nikolsburg
Vater unser der du bist in den himeln – Geheyliget werde dein nam – Zukume dein reych – Dein will beschehe auff erden, als in den himeln – Gib uns heüt unser teglich brot – Und vergib unns unser schulden, als wir vergeben unsern schuldnern – Fiere uns nit ein in versuchung – Sunder erlöse uns von dem übel. Amen.

1527 In Oberösterreich
Vater unser der du bist in dem himel – geheiliget werdt dein

nam – zukume uns dein reich – dein will gescheh auf erd, wie in himel – unser teglich brot gib uns heut – und vergib uns unser schult, wie wir unsern schultudigern vergeben – nit einfier uns in versuechung – sonder erlöss uns vom übel. Amen.

1620 In Mähren und in der Slowakei
Unser Vatter, der Du bist in dem Himmel – Geheiligtt werde dein nam – zuekome uns dein Reich – Dein will beschäch auf erden, wie im himel – Gib uns heut unser täglich brot und vergib uns unsere schult, wie wir vergeben unsern Schultnern – für uns nit in versuechung – Sunder erlöss uns von dem Bösen – dan Dein ist das Reich, die Kraft, und die herrlichkait In Ewigkait. Amen.

1535 Jakob Hutter: Rette uns o herr
O Gott vom himel! verkürtz die tag des grossen trüebsals umb deiner auserwelten willen, behüet und bewar, beschutz und beschirm dein heiligs Volk, erledig und errette sie von iren feinden und widersachern, die inen tag und nacht nachstellen. Gott vom himel, lass die das elendt, den schmertz- und hertzenslaid und den grossen trüebsal der Elendten erbarmen. Kumb doch, Du barmhertziger Gott, eil und verzeuch nit lenger mit deiner hilff und barmhertzigkait, umb deines kindts Jesu Christj und deines heiligen Namens willen, und lass Dir heiligs volcks erbarmen und beuolhen sein. Gibim und uns allen dein göttlichen rat, ja die erkanndtnus, gehaimnus und die weisshait deines heiligen geists von oben herab, auff das wir wissen, was wir thuen und lassen sollen, und was dir gott im himel gefallt, wie wir leben, handlen und wandlen sollen, auch alle ding in deiner forcht zu deinem lob und preiss richten und regieren. O leit und füer uns durch dein heiligen engel und gnadenreichen geist in alle warhait, und wo du hinwilt, daz wir dich lob, preiss und viel frucht möchten bringen, und Dir und Deinem volck auff das fleissigest mögen dienen. O Gott vom himel! steig herab, stee deinem volck bei, und lass es Dir beuolhen sein in allen dingen durch Jesum Christum und seine grosse barmhertzigkait. Amen.

1540 *Gebet der auf dem Falkensteine gefangenen Brueder für die verfolgte Gemain*

O Gott vom himel schaw auff das elendt deines armen heüffels iezt in den letzten tagen auff erden! Lass dichs von hertzen erbarmen und hilff in umb deines heiligen grossen namens willen, den du in auffgesetzet hast zu bekennen, sterck sie, heiliger vatter, und bekreftige dein volck, streit Du selbst für sie, und sei ir hauptman! Lass dir sie vom gantzen hertzen beuolhen sein, geb in gedult und überwindung in aller not und füer dein sach durch sie aus bis ans endt. Errett sie, du heiliger vatter, und behalt sie in deiner starken handt, lass sie Du, allerhöchster gott, nit zu schanden werden. Preiss durch sie dein heiligen Namen, und füer sie in deiner warhait bestendig bis ans endt!

1550 *Das sein die heilligen zehen gebot, die got der herr den kindern Israel geben hat auff dem berg Sinay. (Exod. 20)*

I. Ich bin der herr, dein gott, Du solt keine andern Götter vor mir haben.
II. Du solt den Namen gottes nit leichtfertig nennen.
III. Du solt den Sabath oder feyertag heilligen.
IV. Du solt vater und mueter eeren.
V. Du solt nit tödten.
VI. Du solt nit eebrechen.
VII. Du solt nit stelen.
VIII. Du solt nit valsch zeugknus reden.
IX. Du solt nit begeren deines negsten guets.
X. Du solt dich nit lassen gelusten deines negsten weib oder magd oder alles was sein ist.

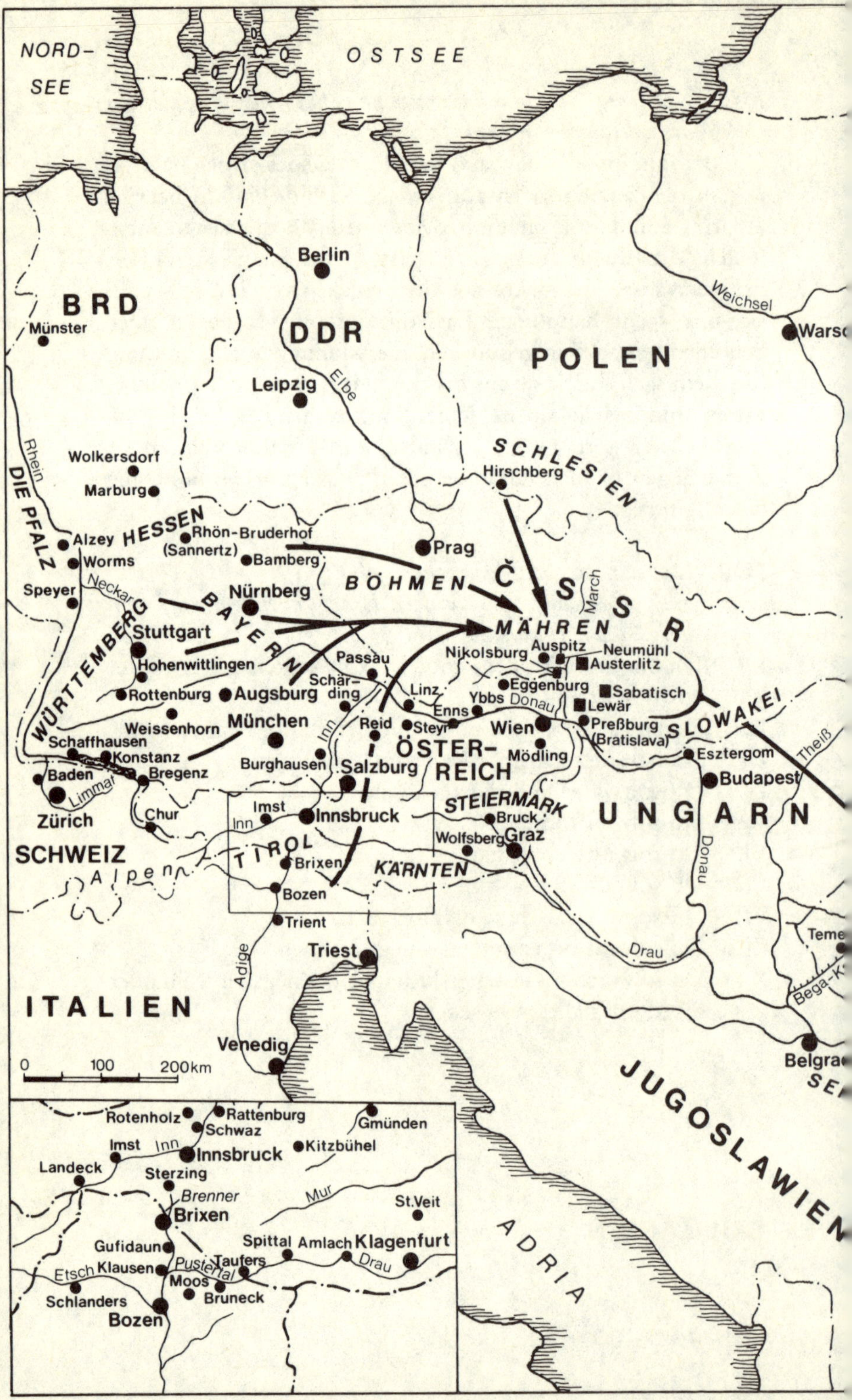
NORD-SEE
OSTSEE
Berlin
BRD
DDR
Münster
POLEN
Weichsel
Warsc
Leipzig
Elbe
Rhein
Wolkersdorf
Marburg
DIE PFALZ
SCHLESIEN
Hirschberg
Alzey
HESSEN
Rhön-Bruderhof
(Sannertz)
Worms
Bamberg
Prag
BÖHMEN
Č S S R
March
Speyer
Neckar
Nürnberg
BAYERN
MÄHREN
WÜRTTEMBERG
Stuttgart
Hohenwittlingen
Passau
Auspitz
Nikolsburg
Neumühl
Austerlitz
Schär-ding
Linz
Eggenburg
Sabatisch
Rottenburg
Augsburg
Ybbs
Donau
Lewär
Enns
Weissenhorn
München
Reid
Steyr
Wien
Preßburg
(Bratislava)
SLOWAKEI
Inn
Schaffhausen
Konstanz
ÖSTER-REICH
Mödling
Esztergom
Theiß
Baden
Bregenz
Limmat
Burghausen
Salzburg
Budapest
Zürich
Imst
Innsbruck
STEIERMARK
UNGARN
Chur
Bruck
Inn
SCHWEIZ
TIROL
Wolfsberg
Graz
Alpen
Brixen
KÄRNTEN
Donau
Bozen
Trient
Teme
Triest
Drau
Adige
Bega-K
ITALIEN
Venedig
Belgrad
0
100
200km
JUGOSLAWIEN
Rotenholz
Rattenburg
Gmünden
Schwaz
Imst
Inn
Innsbruck
Kitzbühel
Landeck
Sterzing
Brenner
Mur
St.Veit
Brixen
Gufidaun
Spittal
Amlach
Klagenfurt
Etsch
Klausen
Pustertal
Taufers
Drau
Moos
Bruneck
Schlanders
Bozen
ADRIA

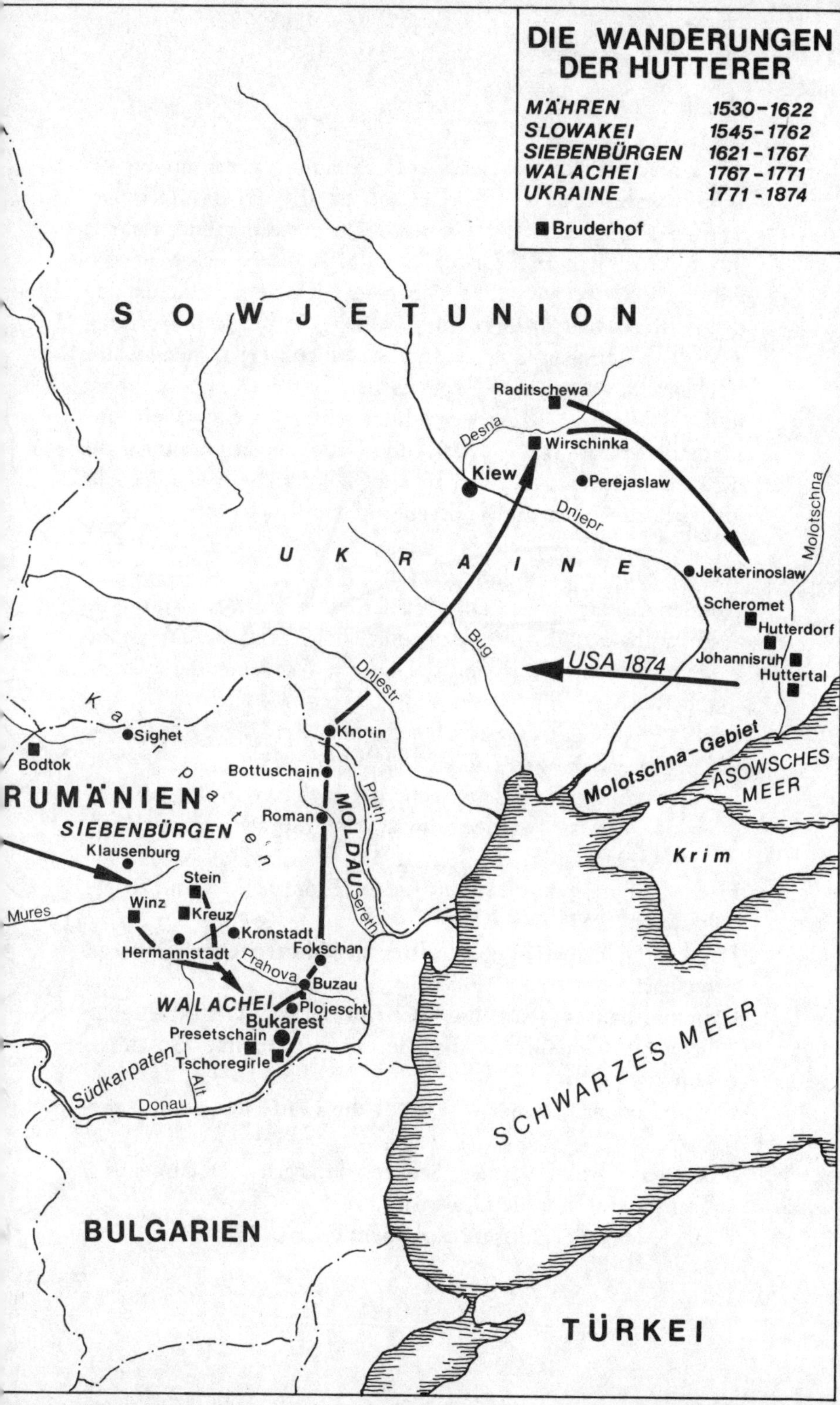
DIE WANDERUNGEN DER HUTTERER
MÄHREN 1530–1622
SLOWAKEI 1545–1762
SIEBENBÜRGEN 1621–1767
WALACHEI 1767–1771
UKRAINE 1771–1874
Bruderhof
SOWJETUNION
UKRAINE
Raditschewa
Wirschinka
Desna
Kiew
Perejaslaw
Dnjepr
Molotschna
Jekaterinoslaw
Scheromet
Hutterdorf
Johannisruh
Huttertal
USA 1874
Bug
Dnjestr
Molotschna-Gebiet
ASOWSCHES MEER
Krim
Karpaten
Sighet
Bodtok
Khotin
Bottuschain
Roman
MOLDAU
Pruth
Sereth
RUMÄNIEN
SIEBENBÜRGEN
Klausenburg
Stein
Winz
Kreuz
Mures
Kronstadt
Hermannstadt
Fokschan
Prahova
Buzau
WALACHEI
Plojescht
Bukarest
Presetschain
Tschoregirle
Südkarpaten
Alt
Donau
SCHWARZES MEER
BULGARIEN
TÜRKEI

Quellen

Als Unterlage für die Geschichtsschreibung der Hutterer bis 1665 wurde »Das Große Geschichtsbuch der Hutterischen Brüder«, hrsg. von der Gemeinde in Amerika und Kanada durch Prof. Rudolf Wolkan, Standoff-Colony bei Macleod/Alberta 1923, verwendet; daneben das »Kleine Geschichtsbuch der Hutterischen Brüder«, hrsg. von A.J.F. Zieglschmid, Ausgabe der Macmillan Colony, Cayley/Alberta 1983. Riedemanns Rechenschaft liegt die »Rechenschaft unsrer Religion, Lehre und Glaubens«, Verlag der Huterischen Brueder Gemeine, Macmillan Colony 1983, zugrunde; die Lieder stammen aus dem »Gesangbuch... allen frommen Liebhabern Gottes sehr nützlich zu singen und zu lesen«, Macmillan Colony 1983.

Weitere Quellen und Literatur:

Ammann, Hartmann, Die Wiedertäufer in Michelsburg im Pusterthale und deren Urgichten, hrsg. vom K.K. Gymnasium, Brixen 1898 (Kopie der Österr. Akademie der Wissenschaften)

Beck, Josef, Die Geschichts-Bücher der Wiedertäufer in Oesterreich-Ungarn, Wien 1883

Beraneck, Franz J., Die Sprache der Habaner in der Westslowakei, Vortrag vor der Slowakischen Sprachwissenschaftlichen Gesellschaft, Preßburg 1943

Fischer, Hans, Jakob Hutter, Leben, Frömmigkeit und Briefe, Newton 1957

Friedmann, Robert, Die Schriften der Hutterischen Täufergemeinschaften, Wien 1965

Grimmelshausen, Hans Jacob Christoffel von, Der Abenteuerliche Simplicissimus, Ausgabe der Büchergilde Gutenberg von 1945

Gross, Leonard, Golden Years of the Hutterites, Ann Arbor 1975

Hostetler, Gross, Bender, Selected Hutterian Documents in Translation, Temple University, 1975

Klaus, Alexander, Unsere Kolonien, Odessa 1887

Klusch, Horst, Siebenbürgische Töpferkunst, Bukarest 1980
Losserth, J., Der Kommunismus der Mährischen Wiedertäufer im 16. und 17. Jahrhundert, Archiv für oesterr. Geschichte, Wien 1894 (der Autor verwertet hier die Werke von Dr. Christoph Andreas Fischer)
Mecenseffy, Grete, Quellen und Forschungen zur Reformationsgeschichte, Gütersloh 1964–1984
Peters, Victor, All Things Common: The Hutterian Way of Life, University of Minnesota, 1967
Wigand, Johann, Aus dem Tagebuch eines Reisenden: 1802; in: Christliche Zeitschrift für Christen, 3. Jg., 1811

Adressen

Die Hutterischen Brüder in Nordamerika lehnen jeden Tourismusrummel ab. Interessierten Personen stehen die Bruderhöfe trotzdem offen, Besuche sollten jedoch vorher abgesprochen werden. Die Kolonie Iberville ist unter der Postanschrift Iberville Colony, Headingly/Manitoba, ROH OJO, zu erreichen. James Valley unter James Valley Colony, Elie/Manitoba, ROH OHO, und das Crystal Spring des Ältesten der Schmiedeleut unter Crystal Spring Colony, St. Agathe/Manitoba, ROG IYO – alle in Kanada. Der Bruderhof der Neuhutterer in England ist auf Besucher eingestellt, Anmeldungen sind erwünscht. Postanschrift: Darvell Bruderhof, Robertsbridge, East Sussex, TN32 5DR.
Bruderhöfe in Deutschland: Basisgemeinde Wulfshagenerhütten (vorm. Basisgemeinde Kornwestheim), 2303 Wulfshagenerhütten, Post Gettorf; Gemeinde Weiherhof (in der Nähe von Kirchheimbolanden im Großraum Kaiserslautern), 6719 Weiherhof, Post Marnheim.

352 Seiten, gebunden mit Schutzumschlag